D'accord! 1A

LANGUE ET CULTURE DU MONDE FRANCOPHONE

VISTA®
HIGHER LEARNING

Boston, Massachusetts

On the cover: Eiffel Tower, Paris, France

Publisher: José A. Blanco

Editorial Development: Megan Moran, Sharla Zwirek

Project Management: Brady Chin, Sally Giangrande, Rosemary Jaffe, Faith Ryan

Rights Management: Annie Pickert Fuller, Ashley Poreda

Technology Production: Kamila Caicedo, Jamie Kostecki, Reginald Millington, Paola Ríos Schaaf

Design: Radoslav Mateev, Gabriel Noreña, Andrés Vanegas

Production: Sergio Arias, Oscar Díez

Student Text ISBN: 978-1-68005-740-9
Library of Congress Control Number: 2017949781

1 2 3 4 5 6 7 8 9 TC 23 22 21 20 19 18

Printed in Canada

D'accord! 1A

LANGUE ET CULTURE DU MONDE FRANCOPHONE

Table of Contents

Culture

Structures

Synthèse

Savoir-faire

Table of Contents

Contextes

Roman-photo

Appendices

Maps

Le monde francophone

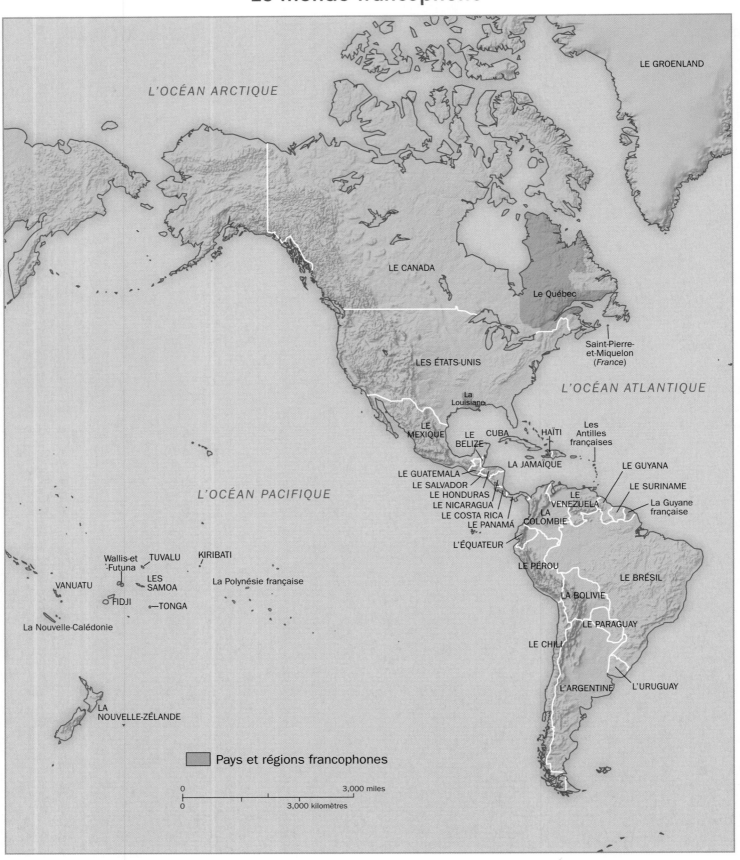

Pays et régions francophones

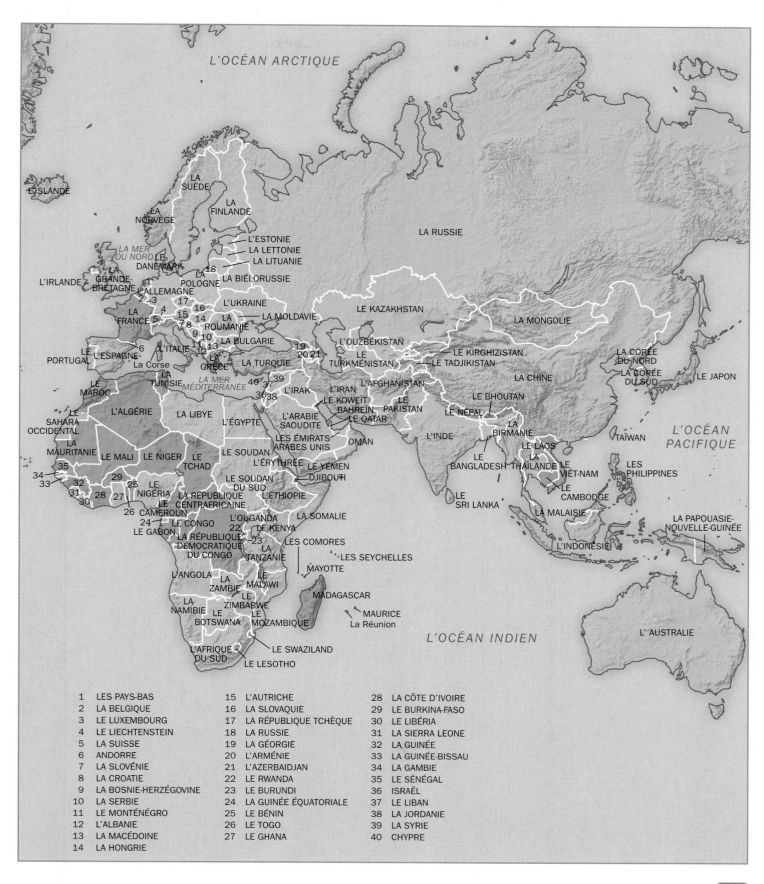

L'OCÉAN ARCTIQUE

L'ISLANDE

LA MER DU NORD
L'IRLANDE
LA GRANDE-BRETAGNE
LA SUÈDE
LA NORVÈGE
LA FINLANDE
L'ESTONIE
LA LETTONIE
LA LITUANIE
LE DANEMARK
LA POLOGNE
LA BIÉLORUSSIE
LA RUSSIE
L'ALLEMAGNE
L'UKRAINE
LE KAZAKHSTAN
LA FRANCE
LA ROUMANIE
LA MOLDAVIE
LA MONGOLIE
LA BULGARIE
L'OUZBÉKISTAN
LE KIRGHIZISTAN
LE PORTUGAL
L'ITALIE
L'ESPAGNE
La Corse
LA GRÈCE
LA TURQUIE
LE TURKMÉNISTAN
LE TADJIKISTAN
LA CHINE
LA CORÉE DU NORD
LA CORÉE DU SUD
LE JAPON
LA TUNISIE
LA MER MÉDITERRANÉE
L'IRAK
L'IRAN
L'AFGHANISTAN
LE MAROC
L'ALGÉRIE
LA LIBYE
L'ÉGYPTE
L'ARABIE SAOUDITE
LE KOWEÏT
BAHREÏN
LE QATAR
LE PAKISTAN
LE NÉPAL
LE BHOUTAN
LA BIRMANIE
TAÏWAN
L'OCÉAN PACIFIQUE
LE SAHARA OCCIDENTAL
LA MAURITANIE
LE MALI
LE NIGER
LE TCHAD
LE SOUDAN
L'ÉRYTHRÉE
LES ÉMIRATS ARABES UNIS
OMAN
LE YÉMEN
DJIBOUTI
L'INDE
LE BANGLADESH
LE LAOS
LA THAÏLANDE
LE VIÊT-NAM
LES PHILIPPINES
LE NIGÉRIA
LE SOUDAN DU SUD
L'ÉTHIOPIE
LA RÉPUBLIQUE CENTRAFRICAINE
LE SRI LANKA
LE CAMBODGE
LA MALAISIE
LE CAMEROUN
L'OUGANDA
LE KENYA
LA SOMALIE
LA PAPOUASIE-NOUVELLE-GUINÉE
LE CONGO
LE GABON
LA RÉPUBLIQUE DÉMOCRATIQUE DU CONGO
LA TANZANIE
LES COMORES
LES SEYCHELLES
L'INDONÉSIE
MAYOTTE
L'ANGOLA
LE MALAWI
LA ZAMBIE
MADAGASCAR
MAURICE
La Réunion
LA NAMIBIE
LE ZIMBABWE
LE BOTSWANA
LE MOZAMBIQUE
L'OCÉAN INDIEN
L'AUSTRALIE
L'AFRIQUE DU SUD
LE SWAZILAND
LE LESOTHO

#		#		#	
1	LES PAYS-BAS	15	L'AUTRICHE	28	LA CÔTE D'IVOIRE
2	LA BELGIQUE	16	LA SLOVAQUIE	29	LE BURKINA-FASO
3	LE LUXEMBOURG	17	LA RÉPUBLIQUE TCHÈQUE	30	LE LIBÉRIA
4	LE LIECHTENSTEIN	18	LA RUSSIE	31	LA SIERRA LEONE
5	LA SUISSE	19	LA GÉORGIE	32	LA GUINÉE
6	ANDORRE	20	L'ARMÉNIE	33	LA GUINÉE-BISSAU
7	LA SLOVÉNIE	21	L'AZERBAIDJAN	34	LA GAMBIE
8	LA CROATIE	22	LE RWANDA	35	LE SÉNÉGAL
9	LA BOSNIE-HERZÉGOVINE	23	LE BURUNDI	36	ISRAËL
10	LA SERBIE	24	LA GUINÉE ÉQUATORIALE	37	LE LIBAN
11	LE MONTÉNÉGRO	25	LE BÉNIN	38	LA JORDANIE
12	L'ALBANIE	26	LE TOGO	39	LA SYRIE
13	LA MACÉDOINE	27	LE GHANA	40	CHYPRE
14	LA HONGRIE				

L'Amérique du Nord et du Sud

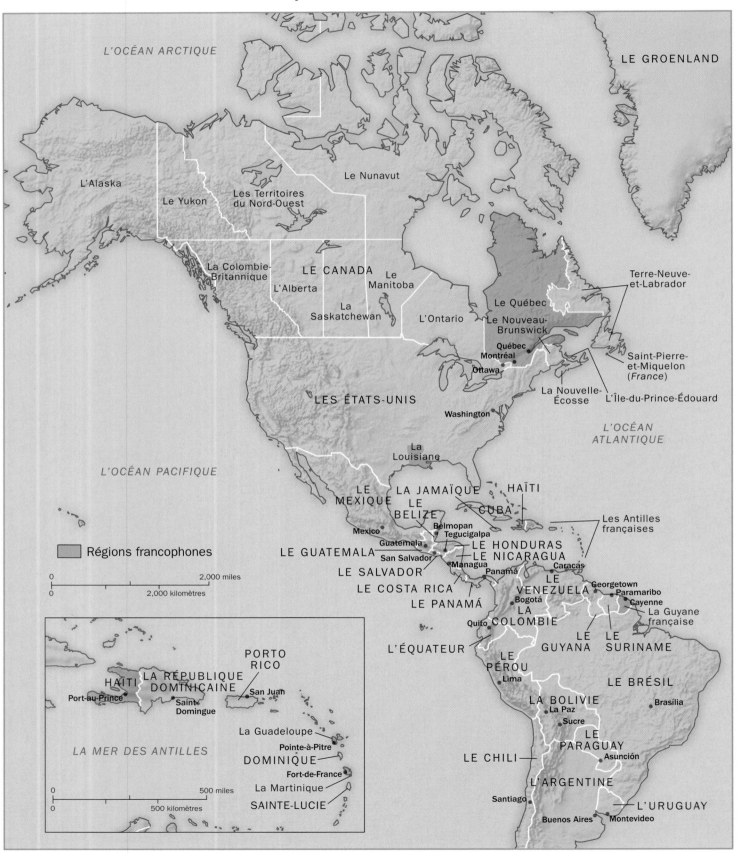

L'OCÉAN ARCTIQUE

LE GROENLAND

L'Alaska

Le Nunavut

Le Yukon

Les Territoires
du Nord-Ouest

La Colombie-
Britannique

LE CANADA

Le Manitoba

L'Alberta

La
Saskatchewan

L'Ontario

Terre-Neuve-
et-Labrador

Le Québec

Le Nouveau-
Brunswick

Québec

Montréal

Ottawa

Saint-Pierre-
et-Miquelon
(France)

La Nouvelle-
Écosse

L'Île-du-Prince-Édouard

LES ÉTATS-UNIS

Washington

L'OCÉAN
ATLANTIQUE

L'OCÉAN PACIFIQUE

La
Louisiane

LE
MEXIQUE

LA JAMAÏQUE
LE
BELIZE

HAÏTI

CUBA

Mexico

Belmopan

Tegucigalpa

Les Antilles
françaises

LE GUATEMALA

Guatemala

LE HONDURAS

San Salvador

LE NICARAGUA

LE SALVADOR

Managua

Panamá

Caracas

LE COSTA RICA

LE PANAMÁ

LE
VENEZUELA

Georgetown

Paramaribo

Cayenne

Bogotá

LA
COLOMBIE

La Guyane
française

L'ÉQUATEUR

Quito

LE
GUYANA

LE
SURINAME

Régions francophones

LE
PÉROU

Lima

LE BRÉSIL

0   2,000 miles
0   2,000 kilomètres

Brasília

LA BOLIVIE

La Paz

Sucre

PORTO
RICO

LE
PARAGUAY

HAÏTI

LA RÉPUBLIQUE
DOMINICAINE

LE CHILI

Asunción

Port-au-Prince

San Juan

Saint
Domingue

L'ARGENTINE

La Guadeloupe

LA MER DES ANTILLES

Pointe-à-Pitre

Santiago

L'URUGUAY

DOMINIQUE

Fort-de-France

Buenos Aires

Montevideo

La Martinique

SAINTE-LUCIE

0   500 miles
0   500 kilomètres

La France

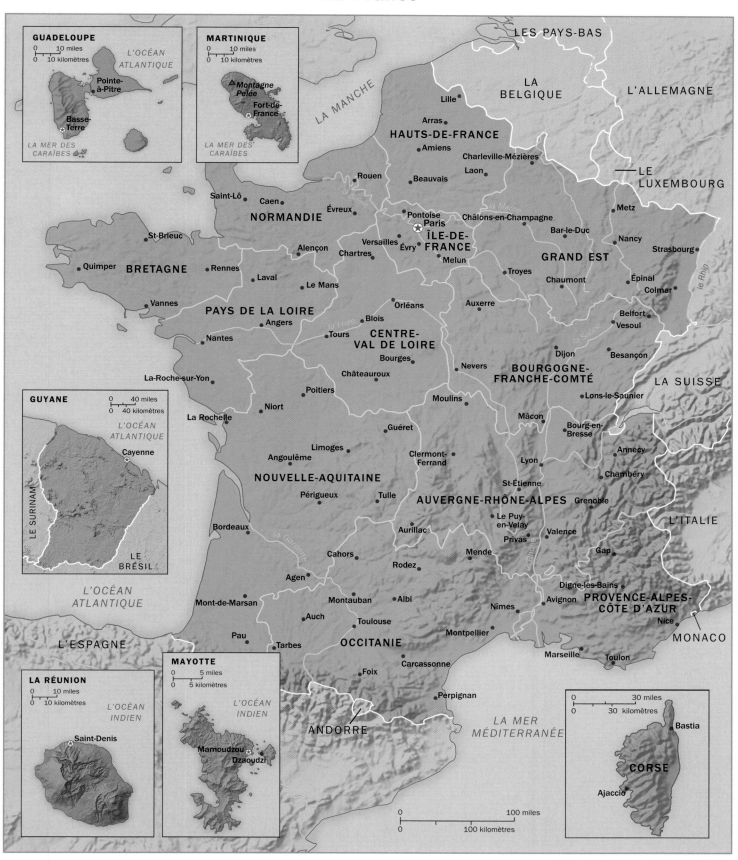

GUADELOUPE
0   10 miles
0   10 kilomètres
L'OCÉAN ATLANTIQUE
Pointe-à-Pitre
Basse-Terre
LA MER DES CARAÏBES

MARTINIQUE
0   10 miles
0   10 kilomètres
△ Montagne Pelée
Fort-de-France
LA MER DES CARAÏBES

LES PAYS-BAS
LA BELGIQUE
L'ALLEMAGNE
LA MANCHE
Lille
Arras
HAUTS-DE-FRANCE
Amiens
Charleville-Mézières
Laon
LE LUXEMBOURG
Rouen
Beauvais
Metz
Saint-Lô
Caen
Évreux
Pontoise
Paris
Châlons-en-Champagne
Bar-le-Duc
Nancy
Strasbourg
NORMANDIE
Versailles
Évry
ÎLE-DE-FRANCE
GRAND EST
St-Brieuc
Alençon
Chartres
Melun
Troyes
Chaumont
Épinal
Colmar
Quimper
BRETAGNE
Rennes
Laval
Le Mans
Auxerre
Belfort
Vesoul
Vannes
PAYS DE LA LOIRE
Orléans
Blois
Dijon
Besançon
Angers
Tours
CENTRE-VAL DE LOIRE
BOURGOGNE-FRANCHE-COMTÉ
Nantes
Bourges
Nevers
LA SUISSE
La-Roche-sur-Yon
Châteauroux
Moulins
Lons-le-Saunier
Poitiers
Mâcon
Bourg-en-Bresse
Niort
Guéret
Annecy
La Rochelle
Limoges
Clermont-Ferrand
Lyon
Chambéry
Angoulême
NOUVELLE-AQUITAINE
St-Étienne
AUVERGNE-RHÔNE-ALPES
Grenoble
L'ITALIE
Périgueux
Tulle
Le Puy-en-Velay
Valence
Bordeaux
Aurillac
Privas
Gap
Cahors
Mende
Digne-les-Bains
Agen
Rodez
Avignon
PROVENCE-ALPES-CÔTE D'AZUR
Mont-de-Marsan
Montauban
Albi
Nîmes
Nice
Auch
Toulouse
MONACO
Pau
OCCITANIE
Montpellier
Marseille
Toulon
Tarbes
Carcassonne
L'ESPAGNE
Foix
Perpignan
ANDORRE
LA MER MÉDITERRANÉE

GUYANE
0   40 miles
0   40 kilomètres
L'OCÉAN ATLANTIQUE
Cayenne
LE SURINAM
LE BRÉSIL
L'OCÉAN ATLANTIQUE

LA RÉUNION
0   10 miles
0   10 kilomètres
L'OCÉAN INDIEN
Saint-Denis

MAYOTTE
0   5 miles
0   5 kilomètres
L'OCÉAN INDIEN
Mamoudzou
Dzaoudzi

0   30 miles
0   30 kilomètres
Bastia
CORSE
Ajaccio

0   100 miles
0   100 kilomètres

la Seine
la Marne
la Loire
la Saône
la Garonne
le Rhône
le Rhin

L'Europe

0   500 miles
0   500 kilomètres

Pays francophones

LA MER DE BARENTS

LA MER DE NORVÈGE

L'ISLANDE
Reykjavik

LA SUÈDE

LA FINLANDE

LA NORVÈGE

LA RUSSIE

Helsinki

Oslo

Stockholm

Tallinn

L'ESTONIE

Moscou

LA MER BALTIQUE

Riga

LA LETTONIE

LA MER DU NORD

LE DANEMARK

LA LITUANIE

Copenhague

Vilnius

Minsk

LA RUSSIE

LA BIÉLORUSSIE

Dublin

L'IRLANDE

LA GRANDE BRETAGNE

LES PAYS-BAS

La Haye

Berlin

Varsovie

Kiev

Londres

Bruxelles

L'ALLEMAGNE

LA POLOGNE

L'UKRAINE

LA BELGIQUE

Luxembourg

Prague

L'OCÉAN ATLANTIQUE

Paris

LE LUXEMBOURG

LA RÉPUBLIQUE TCHÈQUE

LA SLOVAQUIE

LA MOLDAVIE

LE LIECHTENSTEIN

Bratislava

Chisinau

Vienne

Budapest

Berne

L'AUTRICHE

LA HONGRIE

LA ROUMANIE

LA MER NOIRE

LA SUISSE

Ljubljana

LA FRANCE

LA SLOVÉNIE

Zagreb

Belgrade

Bucarest

LA CROATIE

LA BOSNIE-HERZÉGOVINE

LA SERBIE

Monte Carlo

Sarajevo

LA BULGARIE

LE PORTUGAL

ANDORRE

Andorre-la-Vieille

MONACO

L'ITALIE

LE MONTÉNÉGRO

Podgorica

Sofia

Skopje

La Corse

Rome

Tirana

LA MACÉDOINE

LA TURQUIE

Madrid

L'ALBANIE

LA GRÈCE

Lisbonne

L'ESPAGNE

La Sardaigne

La Sicile

Athènes

Nicosie

CHYPRE

MALTE

La Valette

LA MER MÉDITERRANÉE

LE MAROC

L'ALGÉRIE

LA TUNISIE

LA LIBYE

L'ÉGYPTE

L'Afrique

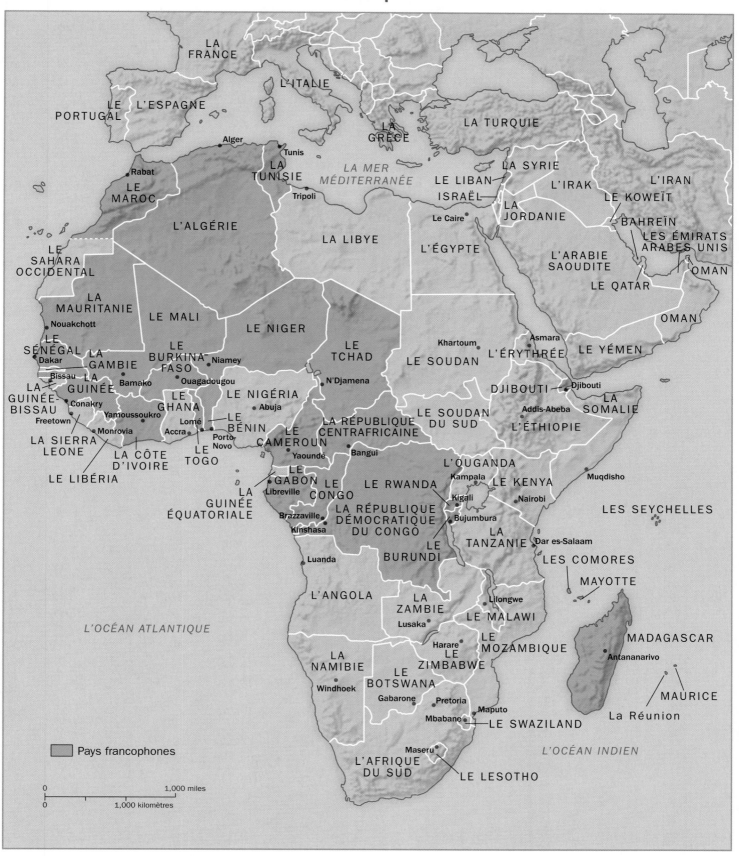

LA FRANCE

LE PORTUGAL L'ESPAGNE

L'ITALIE

LA GRÈCE

LA TURQUIE

LA MER MÉDITERRANÉE

Alger

Tunis

Rabat

LA TUNISIE

LA SYRIE

LE LIBAN

ISRAËL

L'IRAK

L'IRAN

LE KOWEÏT

LE MAROC

Tripoli

LA JORDANIE

BAHREÏN

LES ÉMIRATS ARABES UNIS

L'ALGÉRIE

LA LIBYE

Le Caire

L'ÉGYPTE

L'ARABIE SAOUDITE

OMAN

LE QATAR

LE SAHARA OCCIDENTAL

LA MAURITANIE

OMAN

Nouakchott

LE MALI

LE NIGER

Khartoum

Asmara

LE YÉMEN

LE SÉNÉGAL

LA GAMBIE

Dakar

LE BURKINA-FASO

Niamey

LE TCHAD

LE SOUDAN

L'ÉRYTHRÉE

Bissau

LA GUINÉE

Bamako

Ouagadougou

N'Djamena

DJIBOUTI

Djibouti

LA GUINÉE-BISSAU

Conakry

LE GHANA

LE NIGÉRIA

Abuja

LE SOUDAN DU SUD

Addis-Abeba

LA SOMALIE

Yamoussoukro

Lomé

LE BÉNIN

LA RÉPUBLIQUE CENTRAFRICAINE

L'ÉTHIOPIE

Freetown

Accra

LA SIERRA LEONE

Monrovia

Porto Novo

LE CAMEROUN

LA CÔTE D'IVOIRE

LE TOGO

Yaoundé

Bangui

L'OUGANDA

LE KENYA

Muqdisho

LE LIBÉRIA

LE GABON

LE CONGO

LE RWANDA

Kampala

Libreville

Kigali

Nairobi

LA GUINÉE ÉQUATORIALE

Brazzaville

LA RÉPUBLIQUE DÉMOCRATIQUE DU CONGO

Bujumbura

LES SEYCHELLES

Kinshasa

LE BURUNDI

LA TANZANIE

Dar es-Salaam

Luanda

LES COMORES

MAYOTTE

L'ANGOLA

LA ZAMBIE

Llongwe

LE MALAWI

Lusaka

MADAGASCAR

L'OCÉAN ATLANTIQUE

Harare

LE MOZAMBIQUE

Antananarivo

LA NAMIBIE

LE ZIMBABWE

LE BOTSWANA

MAURICE

Windhoek

Gabarone

Pretoria

Maputo

La Réunion

Mbabane

LE SWAZILAND

□ Pays francophones

Maseru

L'OCÉAN INDIEN

L'AFRIQUE DU SUD

LE LESOTHO

0   1,000 miles
0   1,000 kilomètres

L'Asie et l'Océanie

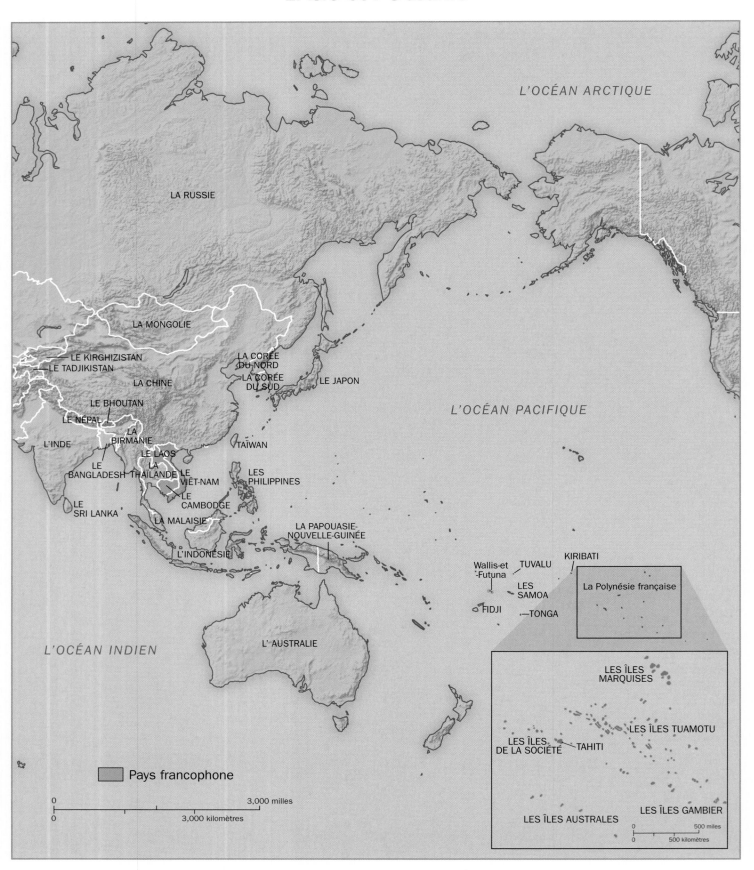

L'OCÉAN ARCTIQUE

LA RUSSIE

LA MONGOLIE

LE KIRGHIZISTAN
LE TADJIKISTAN

LA CHINE

LA CORÉE DU NORD
LA CORÉE DU SUD

LE JAPON

L'OCÉAN PACIFIQUE

LE BHOUTAN

LE NÉPAL

LA BIRMANIE

L'INDE

LE LAOS

TAÏWAN

LE BANGLADESH

LA THAÏLANDE

LA VIÊT-NAM

LES PHILIPPINES

LE CAMBODGE

LE SRI LANKA

LA MALAISIE

L'INDONÉSIE

LA PAPOUASIE-NOUVELLE-GUINÉE

Wallis-et-Futuna

TUVALU

KIRIBATI

LES SAMOA

La Polynésie française

FIDJI

TONGA

L'OCÉAN INDIEN

L' AUSTRALIE

LES ÎLES MARQUISES

LES ÎLES TUAMOTU

LES ÎLES DE LA SOCIÉTÉ

TAHITI

LES ÎLES AUSTRALES

LES ÎLES GAMBIER

Pays francophone

0   3,000 milles
0   3,000 kilomètres

0   500 miles
0   500 kilomètres

Roman-photo video program

Fully integrated with your textbook, the **Roman-photo** video series contains 36 dramatic episodes—one for each lesson in Levels 1 and 2, and 6 episodes in the **Reprise** lesson in Level 3. The episodes present the adventures of four college students who are studying in the south of France at the Université Aix-Marseille. They live in apartments above and near Le P'tit Bistrot, a café owned by Valérie Forestier. The videos tell their story and the story of Madame Forestier and her teenage son, Stéphane.

The **Roman-photo** dialogues in the printed textbook are an abbreviated version of the dramatic version of the video episodes. Therefore, each **Roman-photo** section in the text can used as a preparation before you view the corresponding video episode, as post-viewing reinforcement, or as a stand-alone section.

Each episode in Levels 1 and 2 features the characters using the vocabulary and grammar you are studying, as well as previously taught language. Each episode ends with a **Reprise** segment, which features the key language functions and grammar points used in the episode. The first four episodes in the Level 3 **Reprise** lesson review the topics and structures from Levels 1 and 2. The final two episodes bring you up-to-date on the lives of the characters.

The cast

Here are the main characters you will meet when you watch **Roman-photo**:

 Of Senegalese heritage
Amina Mbaye

 From Washington, D.C.
David Duchesne

 From Paris
Sandrine Aubry

 From Aix-en-Provence
Valérie Forestier

 Of Algerian heritage
Rachid Kahlid

 And, also from Aix-en-Provence
Stéphane Forestier

Flash culture video program

For one lesson in each unit, a **Flash culture** segment allows you to experience the sights and sounds of the French-speaking world and the daily life of French speakers. Each segment is from two-to-three minutes long and is correlated to your textbook in one **Culture** section in each unit.

Hosted by narrators Csilla and Benjamin, these segments of specially shot footage transport you to a variety of venues: schools, parks, public squares, cafés, stores, cinemas, outdoor markets, city streets, festivals, and more. They also incorporate mini-interviews with French speakers in various walks of life: for example, family members, friends, students, and people in different professions.

The footage was filmed taking special care to capture rich, vibrant images that will expand your cultural perspectives with information directly related to the content of your textbook. In addition, the narrations were carefully written to reflect the vocabulary and grammar covered in **D'accord!**

Le Zapping

Authentic TV clips from around the French-speaking world connect the vocabulary and theme of each unit. These clips include commercials, newscasts, short films, and TV shows.

Publicité de PagesJaunes

Je souhaiterais° une pièce montée° s'il te plaît.

The French-speaking World

Do you know someone who speaks French? Chances are you do! More than 2 million Americans speak French or one of its varieties at home, and it is the second most common language in some states. It is the official language of more than twenty-five countries and an official language of the European Union and United Nations. English and French are the only two languages that are spoken on every continent of the world.

The Growth of French

Have you ever heard someone say that French is a Romance language? This doesn't mean it's romantic—although some say it is the language of love!—but that it is derived from Latin, the language of the Romans. Gaul, a country largely made up of what is now France and Belgium, was absorbed into the Roman Empire after the Romans invaded Gaul in 58 B.C. Most Gauls began speaking Latin. In the third century, Germanic tribes including the Franks invaded the Roman territories of Western Europe. Their language also influenced the Gauls. As the Roman empire collapsed in the fifth century, people in outlying regions and frontiers were cut off from Rome. The Latin spoken by each group was modified more and more over time. Eventually, the language that was spoken in Paris became the standard for modern-day French.

The French-speaking World

Speakers of French
(approx. 228 million worldwide)

- America and the Caribbean 7%
- Asia and Oceania 1%
- Europe 47%
- North Africa and the Middle-East 12%
- Sub-Saharan Africa and the Indian Ocean 33%

Source: Organisation internationale de la Francophonie

French in the United States

1500

1600

1700

1534
Jacques Cartier claims territories for France as he explores the St. Lawrence river, and the French establish fur-trading posts.

1600s
French exploration continues in the Great Lakes and the Mississippi Valley. La Salle takes the colony of Louisiana for France in 1682.

1685–1755
The Huguenots (French Protestants) form communities in America. French Acadians leave Nova Scotia and settle in northern New England and Louisiana.

French in the United States

French came to North America in the 16th and 17th centuries when French explorers and fur traders traveled through what is now America's heartland. French-speaking communities grew rapidly when the French Acadians were forced out of their Canadian settlement in 1755 and settled in New England and Louisiana. Then, in 1803, France sold the Louisiana territory to the United States for 80 million francs, or about 15 million dollars. Overnight, thousands of French people became citizens of the United States, bringing with them their rich history, language, and traditions.

This heritage, combined with that of the other French populations that have immigrated to the United States over the years, as well as U.S. relations with France in World Wars I and II, has led to the remarkable growth of French around the country. It is one of the most commonly spoken languages in the U.S., and there are significant populations in Louisiana, Maine, New Hampshire, and Vermont who speak French or one of its varieties.

You've made a popular choice by choosing to take French in school; it is the second most commonly taught foreign language in classrooms throughout the country! Have you heard people speaking French in your community? Chances are that you've come across an advertisement, menu, or magazine that is in French. If you look around, you'll find that French can be found in some pretty common places. Depending on where you live, you may see French on grocery items such as juice cartons and cereal boxes. In some large cities, you can see French language television broadcasts on stations such as TV5Monde. When you listen to the radio or download music from the Internet, some of the most popular choices are French artists who perform in French. French and English are the only two official languages of the Olympic Games. More than 20,000 words in the English language are of French origin. Learning French can create opportunities within your everyday life.

1800   1900   2000

1803
The United States purchases Louisiana, where Cajun French is widely spoken.

1980s
Nearly all high schools, colleges, and universities in the United States offer courses in French as a foreign language. It is the second most commonly studied language.

2011
In the U.S., French is one of the languages most commonly spoken at home, with over 2 million speakers.

Why Study French?

Connect with the World

Learning French can change how you view the world. While you learn French, you will also explore and learn about the origins, customs, art, music, and literature of people all around the world. When you travel to a French-speaking country, you'll be able to converse freely with the people you meet. And whether here in the U.S. or abroad, you'll find that speaking to people in their native language is the best way to bridge any culture gap.

Learn an International Language

There are many reasons for learning French, a language that has spread to many parts of the world and has along the way embraced words and sounds of languages as diverse as Latin, Arabic, German, and Celtic. The French language, standardized and preserved by the Académie française since 1634, is now among the most commonly spoken languages in the world. It is the second language of choice among people who study languages other than English in North America.

Understand the World Around You

Knowing French can also open doors to communities within the United States, and it can broaden your understanding of the nation's history and geography. The very names Delaware, Oregon, and Vermont are French in origin. Just knowing their meanings can give you some insight into the history and landscapes for which the states are known. Oregon is derived from a word that means "hurricane," which tells you about the windy weather; and Vermont comes from a phrase

City Name	Meaning in French
Bel Air, California	"beautiful air"
Boise, Idaho	"wooded"
Des Moines, Iowa	"of the monks"
Montclair, New Jersey	"bright mountain"

meaning "green mountain," which is why its official nickname is The Green Mountain State. You've already been speaking French whenever you talk about these states!

Explore Your Future

How many of you are already planning your future careers? Employers in today's global economy look for workers who know different languages and understand other cultures. Your knowledge of French will make you a valuable candidate for careers abroad as well as in the United States. Doctors, nurses, social workers, hotel managers, journalists, businesspeople, pilots, flight attendants, and many other kinds of professionals need to know French or another foreign language to do their jobs well.

Expand Your Skills

Studying a foreign language can improve your ability to analyze and interpret information and help you succeed in many other subject areas. When you begin learning French, much of your studies will focus on reading, writing, grammar, listening, and speaking skills. You'll be amazed at how the skills involved with learning how a language works can help you succeed in other areas of study. Many people who study a foreign language claim that they gained a better understanding of English and the structures it uses. French can even help you understand the origins of many English words and expand your own vocabulary in English. Knowing French can also help you pick up other related languages, such as Portuguese, Spanish, and Italian. French can really open doors for learning many other skills in your school career.

How to Learn French

Start with the Basics!

As with anything you want to learn, start with the basics and remember that learning takes time!

Vocabulary Every new word you learn in French will expand your vocabulary and ability to communicate. The more words you know, the better you can express yourself. Focus on sounds and think about ways to remember words. Use your knowledge of English and other languages to figure out the meaning of and memorize words like **téléphone**, **l'orchestre**, and **mystérieux**.

Grammar Grammar helps you put your new vocabulary together. By learning the rules of grammar, you can use new words correctly and speak in complete sentences. As you learn verbs and tenses, you will be able to speak about the past, present, or future; express yourself with clarity; and be able to persuade others with your opinions. Pay attention to structures and use your knowledge of English grammar to make connections with French grammar.

Culture Culture provides you with a framework for what you may say or do. As you learn about the culture of French-speaking communities, you'll improve your knowledge of French. Think about a word like **cuisine** and how it relates to a type of food as well as the kitchen itself. Think about and explore customs observed at **le Réveillon de la Saint-Sylvestre** (New Year's Eve) or **le Carnaval** (or **Mardi Gras**, "fat Tuesday") and how they are similar to celebrations you are familiar with. Observe customs. Watch people greet each other or say good-bye. Listen for sayings that capture the spirit of what you want to communicate!

Listen, Speak, Read, and Write

Listening Listen for sounds and for words you can recognize. Listen for inflections and watch for key words that signal a question such as **comment** (*how*), **où** (*where*), or **qui** (*who*). Get used to the sound of French. Play French pop songs or watch French movies. Borrow books on CD from your local library, or try to attend a meeting with a French language group in your community. Download a podcast in French or watch a French newscast online. Don't worry if you don't understand every single word. If you focus on key words and phrases, you'll get the main idea. The more you listen, the more you'll understand!

Speaking Practice speaking French as often as you can. As you talk, work on your pronunciation, and read aloud texts so that words and sentences flow more easily. Don't worry if you don't sound like a native speaker, or if you make some mistakes. Time and practice will help you get there. Participate actively in French class. Try to speak French with classmates, especially native speakers (if you know any), as often as you can.

Reading Pick up a French-language newspaper or a magazine on your way to school, read the lyrics of a song as you listen to it, or read books you've already read in English translated into French. Use reading strategies that you know to understand the meaning of a text that looks unfamiliar. Look for cognates, or words that are related in English and French, to guess the meaning of some words. Read as often as you can, and remember to read for fun!

Writing It's easy to write in French if you put your mind to it. Memorize the basic rules of how letters and sounds are related, practice the use of diacritical marks, and soon you can probably become an expert speller in French! Write for fun—make up poems or songs, write e-mails or instant messages to friends, or start a journal or blog in French.

Tips for Learning French

- **Listen** to French radio shows, often available online. Write down words you can't recognize or don't know and look up the meaning.

- **Watch** French TV shows or movies. Read subtitles to help you grasp the content.

- **Read** French-language newspapers, magazines, websites, or blogs.

- **Listen** to French songs that you like—anything from a a jazzy pop song by Zaz to an old French ballad by Edith Piaf. Sing along and concentrate on your pronunciation.

- **Seek** out French speakers. Look for neighborhoods, markets, or cultural centers where French might be spoken in your community. Greet people, ask for directions, or order from a menu at a French restaurant in French.

- **Pursue** language exchange opportunities in your school or community. Try to join language clubs or cultural societies, and explore opportunities for studying abroad or hosting a student from a French-speaking country in your home or school.

Practice, practice, practice!

Seize every opportunity you find to listen, speak, read, or write French. Think of it like a sport or learning a musical instrument—the more you practice, the more you will become comfortable with the language and how it works. You'll marvel at how quickly you can begin speaking French and how the world that it transports you to can change your life forever!

- **Connect** your learning to everyday experiences. Think about naming the ingredients of your favorite dish in French. Think about the origins of French place names in the U.S., like Baton Rouge and Fond du Lac, or of common English words and phrases like **café**, **en route**, **fiancé**, **matinée**, **papier mâché**, **petite**, and **souvenir**.

- **Use** mnemonics, or a memorizing device, to help you remember words. Make up a saying in English to remember the order of the days of the week in French (L, M, M, J, V, S, D).

- **Visualize** words. Try to associate words with images to help you remember meanings. For example, think of a **pâté** or **terrine** as you learn the names of different types of meats and vegetables. Imagine a national park and create mental pictures of the landscape as you learn names of animals, plants, and habitats.

- **Enjoy** yourself! Try to have as much fun as you can learning French. Take your knowledge beyond the classroom and find ways to make your learning experience your very own.

Common Names

Get started learning French by using a French name in class. You can choose from the lists on these pages, or you can find one yourself. How about learning the French equivalent of your name? The most popular French names for girls are Emma, Léa, Chloé, Manon, and Inès. The most popular French names for boys are Nathan, Lucas, Enzo, Léo, and Louis. Is your name, or that of someone you know, in the French top five?

More Boys' Names	More Girls' Names
Thomas	Lola
Gabriel	Zoé
Théo	Alice
Hugo	Louise
Maxime	Camille
Alexandre	Océane
Antoine	Marie
Adam	Sarah
Quentin	Clara
Clément	Lilou
Nicolas	Laura
Alexis	Julie
Romain	Mathilde
Raphaël	Lucie
Valentin	Anaïs
Noah	Pauline
Julien	Margot
Paul	Lisa
Baptiste	Eva
Tom	Justine
Jules	Maéva
Arthur	Jade
Benjamin	Juliette
Mohamed	Charlotte
Mathis	Émilie

The top five names for boys:	The top five names for girls:
Nathan	Emma
Lucas	Léa
Enzo	Chloé
Léo	Manon
Louis	Inès

Useful French Expressions

The following expressions will be very useful in getting you started learning French. You can use them in class to check your understanding, and to ask and answer questions about the lessons. Learn these ahead of time to help you understand direction lines in French, as well as your teacher's instructions. Remember to practice your French as often as you can!

Expressions utiles	Useful expressions
Allez à la page 2.	Go to page 2.
Alternez les rôles.	Switch roles.
À tour de rôle...	Take turns...
À voix haute	Aloud
À votre/ton avis	In your opinion
Après une deuxième écoute...	After a second listen...
Articulez.	Enunciate.; Pronounce carefully.
Au sujet de, À propos de	Regarding/about
Avec un(e) partenaire/ un(e) camarade de classe	With a partner/a classmate
Avez-vous/As-tu des questions?	Do you have any questions?
Avez-vous/As-tu fini/ terminé?	Are you done?/Have you finished?
Chassez l'intrus.	Choose the item that doesn't belong.
Choisissez le bon mot.	Choose the right word.
Circulez dans la classe.	Walk around the classroom.
Comment dit-on _____ en français?	How do you say _____ in French?
Comment écrit-on _____ en français?	How do you spell _____ in French?

Expressions utiles	Useful expressions
Corrigez les phrases fausses.	Correct the false statements.
Créez/Formez des phrases...	Create/Form sentences...
D'après vous/Selon vous...	According to you...
Décrivez les images/ dessins...	Describe the images/ drawings...
Désolé(e), j'ai oublié.	I'm sorry, I forgot.
Déterminez si...	Decide whether...
Dites si vous êtes/Dis si tu es d'accord ou non.	Say if you agree or not.
Écrivez une lettre/ une phrase.	Write a letter/a sentence.
Employez les verbes de la liste.	Use the verbs from the list.
En utilisant...	Using...
Est-ce que vous pouvez/tu peux choisir un(e) autre partenaire/ quelqu'un d'autre?	Can you please choose... another partner/someone else?
Êtes vous prêt(e)?/ Es-tu prêt(e)?	Are you ready?
Excusez-moi, je suis en retard.	Excuse me for being late.
Faites correspondre...	Match...
Faites les accords nécessaires.	Make the necessary agreements.

Getting Started

Expressions utiles	Useful expressions
Félicitations!	Congratulations!
Indiquez le mot qui ne va pas avec les autres.	Indicate the word that doesn't belong.
Indiquez qui a dit…	Indicate who said…
J'ai gagné!/Nous avons gagné!	I won!/We won!
Je n'ai pas/Nous n'avons pas encore fini.	I/We have not finished yet.
Je ne comprends pas.	I don't understand.
Je ne sais pas.	I don't know.
Je ne serai pas là demain.	I won't be here tomorrow.
Je peux continuer?	May I continue?
Jouez le rôle de…/la scène…	Play the role of…/the scene…
Lentement, s'il vous plaît.	Slowly, please.
Lisez…	Read…
Mettez dans l'ordre…	Put in order…
Ouvrez/Fermez votre livre.	Open/Close your books.
Par groupes de trois/quatre…	In groups of three/four…
Partagez vos résultats…	Share your results…
Posez-vous les questions suivantes.	Ask each other the following questions.
Pour demain, faites…	For tomorrow, do…

Expressions utiles	Useful expressions
Pour demain, vous allez/tu vas faire…	For tomorrow you are going to do…
Prononcez.	Pronounce.
Qu'est-ce que ____ veut dire?	What does ____ mean?
Que pensez-vous/penses-tu de…	What do you think about…
Qui a gagné?	Who won?
…qui convient le mieux.	…that best completes/is the most appropriate.
Rejoignez un autre groupe.	Get together with another group.
Remplissez les espaces.	Fill in the blanks.
Répondez aux questions suivantes.	Answer the following questions.
Soyez prêt(e)s à…	Be ready to…
Venez/Viens au tableau.	Come to the board.
Vous comprenez?/Tu comprends?	Do you understand?
Vous pouvez nous expliquer/m'expliquer encore une fois, s'il vous plaît?	Could you explain again, please?
Vous pouvez répéter, s'il vous plaît?	Could you repeat that, please?
Vrai ou faux?	True or false?

Acknowledgments

On behalf of its authors and editors, Vista Higher Learning expresses its sincere appreciation to the many educators nationwide who reviewed materials from **D'accord!** Their input and suggestions were vitally helpful in forming and shaping the program in its final, published form.

We also extend a special thank you to Mayanne Wright, Stephen Adamson, and Séverine Champeny, whose hard work was central to bringing **D'accord!** to fruition.

We are especially grateful to Norah Jones, for her continued support and feedback regarding all aspects of the text.

Reviewers

Rachel Safier Albino
Saint Francis High School
Mountain View, CA

Erin Austin
Poudre High School
Fort Collins, CO

Rebecca Barck
The Bryn Mawr School
Baltimore, MD

Jennifer Barnhill
The Archer School for Girls
Los Angeles, CA

Michael Battle
Saint Francis High School
Mountain View, CA

Mary Bell
St Mary's Episcopal School
Memphis, TN

Morgan Benz
Drew School
San Francisco, CA

Marie France Bernard
Carrollton School of the Sacred Heart
Miami, FL

Joyce Besserer
Brookfield Academy
Brookfield, WI

Cree Bol
Polaris Expeditionary School
Fort Collins, CO

Greta Brewer
West Boca High School
Boca Raton, FL

Kari Bridenbaugh
Rocky Mountain High School
Fort Collins, CO

Bradey Bulk
Wilmington Friends School
Wilmington, DE

Chantal Cassan
St Andrew's Episcopal School
Potomac, MD

Christi Castenson
West Aurora High School
Aurora, IL

Anna Maria Cherubin
Eleanor Roosevelt High School
Greenbelt, MD

Ines du Cos de La Hitte
Sierra Canyon School
Chatsworth, CA

Amaris Cuchanski
Falmouth Academy
Falmouth, MA

Isabelle Daly
Ranney School
Tinton Falls, NJ

Silvana Dessi-Olive
The Blake School
Minneapolis, MN

Michele Diament
Collins Hill High School
Suwanee, GA

Catherine Douglas
Xaverian Brothers High School
Westwood, MA

Parthena Draggett
Community School of Naples
Naples, FL

Jillian Eilert
Avon High School
Avon, IN

Erin Feltman
Timberline High School
Olympia, WA

Kristine Finnegan
Kempsville High School
Virginia Beach, VA

Mary Beth Fischer
Kinard Core Knowledge Middle School
Fort Collins, CO

Kimberly Fogelson
Dominion High School
Sterling, VA

Acknowledgments

Kevin Giggy
Mitchell High School
Mitchell, IN

Lee Holcomb
Inspire School of Arts & Sciences
Chico, CA

Anne Jackson
Holy Innocents Episcopal School
Atlanta, GA

Debra Jukich
Mead High School
Longmont, CO

Kimberley Jurawan
The Benjamin School
Palm Beach Gardens, FL

Catalina Keilhauer
The Madeira School
McLean, VA

Benjamin Lizotte
St. John's High School
Shrewsbury, MA

Jean Mari Hernandez Lopez
Westtown School
West Chester, PA

Sabrina Maggio
Marist High School
Chicago, IL

Miranda Markland
Preston Middle School
Fort Collins, CO

Michelle Martin
Brebeuf Jesuit Preparatory School
Indianapolis, IN

Patricia Massey
Potomac Falls High School
Potomac Falls, VA

Thomas Michaud
Nichols School
Buffalo, NY

Caron Morton
Suncoast Community High School
Riviera Beach, FL

Nadine Paulsen
Archbishop Mitty High School
San Jose, CA

Marilyn Payton
St. John XXIII College Preparatory
Katy, TX

Rebecca Philippone
Greene High School
Greene, NY

Sarah du Plessis
Hopkins School
New Haven, CT

Tom Pozen
Saint Ignatius College Prep
Chicago, IL

Meghan Primm
Mill Creek High School
Hoschton, GA

Carolyn Quinby
Terra Linda High School
San Rafael, CA

Philippe Radelet
Benjamin Franklin High School
New Orleans, LA

Caroline Ridenour
Heritage Christian School
North Hills, CA

Donna Romanick
Pope John XXIII High School
Sparta, NJ

Tracy Rucker
Louisville Collegiate School
Louisville, KY

Katherine Saxby
Orinda Academy
Orinda, CA

Sarah Sexton
Fossil Ridge High School
Fort Collins, CO

Ellen Spence
Beavercreek High School
Beavercreek, OH

Suzanne Stluka
The New School of Northern Virginia
Fairfax, VA

Maggie Strahl
Bishop Fenwick High School
Franklin, OH

Cammie Williams
William Byrd High School
Vinton, VA

Pachao Yajcherthao
The Blake School
Minneapolis, MN

Valerie Yoshimura
The Archer School for Girls
Los Angeles, CA

Salut!

Pour commencer

- What are these people saying?
  a. Excusez-moi.   b. Bonjour!   c. Merci.
- How many people are there in the photo?
  a. une personne   b. deux personnes
  c. trois personnes
- What do you think is an appropriate title for
  the person on the left?
  a. Monsieur   b. Madame   c. Mademoiselle

You will learn how to...

- greet people in French
- say good-bye

🔊 **vhl**central

Ça va?

GEORGES Ça va, Henri?
HENRI Oui, ça va très bien, merci. Et vous, comment allez-vous?
GEORGES Je vais bien, merci.

PAUL Merci!
JEAN Il n'y a pas de quoi.

Vocabulaire

Bonsoir.	Good evening.; Hello.
À bientôt.	See you soon.
À demain.	See you tomorrow.
Bonne journée!	Have a good day!
Au revoir.	Good-bye.
Comme ci, comme ça.	So-so.
Je vais bien/mal.	I am doing well/badly.
Moi aussi.	Me too.
Comment t'appelles-tu? (fam.)	What is your name?
Je vous/te présente... (form./fam.)	I would like to introduce (name) to you.
De rien.	You're welcome.
Excusez-moi. (form.)	Excuse me.
Excuse-moi. (fam.)	Excuse me.
Merci beaucoup.	Thanks a lot.
Pardon.	Pardon (me).
S'il vous plaît. (form.)	Please.
S'il te plaît. (fam.)	Please.
Je vous/t'en prie. (form./fam.)	You're welcome.; It's nothing.
Monsieur (M.)	Sir (Mr.)
Madame (Mme)	Ma'am (Mrs.)
Mademoiselle (Mlle)	Miss
ici	here
là	there
là-bas	over there

MARIE À plus tard, Guillaume!
GUILLAUME À tout à l'heure, Marie!

JACQUES Bonjour, Monsieur Boniface. Je vous présente Thérèse Lemaire.
M. BONIFACE Bonjour, Mademoiselle.
THÉRÈSE Enchantée.

Attention!

In French, people can be addressed formally or informally. Use the **tu/toi** forms with close friends, family, or children. Use the **vous** forms with groups, a boss, adults, or someone you do not know, unless they ask you to use **tu**.

MARC Bonjour, je m'appelle Marc, et vous, comment vous appelez-vous?
ANNIE Je m'appelle Annie.
MARC Enchanté.

SOPHIE Bonjour, Catherine!
CATHERINE Salut, Sophie!
SOPHIE Ça va?
CATHERINE Oui, ça va bien, merci. Et toi, comment vas-tu?
SOPHIE Pas mal.

Mise en pratique

1 **Chassez l'intrus** Circle the word or expression that does not belong.

1. a. Bonjour.
   b. Bonsoir.
   c. Salut.
   d. Pardon.
2. a. Bien.
   b. Très bien.
   c. De rien.
   d. Comme ci, comme ça.
3. a. À bientôt.
   b. À demain.
   c. À tout à l'heure.
   d. Enchanté.
4. a. Comment allez-vous?
   b. Comment vous appelez-vous?
   c. Ça va?
   d. Comment vas-tu?

5. a. Pas mal.
   b. Excuse-moi.
   c. Je vous en prie.
   d. Il n'y a pas de quoi.
6. a. Comment vous appelez-vous?
   b. Je vous présente Dominique.
   c. Enchanté.
   d. Comment allez-vous?
7. a. Pas mal.
   b. Très bien.
   c. Mal.
   d. Et vous?
8. a. Comment allez-vous?
   b. Comment vous appelez-vous?
   c. Et toi?
   d. Je vous en prie.

2 **Écoutez** Listen to each of these questions or statements and select the most appropriate response.

1.	Enchanté. ☐	Je m'appelle Thérèse. ☐
2.	Merci beaucoup. ☐	Je vous en prie. ☐
3.	Comme ci, comme ça. ☐	De rien. ☐
4.	Bonsoir, Monsieur. ☐	Moi aussi. ☐
5.	Enchanté. ☐	Et toi? ☐
6.	Bonjour. ☐	À demain. ☐
7.	Pas mal. ☐	Pardon. ☐
8.	Il n'y a pas de quoi. ☐	Moi aussi. ☐
9.	Enchanté. ☐	Très bien. Et vous? ☐
10.	À bientôt. ☐	Mal. ☐

3 **Conversez** Madeleine is introducing her classmate Khaled to Libby, an American exchange student. Complete their conversation, using a different expression from **CONTEXTES** in each blank.

MADELEINE (1) _____!

KHALED Salut, Madeleine. (2) _____?

MADELEINE Pas mal. (3) _____?

KHALED (4) _____, merci.

MADELEINE (5) _____ Libby. Elle est de (*She is from*) Boston.

KHALED (6) _____, Libby. (7) _____ Khaled.
(8) _____?

LIBBY (9) _____, merci.

KHALED Oh, là, là. Je vais rater (*I am going to miss*) le bus. À bientôt.

MADELEINE (10) _____.

LIBBY (11) _____.

Communication

4 **Discutez** With a partner, complete these conversations. Then act them out.

Conversation 1 Salut! Je m'appelle François. Et toi, comment t'appelles-tu?

Je m'appelle bob

Ça va?

Ca va bien, merci

Conversation 2 _Comment ca va_

Comme ci, comme ça. Et vous?

Ca va bien, merci

Bon (*Well*), à demain.

Au revoir

Conversation 3 Bonsoir, je vous présente Mademoiselle Barnard.

Enchante, Mademoiselle Barnard

Enchanté(e).

Comment ca va?

Très bien, merci. Et vous?

Ca va bien, merci

5 **C'est à vous!** How would you greet these people, ask them for their names, and ask them how they are doing? With a partner, write a short dialogue for each item and act it out. Pay attention to the use of **tu** and **vous**.

1. Madame Colombier   **2. Mademoiselle Estèves**

3. Monsieur Marchand   **4. Marie, Guillaume et Geneviève**

6 **Présentations** Form groups of three. Introduce yourself, and ask your partners their names and how they are doing. Then, join another group and take turns introducing your partners.

MODÈLE

Élève 1: *Bonjour. Je m'appelle Fatima. Et vous?*
Élève 2: *Je m'appelle Fabienne.*
Élève 3: *Et moi, je m'appelle Antoine. Ça va?*
Élève 1: *Ça va bien, merci. Et toi?*
Élève 3: *Comme ci, comme ça.*

Les sons et les lettres 🔊 vhlcentral

The French alphabet

The French alphabet is made up of the same 26 letters as the English alphabet. While they look the same, some letters are pronounced differently. They also sound different when you spell.

lettre		exemple	lettre		exemple	lettre		exemple
a	(a)	**a**dresse	j	(ji)	**j**ustice	s	(esse)	**s**pécial
b	(bé)	**b**anane	k	(ka)	**k**ilomètre	t	(té)	**t**able
c	(cé)	**c**arotte	l	(elle)	**l**ion	u	(u)	**u**nique
d	(dé)	**d**essert	m	(emme)	**m**ariage	v	(vé)	**v**idéo
e	(e)	**r**ebelle	n	(enne)	**n**ature	w	(double vé)	**w**agon
f	(effe)	**f**ragile	o	(o)	**o**live	x	(iks)	**x**ylophone
g	(gé)	**g**enre	p	(pé)	**p**ersonne	y	(i grec)	**y**oga
h	(hache)	**h**éritage	q	(ku)	**q**uiche	z	(zède)	**z**éro
i	(i)	**i**nnocent	r	(erre)	**r**adio ,			

Notice that some letters in French words have accents. You'll learn how they influence pronunciation in later lessons. Whenever you spell a word in French, include the name of the accent after the letter. For double letters, use **deux: ss = deux s.**

accent	nom	exemple	orthographe
´	*accent aigu*	**identité**	I-D-E-N-T-I-T-E-accent aigu
`	*accent grave*	**problème**	P-R-O-B-L-E-accent grave-M-E
^	*accent circonflexe*	**hôpital**	H-O-accent circonflexe-P-I-T-A-L
¨	*tréma*	**naïve**	N-A-I-tréma-V-E
¸	*cédille*	**ça**	C-cédille-A

L'alphabet Practice saying the French alphabet and example words aloud.

Ça s'écrit comment? Spell these words aloud in French.

1. judo
2. yacht
3. forêt
4. zèbre
5. existe
6. clown
7. numéro
8. français
9. musique
10. favorite
11. kangourou
12. parachute
13. différence
14. intelligent
15. dictionnaire
16. alphabet

Dictons Practice reading these sayings aloud.

Grande invitation, petites portions.[1]

Tout est bien qui finit bien.[2]

Lundi *Mardi*

[1] Great boast, small roast.
[2] All's well that ends well.

Au café vhlcentral

PERSONNAGES

Amina

David

Monsieur Hulot

Michèle

Rachid

Sandrine

Stéphane

Valérie

Au kiosque...
SANDRINE Bonjour, Monsieur Hulot!
M. HULOT Bonjour, Mademoiselle Aubry! Comment allez-vous?
SANDRINE Très bien, merci! Et vous?
M. HULOT Euh, ça va. Voici 45 (quarante-cinq) centimes. Bonne journée!
SANDRINE Merci, au revoir!

À la terrasse du café...
AMINA Salut!
SANDRINE Bonjour, Amina. Ça va?
AMINA Ben... ça va. Et toi?
SANDRINE Oui, je vais bien, merci.
AMINA Regarde! Voilà Rachid et... un ami?

RACHID Bonjour!
AMINA ET SANDRINE Salut!
RACHID Je vous présente un ami, David Duchesne.
SANDRINE Je m'appelle Sandrine.
DAVID Enchanté.

STÉPHANE Oh, non! Madame Richard! Le professeur de français!
DAVID Il y a un problème?

STÉPHANE Oui! L'examen de français! Présentez-vous, je vous en prie!

VALÉRIE Oh... l'examen de français! Oui, merci, merci Madame Richard, merci beaucoup! De rien, au revoir!

1 Vrai ou faux? Decide whether each statement is **vrai** or **faux**.

1. Sandrine va (*is doing*) bien.
2. Sandrine et Amina sont (*are*) amies.
3. David est français.
4. David est de Washington.
5. David présente Rachid à Sandrine et Amina.
6. Stéphane est étudiant à l'université.
7. Il y a un problème avec l'examen de sciences politiques.
8. Amina, Rachid et Sandrine sont (*are*) à Paris.
9. Michèle est au P'tit Bistrot.
10. Madame Richard est le professeur de Stéphane.
11. Valérie va mal.
12. Rachid a (*has*) cours de français dans 30 minutes.

Les étudiants se retrouvent (*meet*) au café.

DAVID Et toi..., comment t'appelles-tu?
AMINA Je m'appelle Amina.
RACHID David est un étudiant américain. Il est de Washington, la capitale des États-Unis.
AMINA Ah, oui! Bienvenue à Aix-en-Provence.
RACHID Bon..., à tout à l'heure.
SANDRINE À bientôt, David.

À l'intérieur (inside) du café...
MICHÈLE Allô. Le P'tit Bistrot. Oui, un moment, s'il vous plaît. Madame Forestier! Le lycée de Stéphane.
VALÉRIE Allô. Oui. Bonjour, Madame Richard. Oui. Oui. Stéphane? Il y a un problème au lycée?

RACHID Bonjour, Madame Forestier. Comment allez-vous?
VALÉRIE Ah, ça va mal.
RACHID Oui? Moi, je vais bien. Je vous présente David Duchesne, étudiant américain de Washington.

DAVID Bonjour, Madame. Enchanté!
RACHID Ah, j'ai cours de sciences politiques dans 30 (trente) minutes. Au revoir, Madame Forestier. À tout à l'heure, David.

Expressions utiles

Introductions

- **David est un étudiant américain. Il est de Washington.**
  David is an American student. He's from Washington.
- **Présentez-vous, je vous en prie!**
  Introduce yourselves, please!
- **Il/Elle s'appelle...**
  His/Her name is...
- **Bienvenue à Aix-en-Provence.**
  Welcome to Aix-en-Provence.

Speaking on the telephone

- **Allô.**
  Hello.
- **Un moment, s'il vous plaît.**
  One moment, please.

Additional vocabulary

- **Regarde! Voilà Rachid et... un ami?**
  Look! There's Rachid and... a friend?
- **J'ai cours de sciences politiques dans 30 (trente) minutes.**
  I have political science class in thirty minutes.
- **Il y a un problème au lycée?**
  Is there a problem at the high school?

Il y a... *There is/are...*	**euh** *um*
Il/Elle est *He/She is...*	**bon** *well; good*
Voici... *Here's...*	**centimes** *cents*
Voilà... *There's...*	

---

2 **Complétez** Fill in the blanks with the words from the list. Refer to the video scenes as necessary.

1. _____ à Aix-en-Provence.
2. Il est de Washington, la _____ des États-Unis.
3. _____ 45 (quarante-cinq) centimes. Bonne journée!
4. J'_____ cours de sciences politiques.
5. David _____ un étudiant américain.

ai	est
bienvenue	voici
capitale	

3 **Conversez** In groups of three, write a conversation where you introduce an exchange student to a friend. Be prepared to present your conversation to the class.

A C T I V I T É S

vhlcentral | *Flash culture*

CULTURE À LA LOUPE

La poignée de main ou la bise?

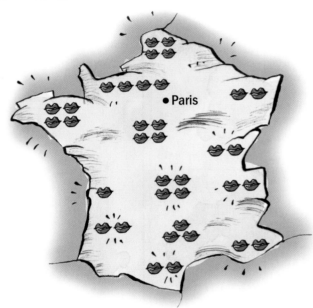

French friends and relatives usually exchange a kiss (**la bise**) on alternating cheeks whenever they meet and again when they say good-bye. Friends of friends may also kiss on the cheek when introduced, even though they have just met. This is particularly true among students and young adults. It is normal for men of the same family to exchange **la bise**; otherwise, men generally greet one another with a handshake (**la poignée de main**). As the map shows, the number of kisses varies from place to place in France. In some regions, two kisses (one on each cheek) is the standard while in others, people may exchange as many as four kisses. Whatever the number, each kiss is accompanied by a slight kissing sound.

Combien de° bises?

Coup de main

If you are not sure whether you should shake hands or kiss someone, or if you don't know which side to start on, you can always follow the other person's lead.

Unless they are also friends, business acquaintances and coworkers usually shake hands each time they meet and do so again upon leaving. A French handshake is brief and firm, with a single downward motion.

Combien de *How many*

A C T I V I T É S

1 **Vrai ou faux?** Indicate whether each statement is **vrai** or **faux**. Correct any false statements.

1. In northwestern France, giving four kisses is common.

2. Business acquaintances usually kiss one another on the cheek.

3. French people may give someone they've just met **la bise**.

4. **Bises** exchanged between French men at a family gathering are common.

5. In a business setting, French people often shake hands when they meet each day and again when they leave.

6. When shaking hands, French people prefer a long and soft handshake.

7. The number of kisses given can vary from one region to another.

8. It is customary for kisses to be given silently.

LE FRANÇAIS QUOTIDIEN

Les salutations

À la prochaine!	*Until next time!*
À plus!	*See you later!*
Ciao!	*Bye!*
Coucou!	*Hi there!/Hey!*
Pas grand-chose.	*Nothing much.*
Quoi de neuf?	*What's new?*
Rien de nouveau.	*Nothing new.*

LE MONDE FRANCOPHONE

Les bonnes manières

In the francophone world, making an effort to speak in French is important. Respecting cultural norms and using polite expressions, such as **excusez-moi**, **s'il vous plaît**, and **merci**, goes a long way when conversing with locals.

Dos and don'ts in the francophone world:

France Always greet shopkeepers upon entering a store and say good-bye upon leaving.

Cambodia Greet others traditionally with your palms together and raised in front of you.

French Polynesia/Tahiti Shake hands with everyone in a room, unless the group is large.

Vietnam Remove your hat in the presence of older people and monks to show respect.

Ivory Coast Avoid making eye contact, as it is considered rude to stare.

PORTRAIT

Aix-en-Provence: ville d'eau, ville d'art°

Aix-en-Provence is a lively university town that welcomes international students. Its main boulevard, **le cours Mirabeau**, is great for people-watching or just relaxing in a sidewalk café. One can see many beautiful fountains, traditional and ethnic restaurants, and the daily vegetable and flower market among the winding, narrow streets of **la vieille ville** (*old town*).

Aix is also well-known for its dedication to the arts, hosting numerous cultural festivals every year such as **le Festival International d'Art Lyrique**, and **Aix en Musique**. For centuries, artists have been drawn to Provence for its natural beauty and its unique quality of light. Paul Cézanne, artist and native son of Provence, spent his days painting the surrounding countryside.

ville d'eau, ville d'art *city of water, city of art*

Sur Internet

What behaviors are socially unacceptable in French-speaking countries?

Go to **vhlcentral.com** to find more information related to this **Culture** section and to watch the corresponding **Flash culture** video.

---

2 **Les bonnes manières** In which places might these behaviors be particularly offensive?

1. making direct eye contact
2. greeting someone with a **bise** when introduced
3. wearing a hat in the presence of older people
4. failing to greet a salesperson
5. failing to greet everyone in a room

3 **À vous** With a partner, practice meeting and greeting people in French in various social situations.

1. Your good friend from Provence introduces you to her close friend.
2. You walk into your neighborhood bakery.
3. You arrive for an interview with a prospective employer.

A C T I V I T É S

1A.1

Nouns and articles vhlcentral

Point de départ A noun designates a person, place, or thing. As in English, nouns in French have number, meaning they are singular or plural. However, nouns in French also have gender, meaning they are either masculine or feminine.

masculine singular	masculine plural	feminine singular	feminine plural
le café	**les cafés**	**la bibliothèque**	**les bibliothèques**
the café	*the cafés*	*the library*	*the libraries*

- You can't guess the gender of a noun unless it refers to a person. In this case, nouns that designate a male are usually masculine and nouns that designate a female are usually feminine.

masculine		feminine	
l'acteur	*the actor*	**l'actrice**	*the actress*
l'ami	*the (male) friend*	**l'amie**	*the (female) friend*
le chanteur	*the (male) singer*	**la chanteuse**	*the (female) singer*
l'étudiant	*the (male) student*	**l'étudiante**	*the (female) student*
le petit ami	*the boyfriend*	**la petite amie**	*the girlfriend*

- There are exceptions to the rule above. Sometimes a masculine noun or a feminine noun can refer to either a male or a female. Here are two.

un professeur
a (male or female) teacher, professor

une personne
a (male or female) person

- The genders of nouns that refer to objects and ideas, however, have to be memorized.

masculine		feminine	
le bureau	*the office; desk*	**la chose**	*the thing*
le lycée	*the high school*	**la différence**	*the difference*
l'examen	*the test, exam*	**la librairie**	*the bookstore*
l'objet	*the object*	**la littérature**	*literature*
l'ordinateur	*the computer*	**la sociologie**	*sociology*
le problème	*the problem*	**l'université**	*the university*

- You can make many nouns plural by adding **-s**.

	singular		plural	
masculine noun	**l'objet**	*the object*	**les objets**	*the objects*
feminine noun	**la télévision**	*the television*	**les télévisions**	*the televisions*

- For nouns that end in **-eau** in the singular, add **-x** to the end to make it plural. For most nouns ending in **-al**, drop the **-al** and add **-aux**.

le bureau	→	**les bureaux**		**l'animal**	→	**les animaux**
the office		*the offices*		*the animal*		*the animals*

Boîte à outils

As you learn new nouns, study them with their corresponding articles. This will help you remember their gender.

Boîte à outils

The final **-s** in the plural form of a noun is not pronounced. Therefore **ami** and **amis** sound the same. You can determine whether the word you're hearing is singular or plural by the article that comes before it.

Vérifiez

- When you have a group composed of males and females, use the masculine plural noun.

  les amis
  the (male, or male and female) friends

  les étudiants
  the (male, or male and female) students

Definite and indefinite articles

- The words **le**, **la**, **l'** and **les** you've seen in front of nouns are called definite articles. They all correspond to the word *the*, the only form of the definite article in English. In French, the definite article you use depends on the number and gender of the noun it goes with. For singular nouns, it also depends if they begin with a consonant or vowel sound.

	singular noun beginning with a consonant		singular noun beginning with a vowel sound		plural noun	
masculine	le tableau	*the painting/ blackboard*	l'ami	*the (male) friend*	les cafés	*the cafés*
feminine	la librairie	*the bookstore*	l'université	*the university*	les télévisions	*the televisions*

- Indefinite articles can also be used before nouns. In English, the singular forms are *a/an* and the plural form is *some*. In French, the masculine singular form is **un**, the feminine singular form is **une**, and the plural form is **des**. Unlike in English, the indefinite article **des** cannot be omitted in French.

	singular		plural	
masculine	un instrument	*an instrument*	des instruments	*(some) instruments*
feminine	une table	*a table*	des tables	*(some) tables*

- Use **c'est** followed by a singular article and noun or **ce sont** followed by a plural article and noun to identify people and objects.

  Qu'est-ce que **c'est**?
  What is that?

  C'est une librairie.
  It's a bookstore.

  Ce sont des bureaux.
  Those are offices.

> ### 🏃 Boîte à outils
>
> In English, you sometimes omit the definite article when making general statements.
>
> *I love French.*
>
> *Literature is difficult.*
>
> In French, you must always use the definite article in such cases.
>
> **J'adore le français.**
>
> **La littérature est difficile** (*difficult*).

Essayez! Select the correct article for each noun.

le, la, l' ou les?

1. _____ le _____ café
2. _____ bibliothèque
3. _____ acteur
4. _____ amie
5. _____ problèmes
6. _____ lycée
7. _____ examens
8. _____ littérature

un, une ou des?

1. _____ un _____ bureau
2. _____ différence
3. _____ objet
4. _____ amis
5. _____ amies
6. _____ université
7. _____ ordinateur
8. _____ tableaux

Mise en pratique

1 **Les singuliers et les pluriels** Make the singular nouns plural, and the plural nouns singular.

1. l'actrice
2. les lycées
3. les différences
4. la chose
5. le bureau
6. le café
7. les librairies

8. les étudiantes
9. les acteurs
10. l'ami
11. l'université
12. les tableaux
13. le problème
14. les bibliothèques

2 **Le lycée** Complete the sentences with an appropriate word from the list. Don't forget to provide the definite articles.

bibliothèque	examen	ordinateurs	sociologie
bureau	lycée	petit ami	

1. À (a) _____, les tableaux et (b) _____ sont (*are*) modernes.
2. Marc, c'est (c) _____ de (*of*) Marie. Marc étudie (*studies*) la littérature.
3. Marie étudie (d) _____. (e) _____ de Marie et Marc s'appelle Henri IV.
4. Sylvie étudie pour (*for*) (f) _____ de français.

3 **Les mots** Find ten words (**mots**) hidden in this word jumble. Then, provide the corresponding indefinite articles.

G	N	I	O	R	Z	Y	M	I	P	X	L	R	W
E	B	U	R	E	A	U	X	U	J	V	C	B	N
C	A	F	B	S	M	V	B	G	H	M	N	I	P
A	N	R	Y	E	I	H	K	B	E	F	K	V	F
J	G	O	S	T	E	J	B	O	B	E	G	D	D
E	K	E	L	H	N	U	Q	R	V	F	D	B	M
G	W	F	G	E	R	E	S	D	C	N	U	H	E
P	S	V	B	C	H	O	S	I	U	K	H	S	C
U	Q	K	E	I	Y	M	T	N	A	D	O	X	R
A	B	V	C	R	I	V	V	A	J	H	W	I	J
E	I	W	I	L	P	W	J	T	C	P	Y	E	Y
L	I	B	R	A	I	R	I	E	D	M	E	K	L
B	D	O	T	B	S	S	E	U	C	H	L	D	Y
A	Y	P	C	P	J	C	N	R	L	S	G	T	C
T	D	G	A	E	S	Y	L	S	V	C	A	F	E
S	I	J	E	M	X	K	P	Z	A	A	S	O	E
R	I	A	R	B	I	L	A	D	S	F	H	C	W

Communication

4 **Qu'est-ce que c'est?** In pairs, take turns identifying the item(s) in each image.

▶ **MODÈLE**

Élève 1: *Qu'est-ce que c'est?*

Élève 2: *C'est un ordinateur.*

1. _____ 2. _____

3. _____ 4. _____ 5. _____ 6. _____

5 **Identifiez** In pairs, take turns providing a category for each item.

MODÈLE

Michigan, UCLA, Rutgers, Duke
Ce sont des universités.

1. saxophone
2. Sheldon, Penny, Leonard, Rajesh, Howard
3. SAT
4. Library of Congress
5. Jennifer Lawrence, Marion Cotillard, Emma Watson, Sophie Turner
6. Beyoncé, Bruno Mars

6 **Le français** Your partner gets French words mixed up. Correct your partner as he or she points to various people and objects in the illustration and names them. When you're done, switch roles.

MODÈLE

Élève 1: *C'est une personne.*

Élève 2: *Non, c'est un objet.*

7 **Pictogrammes** In groups of four, someone draws a person, object, or concept for the others to guess. Whoever guesses correctly draws next. Continue until everyone has drawn at least once.

1A.2

Numbers 0–60 vhlcentral

Point de départ Numbers in French follow patterns, as they do in English. First, learn the numbers **0–30**. The patterns they follow will help you learn the numbers **31–60**.

Numbers 0–30					
0–10		**11–20**		**21–30**	
0	zéro				
1	un	11	onze	21	vingt et un
2	deux	12	douze	22	vingt-deux
3	trois	13	treize	23	vingt-trois
4	quatre	14	quatorze	24	vingt-quatre
5	cinq	15	quinze	25	vingt-cinq
6	six	16	seize	26	vingt-six
7	sept	17	dix-sept	27	vingt-sept
8	huit	18	dix-huit	28	vingt-huit
9	neuf	19	dix-neuf	29	vingt-neuf
10	dix	20	vingt	30	trente

- When counting a series of numbers, use **un** for *one*.

  un, deux, trois, quatre...
  one, two, three, four...

- When *one* is followed by a noun, use **un** with a masculine noun and **une** with a feminine noun.

  un objet   **une** télévision
  an/one object   *a/one television*

- The number **21** (**vingt et un**) follows a different pattern than the numbers **22–30**. When **vingt et un** precedes a feminine noun, add **-e** to the end of it: **vingt et une**.

  vingt et un objets   **vingt et une** choses
  twenty-one objects   *twenty-one things*

- The numbers **31–39**, **41–49**, and **51–59** follow the same pattern as the numbers **21–29**.

Numbers 31–60					
31–34		**35–38**		**39, 40, 50, 60**	
31	trente et un	35	trente-cinq	39	trente-neuf
32	trente-deux	36	trente-six	40	quarante
33	trente-trois	37	trente-sept	50	cinquante
34	trente-quatre	38	trente-huit	60	soixante

- As with the number **21**, add an **-e** to **trente et un**, **quarante et un**, and **cinquante et un** when used before a feminine noun.

  trente et **un** objets   trente et **une** choses
  thirty-one objects   *thirty-one things*

  cinquante et **un** objets   cinquante et **une** choses
  fifty-one objects   *fifty-one things*

1A.2 Mise en pratique

1 Logique Provide the number that completes each series. Then, write out the number in French.

MODÈLE

2, 4, __6__, 8, 10; __six__

1. 9, 12, __15__, 18, 21; ~~quinze~~
2. 15, 20, __25__, 30, 35; _vingt cinq_
3. 2, 9, __16__, 23, 30; _seize_
4. 0, 10, 20, __30__, 40; _trente_
5. 15, __17__, 19, 21, 23; _dix sept_
6. 29, 26, __23__, 20, 17; _vingt trois_
7. 2, 5, 9, __14__, 20, 27; _Quatre_
8. 30, 22, 16, 12, __10__; _dix_

2 Il y a combien de...? Provide the number that you associate with these pairs of words.

MODÈLE

lettres: l'alphabet **vingt-six**

1. mois (*months*): année (*year*) _c'est douze_
2. états (*states*): USA
3. semaines (*weeks*): année
4. jours (*days*): octobre _toet une_
5. âge: le vote
6. Noël (*Christmas*): décembre _trentun_

3 Numéros de téléphone Write out the following phone numbers in French and then read them out loud. Next, cover up your notes and try reading the numbers out loud again.

MODÈLE

Le bureau, c'est le zéro un, vingt-trois, quarante-cinq, vingt-six, dix-neuf.

1. *bureau: 01.23.45.26.19*
2. *bibliothèque: 01.47.15.54.17*
3. *café: 01.41.38.16.29*
4. *librairie: 01.10.13.60.23*
5. *lycée: 01.58.36.14.12*
6. *Marina: 06.11.60.20.32*

Comparisons

French phone numbers are recited using double, not single digits, unless the number pair begins with **zéro**.

For example, 03.45.22.16.34 would be read as **zéro trois, quarante-cinq, vingt-deux, seize, trente-quatre**.

• How do you recite your own phone number? Why do you think this difference exists?

Communication

4 **Au lycée** In pairs, take turns asking questions and making statements about your school based on the cues provided.

MODÈLE

bibliothèques: 3
Élève 1: *Il y a combien de bibliothèques?*
Élève 2: *Il y a trois bibliothèques.*

1. professeurs d'anglais: 6
2. élèves dans (*in*) la classe de français: 22
3. télévision dans la classe de géographie: 1
4. ordinateurs à la bibliothèque: 8
5. personnes dans le bureau: 51
6. tables dans la cantine (*cafeteria*): 34
7. tableaux dans le lycée: 47
8. livre sur (*on*) le bureau: 1

5 **Choses et personnes** In groups of three, make a list of ten things or people that you see or don't see in the classroom. Use **il y a** and **il n'y a pas de** (*there isn't*), and specify the number of items you can find. Then, compare your list with that of another group.

MODÈLE

Élève 1: *Il y a un élève français.*
Élève 2: *Il n'y a pas de télévision.*
Élève 3: *Il y a...*

6 **Description** You and your partner are in different classrooms. Ask questions to find out what is in your partner's room. Use their responses to draw a sketch of the room. Use numbers and pay attention to the gender of each noun.

MODÈLE

Élève 1: *Il y a une table?*
Élève 2: *Non, il n'y a pas de table. Il y a deux bureaux.*

bureau	instrument	tableau	portable
élève	ordinateur	tablette	télévision

7 **Présentez-vous** Introduce yourself and exchange phone numbers with three other students in your class. Recite your phone number the French way, reading the numbers as double, not single, digits. Write down your classmates' numbers and read each one back to them to be sure you got it right.

MODÈLE

Élève 1: *Bonjour. Je m'appelle Andrea Perrault, 51.22.39.44.60. Comment t'appelles-tu?*
Élève 2: *Enchanté. Je m'appelle Gabriel Turner, 31.47.35.20.11.*

⊘ I CAN say how many people and items there are.

Communication

4 Qu'est-ce qu'il y a dans mon sac à dos? Make a list of six different items that you have in your backpack, then work with a partner to compare your answers.

Dans mon (*my*) sac à dos, il y a...

1. _____
2. _____
3. _____
4. _____
5. _____
6. _____

Dans le sac à dos de ____*nom*____, il y a...

1. _____
2. _____
3. _____
4. _____
5. _____
6. _____

5 Qu'est-ce que c'est? Point at eight different items around the classroom and ask a classmate to identify them. Write your partner's responses on the spaces provided below.

MODÈLE

Élève 1: *Qu'est-ce que c'est?*
Élève 2: *C'est un stylo.*

1. _____
2. _____
3. _____
4. _____

5. _____
6. _____
7. _____
8. _____

6 Sept différences Your teacher will give you and a partner two different drawings of a classroom. Do not look at each other's worksheet. Find seven differences between your picture and your partner's by asking each other questions and describing what you see.

MODÈLE

Élève 1: *Il y a une fenêtre dans ma (my) salle de classe.*
Élève 2: *Oh! Il n'y a pas de fenêtre dans ma salle de classe.*

7 Pictogrammes Play pictionary as a class.

- Take turns going to the board and drawing words you learned on pp. 46-47.
- The person drawing may not speak and may not write any letters or numbers.
- The person who guesses correctly in French what the **grand(e) artiste** is drawing will go next.
- Your teacher will time each turn and tell you if your time runs out.

✓ I CAN identify school supplies and familiar objects.

Il y a and *Combien de...?*

- Use **il y a** to say *there is* or *there are* in French.

  Il y a un ordinateur dans le bureau.
  There is a computer in the office.

  Il y a une table dans le café.
  There is one table in the café.

  Il y a des tables dans le café.
  There are tables in the café.

  Il y a dix-huit objets sur le bureau.
  There are eighteen objects on the desk.

Il y a deux amies.

Il y a trois étudiants.

- In most cases, the indefinite article (**un, une,** or **des**) or a number is used with **il y a**, rather than the definite article (**le, la, l',** or **les**).

  Il y a un professeur de biologie américain.
  There's an American biology teacher.

  Il y a des étudiants français et anglais.
  There are French and English students.

- Use the expression **il n'y a pas de/d'** followed by a noun to express *there isn't a...* or *there aren't any....* Note that no article (definite or indefinite) is used in this case. Use **de** before a consonant sound and **d'** before a vowel sound.

before a consonant

before a vowel sound

  Il n'y a pas de tables dans le café.
  There aren't any tables in the café.

  Il n'y a pas d'ordinateur dans le bureau.
  There isn't a computer in the office.

- Use **combien de/d'** to ask how many of something there are.

  Il y a combien de tables?
  How many tables are there?

  Il y a combien de librairies?
  How many bookstores are there?

  Il y a combien d'ordinateurs?
  How many computers are there?

  Il y a combien d'étudiants?
  How many students are there?

Vérifiez

Essayez! Write out or say the French word for each number below.

1. 15 _quinze_
2. 6 _____
3. 22 _____
4. 5 _____
5. 12 _____

6. 8 _____
7. 30 _____
8. 21 _____
9. 1 _____
10. 17 _____

11. 44 _____
12. 14 _____
13. 38 _____
14. 56 _____
15. 19 _____

Mise en pratique

1 **Logique** Provide the number that completes each series. Then, write out the number in French.

MODÈLE

2, 4, __6__, 8, 10; __six__

1. 9, 12, _____, 18, 21; _____
2. 15, 20, _____, 30, 35; _____
3. 2, 9, _____, 23, 30; _____
4. 0, 10, 20, _____, 40; _____
5. 15, _____, 19, 21, 23; _____
6. 29, 26, _____, 20, 17; _____
7. 2, 5, 9, _____, 20, 27; _____
8. 30, 22, 16, 12, _____; _____

2 **Il y a combien de...?** Provide the number that you associate with these pairs of words.

MODÈLE

lettres: l'alphabet vingt-six

1. mois (*months*): année (*year*)
2. états (*states*): USA
3. semaines (*weeks*): année
4. jours (*days*): octobre
5. âge: le vote
6. Noël (*Christmas*): décembre

3 **Numéros de téléphone** Your mother left behind a list of phone numbers to call today. Now she calls you and asks you to read them off. (Note that French phone numbers are read as double, not single, digits.)

MODÈLE

Le bureau, c'est le zéro un, vingt-trois, quarante-cinq, vingt-six, dix-neuf.

1. bureau: 01.23.45.26.19
2. bibliothèque: 01.47.15.54.17
3. café: 01.41.38.16.29
4. librairie: 01.10.13.60.23
5. lycée: 01.58.36.14.12

Communication

4 **Contradiction** Thierry is describing the new café in the neighborhood, but Paul contradicts everything he says. In pairs, act out the roles using words from the list. Be sure to pay attention to whether the word is singular (use **un/une**) or plural (use **des**).

MODÈLE

Élève 1: *Dans (In) le café, il y a des tables.*
Élève 2: *Non, il n'y a pas de tables.*

actrices	professeurs
bureau	tableau
étudiants	tables
ordinateur	télévision

5 **Au Lycée** Nathalie's little brother wants to know everything about her school. In pairs, take turns acting out the roles.

MODÈLE

bibliothèques: 3
Élève 1: *Il y a combien de bibliothèques?*
Élève 2: *Il y a trois bibliothèques.*

1. professeurs: 22
2. étudiants dans (*in*) la classe de français: 15
3. télévision dans la classe de sociologie: 0
4. ordinateurs dans la bibliothèque: 8
5. employés dans la librairie du lycée: 1
6. tables dans la cantine (*cafeteria*): 50
7. tableaux dans la bibliothèque: 21
8. personne dans le bureau: 1

6 **Choses et personnes** In groups of three, make a list of ten things or people that you see or don't see in the classroom. Use **il y a** and **il n'y a pas de**, and specify the number of items you can find. Then, compare your list with that of another group.

MODÈLE

Élève 1: *Il y a un étudiant français.*
Élève 2: *Il n'y a pas de télévision.*
Élève 3: *Il y a...*

Révision

1 **Des lettres** In pairs, take turns choosing nouns. One partner chooses only masculine nouns, while the other chooses only feminine. Slowly spell each noun for your partner, who will guess the word. Find out who can give the quickest answers.

2 **Le pendu** In groups of four, play hangman (**le pendu**). Form two teams of two partners each. Take turns choosing a French word or expression you learned in this lesson for the other team to guess. Continue to play until your team guesses at least one word or expression from each category.

1. un nom féminin
2. un nom masculin
3. un nombre entre (*number between*) 0 et 30
4. un nombre entre 31 et 60
5. une expression

3 **C'est... Ce sont...** Doug is spending a week in Paris with his French e-mail pal, Marc. As Doug points out what he sees, Marc corrects him sometimes. In pairs, act out the roles. Doug should be right half the time.

> **MODÈLE**
> **Élève 1:** *C'est une bibliothèque?*
> **Élève 2:** *Non, c'est une librairie.*

1. _____

4. _____

2. _____

5. _____

3. _____

6. _____

4 **Les présentations** In pairs, introduce yourselves. Together, meet another pair. One person per pair should introduce him or herself and his or her partner. Use the items from the list in your conversations. Switch roles until you have met all of the other pairs in the class.

ami	élève
c'est	ami(e)
ce sont	professeur

5 **S'il te plaît** You need help finding your way and so you ask your partner for assistance. He or she gives you the building (**le bâtiment**) and room (**la salle**) number and you thank him or her. Then, switch roles and repeat with another place from the list.

> **MODÈLE**
> **Élève 1:** *Pardon... l'examen de sociologie, s'il te plaît?*
> **Élève 2:** *Ah oui... bâtiment E, salle dix-sept.*
> **Élève 1:** *Merci beaucoup!*
> **Élève 2:** *De rien.*

Bibliothèque .... Bâtiment C Salle 11
Bureau de Mme Girard .... Bâtiment A Salle 35
Bureau de M. Brachet .... Bâtiment J Salle 42
Bureau de M. Grondin .... Bâtiment H Salle 59
Examen de français .... Bâtiment B Salle 46
Examen d'anglais .... Bâtiment E Salle 24
Examen de sociologie .... Bâtiment E Salle 17
Salle de télévision .... Bâtiment F Salle 33
Salle des ordinateurs .... Bâtiment D Salle 40

6 **Mots mélangés** You and a partner each have half the words of a wordsearch (**des mots mélangés**). Pick a number and a letter and say them to your partner, who must tell you if he or she has a letter in the corresponding space. Do not look at each other's worksheet.

vhlcentral

Préparation Answer the questions.

1. When you greet friends, what words and gestures do you use?
2. In this video, two friends meet in a café. What words of greeting in French do you think you'll hear? What do you think the friends will have to eat and drink?

Attention au sucre°!

In 2001, the **INPES** or **Institut national de prévention et d'éducation pour la santé°** in France started a program to educate the public about good nutrition and a healthy lifestyle. Their website, **mangerbouger.fr**, explains how we can all become healthier eaters and why we should exercise more. One of their campaigns also raises public awareness about eating excess fat, salt, or sugar. To get the message across, the ads present foods that are rich in one of these ingredients in a new and surprising context. This particular commercial starts when two friends meet in a coffee shop.

Annonce *Ad* **Manger Bouger** *Eat Move* **sucre** *sugar* **santé** *health*

Annonce° de Manger Bouger°

Vocabulaire utile

je sors juste	*I just left*
le ciné	*movie theater*
deux cafés	*two coffees*
t'as vu quoi?	*what did you see?*
drôle	*funny*

Compréhension Answer the questions.

1. Indicate the word or phrase in each pair that you heard the friends say.

   Bonjour / Salut
   Ça va? / Comment allez-vous?
   Oui, et vous? / Oui, et toi?

2. What gestures did the friends use in greeting?
3. What did they order?

 Conversation In groups of three, answer these questions.

1. What does the waiter bring with the coffees? What does the ketchup stand for? Can you explain why?
2. Besides the ketchup, what else seems out of place in this scene?

Application Imagine that a friend of one of the women arrives at the café. In groups of three, role-play a scene in which the new friend is properly introduced and orders something to eat or drink.

 **vhl**central

En classe

une horloge

un crayon

un sac à dos

une fenêtre

Vocabulaire

Qui est-ce?	*Who is it?*
Quoi?	*What?*
une calculatrice	*calculator*
une montre	*watch*
une porte	*door*
un résultat	*result*
une salle de classe	*classroom*
un(e) camarade de classe	*classmate*
une classe	*class (group of students)*
un copain/	*friend*
une copine (*fam.*)	
un(e) élève	*pupil, student*
une femme	*woman*
une fille	*girl*
un garçon	*boy*
un homme	*man*

un livre

un cahier

un dictionnaire

un stylo

une feuille (de papier)

une corbeille (à papier)

Mise en pratique

1 **Chassez l'intrus** Circle the word that does not belong.

1. étudiants, élèves, professeur
2. un stylo, un crayon, un cahier
3. un livre, un dictionnaire, un stylo
4. un homme, un crayon, un garçon
5. une copine, une carte, une femme
6. une porte, une fenêtre, une chaise
7. une chaise, un professeur, une fenêtre
8. un crayon, une feuille de papier, un cahier
9. une calculatrice, une montre, une copine
10. une fille, un sac à dos, un garçon

2 **Écoutez** Listen to Madame Arnaud as she describes her French classroom, then check the items she mentions.

1. une porte ☐
2. un professeur ☐
3. une feuille de papier ☐
4. un dictionnaire ☐
5. une carte ☐
6. vingt-quatre cahiers ☐
7. une calculatrice ☐
8. vingt-sept chaises ☐
9. une corbeille à papier ☐
10. un stylo ☐

3 **C'est...** Work with a partner to identify the items you see in the image.

MODÈLE

Élève 1: *Qu'est-ce que c'est?*
Élève 2: *C'est un tableau.*

1. _____
2. _____
3. _____
4. _____
5. _____
6. _____
7. _____
8. _____
9. _____
10. _____
11. _____
12. _____

une carte

une chaise

Communication

4 **Qu'est-ce qu'il y a dans mon sac à dos?** Make a list of six different items that you have in your backpack, then work with a partner to compare your answers.

Dans mon (*my*) sac à dos, il y a...

1. _____
2. _____
3. _____
4. _____
5. _____
6. _____

Dans le sac à dos de ___*nom*___, il y a...

1. _____
2. _____
3. _____
4. _____
5. _____
6. _____

5 **Qu'est-ce que c'est?** Point at eight different items around the classroom and ask a classmate to identify them. Write your partner's responses on the spaces provided below.

MODÈLE

Élève 1: *Qu'est-ce que c'est?*
Élève 2: *C'est un stylo.*

1. _____
2. _____
3. _____
4. _____

5. _____
6. _____
7. _____
8. _____

6 **Pictogrammes** Play pictionary as a class.

- Take turns going to the board and drawing words you learned on pp. 20–21.
- The person drawing may not speak and may not write any letters or numbers.
- The person who guesses correctly in French what the **grand(e) artiste** is drawing will go next.
- Your teacher will time each turn and tell you if your time runs out.

7 **Sept différences** Your teacher will give you and a partner two different drawings of a classroom. Do not look at each other's worksheet. Find seven differences between your picture and your partner's by asking each other questions and describing what you see.

MODÈLE

Élève 1: *Il y a une fenêtre dans ma (my) salle de classe.*
Élève 2: *Oh! Il n'y a pas de fenêtre dans ma salle de classe.*

Les sons et les lettres 🔊 **vhl**central
Silent letters

Final consonants of French words are usually silent.

françai~~s~~   **spor~~t~~**   **vou~~s~~**   **salu~~t~~**

....

An unaccented **-e** (or **-es**) at the end of a word is silent, but the preceding consonant is pronounced.

française~~e~~   **américain~~e~~**   **orang~~es~~**   **japonaise~~s~~**

....

The consonants **-c**, **-r**, **-f**, and **-l** are usually pronounced at the ends of words. To remember these exceptions, think of the consonants in the word **c**a**r**e**f**u**l**.

par**c**	bonjou**r**	acti**f**	anima**l**
la**c**	professeu**r**	naï**f**	ma**l**

Prononcez Practice saying these words aloud.

1. traditionnel
2. étudiante
3. généreuse
4. téléphones
5. chocolat
6. Monsieur
7. journalistes
8. hôtel
9. sac
10. concert
11. timide
12. sénégalais
13. objet
14. normal
15. importante

Articulez Practice saying these sentences aloud.

1. Au revoir, Paul. À plus tard!
2. Je vais très bien. Et vous, Monsieur Dubois?
3. Qu'est-ce que c'est? C'est une calculatrice.
4. Il y a un ordinateur, une table et une chaise.
5. Frédéric et Chantal, je vous présente Michel et Éric.
6. Voici un sac à dos, des crayons et des feuilles de papier.

Dictons Practice reading these sayings aloud.

Aussitôt dit, aussitôt fait.[2]

Mieux vaut tard que jamais.[1]

[2] No sooner said than done.

[1] Better late than never.

Les copains vhlcentral

PERSONNAGES

Amina

David

Michèle

Stéphane

Touriste

Valérie

À la terrasse du café...
VALÉRIE Alors, un croissant, une crêpe et trois cafés.
TOURISTE Merci, Madame.
VALÉRIE Ah, vous êtes... américain?
TOURISTE Um, non, je suis anglais. Il est canadien et elle est italienne.
VALÉRIE Moi, je suis française.

À l'intérieur du café...
VALÉRIE Stéphane!!!
STÉPHANE Quoi?! Qu'est-ce que c'est?
VALÉRIE Qu'est-ce que c'est! Qu'est-ce que c'est! Une feuille de papier! C'est l'examen de maths! Qu'est-ce que c'est?
STÉPHANE Oui, euh, les maths, c'est difficile.

VALÉRIE Stéphane, tu es intelligent, mais tu n'es pas brillant! En classe, on fait attention au professeur, au cahier et au livre! Pas aux fenêtres. Et pas aux filles!
STÉPHANE Oh, oh, ça va!!

À la table d'Amina et de David...
DAVID Et Rachid, mon colocataire? Comment est-il?
AMINA Il est agréable et très poli... plutôt réservé mais c'est un étudiant brillant. Il est d'origine algérienne.

DAVID Et toi, Amina. Tu es de quelle origine?
AMINA D'origine sénégalaise.
DAVID Et Sandrine?

AMINA Sandrine? Elle est française.
DAVID Mais non... Comment est-elle?
AMINA Bon, elle est chanteuse, alors elle est un peu égoïste. Mais elle est très sociable. Et charmante. Mais attention! Elle est avec Pascal.
DAVID Pfft, Pascal, Pascal...

ACTIVITÉS

1 **Identifiez** Indicate which character would make each statement: Amina (**A**), David (**D**) Michèle (**M**), Sandrine (**S**), Stéphane (**St**), or Valérie (**V**).

1. Les maths, c'est difficile.
2. En classe, on fait attention au professeur!
3. Michèle, les trois cafés sont pour les trois touristes.
4. Ah, Madame, du calme!
5. Ma mère est très impatiente!
6. J'ai (*I have*) de la famille au Sénégal.
7. Je suis une grande chanteuse!
8. Mon colocataire est très poli et intelligent.
9. Pfft, Pascal, Pascal...
10. Attention, David! Sandrine est avec Pascal.

Amina, David et Stéphane passent la matinée (*spend the morning*) au café.

Au bar...

VALÉRIE Le croissant, c'est pour l'Anglais, et la crêpe, c'est pour l'Italienne.

MICHÈLE Mais, Madame. Ça va? Qu'est-ce qu'il y a?

VALÉRIE Ben, c'est Stéphane. Des résultats d'examens, des professeurs... des problèmes!

MICHÈLE Ah, Madame, du calme! Je suis optimiste. C'est un garçon intelligent. Et vous, êtes-vous une femme patiente?

VALÉRIE Oui... oui, je suis patiente. Mais le Canadien, l'Anglais et l'Italienne sont impatients. Allez! Vite!

VALÉRIE Alors, ça va bien?

AMINA Ah, oui, merci.

DAVID Amina est une fille élégante et sincère.

VALÉRIE Oui! Elle est charmante.

DAVID Et Rachid, comment est-il?

VALÉRIE Oh! Rachid! C'est un ange! Il est intelligent, poli et modeste. Un excellent camarade de chambre.

DAVID Et Sandrine? Comment est-elle?

VALÉRIE Sandrine?! Oh, là, là. Non, non, non. Elle est avec Pascal.

Expressions utiles

Describing people

- **Vous êtes/Tu es américain?**
  You're American?

- **Je suis anglais. Il est canadien et elle est italienne.**
  I'm English. He's Canadian, and she's Italian.

- **Et Rachid, mon colocataire? Comment est-il?**
  And Rachid, my roommate (in an apartment)? What's he like?

- **Il est agréable et très poli... plutôt réservé mais c'est un étudiant brillant.**
  He's nice and polite... rather reserved, but a brilliant student.

- **Tu es de quelle origine?**
  What's your heritage?

- **Je suis d'origine algérienne/sénégalaise.**
  I'm of Algerian/Senegalese heritage.

- **Elle est avec Pascal.**
  She's with (dating) Pascal.

- **Rachid! C'est un ange!**
  Rachid! He's an angel!

Asking questions

- **Ça va? Qu'est-ce qu'il y a?**
  Are you OK? What is it?/What's wrong?

Additional vocabulary

- **Ah, Madame, du calme!**
  Oh, ma'am, calm down!

- **On fait attention à...**
  One pays attention to...

- **Mais attention!**   • **alors**
  But watch out!   *so*

- **Allez! Vite!**   • **mais**
  Go! Quickly!   *but*

- **Mais non...**   • **un peu**
  Of course not...   *a little*

---

2 **Complétez** Use words from the list to describe these people in French. Refer to the video scenes and a dictionary as necessary.

1. Michèle always looks on the bright side. _____
2. Rachid gets great grades. _____
3. Amina is very honest. _____
4. Sandrine thinks about herself a lot. _____
5. Sandrine has a lot of friends. _____

égoïste
intelligent
optimiste
sincère
sociable

3 **Conversez** In pairs, choose the words from this list you would use to describe yourselves. What personality traits do you have in common? Be prepared to share your answers with the class.

brillant	modeste
charmant	optimiste
égoïste	patient
élégant	sincère
intelligent	sociable

vhlcentral

CULTURE À LA LOUPE

Qu'est-ce qu'un Français typique?

What is your idea of a typical Frenchman? Do you picture a man wearing a **béret**? How about French women? Are they all fashionable and stylish? Do you picture what is shown in these photos? While real French people fitting one aspect or another of these cultural stereotypes do exist, rarely do you find individuals who fit all aspects.

France is a multicultural society with no single, national ethnicity. While the majority of French people are of Celtic or Latin descent, France has significant North and West African (e.g., Algeria, Morocco, Senegal) and Asian (e.g., Vietnam, Laos, Cambodia) populations as well. Long a **terre d'accueil°**, France today has over eleven million foreigners and immigrants. Even as France has maintained a strong concept of its culture through the preservation of its language, history, and traditions, French culture has been ultimately enriched by the contributions of its immigrant populations. Each region of the country also has its own traditions, folklore, and, often, its own language. Regional languages, such as Provençal, Breton, and Basque, are still spoken in some areas, but the official language is, of course, French.

Immigrants in France, by country of birth	
COUNTRY NAME	**NUMBER OF PEOPLE**
Other European countries	811,421
Algeria	748,034
Morocco	692,923
Sub-Saharan Africa	655,460
Portugal	599,333
Other Asian countries	447,149
Italy	292,592
Spain	245,077
Turkey	248,159
Tunisia	251,220
Cambodia, Laos, Vietnam	127,641
UK	152,786

terre d'accueil *a land welcoming of newcomers*

ACTIVITÉS

1 Vrai ou faux? Indicate whether each statement is **vrai** or **faux**. Correct the false statements.

1. Cultural stereotypes are generally true for most people in France.

2. People in France no longer speak regional languages.

3. Many immigrants from North Africa live in France.

4. More immigrants in France come from Portugal than from Morocco.

5. Algerians and Moroccans represent the largest immigrant populations in France.

6. Immigrant cultures have little impact on French culture.

7. Because of immigration, France is losing its cultural identity.

8. French culture differs from region to region.

9. Most French people are of Anglo-Saxon heritage.

10. For many years, France has received immigrants from many countries.

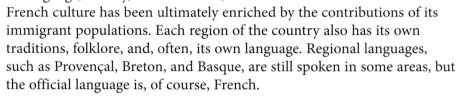

LE FRANÇAIS QUOTIDIEN

Les gens

ado (*m./f.*)	*adolescent, teen*
bonhomme (*m.*)	*fellow*
gars (*m.*)	*guy*
mec (*m.*)	*guy*
minette (*f.*)	*young woman, sweetie*
nana (*f.*)	*young woman, girl*
pote (*m.*)	*buddy*
type (*m.*)	*guy*

LE MONDE FRANCOPHONE

Les langues

Many francophone countries are multilingual, some with several official languages.

Switzerland German, French, Italian, and Romansh are all official languages. German is spoken by about 64% of the population and French by about 23%. Italian and Romansh speakers together account for about 8% of the country's population.

Belgium There are three official languages: French, Dutch, and German. Wallon, the local variety of French, is used by one-third of the population. Flemish, spoken primarily in the north, is used by roughly two-thirds of Belgians.

Morocco Classical Arabic is the official language, but most people speak the Moroccan dialect of Arabic. Berber is spoken by about 15 million people, and French remains Morocco's unofficial third language.

PORTRAIT

Marianne

Marianne, a young woman wearing a soft, conical cap or helmet, is a symbol that embodies the French Republic. She represents fundamental French values, expressed in the national motto: **liberté**, **égalité°**, **fraternité°**. Her image first appeared in the late 18th century during the French Revolution, when the name Marie-Anne came to represent "the people." Later, the Republic adopted her as the official symbol on its seal. However, Marianne's origins date back to ancient Rome. At that time, democracy was often represented by a woman's face and freedom was symbolized by the conical Phrygian cap. Over time, Marianne has become the most widely used symbol of France. Sculptures of Marianne appear in every town hall across the country and variations of her image appear on everything from official government documents to postage stamps.

égalité *equality* **fraternité** *brotherhood*

Sur Internet

What countries are former French colonies?

Go to **vhlcentral.com** to find more information related to this **Culture** section.

2 **Complétez** Provide responses to these questions.

1. _____ is a symbol of France.
2. _____ is the motto of the French Republic.
3. The Phrygian bonnet symbolizes _____.
4. The French term _____ refers to a person aged 15 or 16.
5. _____ is spoken by roughly two-thirds of Belgians.

3 **Et les Américains?** What might a comic-book character based on a "typical American" be like? With a partner, brainstorm a list of stereotypes to create a profile for such a character. Compare the profile you create with your classmates'. Do they fairly represent Americans? Why or why not?

ACTIVITÉS

1B.1 Subject pronouns vhlcentral and the verb *être*

Point de départ The subject of a sentence is the person or thing that performs the action. The verb expresses the action.

SUBJECT ⟷ VERB
Le professeur parle français.
The teacher speaks French.

Subject pronouns

- Subject pronouns replace a noun that is the subject of a sentence.

SUBJECT PRONOUN ⟷ VERB
Il parle français.
He speaks French.

French subject pronouns				
	singular		**plural**	
first person	je	*I*	nous	*we*
second person	tu	*you (fam.)*	vous	*you*
	vous	*you (form.)*		
third person	il	*he/it (masc.)*	ils	*they (masc., masc. + fem.)*
	elle	*she/it (fem.)*		
	on	*one*	elles	*they (fem.)*

- Use **tu** for informal address and **vous** for formal. **Vous** is also the plural form of *you*, both informal and formal.

Comment vas-**tu**?
How's it going?

Comment allez-**vous**?
How are you?

Comment t'appelles-**tu**?
What's your name?

Comment vous appelez-**vous**?
What is/What are your name(s)?

- The subject pronoun **on** refers to people in general, just as the English subject pronouns *one*, *they*, or *you* sometimes do. **On** can also mean *we* in casual speech. **On** always takes the same verb form as **il** and **elle**.

En France, **on** parle français.
In France, they speak French.

On est au café.
We are at the coffee shop.

- Use the pronoun **ils** when replacing a noun or nouns that refer to a mixed group of males and females.

Rémy et Marie dansent très bien.
Ils dansent très bien.
They dance very well.

M. et Mme Diop sont de Dakar.
Ils sont de Dakar.
They are from Dakar.

Vérifiez

The verb *être*

- **Être** (*to be*) is an irregular verb. Its conjugation (set of forms for different subjects) does not follow a pattern. The form **être** is called the infinitive. It does not have a subject.

être (to be)			
je suis	*I am*	**nous sommes**	*we are*
tu es	*you are*	**vous êtes**	*you are*
il/elle est	*he/she/it is*	**ils/elles sont**	*they are*
on est	*one is*		

- The **-s** of the subject pronoun **vous** is pronounced like *z* in the phrase **vous êtes**.

  Vous êtes à Paris.
  You are in Paris.

  Vous êtes M. Leclerc? Enchantée.
  Are you Mr. Leclerc? Pleased to meet you.

C'est and *il/elle* est

- You learned in **Leçon 1A** to use **c'est** and its plural form **ce sont** plus a noun to identify who or what someone or something is. Remember to use an article before the noun.

C'est un téléphone.
That's a phone.

Ce sont des photos.
Those are pictures.

- You can also use the expressions **c'est** and **ce sont** followed by proper nouns to identify someone, but don't use an article before the names.

C'est Amina.
That's Amina.

Ce sont Amélie et Anne.
That's Amélie and Anne.

- Use **il/elle est** and **ils/elles sont** to refer to someone or something previously mentioned.

  La bibliothèque? **Elle est** moderne.
  The library? It's modern.

  Nathalie et Félix? **Ils sont** intelligents.
  Nathalie and Félix? They are intelligent.

- Use the phrases **il/elle est** and **ils/elles sont** to tell someone's profession or relationship. Note that in French, you do not use an article before the profession.

  Voilà M. Richard. **Il est** acteur.
  There's Mr. Richard. He's an actor.

  Elles sont amies.
  They are friends.

 Vérifiez

Essayez!   **Fill in the blanks with the correct forms of the verb *être*.**

1. Je ____suis____ ici.
2. Ils _____ intelligents.
3. Tu _____ étudiante.
4. Nous _____ à Québec.
5. Vous _____ Mme Lacroix?
6. Marie _____ chanteuse.

Mise en pratique

1 **Clarifications** Pascal asks Odile to clarify what he thinks he heard. Complete her responses with the correct subject pronoun.

MODÈLE

Chantal? __Elle__ est étudiante.

1. Les professeurs? _____ sont en Tunisie.
2. Charles? _____ est ici.
3. Moi? _____ suis chanteuse.
4. Nadège et moi? _____ sommes au lycée.
5. Toi (*You*)? Oui, _____ es un ami.
6. L'ordinateur? _____ est dans la bibliothèque.
7. Annie et Claire? _____ sont là.
8. Lucien et toi? _____ êtes copains.

2 **Où sont-ils?** Thérèse wants to know where all her friends are. Tell her by completing the sentences with the appropriate subject pronouns and the correct forms of **être**.

MODÈLE

Sylvie / au café
Elle est au café.

1. Georges / au lycée
2. Marie et moi / dans (*in*) la salle de classe
3. Christine et Anne / à la bibliothèque
4. Richard et Vincent / là-bas
5. Véronique, Marc et Anne / à la librairie
6. Jeanne / au bureau
7. Hugo et Isabelle / au lycée
8. Martin / au bureau

3 **Identifiez** Describe these photos using **c'est, ce sont, il/elle est,** or **ils/elles sont**.

1. _____ un acteur.

2. _____ ici.

3. _____ copines.

4. _____ chanteuse.

5. _____ là.

6. _____ des montres.

Communication

4 **Assemblez** In pairs, take turns using the verb **être** to combine elements from both columns. Talk about yourselves and people you know.

MODÈLE

Tu es sincère.

A	B
Singulier:	
Je	agréable
Tu	d'origine française
Mon (*My*, masc.) prof	difficile (*difficult*)
Mon/Ma (*My*, fem.)	élève
camarade de classe	sincère
Mon cours	sociable
———	———
Pluriel:	
Nous	agréables
Mes (*My*) profs	copains/copines
Mes camarades	difficiles
de classe	élèves
Mes cours	sincères

5 **Qui est-ce?** In pairs, identify who or what is in each picture. If possible, use **il/elle est** or **ils/elles sont** to add something else about each person or place.

▶ **MODÈLE**

C'est Céline Dion. Elle est chanteuse.

1. _____ 2. _____

3. _____ 4. _____

5. _____ 6. _____

6 **On est comment?** In pairs, take turns describing these famous people using the phrases **C'est, Ce sont, Il/Elle est,** or **Ils/Elles sont** and words from the box.

professeur(s)	actrice(s)	chanteuse(s)
chanteur(s)	adorable(s)	pessimiste(s)
optimiste(s)	timide(s)	acteur(s)

1. Justin Bieber
2. Taylor Swift et Adèle
3. Michelle Obama
4. Leonardo DiCaprio
5. Tina Fey et Will Ferrell
6. Anne Hathaway

7 **Enchanté** You and your brother are in a local bookstore. You run into one of his classmates, whom you've never met. In a brief conversation, introduce yourselves, ask one another how you are, and say something about yourselves using a form of **être**.

1B.2 Adjective agreement vhlcentral

Point de départ Adjectives are words that describe people, places, and things. They are often used with the verb **être** to point out the qualities of nouns or pronouns.

Le cours est **difficile**.

Je suis **optimiste**.

- Many adjectives in French are cognates; that is, they have the same or similar spellings and meanings in French and English.

Cognate descriptive adjectives			
agréable	*pleasant*	**intelligent(e)**	*intelligent*
amusant(e)	*fun*	**intéressant(e)**	*interesting*
brillant(e)	*brilliant*	**occupé(e)**	*busy*
charmant(e)	*charming*	**optimiste**	*optimistic*
désagréable	*unpleasant*	**patient(e)**	*patient*
différent(e)	*different*	**pessimiste**	*pessimistic*
difficile	*difficult*	**poli(e)**	*polite*
égoïste	*selfish*	**réservé(e)**	*reserved*
élégant(e)	*elegant*	**sincère**	*sincere*
impatient(e)	*impatient*	**sociable**	*sociable*
important(e)	*important*	**sympathique**	*nice*
indépendant(e)	*independent*	**(sympa)**	
		timide	*shy*

Boîte à outils

Use the masculine plural form of an adjective to describe a group composed of masculine and feminine nouns: **Henri et Patricia sont élégants.**

- In French, most adjectives agree in number and gender with the nouns they modify. To make many adjectives feminine, you add **-e** to the masculine form. If the adjective already ends in an unaccented **-e**, you add nothing.

MASCULINE SINGULAR		FEMININE SINGULAR
patient	⟶	patient**e**
optimiste	⟶	optimiste

Henri est **élégant** et **agréable**.
Henri is elegant and pleasant.

Carole est **élégante** et **agréable**.
Carole is elegant and pleasant.

- To make most adjectives plural, add **-s**.

	SINGULAR	ADD -s	PLURAL
MASCULINE	patient	⟶	patient**s**
FEMININE	patiente	⟶	patiente**s**

MASC./FEM. SINGULAR	ADD -s	MASC./FEM. PLURAL
optimiste	⟶	optimiste**s**

Marc et David sont **intelligents** et **sociables**.
Marc and David are intelligent and sociable.

Anne et Claire sont **intelligentes** et **sociables**.
Anne and Claire are intelligent and sociable.

Vérifiez

- French adjectives are usually placed after the noun they modify when they don't directly follow a form of **être**.

  Ce sont des **élèves brillantes**.
  They're brilliant students.

  Bernard est un homme **agréable et poli**.
  Bernard is a pleasant and polite man.

- Here are some adjectives of nationality. For some of them, you add **-ne** to the masculine form to make them feminine: **algérienne, canadienne, italienne, vietnamienne**.

Adjectives of nationality			
algérien(ne)	*Algerian*	**japonais(e)**	*Japanese*
allemand(e)	*German*	**marocain(e)**	*Moroccan*
anglais(e)	*English*	**martiniquais(e)**	*from Martinique*
américain(e)	*American*	**mexicain(e)**	*Mexican*
canadien(ne)	*Canadian*	**québécois(e)**	*from Quebec*
espagnol(e)	*Spanish*	**sénégalais(e)**	*Senegalese*
français(e)	*French*	**suisse**	*Swiss*
italien(ne)	*Italian*	**vietnamien(ne)**	*Vietnamese*

- The first letter of adjectives of nationality is not capitalized as it is in English.

  Il est **américain**.
  He is American.

  Elle est **française**.
  She is French.

- Adjectives like **sénégalais** that already end in **-s**, have the same masculine singular and plural forms. However, you must add an **-s** to the feminine form to make it plural.

	SINGULAR		PLURAL
MASCULINE	sénégalais	⟶	sénégalais
		BUT	
FEMININE	sénégalais**e**	⟶	sénégalais**es**

- To ask someone's nationality or heritage, use **Quelle est ta/votre nationalité?** or **Tu es/ Vous êtes de quelle origine?** Note that the adjectives following **nationalité** and **origine** are feminine. This is because both nouns are feminine.

  Quelle est votre nationalité?
  What is your nationality?

  Je suis de nationalité canadienne.
  I'm Canadian.

  Je suis canadien.
  I'm Canadian.

  Tu es de quelle origine?
  What is your heritage?

  Je suis d'origine italienne.
  I'm of Italian heritage.

 Vérifiez

Essayez!   **Write in the correct forms of the adjectives.**

1. Marc est _____timide_____ (timide).
2. Ils sont _____ (anglais).
3. Elle adore la littérature _____ (français).
4. Ce sont des actrices _____ (suisse).
5. Marie est _____ (mexicain).
6. Les actrices sont _____ (impatient).
7. Elles sont _____ (réservé).
8. Il y a des universités _____ (important).
9. Christelle est _____ (amusant).
10. Les élèves sont _____ (poli) en cours.
11. Mme Castillion est très _____ (occupé).
12. Luc et moi, nous sommes _____ (sincère).

Mise en pratique

1 **Nous aussi!** Jean-Paul is bragging about himself, but his younger sisters Stéphanie and Gisèle believe they have the same characteristics. Give their responses.

MODÈLE

Je suis amusant.
Nous aussi, nous sommes amusantes.

1. Je suis intelligent. _____
2. Je suis sincère. _____
3. Je suis élégant. _____
4. Je suis patient. _____
5. Je suis sociable. _____
6. Je suis poli. _____
7. Je suis charmant. _____
8. Je suis optimiste. _____

2 **Les nationalités** You are with a group of students from all over the world. Indicate their nationalities according to the cities they come from.

MODÈLE

Monique est de (*from*) Paris.
Elle est française.

1. Les amies Fumiko et Keiko sont de Tokyo.
2. Hans est de Berlin.
3. Juan et Pablo sont de Guadalajara.
4. Wendy est de Londres.
5. Jared est de San Francisco.
6. Francesca est de Rome.
7. Aboud et Moustafa sont de Casablanca.
8. Jean-Pierre et Mario sont de Québec.

3 **Voilà Mme...** Your parents are having a party and you point out different people to your friend. Use one of the adjectives you just learned each time.

MODÈLE

Voilà M. Duval. Il est sénégalais.
C'est un ami.

M. Duval
Catherine et Jeanne
M. Forestier
Georges et Denise
Mme Malbon

Communication

4 **Interview** Interview someone to see what he or she is like. In pairs, play both roles. Are you compatible as friends?

MODÈLE

pessimiste
Élève 1: *Tu es pessimiste?*
Élève 2: *Non, je suis optimiste.*

1. impatient
2. modeste
3. timide
4. sincère

5. égoïste
6. sociable
7. indépendant
8. amusant

5 **Ils sont comment?** In pairs, take turns describing each item below. Tell your partner whether you agree (**C'est vrai**) or disagree (**C'est faux**) with the descriptions.

MODÈLE

Daniel Radcliffe
Élève 1: *C'est un acteur désagréable.*
Élève 2: *C'est faux. Il est charmant.*

1. Beyoncé et Céline Dion
2. les étudiants de Harvard
3. Usher
4. la classe de français
5. le président des États-Unis (*United States*)
6. Tom Hanks et George Clooney
7. le prof de français
8. Steven Spielberg
9. notre (*our*) lycée
10. Amanda Seyfried et Amy Adams

6 **Au café** You and two classmates are talking about your new teachers, each of whom is very different from the other two. In groups of three, create a dialogue in which you greet one another and describe your teachers.

Coup de main

Use **c'est** or **ce sont** instead of **il/elle est** and **ils/elles sont** when you have an adjective qualifying the noun that follows.

C'est un professeur intelligent.
He is an intelligent teacher.

Ce sont des actrices élégantes.
Those are elegant actresses.

Use **il/elle est** and **ils/elles sont** when followed directly by an adjective.

Il est intelligent.
He is intelligent.

Elles sont élégantes.
They are elegant.

Révision

1 Festival francophone With a partner, act out a conversation between two people from the list. They are meeting for the first time at a francophone festival so they should use **vous**. Then, choose two other people and repeat.

Angélique, Sénégal

Abdel, Algérie

Laurent, Martinique

Sylvain, Suisse

Hélène, Canada

Daniel, France

Mai, Viêt-Nam

Nora, Maroc

2 Tu ou vous? How would the conversations between the people in **Activité 1** be different if they were students at your school? Write out the conversation. Then, exchange papers with another pair of students for correction. Act out the corrected version of the conversation.

3 En commun Tell your partner the name of a friend. Then, use adjectives to say what you and the friend have in common. Share with the class what you learned about your partner and his or her friend.

MODÈLE

Charles est un ami. Charles et moi, nous sommes amusants. Nous sommes patients aussi.

4 Comment es-tu? Your teacher will give you a worksheet. Survey as many classmates as possible to ask if they would use the adjectives listed to describe themselves. Then, decide which two students in the class are most similar.

MODÈLE

Élève 1: *Tu es sociable?*
Élève 2: *Non. Je suis timide.*

Adjectifs	Noms
1. timide	Éric
2. impatient(e)	
3. optimiste	
4. réservé(e)	
5. charmant(e)	
6. poli(e)	
7. agréable	
8. amusant(e)	

5 Mes camarades de classe Write a brief description of the students in your French class. What are their names? What are their personalities like? What is their heritage? Use all the French you have learned so far. Write at least eight sentences. Remember, be complimentary!

6 Les descriptions Your teacher will give you one set of drawings of eight people and a different set to your partner. Each person in your drawings has something in common with a person in your partner's drawings. Find out what it is without looking at your partner's sheet.

MODÈLE

Élève 1: *Jean est à la bibliothèque.*
Élève 2: *Gina est à la bibliothèque.*
Élève 1: *Jean et Gina sont à la bibliothèque.*

À l'écoute vhlcentral

STRATÉGIE

Listening for words you know

You can get the gist of a conversation by listening for words and phrases you already know.

🔊 To help you practice this strategy, listen to this sentence and make a list of the words you have already learned.

_____ _____
_____ _____

Préparation

Look at the photograph. Where are these people? What are they doing? In your opinion, do they know one another? Why or why not? What do you think they're talking about?

🔊 ## À vous d'écouter

As you listen, indicate the items you associate with Hervé and those you associate with Laure and Lucas.

HERVÉ	LAURE ET LUCAS
la littérature	la littérature
le café	le café
l'examen	l'examen
le bureau	le bureau
la sociologie	la sociologie
la librairie	la librairie
la bibliothèque	la bibliothèque
le lycée	le lycée
le tableau	le tableau
l'université	l'université

Compréhension

Vrai ou faux? Based on the conversation you heard, indicate whether each of the following statements is **vrai** or **faux**.

	Vrai	Faux
1. Lucas and Hervé are good friends.	☐	☐
2. Hervé is preparing for an exam.	☐	☐
3. Laure and Lucas know each other from school.	☐	☐
4. Hervé is on his way to the library.	☐	☐
5. Lucas and Laure are going to a café.	☐	☐
6. Lucas studies literature.	☐	☐
7. Laure is in high school.	☐	☐
8. Laure is not feeling well today.	☐	☐

 Présentations It's your turn to get to know your classmates. Using the conversation you heard as a model, select a partner you do not know and introduce yourself to him or her in French. Follow the steps below.

- Greet your partner.
- Find out his or her name.
- Ask how he or she is doing.
- Introduce your partner to another student.
- Say good-bye.

Panorama

vhlcentral

Le monde francophone

Les pays en chiffres°

▶ Nombre de pays° où le français est langue° officielle: 29

Organisation internationale de la Francophonie

▶ Nombre de pays où le français est parlé°: plus de° 60

▶ Nombre de francophones dans le monde°: 274.000.000 (deux cent soixante-quatorze millions)

SOURCE: Organisation internationale de la Francophonie

Villes capitales

▶ Algérie: *Alger*
▶ Cameroun: *Yaoundé*
▶ France: *Paris*
▶ Guinée: *Conakry*
▶ Haïti: *Port-au-Prince*

▶ Laos: *Vientiane*
▶ Mali: *Bamako*
▶ Rwanda: *Kigali*
▶ Seychelles: *Victoria*
▶ Suisse: *Berne*

Francophones célèbres

▶ Marie Curie, *Pologne, scientifique, prix Nobel en chimie et physique (1867–1934)*

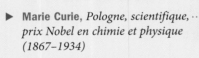

▶ René Magritte, *Belgique, peintre° (1898–1967)*

▶ Ousmane Sembène, *Sénégal, cinéaste° et écrivain° (1923–2007)*

▶ Jean Reno, *Maroc, acteur (1948–)*

▶ Céline Dion, *Québec, chanteuse (1968–)*

▶ Marie-José Pérec, *Guadeloupe (France), athlète (1968–)*

---

chiffres *numbers* pays *countries* langue *language* parlé *spoken*
plus de *more than* monde *world* peintre *painter* cinéaste *filmmaker*
écrivain *writer* sur *on* comme *such as* l'OTAN *NATO* Jeux *Games*
deuxième *second* enseignée *taught* Heiva *an annual Tahitian festival*

Map

0 — 3,000 miles
0 — 3,000 kilomètres

Pays et régions francophones

L'AMÉRIQUE DU NORD

L'EUROPE
LA FRANCE
L'AS...

L'OCÉAN ATLANTIQUE

L'AFRIQUE

L'OCÉAN PACIFIQUE

L'AMÉRIQUE DU SUD

PAYS FRANCOPHONES EN ASIE

LE LAOS
LE CAMBODGE
L'OCÉAN INDIEN
LE VIÊT-NAM

LA POLYNÉSIE FRANÇAISE

L'OCÉAN PACIFIQUE

Les îles Marquises
Les îles Tuamotu
Les îles de la Société
Tahiti
Les îles Australes
Les îles Gambier

0 — 500 miles
0 — 500 kilomètres

Incroyable mais vrai!

La langue française est une des rares langues à être parlées sur° cinq continents. C'est aussi la langue officielle de beaucoup d'organisations internationales comme° l'OTAN°, les Nations unies, l'Union européenne, et aussi les Jeux° Olympiques! Le français est la deuxième° langue enseignée° dans le monde, après l'anglais.

La société

Le français au Québec

Au Québec, province du Canada, le français est la langue officielle, parlée par° 80% (quatre-vingts pour cent) de la population. Les Québécois, pour° préserver l'usage de la langue, ont° une loi° qui oblige l'affichage° en français dans les lieux° publics. Le français est aussi la langue co-officielle du Canada: les employés du gouvernement doivent° parler anglais et français.

Les destinations

Haïti, première République noire

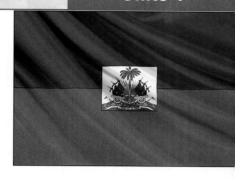

En 1791, un ancien esclave°, Toussaint Louverture, mène° une rébellion pour l'abolition de l'esclavage en Haïti, ancienne colonie française. Après avoir gagné° le combat, Toussaint Louverture se proclame gouverneur de l'île d'Hispaniola (Haïti et Saint-Domingue) et abolit l'esclavage. Il est plus tard° capturé par l'armée française et renvoyé° en France. Son successeur, Jean-Jacques Dessalines, lui-même° ancien esclave, vainc° l'armée en 1803 et proclame l'indépendance d'Haïti en 1804. C'est la première République noire du monde° et le premier pays occidental° à abolir l'esclavage.

Les destinations

La Louisiane

Ce territoire au sud° des États-Unis a été nommé° «Louisiane» en l'honneur du Roi° de France Louis XIV. En 1803 (mille huit cent trois), Napoléon Bonaparte vend° la colonie aux États-Unis pour 15 millions de dollars, pour empêcher° son acquisition par les Britanniques. Aujourd'hui° en Louisiane, entre 150.000 et 200.000 personnes parlent° le français cajun. La Louisiane est connue° pour sa° cuisine cajun, comme° le jambalaya, ici sur° la photo.

Les traditions

La Journée internationale de la Francophonie

Chaque année°, l'Organisation internationale de la Francophonie (O.I.F.) coordonne la Journée internationale de la Francophonie. Dans plus de° 100 (cent) pays et sur cinq continents, on célèbre la langue française et la diversité culturelle francophone avec des festivals de musique, de gastronomie, de théâtre, de danse et de cinéma. Le rôle principal de l'O.I.F. est la promotion de la langue française et la défense de la diversité culturelle et linguistique du monde francophone.

LE POUVOIR DES MOTS

Journée internationale de la Francophonie
20 mars 2016

Libres ensemble · Respect · Solidarité · Diversité

www.20mars.francophonie.org

ORGANISATION INTERNATIONALE DE la francophonie

Qu'est-ce que vous avez appris? Complete the sentences.

1. _____ est un cinéaste africain.
2. _____ de personnes parlent français dans le monde.
3. _____ est responsable de la promotion de la diversité culturelle francophone.
4. Les employés du gouvernement du Canada parlent _____.
5. En 1791, _____ mène la rébellion pour l'abolition de l'esclavage en Haïti.

6. Haïti proclame son indépendance en _____.
7. Le nom «Louisiane» vient du (comes from the) nom de _____.
8. Plus de 100 pays célèbrent _____.
9. Le français est parlé sur _____ continents.
10. En 1803, Napoléon Bonaparte vend _____ aux États-Unis.

Sur Internet

1. Les États-Unis célèbrent la Journée internationale de la Francophonie. Faites (*Make*) une liste de trois événements (*events*) et dites (*say*) où ils ont lieu (*take place*).

2. Trouvez des informations sur un(e) chanteur/chanteuse francophone célèbre aux États-Unis. Citez (*Cite*) trois titres de chanson (*song titles*).

parlée par *spoken by* **pour** *in order to* **ont** *have* **loi** *law* **affichage** *posting* **lieux** *places* **doivent** *must* **ancien esclave** *former slave* **mène** *leads* **Après avoir gagné** *After winning* **plus tard** *later* **renvoyé** *sent back* **lui-même** *himself* **vainc** *defeats* **du monde** *in the world* **pays occidental** *Western country* **au sud** *in the South* **a été nommé** *was named* **Roi** *King* **vend** *sells* **empêcher** *to prevent* **Aujourd'hui** *Today* **parlent** *speak* **connue** *known* **sa** *its* **comme** *such as* **sur** *in* **Chaque année** *Each year* **Dans plus de** *In more than*

Lecture vhlcentral

Avant la lecture

STRATÉGIE

Recognizing cognates

Cognates are words that share similar meanings and spellings in two or more languages. When reading in French, it's helpful to look for cognates and use them to guess the meaning of what you're reading. However, watch out for false cognates. For example, **librairie** means *bookstore*, not *library*, and **coin** means *corner*, not *coin*. Look at this list of French words. Can you guess the meaning of each word?

important	banque
pharmacie	culture
intelligent	actif
dentiste	sociologie
décision	fantastique
télévision	restaurant
médecine	police

Examinez le texte

Briefly look at the document. What kind of information is listed? In what order is it listed? Where do you usually find such information? Can you guess what this document is?

Mots apparentés

Read the list of cognates in the **Stratégie** box again. How many cognates can you find in the reading selection? Are there additional cognates in the reading? What are they? Can you guess their English equivalents?

Devinez

In addition to using cognates and words you already know, you can also use context to guess the meaning of words you do not know. Find the following words in the reading selection and try to guess what they mean. Compare your answers with those of a classmate.

horaires	lundi	ouvert	soirs	tous

Carnet d'adresses

Carnet d'adresses

Recherche ▶

A B C D E F G H I J K L

☑ **DAMERY Jean-Claude**
dentiste
✉ 18, rue des Lilas   02 38 23 45 46
45000 Orléans

☐ **Café de la Poste**
Ouvert° tous les jours°, de 7h00° à 22h00
✉ 25, place de la Poste   02 38 27 18 00
45000 Orléans

☐ **Librairie Balzac**
Horaires: 9h00–12h00 et 14h00–18h00
✉ 18, route de Lorient   02 38 18 60 36
45000 Orléans

☐ **DANTEC Pierre-Henri**
médecin généraliste
✉ 23, rue du Lac   02 38 47 34 20
45000 Orléans

☑ **Banque du Centre**
Ouvert de 9h00 à 17h00 du lundi° au vendredi°
✉ 17, boulevard Giroud   02 38 58 35 00
45000 Orléans

Dîner vendredi 8h00
Restaurant du Chat qui dort

Après la lecture

Où aller? Tell where each of these people should go based on what they need or want to do.

MODÈLE

Camille's daughter is starting high school.
Lycée Molière

1. Mrs. Leroy needs to deposit her paycheck.

   _____

2. Laurent would like to take his girlfriend out for a special dinner.

   _____

3. Marc has a toothache.

   _____

4. Céleste would like to go see a play tonight.

   _____

5. Pauline's computer is broken.

   _____

6. Mr. Duchemin needs to buy some aspirin for his son.

   _____

7. Jean-Marie needs a book on French history but he doesn't want to buy one.

   _____

8. Noémie thinks she has the flu.

   _____

9. Mr. and Mrs. Prudhomme want to go out for breakfast this morning.

   _____

10. Jonathan wants to buy a new book for his sister's birthday.

    _____

Notre annuaire With a classmate, select three of the listings from the reading and use them as models to create similar listings in French advertising places or services in your area.

MODÈLE

Restaurant du Chat qui dort
Ouvert tous les soirs pour le dîner
Horaires: 19h00 à 23h00
29, avenue des Rosiers
45000 Orléans
02 38 45 35 08

Always Good Eats Restaurant
Ouvert tous les jours
Horaires: 6h00 à 19h00
1250 9th Avenue
San Diego, CA 92108
224-0932

11:29 AM

Contacts   Éditer

Q R S T U V W X Y Z

☐ **Messier et fils°**
Réparations ordinateurs et télévisions
✉ 56, boulevard Henri IV   02 38 44 42 59
45000 Orléans

☐ **Théâtre de la Comédie**
✉ 11, place de la Comédie   02 38 45 32 11
45000 Orléans

☐ **Pharmacie Vidal**
✉ 45, rue des Acacias   02 38 13 57 53
45000 Orléans

☐ **Restaurant du Chat qui dort°**
Ouvert tous les soirs pour le dîner / Horaires: 19h00 à 23h00
✉ 29, avenue des Rosiers   02 38 45 35 08
45000 Orléans

☑ **Bibliothèque municipale**
✉ Place de la gare   02 38 56 43 22
45000 Orléans

☑ **Lycée Molière**
✉ 15, rue Molière   02 38 29 23 04
45000 Orléans

Ouvert *Open* **tous les jours** *every day* **7h00 (sept heures)** *7:00* **lundi** *Monday*
vendredi *Friday* **fils** *son(s)* **Chat qui dort** *Sleeping cat*

Écriture

Writing in French

Why do we write? All writing has a purpose. For example, we may write a poem to reveal our innermost feelings, a letter to provide information, or an essay to persuade others to accept a point of view. Proficient writers are not born, however. Writing requires time, thought, effort, and a lot of practice. Here are some tips to help you write more effectively in French.

DO

▶ **Write your ideas in French.**

▶ **Organize your ideas in an outline or graphic organizer.**

▶ **Decide what the purpose of your writing will be.**

▶ **Use grammar and vocabulary you know.**

▶ **Use your textbook for examples of style, format, and expressions in French.**

▶ **Use your imagination and creativity to make your writing more interesting.**

▶ **Put yourself in your reader's place to see if your writing is interesting and/or meets the reader's need.**

DON'T

▶ **Translate your ideas from English to French.**

▶ **Repeat what is in the textbook or on a web page.**

▶ **Use a bilingual dictionary until you have learned how to use one effectively.**

Thème

Faites une liste!

Avant l'écriture

1. Imagine that several students from a French-speaking country will be spending a year at your school. Put together a list of people and places that might be useful and of interest to them. Your list should include:

   ■ Your name, address, phone number(s) (home and/or cell), and e-mail address

   ■ The names of four other students in your French class, their addresses, phone numbers, and e-mail addresses

   ■ Your French teacher's name, phone number(s), and e-mail address

   ■ Your school library's phone number and hours

   ■ The names, addresses, and phone numbers of three places near your school where students like to go

2. Interview your classmates and your teacher to find out the information you need to include. Use the following questions and write down their responses.

Informal	Formal
Comment t'appelles-tu?	Comment vous appelez-vous?
Quel est ton numéro de téléphone?	Quel est votre numéro de téléphone?
Quelle est ton adresse e-mail?	Quelle est votre adresse e-mail?

3. Find out the addresses, telephone numbers, and e-mail addresses/URLs of three places in your community that a group of students from a French-speaking country would enjoy visiting. They could be a library, a store, a skate park, a restaurant, a theater, or a city park. Write them down.

Écriture

Write your complete list, making sure it includes all the required information for:

- you
- four classmates
- your teacher
- the school library
- three places around town

Après l'écriture

1. Exchange your list with a partner's. Comment on his or her work by answering these questions.

- Did your partner include the correct number of people and places?
- Did your partner include the required information for each?

NOM: _Madame Smith (professeur de français)_ ☎

ADRESSE: _Compton School_ ✉

NUMÉRO DE TÉLÉPHONE: _512-645-3458 (bureau)_
NUMÉRO DE PORTABLE: _512-919-0040_
ADRESSE E-MAIL: _absmith@yahoo.com_
NOTES: —

NOM: _Skate World_
ADRESSE: _8970 McNeil Road_

NUMÉRO DE TÉLÉPHONE: _512-658-0349_
NUMÉRO DE PORTABLE: —
ADRESSE E-MAIL: _skate@skateworld.com_
NOTES: —

2. Edit your partner's work, pointing out any spelling or content errors. You can use these editing symbols:

- ✐ delete
- ∧ insert letter or word(s) written in margin
- | replace letter or word(s) with one(s) in margin
- ≡ change to uppercase
- / change to lowercase
- ∿ transpose (switch) indicated letters or words

Now look at this model of what an edited draft looks like:

o	Nm: Sally Wagner
é	Téléphone: 655-8888
	ADresse e-mail: sally@uru.edu
	Nom: Madame Nancy smith
Téléphone:	655-8090
	Adresse e-mail: nsmith@uru.edu

3. Revise your list according to your partner's comments and corrections. After writing the final version, read it one more time to eliminate these kinds of problems:

- spelling errors
- punctuation errors
- capitalization errors
- use of incorrect verb forms
- use of incorrect adjective agreement
- use of incorrect definite and indefinite articles

Vocabulaire

◁)) **vhl**central

Leçon 1A

Bonjour et au revoir

À bientôt.	See you soon.
À demain.	See you tomorrow.
À plus tard.	See you later.
À tout à l'heure.	See you later.
Au revoir.	Good-bye.
Bonne journée!	Have a good day!
Bonjour.	Good morning.; Hello.
Bonsoir.	Good evening.; Hello.
Salut!	Hi!; Bye!

Comment ça va?

Ça va?	What's up?; How are things?
Comment allez-vous? (form.)	How are you?
Comment vas-tu? (fam.)	How are you?
Comme ci, comme ça.	So-so.
Je vais bien/mal.	I am doing well/ badly.
Moi aussi.	Me too.
Pas mal.	Not badly.
Très bien.	Very well.

Expressions de politesse

De rien.	You're welcome.
Excusez-moi. (form.)	Excuse me.
Excuse-moi. (fam.)	Excuse me.
Il n'y a pas de quoi.	It's nothing; You're welcome.
Je vous en prie. (form.)	Please.; You're welcome.
Merci beaucoup.	Thank you very much.
Monsieur (M.)	Sir (Mr.)
Madame (Mme)	Ma'am (Mrs.)
Mademoiselle (Mlle)	Miss
Pardon.	Pardon (me).
S'il vous/te plaît. (form./fam.)	Please.

Les présentations

Comment vous appelez-vous? (form.)	What is your name?
Comment t'appelles-tu? (fam.)	What is your name?
Enchanté(e).	Delighted.
Et vous/toi? (form./fam.)	And you?
Je m'appelle...	My name is...
Je vous/te présente... (form./fam.)	I would like to introduce (name) to you.

Expressions utiles

See p. 7.

Le campus

une bibliothèque	library
un café	café
une librairie	bookstore
un lycée	high school
une université	university
une différence	difference
un examen	exam, test
la littérature	literature
un problème	problem
la sociologie	sociology
un bureau	desk; office
un ordinateur	computer
une table	table
un tableau	blackboard; painting
la télévision	television
une chose	thing
un instrument	instrument
un objet	object

Les personnes

un(e) ami(e)	friend
un(e) étudiant(e)	student
un(e) petit(e) ami(e)	boyfriend/ girlfriend
une personne	person
un acteur/une actrice	actor
un chanteur/une chanteuse	singer
un professeur	teacher, professor

Numbers 0–60

See p. 14.

Identifier

c'est/ce sont	it's/they are
Combien...?	How much/ many...?
ici	here
là	there
là-bas	over there
Il y a...	There is/are...
Qu'est-ce que c'est?	What is it?
voici	here is/are
voilà	here is/are

Leçon 1B

En classe

une salle de classe	classroom
un dictionnaire	dictionary
un livre	book
un résultat	result
une carte	map
une chaise	chair
une fenêtre	window
une horloge	clock
une porte	door
un cahier	notebook
une calculatrice	calculator
une corbeille (à papier)	wastebasket
un crayon	pencil
une feuille de papier	sheet of paper
une montre	watch
un sac à dos	backpack
un stylo	pen

Les personnes

un(e) camarade de classe	classmate
une classe	class (group of students)
un copain/une copine (fam.)	friend
un(e) élève	pupil, student
une femme	woman
une fille	girl
un garçon	boy
un homme	man

Identifier

Qui est-ce?	Who is it?
Quoi?	What?

Expressions utiles

See p. 25.

Subject pronouns

je	I
tu	you
il	he/it (masc.)
elle	she/it (fem.)
on	one
nous	we
vous	you
ils	they (masc.)
elles	they (fem.)

Être

je suis	I am
tu es	you are
il/elle est	he/she/it is
on est	one is
nous sommes	we are
vous êtes	you are
ils/elles sont	they are

Descriptive adjectives

agréable	pleasant
amusant(e)	fun
brillant(e)	brilliant
charmant(e)	charming
désagréable	unpleasant
différent(e)	different
difficile	difficult
égoïste	selfish
élégante(e)	elegant
impatient(e)	impatient
important(e)	important
indépendant(e)	independent
intelligent(e)	intelligent
intéressant(e)	interesting
occupé(e)	busy
optimiste	optimistic
patient(e)	patient
pessimiste	pessimistic
poli(e)	polite
réservé(e)	reserved
sincère	sincere
sociable	sociable
sympathique (sympa)	nice
timide	shy

Adjectives of nationality

algérien(ne)	Algerian
allemand(e)	German
américain(e)	American
anglais(e)	English
canadien(ne)	Canadian
espagnol(e)	Spanish
français(e)	French
italien(ne)	Italian
japonais(e)	Japanese
marocain(e)	Moroccan
martiniquais(e)	from Martinique
mexicain(e)	Mexican
québécois(e)	from Quebec
sénégalais(e)	Senegalese
suisse	Swiss
vietnamien(ne)	Vietnamese

Au lycée

Pour commencer
- Which room at school is pictured?
  a. la bibliothèque   b. la salle de classe
  c. le café
- What are the students looking at?
  a. un cahier   b. un professeur   c. un livre
- How do the students look in this photo?
  a. intelligents   b. sociables   c. impatients
- Which item is not visible in the photo?
  a. une table   b. une fenêtre
  c. un ordinateur

You will learn how to...
- talk about your classes
- ask questions and express negation

◁)) **vhl**central

Les cours

Vocabulaire

J'aime bien...	I like...
Je n'aime pas tellement...	I don't like... very much
être reçu(e) à un examen	to pass an exam
l'art (*m.*)	art
l'éducation physique (*f.*)	physical education
la gestion	business administration
les lettres (*f.*)	humanities
la philosophie	philosophy
les sciences (politiques / po) (*f.*)	(political) science
une bourse	scholarship, grant
une cantine	cafeteria
un cours	class, course
un devoir; les devoirs	homework
un diplôme	diploma, degree
l'école (*f.*)	school
les études (supérieures) (*f.*)	(higher) education; studies
le gymnase	gymnasium
une note	grade
difficile	difficult
facile	easy
inutile	useless
utile	useful
surtout	especially; above all

la biologie

la chimie

Je déteste la physique! (détester)

J'adore la géographie! (adorer)

la géographie

la physique

les mathématiques (f.)

l'informatique (f.)

Mise en pratique

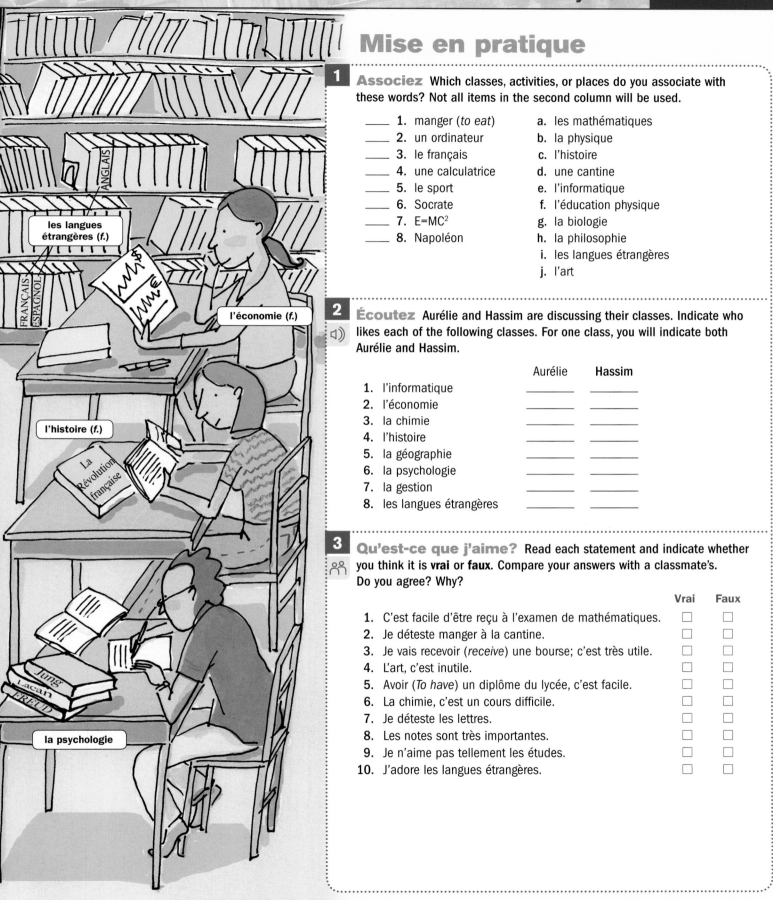

les langues étrangères (f.)

ANGLAIS

FRANÇAIS

ESPAGNOL

l'économie (f.)

l'histoire (f.)

La Révolution française

Jung

Lacan

FREUD

la psychologie

1 **Associez** Which classes, activities, or places do you associate with these words? Not all items in the second column will be used.

_____ 1. manger (*to eat*)   a. les mathématiques
_____ 2. un ordinateur   b. la physique
_____ 3. le français   c. l'histoire
_____ 4. une calculatrice   d. une cantine
_____ 5. le sport   e. l'informatique
_____ 6. Socrate   f. l'éducation physique
_____ 7. $E=MC^2$ g. la biologie
_____ 8. Napoléon   h. la philosophie
                 i. les langues étrangères
                 j. l'art

2 **Écoutez** Aurélie and Hassim are discussing their classes. Indicate who likes each of the following classes. For one class, you will indicate both Aurélie and Hassim.

	Aurélie	Hassim
1. l'informatique	_____	_____
2. l'économie	_____	_____
3. la chimie	_____	_____
4. l'histoire	_____	_____
5. la géographie	_____	_____
6. la psychologie	_____	_____
7. la gestion	_____	_____
8. les langues étrangères	_____	_____

3 **Qu'est-ce que j'aime?** Read each statement and indicate whether you think it is **vrai** or **faux**. Compare your answers with a classmate's. Do you agree? Why?

	Vrai	Faux
1. C'est facile d'être reçu à l'examen de mathématiques.	☐	☐
2. Je déteste manger à la cantine.	☐	☐
3. Je vais recevoir (*receive*) une bourse; c'est très utile.	☐	☐
4. L'art, c'est inutile.	☐	☐
5. Avoir (*To have*) un diplôme du lycée, c'est facile.	☐	☐
6. La chimie, c'est un cours difficile.	☐	☐
7. Je déteste les lettres.	☐	☐
8. Les notes sont très importantes.	☐	☐
9. Je n'aime pas tellement les études.	☐	☐
10. J'adore les langues étrangères.	☐	☐

Communication

4 Conversez In pairs, fill in the blanks according to your own situations. Then, act out the conversation for the class.

Élève A: _____, comment ça va?
Élève B: _____. Et toi?
Élève A: _____, merci.
Élève B: Est-ce que tu aimes le cours de _____?

Élève A: J'adore le cours de _____.
Élève B: Moi aussi. Tu aimes _____?
Élève A: Non, j'aime mieux (*better*) _____.
Élève B: Bon, à bientôt.
Élève A: À _____.

5 Qu'est-ce que c'est? Write a caption for each image, stating where the students are and how they feel about the classes they are attending. Then, in pairs, take turns reading your captions for your partner to guess about whom you are talking.

MODÈLE

C'est le cours de français.
Le français est facile.

1. _____
2. _____
3. _____

4. _____
5. _____
6. _____

6 Vous êtes... Imagine what subjects these famous people liked and disliked as students. In pairs, take turns playing the role of each one and guessing the answer.

MODÈLE

Élève 1: *J'aime la physique et la chimie, mais je n'aime pas tellement les cours d'économie.*
Élève 2: *Vous êtes Albert Einstein!*

- Albert Einstein
- Louis Pasteur
- Oprah Winfrey
- Abraham Lincoln
- Tony Parker
- Le docteur Phil
- Bill Gates
- Picasso

7 Sondage Your teacher will give you a worksheet to conduct a survey (**un sondage**). Go around the room to find people that study the subjects listed. Ask what your classmates think about their subjects. Keep a record of their answers to discuss with the class.

MODÈLE

Élève 1: *Jean, est-ce que tu étudies (do you study) la chimie?*
Élève 2: *Oui. J'aime bien la chimie. C'est un cours utile.*

Les sons et les lettres ◁)) **vhl**central
Liaisons

Consonants at the end of French words are generally silent but are usually pronounced when the word that follows begins with a vowel sound. This linking of sounds is called a liaison.

À tout à l'heure!   **Comment allez-vous?**

An **s** or an **x** in a liaison sounds like the letter **z**.

les étudiants   **trois élèves**   **six élèves**   **deux hommes**

Always make a liaison between a subject pronoun and a verb that begins with a vowel sound; always make a liaison between an article and a noun that begins with a vowel sound.

nous aimons   **ils ont**   **un étudiant**   **les ordinateurs**

Always make a liaison between **est** (a form of **être**) and a word that begins with a vowel or a vowel sound. Never make a liaison with the final consonant of a proper name.

Robert est anglais.   **Paris est exceptionnelle.**

Never make a liaison with the conjunction **et** (*and*).

Carole et Hélène   **Jacques et Antoinette**

Never make a liaison between a singular noun and an adjective that follows it.

un cours horrible   **un instrument élégant**

Prononcez Practice saying these words and expressions aloud.

1. un examen
2. des étudiants
3. les hôtels
4. dix acteurs
5. Paul et Yvette
6. cours important
7. des informations
8. les études
9. deux hommes
10. Bernard aime
11. chocolat italien
12. Louis est

Articulez Practice saying these sentences aloud.

1. Nous aimons les arts.
2. Albert habite à Paris.
3. C'est un objet intéressant.
4. Sylvie est avec Anne.
5. Ils adorent les deux universités.

Dictons Practice reading these sayings aloud.

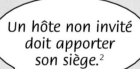

Un hôte non invité doit apporter son siège.[2]

Les amis de nos amis sont nos amis.[1]

[1] Friends of our friends are our friends.
[2] An uninvited guest must bring his own chair.

Trop de devoirs! **vhl**central

PERSONNAGES

Amina

Antoine

David

Rachid

Sandrine

Stéphane

ANTOINE Je déteste le cours de sciences po.

RACHID Oh? Mais pourquoi? Je n'aime pas tellement le prof, Monsieur Dupré, mais c'est un cours intéressant et utile!

ANTOINE Tu crois? Moi, je pense que c'est très difficile, et il y a beaucoup de devoirs. Avec Dupré, je travaille, mais je n'ai pas de bons résultats.

RACHID Si on est optimiste et si on travaille, on est reçu à l'examen.

ANTOINE Toi, oui, mais pas moi! Toi, tu es un étudiant brillant! Mais moi, les études, oh là là.

DAVID Eh! Rachid! Oh! Est-ce que tu oublies ton coloc?

RACHID Pas du tout, pas du tout. Antoine, voilà, je te présente David, mon colocataire américain.

DAVID Nous partageons un des appartements du P'tit Bistrot.

ANTOINE Le P'tit Bistrot? Sympa!

SANDRINE Salut! Alors, ça va l'université française?

DAVID Bien, oui. C'est différent de l'université américaine, mais c'est intéressant.

AMINA Tu aimes les cours?

DAVID J'aime bien les cours de littérature et d'histoire françaises. Demain, on étudie *Les Trois Mousquetaires* d'Alexandre Dumas.

SANDRINE J'adore Dumas. Mon livre préféré, c'est *Le Comte de Monte-Cristo*.

RACHID Sandrine! S'il te plaît! *Le Comte de Monte-Cristo*?

SANDRINE Pourquoi pas? Je suis chanteuse, mais j'adore les classiques de la littérature.

DAVID Donne-moi le sac à dos, Sandrine.

Au P'tit Bistrot...

RACHID Moi, j'aime le cours de sciences po, mais Antoine n'aime pas Dupré. Il pense qu'il donne trop de devoirs.

A C T I V I T É S

1 **Vrai ou faux?** Choose whether each statement is **vrai** or **faux**.

1. Rachid et Antoine n'aiment pas le professeur Dupré.
2. Antoine aime bien le cours de sciences po.
3. Rachid et Antoine partagent (*share*) un appartement.
4. David et Rachid cherchent (*look for*) Amina et Sandrine après (*after*) les cours.
5. Le livre préféré de Sandrine est *Le Comte de Monte-Cristo*.
6. L'université française est très différente de l'université américaine.
7. Stéphane aime la chimie.
8. Monsieur Dupré est professeur de maths.
9. Antoine a (*has*) beaucoup de devoirs.
10. Stéphane adore l'anglais.

Antoine, David, Rachid et Stéphane parlent (*talk*)
de leurs (*their*) cours.

RACHID Ah... on a rendez-vous avec
Amina et Sandrine. On y va?

DAVID Ah, oui, bon, ben, salut,
Antoine!

ANTOINE Salut, David. À demain,
Rachid!

SANDRINE Bon, Pascal, au revoir,
chéri.

RACHID Bonjour, chérie. Comme
j'adore parler avec toi au téléphone!
Comme j'adore penser à toi!

STÉPHANE Dupré? Ha! C'est Madame
Richard, mon prof de français. Elle,
elle donne trop de devoirs.

AMINA Bonjour, comment ça va?

STÉPHANE Plutôt mal. Je n'aime
pas Madame Richard. Je déteste
les maths. La chimie n'est pas
intéressante. L'histoire-géo,
c'est l'horreur. Les études, c'est
le désastre!

DAVID Le français, les maths, la
chimie, l'histoire-géo... mais on
n'étudie pas les langues étrangères
au lycée en France?

STÉPHANE Si, malheureusement!
Moi, j'étudie l'anglais. C'est une
langue très désagréable! Oh, non,
non, ha, ha, c'est une blague, ha,
ha. L'anglais, j'adore l'anglais. C'est
une langue charmante....

2 **Complétez** Match the people in the second column with the
verbs in the first. Refer to a dictionary, the dialogue, and the video
stills as necessary. Use each option once.

_____ 1. travailler   a. Sandrine is very forgetful.

_____ 2. partager   b. Rachid is very studious.

_____ 3. oublier   c. David can't afford his own apartment.

_____ 4. étudier   d. Amina is very generous.

_____ 5. donner   e. Stéphane needs to get good grades.

3 **Conversez** In this episode, Rachid, Antoine, David, and Stéphane
talk about the subjects they are studying. Get together with a partner.
Do any of the characters' complaints or preferences remind you of your
own? Whose opinions do you agree with? Whom do you disagree with?

ACTIVITÉS

vhlcentral | *Flash culture*

Au lycée

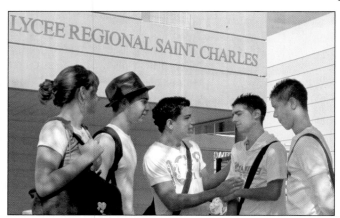

Grades are based on a 20-point scale, with 10 being the average grade. As students advance in their studies, it becomes harder for them to achieve a grade of 16/20 or even 14/20. A student can receive a below-average score in one or more courses and still advance to the next level as long as their overall grade average is at least 10/20.

Another important difference is that French students must begin a specialization while in high school, at the end of the **classe de seconde.** That choice is likely to influence the rest of their studies and, later, their job choice. While they can change their mind after the first trimester of **première,** by then students are already set on a course towards the **baccalauréat** or **bac,** the exit exam that concludes their **lycée** studies.

What is high school like in France? At the end of middle school (**le collège**), French students begin three years of high-school study at the **lycée.** Beginning in **seconde** (10th grade), students pass into **première** (11th grade), and end with **terminale** (12th grade).

The **lycée** experience is quite different from American high school. For example, the days are much longer: often from 8:00 am until 5:00 pm. On Wednesdays, classes typically end at noon. Students in some **lycées** may also have class on Saturday morning. French schools do not offer organized sports after school, like American schools do, but students who want to play an organized sport can join **l'Association sportive scolaire.** Every public **lycée** must offer this option to its students. All such extra-curricular activities take place after school hours or on Wednesday afternoons.

Système français de notation

NOTE FRANÇAISE	NOTE AMÉRICAINE	%	NOTE FRANÇAISE	NOTE AMÉRICAINE	%
0	F	0	11	B-	82
2	F	3	12	B+	88
3	F	8	13	A-	93
4	F	18	14	A	95
5	F	28	15	A	96
6	F	38	16	A+	98
7	D-	60	17	A+	98
8	D-	65	18	A+	99
9	D+	68	19	A+	99
10	C	75	20	A+	100

ACTIVITÉS

1 **Vrai ou faux?** Indicate whether each statement is **vrai** or **faux.** Correct the false statements.

1. The lycée comes after collège.
2. It takes 4 years to complete lycée.
3. The grade order in the lycée is terminale, première, and lastly seconde.
4. Lycées never have classes on Saturday.
5. French students have class from Monday to Friday all day long.

6. French students have to specialize in a field of study while in high school.
7. French students begin their specialization in première.
8. The French grading system resembles the US grading system.
9. The highest grade that a French student can get is 20/20.
10. To obtain a grade of 20/20 is common in France.

Les cours

être fort(e) en...	to be good at
être nul(le) en...	to stink at
sécher un cours	to skip a class
potasser	to cram
piger	to get it
l'emploi du temps	class schedule
l'histoire-géo	history-geography
les maths	math
la philo	philosophy
le prof	teacher
la récré(ation)	break

Le lycée

Le «lycée» n'existe pas partout°.

En Afrique francophone, on utilise° les termes de *lycée* et de *baccalauréat*.

En Belgique, le lycée public s'appelle une *école secondaire* ou un *athénée*. Un lycée privé° s'appelle un *collège*. Le bac n'existe pas°.

En Suisse, les lycées s'appellent *gymnases*, *écoles préparant à la maturité* ou *écoles de culture générale*. Les élèves reçoivent° un certificat du secondaire II.

partout *everywhere* **on utilise** *one uses* **privé** *private* **n'existe pas** *does not exist* **reçoivent** *receive*

Immersion française au Canada

English and French are the official languages of Canada, but not necessarily of each province. In fact, New Brunswick is the only province that is officially bilingual. Only 17.4% of Canadians speak French and English. However, there is an immersion program that encourages bilingualism: Canadian students in elementary school through high school can choose to take their classes in French. This means that for 3 years or more, all their classes are conducted in French. In New Brunswick, 32% of students take part in this program. Although the majority of people in Quebec province are **francophone**, there is also a large community of English-speakers, and 22% of students take part in the French immersion program there.

Sur Internet

Quelle (*Which*) spécialisation choisiriez-vous (*would you choose*)?

Go to **vhlcentral.com** to find more information related to this **Culture** section and to watch the corresponding **Flash culture** video.

2 Complétez Complete each statement.

1. English and French are the official languages of _____.
2. Students can begin an immersion program in _____ school.
3. Immersion programs in Canada last for _____ or more years.
4. _____ is the only province that is officially bilingual.
5. In Switzerland, **les lycées** are called _____.

3 Les cours Research what classes are taught in **lycée** and how long each class is. How does this compare to your class schedule? You may search in your library or online.

ACTIVITÉS

2A.1 Present tense of regular *-er* verbs **vhl**central

Point de départ The largest group of infinitives in French end in **-er**. To form the present tense of regular **-er** verbs, drop the **-er** from the infinitive and add the corresponding endings for the different subject pronouns. This chart demonstrates how to conjugate regular **-er** verbs.

parler (to speak)	
je parle	nous parlons
tu parles	vous parlez
il/elle/on parle	ils/elles parlent

- The English translation of the French verb forms in the present tense depends on the context of the sentence.

> Éric et Nadine **parlent** français.
> *Éric and Nadine speak French.*
> *Éric and Nadine are speaking French.*
> *Éric and Nadine do speak French.*

- Here are some other common **-er** verbs.

Boîte à outils

Unlike the English *to look for*, the French verb **chercher** requires no preposition before the noun that follows it.

Nous cherchons les stylos.
We are looking for the pens.

Common *-er* verbs			
adorer	*to love; to adore*	habiter (à)	*to live (in)*
aimer	*to like; to love*	manger	*to eat*
aimer mieux	*to prefer (to like better)*	oublier	*to forget*
arriver	*to arrive*	partager	*to share*
chercher	*to look for*	penser (que/qu'...)	*to think (that...)*
commencer	*to begin, start*	regarder	*to look (at)*
dessiner	*to draw; to design*	rencontrer	*to meet*
détester	*to hate*	retrouver	*to meet up with; to find (again)*
donner	*to give*	travailler	*to work*
étudier	*to study*	voyager	*to travel*

- Note that **je** becomes **j'** when it appears before a verb that begins with a vowel sound.

> **J'habite** à Bruxelles.
> *I live in Brussels.*

> **J'étudie** la psychologie.
> *I study psychology.*

Verbs of preference

- The verbs **adorer**, **aimer**, and **détester** can be followed by a noun or an infinitive. When followed by a noun, use the definite article to tell what someone loves, likes, prefers, or hates.

> J'aime mieux **l'**art.
> *I prefer art.*

> Marine déteste **les** devoirs.
> *Marine hates homework.*

- When the verbs **adorer**, **aimer**, and **détester** are followed by another verb to say that you like (or hate, etc.) to do something, only the first verb is conjugated. The second verb remains in the infinitive form.

> Ils **adorent travailler** ici.
> *They love working here.*

> Ils **détestent étudier** ensemble.
> *They hate to study together.*

 Vérifiez

Vérifiez

Verbs with spelling changes

Verbs ending in **-ger** (**manger**, **partager**, **voyager**) and **-cer** (**commencer**) have a spelling change in the **nous** form. All the other forms are the same as regular **-er** verbs.

manger
je mange
tu manges
il/elle/on mange
nous mangeons
vous mangez
ils/elles mangent

commencer
je commence
tu commences
il/elle/on commence
nous commençons
vous commencez
ils/elles commencent

Nous **voyageons** avec une amie.
We are traveling with a friend.

Nous **commençons** les devoirs.
We're starting our homework.

Vous **mangez** à la cantine.
You eat at the cafeteria.

Vous **commencez** l'examen.
You are starting the test.

Commands

- If you want to tell someone what to do, you use commands. Like English, you drop the subject pronoun and use the present tense form of the verb. The **nous** and **vous** command forms are identical to those of the present tense.

    Parlez français!
    Speak French!

    Travaillons!
    Let's work!

- The **tu** command form of **-er** verbs drops the **-s** from the present tense form.

    Tu regardes le tableau.
    You are looking at the board.

    Regarde le tableau!
    Look at the board!

- The command forms of **être** are irregular: **sois, soyons, soyez.**

    Sois patient!
    Be patient!

    Soyez utiles!
    Be useful!

    Soyons optimistes.
    Let's be optimistic.

Vérifiez

Essayez!   **Complete the sentences with the correct present tense forms of the verbs.**

1. Je _____parle_____ (parler) français en classe.
2. Nous _____ (habiter) près de (*near*) l'école.
3. Ils _____ (aimer) le cours de sciences politiques.
4. Vous _____ (manger) en classe?!
5. Le cours _____ (commencer) à huit heures (*at eight o'clock*).
6. Marie-Claire _____ (chercher) un stylo.
7. Nous _____ (partager) un crayon en cours de maths.
8. Tu _____ (étudier) l'économie.
9. Les élèves _____ (voyager) en France.
10. Nous _____ (adorer) parler italien.

Mise en pratique

1 Complétez Complete the conversation with the correct forms of the verbs.

ARTHUR Tu (1) _____ (parler) bien français!

OLIVIER Mon ami Marc et moi, nous (2) _____ (retrouver) un professeur de français et nous (3) _____ (étudier) ensemble. Et toi, tu (4) _____ (aimer) les langues?

ARTHUR Non, j' (5) _____ (aimer) l'art. Je (6) _____ (dessiner) bien et j' (7) _____ (adorer) l'art moderne. Marc et toi, vous (8) _____ (habiter) à Paris?

2 Phrases Form sentences using the words provided. Conjugate the verbs and add any necessary words.

1. je / oublier / devoir de littérature
2. nous / commencer / problèmes de maths
3. vous / rencontrer / amis / au / lycée
4. Hélène / détester / travailler
5. tu / chercher / cours / facile
6. élèves / arriver / avec / dictionnaires

3 Après l'école Say what Stéphanie and her friends are doing after (**après**) school.

> **MODÈLE**
> Nathalie cherche un livre.

1. André _____ à la bibliothèque.
2. Édouard _____ Caroline au café.
3. Jérôme et moi, nous _____.
4. Julien et Audrey _____ avec Simon.
5. Robin et toi, vous _____ avec la classe.
6. Je _____.

4 Le verbe logique Complete the following sentences logically with the correct form of an **–er** verb.

1. La chimie, c'est très difficile. Je _____ !
2. Qu'est-ce que tu _____ dans le sac à dos?
3. Nous _____ souvent (*often*) à la cantine.
4. Tristan et Irène _____ toujours (*always*) les clés (*keys*).
5. Le film _____ dans dix minutes.
6. Yves et toi, vous _____ que Martine est charmante?
7. M. et Mme Legrand _____ à Paris.
8. On n'aime pas _____ la télévision.

Communication

5 **Activités** In pairs, tell your partner which of these activities you and your best friend both do. Then, share your partner's answers with the class.

MODÈLE

To your partner: *Nous parlons au téléphone, nous…*
To the class: *Ils/Elles parlent au téléphone, ils/elles…*

manger à la cantine	étudier une langue étrangère
oublier les devoirs	commencer les devoirs
retrouver des amis à la cantine	arriver en classe
travailler	voyager

6 **Les études** In pairs, take turns asking your partner if he or she likes one academic subject or another. If you don't like a subject, mention one you do like. Then, use **tous** (*m.*)/**toutes** (*f.*) **les deux** (*both of us*) to tell the class what subjects both of you like or hate.

MODÈLE

Élève 1: *Tu aimes la chimie?*
Élève 2: *Non, je déteste la chimie. J'aime mieux les langues.*
Élève 1: *Moi aussi… Nous adorons tous/toutes les deux les langues.*

7 **Un sondage** In groups of three, survey your partners to find out how frequently they do certain activities. First, prepare a chart with a list of eight activities. Then take turns asking your partners how often they do each one, and record each person's response.

MODÈLE

Élève 1: *Moi, je dessine rarement. Et toi?*
Élève 2: *Moi aussi, je dessine rarement.*
Élève 3: *Moi, je dessine parfois.*

Activité	souvent	parfois	rarement
dessiner		Sara	David Clara
voyager	Clara David Sara		

Coup de main

To express yourself with greater accuracy, use these adverbs: **assez** (enough), **d'habitude** (usually), **de temps en temps** (from time to time), **parfois** (sometimes), **quelquefois** (sometimes), **rarement** (rarely), **souvent** (often), **toujours** (always). Place the adverbs after the verb.

8 **Adorer, aimer, détester** In small groups, use commands to give each other advice about how to succeed at school. Use the verbs below and tell each other how often to do these things. How many different pieces of advice can you give?

MODÈLE

Sois toujours patient(e) avec tes camarades de classe.

arriver	oublier les devoirs
chercher	parler
commencer	partager
être	regarder
étudier	retrouver
manger	travailler

2A.2

Forming questions and vhlcentral expressing negation

Point de départ You have learned how to make affirmative statements in French. Now you will learn how to form questions and make negative statements.

Forming questions

- There are several ways to ask a question in French. The simplest and most informal way is to make a statement but with rising intonation. In writing, simply put a question mark at the end.

    Vous habitez à Bordeaux?
    You live in Bordeaux?

    Tu aimes le cours de français?
    You like French class?

- A second way is to place the phrase **Est-ce que...** directly before a statement. If the next word begins with a vowel sound, use **Est-ce qu'**. Questions with **est-ce que** are somewhat informal.

    Est-ce que vous parlez français?
    Do you speak French?

    Est-ce qu'il aime dessiner?
    Does he like to draw?

- A third way is to end a statement with a tag question, such as **n'est-ce pas?** (*isn't that right?*), **non?** (*no?*) or **d'accord?** (*OK?*). This type of question is informal.

    Nous mangeons bientôt, **n'est-ce pas**?
    We eat soon, don't we?

    On commence bientôt, **d'accord**?
    We're starting soon, OK?

- A fourth way is to invert the subject pronoun and the verb and place a hyphen between them. If the verb ends in a vowel and the subject pronoun is **il**, **elle**, or **on**, insert -t- between the verb and the pronoun. Inversion is considered more formal.

    Vous parlez français.
    You speak French.

    ▶

    Parlez-vous français?
    Do you speak French?

    Il mange à la cantine.
    He eats in the cafeteria.

    ▶

    Mange-t-il à la cantine?
    Does he eat in the cafeteria?

Only subject pronouns can be inverted. If the subject is a noun , you need to add the corresponding pronoun to invert with the verb.

    Les élèves mangent à la cantine.
    The students are eating in the cafeteria.

    ▶

    Les élèves mangent-**ils** à la cantine ?
    Are the students eating in the cafeteria?

    Nina arrive demain.
    Nina arrives tomorrow.

    ▶

    Nina arrive-**t-elle** demain?
    Does Nina arrive tomorrow?

The inverted form of **il y a** is **y a-t-il**. **C'est** becomes **est-ce**.

    Y a-t-il une horloge dans la classe?
    Is there a clock in the class?

    Est-ce le professeur de lettres?
    Is he the humanities professor?

- Use **pourquoi** to ask *why?* Use **parce que** (**parce qu'** before a vowel sound) to answer *because*.

    Pourquoi retrouves-tu Sophie ici?
    Why are you meeting Sophie here?

    Parce qu'elle habite près d'ici.
    Because she lives near here.

Expressing negation

- To make a sentence negative in French, place **ne** (**n'** before a vowel sound) before the conjugated verb and **pas** after it.

    Je **ne** dessine **pas** bien.
    I don't draw well.

    Elles **n'**étudient **pas** la chimie.
    They don't study chemistry.

- In the construction [*conjugated verb + infinitive*], **ne** (**n'**) comes before the conjugated verb and **pas** after it.

    Abdel **n'**aime **pas** étudier.
    Abdel doesn't like to study.

    Vous **ne** détestez **pas** travailler?
    You don't hate to work?

- In questions with inversion, place **ne** before the inversion and **pas** after it.

    Abdel **n'**aime-t-il **pas** étudier?
    Doesn't Abdel like to study?

    Ne détestez-vous **pas** travailler?
    Don't you hate to work?

- You already know how to use the expression **moi aussi** (*me too*) to express agreement. Here are some other expressions to express agreement and disagreement.

Expressions of agreement and disagreement			
oui	*yes*	(mais) non	*no (but of course not)*
bien sûr	*of course*	pas du tout	*not at all*
moi/toi non plus	*me/you neither*	peut-être	*maybe, perhaps*

    Vous aimez manger à la cantine?
    Do you like to eat in the cafeteria?

    Non, pas du tout.
    No, not at all.

- Use **si** instead of **oui** to contradict a negative question.

    Ne parles-tu pas à Daniel?
    Aren't you talking to Daniel?

    Si!
    Yes (I am)!

 Vérifiez

Essayez!   Make questions out of these statements. Use **est-ce que/qu'** in items 1–5 and inversion in 6–10.

Statement	Question
1. Vous mangez à la cantine.	*Est-ce que vous mangez à la cantine?*
2. Ils adorent les devoirs.	_____
3. La biologie est difficile.	_____
4. Tu travailles.	_____
5. Elles cherchent le prof.	_____
6. Vous arrivez demain.	*Arrivez-vous demain?*
7. L'élève oublie le livre.	_____
8. Il y a deux salles de classe.	_____
9. Ils n'habitent pas à Québec.	_____
10. C'est le professeur d'art.	_____

Mise en pratique

1 **L'inversion** Restate the questions using inversion.

1. Est-ce que vous parlez espagnol?
2. Est-ce qu'il étudie à Paris?
3. Est-ce qu'ils voyagent avec des amis?
4. Est-ce que tu aimes les cours de langues?
5. Est-ce que le professeur parle anglais?
6. Est-ce que les élèves aiment dessiner?

2 **Les questions** Ask the questions that correspond to the answers. Use **est-ce que/qu'** and inversion for each item.

MODÈLE

Nous habitons loin (*far away*).
Est-ce que vous habitez loin? / Habitez-vous loin?

1. Il mange à la cantine.
2. J'oublie les examens.
3. François déteste les maths.
4. Nous adorons voyager.
5. Les cours ne commencent pas demain.
6. Les élèves arrivent en classe.

3 **Complétez** Complete the conversation with the correct questions for the answers given. Act it out with a partner.

MYLÈNE Salut, Arnaud. Ça va?

ARNAUD Oui, ça va. Alors (*So*)... (1) _____

MYLÈNE J'adore le cours de sciences po, mais je déteste l'informatique.

ARNAUD (2) _____

MYLÈNE Parce que le prof est très strict.

ARNAUD (3) _____

MYLÈNE Oui, il y a des élèves sympathiques... Et demain? (4) _____

ARNAUD Peut-être, mais demain je retrouve aussi Dominique.

MYLÈNE (5) _____

ARNAUD Pas du tout!

Communication

4 **Au café** In pairs, take turns asking each other questions about the drawing. Use verbs from the list.

> **MODÈLE**
>
> **Élève 1:** *Monsieur Laurent parle à Madame Martin, non?*
> **Élève 2:** *Mais non. Il n'aime pas parler.*

arriver	dessiner	manger	partager
chercher	étudier	oublier	rencontrer

Anne et Sylvie   Didier   André
Madame Martin   Monsieur Laurent

5 **Questions** You and your partner want to get to know each other better. Take turns asking each other questions. Modify or add elements as needed.

> **MODÈLE** aimer / l'art
>
> **Élève 1:** *Est-ce que tu aimes l'art?*
> **Élève 2:** *Oui, j'adore l'art./ Non, je n'aime pas l'art.*

1. détester / devoirs
2. étudier / avec / amis
3. penser qu'il y a / cours / intéressant / au lycée
4. cours de sciences / être / facile
5. aimer mieux / biologie / ou / physique
6. retrouver / copains / à la cantine

6 **Confirmez** In groups of three, confirm whether the statements are true of your school. Correct any untrue statements by making them negative.

> **MODÈLE**
>
> Les profs sont désagréables.
> *Pas du tout, les profs ne sont pas désagréables.*

1. Les cours d'informatique sont inutiles.
2. Il y a des élèves de nationalité allemande.
3. Nous mangeons une cuisine excellente à la cantine.
4. Tous (*All*) les élèves étudient à la bibliothèque.
5. Le cours de chimie est facile.
6. Nous adorons le gymnase.

Révision

1 Des styles différents In pairs, describe these two very different classes. Then, tell your partner which class you prefer and why.

2 Les activités In pairs, discuss whether these expressions apply to both of you. React to every answer you hear.

MODÈLE

Élève 1: *Est-ce que tu étudies le week-end?*
Élève 2: *Non! Je n'aime pas étudier le week-end.*
Élève 1: *Moi non plus. J'aime mieux étudier le soir.*

1. adorer la cantine
2. aimer le cours d'art
3. étudier à la bibliothèque
4. manger souvent (*often*) des sushis
5. oublier les devoirs
6. parler espagnol
7. travailler le soir
8. voyager souvent

3 Le lycée In pairs, prepare ten questions inspired by the list and what you know about your school. Together, survey as many classmates as possible to find out what they like and dislike.

MODÈLE

Élève 1: *Est-ce que tu aimes étudier à la bibliothèque?*
Élève 2: *Non, pas du tout. J'aime mieux étudier...*

bibliothèque	élève	cantine
bureau	gymnase	salle de classe
cours	librairie	salle d'ordinateurs

4 Pourquoi? Survey as many classmates as possible to find out if they like these subjects and why. Ask what adjective they would pick to describe them. Tally the most popular answers for each subject.

MODÈLE

Élève 1: *Est-ce que tu aimes la philosophie?*
Élève 2: *Pas tellement.*
Élève 1: *Pourquoi?*
Élève 2: *Parce que c'est trop difficile.*

1. la biologie
2. la chimie
3. l'histoire
4. l'éducation physique
5. l'informatique
6. les langues
7. les mathématiques
8. la psychologie

a. agréable
b. amusant
c. désagréable
d. difficile
e. facile
f. important
g. inutile
h. utile

5 Les conversations In pairs, act out a short conversation between the people shown in each drawing. They should greet each other, describe what they are doing, and discuss their likes or dislikes. Choose your favorite skit and role-play it for another pair.

MODÈLE

Élève 1: *Bonjour, Aurélie.*
Élève 2: *Salut! Tu travailles, non?*

6 Les portraits Your teacher will give you and a partner a set of drawings showing the likes and dislikes of eight people. Discuss each person's tastes. Do not look at each other's worksheet.

MODÈLE

Élève 1: *Sarah n'aime pas travailler.*
Élève 2: *Mais elle adore manger.*

Le Zapping

vhlcentral

Préparation Answer the following questions.

1. How do you get to and from school?
2. How many classes do you take?
3. How is middle or high school different from elementary school?
4. What functions does student government serve in your school?

L'âge de classe: la journée° d'un collégien

After French students finish **l'école élémentaire**, they attend **collège°** for four years. In their first year of **collège**, which is called **sixième°**, students adjust to their new school, schedule, and classes. Unlike in elementary school, they study a variety of subjects with different **professeurs** throughout the day. **Collégiens** study subjects like **français**, **maths**, **histoire-géo**, and **sciences**, and they also have opportunities to participate in sports and extracurricular activities. In the video, Arthur shows what his school day is like so that students transitioning from elementary school to **collège** have an idea of what to expect from their new school and schedule.

vie *life* **collégien** *middle-school student* **journée** *day* **collège** *middle school* **sixième** *sixth grade*

Vidéo de Tout le Bas-Rhin

...la vie° d'un collégien°.

Vocabulaire utile

un car	*bus*
une carte	*card*
une déléguée de classe	*student council representative*
une matière	*subject*
dur	*hard*

Compréhension Select the word or phrase that matches each description.

> un car　une carte　la vie d'un collégien　une déléguée de classe　une matière

1. Arthur's mission is to describe this to students entering **collège**.
2. Arthur and his friends travel to school in this.
3. This is what Arthur shows to the driver when he gets on the bus.
4. This is Margot's role in student government.
5. In **collège**, students have a different **prof** for each one of these.

Conversation Discuss the following topics with a partner, then share your thoughts with the class.

1. Compare Arthur's school transportation to your own. What are the advantages of each?
2. Compare your weekday schedule with Arthur's. How are they similar?

Application With a partner, prepare a presentation about a typical day at your school for a group of exchange students. Include information about school transportation, schedule, lunch time, and after-school activities.

You will learn how to...
- say when things happen
- discuss your schedule

🔊 **vhl**central

Une semaine au lycée

Vocabulaire

demander	to ask
échouer	to fail
écouter	to listen (to)
enseigner	to teach
expliquer	to explain
trouver	to find; to think
Quel jour sommes-nous?	What day is it?
un an	year
une/cette année	a/this year
après	after
après-demain	day after tomorrow
un/cet après-midi	an/this afternoon
aujourd'hui	today
demain (matin/	tomorrow (morning/
après-midi/soir)	afternoon/evening)
un jour	day
une journée	day
un/ce matin	a/this morning
la matinée	morning
un mois/ce mois-ci	month/this month
une/cette nuit	a/this night
une/cette semaine	a/this week
un/ce soir	an/this evening
une soirée	evening
un/le/ce week-end	a/the/this weekend
dernier/dernière	last
premier/première	first
prochain(e)	next

semaine

lundi | *mardi* | *mercredi* | *jeudi* | *vendredi*

matin

après-midi

soir

assister au cours d'économie

passer l'examen de maths

téléphoner à Marc

préparer l'examen de maths

dîner en famille

Mise en pratique

1 **Écoutez** You will hear Lorraine describing her schedule. Listen carefully and indicate whether the statements are **vrai** or **faux** for her.

		Vrai	Faux
1.	Il y a quatre cours chaque (*each*) jour.	☐	☐
2.	Le cours de chimie est le mardi et le jeudi.	☐	☐
3.	Le cours d'histoire est le lundi, le mercredi et le vendredi.	☐	☐
4.	Le cours d'informatique est le mardi et le jeudi matin.	☐	☐
5.	Les cours d'art et de mathématiques sont le mardi et le jeudi après-midi.	☐	☐
6.	Lorraine trouve les mathématiques difficiles.	☐	☐
7.	Le professeur de mathématiques explique bien.	☐	☐
8.	Lorraine rentre à la maison le soir.	☐	☐
9.	Lorraine regarde la télévision, écoute de la musique ou téléphone à ses amies le soir.	☐	☐
10.	Le week-end, Lorraine aime être à la maison.	☐	☐

2 **La classe de Mme Arnaud** Complete this paragraph by selecting the correct verb from the list below. Make sure to conjugate the verb. Some verbs will not be used.

demander	expliquer	rentrer
écouter	passer un examen	travailler
enseigner	préparer	trouver
étudier	regarder	visiter

Madame Arnaud (1) _____ au lycée. Elle (2) _____ le français. Elle (3) _____ les verbes et la grammaire aux élèves. Le vendredi, en classe, les élèves (4) _____ une vidéo en français ou (*or*) (5) _____ de la musique française. Ce week-end, ils (6) _____ pour (*for*) (7) _____ l'examen très difficile de lundi matin. Je/J' (8) _____ beaucoup pour ce cours, mais mes (*my*) amis et moi, nous (9) _____ la classe sympa.

3 **Quel jour sommes-nous?** Complete each statement with the correct day of the week.

1. Aujourd'hui, c'est _____.
2. Demain, c'est _____.
3. Après-demain, c'est _____.
4. Le week-end, c'est _____.
5. Le premier jour de la semaine en France, c'est _____.
6. Les jours du cours de français sont _____.
7. Mon (*My*) jour préféré de la semaine, c'est _____.
8. Je travaille à la bibliothèque _____.

samedi | dimanche

visiter Paris avec une amie

rentrer à la maison

Communication

4 **Conversez** Interview a classmate.

1. Quel jour sommes-nous?
2. Quand (*When*) est le prochain cours de français?
3. Quand rentres-tu à la maison?
4. Est-ce que tu prépares un examen cette semaine?
5. Est-ce que tu écoutes la radio? Quel genre de musique aimes-tu?
6. Quand téléphones-tu à des amis?
7. Est-ce que tu regardes la télévision l'après-midi ou (*or*) le soir?
8. Est-ce que tu dînes dans un restaurant ce mois-ci?

5 **Le premier jour** You make a new friend in your French class and want to know what his or her class schedule is like this semester. With a partner, prepare a conversation to perform for the class where you:

- ask his or her name
- ask what classes he or she is taking
- ask at which times of day (morning or afternoon) he or she has French class
- ask at which times of day (morning or afternoon) he or she has English and History classes

6 **Bataille navale** Your teacher will give you a worksheet. Choose four spaces on your chart and mark them with a battleship. In pairs, create questions by using the subjects in the first column and the verbs in the first row to find out where your partner has placed his or her battleships. Whoever "sinks" the most battleships wins.

MODÈLE

Élève 1: *Est-ce que Luc et Sabine téléphonent à Jérôme?*
Élève 2: *Oui, ils téléphonent à Jérôme.*
(if you marked that square)
Non, ils ne téléphonent pas à Jérôme.
(if you didn't mark that square)

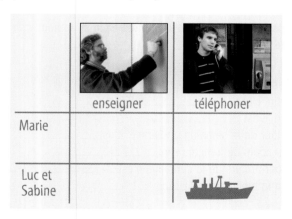

7 **Le week-end** Write a schedule to show what you do during a typical weekend. Use the verbs you know. Compare your schedule with a classmate's, and talk about the different activities that you do and when. Be prepared to discuss your results with the class.

	Moi	Nom
Le vendredi soir		
Le samedi matin		
Le samedi après-midi		
Le samedi soir		
Le dimanche matin		
Le dimanche après-midi		
Le dimanche soir		

Les sons et les lettres 🔊 vhlcentral

The letter r

The French **r** is very different from the English *r*. The English *r* is pronounced by placing the tongue in the middle and toward the front of the mouth. The French **r** is pronounced in the throat. You have seen that an **-er** at the end of a word is usually pronounced **-ay**, as in the English word *way*, but without the glide sound.

chant**er**	mang**er**	expliqu**er**	aim**er**

In most other cases, the French **r** has a very different sound. Pronunciation of the French **r** varies according to its position in a word. Note the different ways the **r** is pronounced in these words.

riviè**r**e	litté**r**ature	o**r**dinateu**r**	devoi**r**

If an **r** falls between two vowels or before a vowel, it is pronounced with slightly more friction.

ra**r**e	ga**r**age	Eu**r**ope	**r**ose

An **r** sound before a consonant or at the end of a word is pronounced with slightly less friction.

po**r**te	bou**r**se	ado**r**e	jou**r**

Prononcez Practice saying these words aloud.

1. crayon
2. professeur
3. plaisir
4. différent
5. terrible
6. architecture
7. trouver
8. restaurant
9. rentrer
10. regarder
11. lettres
12. réservé
13. être
14. dernière
15. arriver
16. après

Articulez Practice saying these sentences aloud.

1. Au revoir, Professeur Colbert!
2. Rose arrive en retard mardi.
3. Mercredi, c'est le dernier jour des cours.
4. Robert et Roger adorent écouter la radio.
5. La corbeille à papier, c'est quarante-quatre euros!
6. Les parents de Richard sont brillants et très agréables.

Dictons Practice reading these sayings aloud.

Quand le renard prêche, gare aux oies.[2]

Qui ne risque rien n'a rien.[1]

[2] When the fox preaches, watch your geese.

[1] Nothing ventured, nothing gained.

On trouve une solution vhlcentral

PERSONNAGES

Amina

Astrid

David

Rachid

Sandrine

Stéphane

À la terrasse du café...

RACHID Alors, on a rendez-vous avec David demain à cinq heures moins le quart pour rentrer chez nous.

SANDRINE Aujourd'hui, c'est mercredi. Demain... jeudi. Le mardi et le jeudi, j'ai cours de chant de trois heures vingt à quatre heures et demie. C'est parfait!

AMINA Pas de problème. J'ai cours de stylisme...

AMINA Salut, Astrid!

ASTRID Bonjour.

RACHID Astrid, je te présente David, mon (*my*) coloc américain.

DAVID Alors, cette année, tu as des cours très difficiles, n'est-ce pas?

ASTRID Oui? Pourquoi?

DAVID Ben, Stéphane pense que les cours sont très difficiles.

ASTRID Ouais, Stéphane, il assiste au cours, mais... il ne fait pas ses (*his*) devoirs et il n'écoute pas les profs. Cette année est très importante, parce que nous avons le bac...

DAVID Ah, le bac...

Au parc...

ASTRID Stéphane! Quelle heure est-il? Tu n'as pas de montre?

STÉPHANE Oh, Astrid, excuse-moi! Le mercredi, je travaille avec Astrid au café sur le cours de maths...

ASTRID Et le mercredi après-midi, il oublie! Tu n'as pas peur du bac, toi!

STÉPHANE Tu as tort, j'ai très peur du bac! Mais je n'ai pas envie de passer mes (*my*) journées, mes soirées et mes week-ends avec des livres!

ASTRID Je suis d'accord avec toi, Stéphane! J'ai envie de passer les week-ends avec mes copains... des copains qui n'oublient pas les rendez-vous!

RACHID Écoute, Stéphane, tu as des problèmes avec ta (*your*) mère, avec Astrid aussi.

STÉPHANE Oui, et j'ai d'énormes problèmes au lycée. Je déteste le bac.

RACHID Il n'est pas tard pour commencer à travailler pour être reçu au bac.

STÉPHANE Tu crois, Rachid?

A C T I V I T É S

1 **Vrai ou faux?** Choose whether each statement is **vrai** or **faux**.

1. Le mardi et le mercredi, Sandrine a (*has*) cours de chant.

2. Le jeudi, Amina a cours de stylisme.

3. Astrid pense qu'il est impossible de réussir (*pass*) le bac.

4. La famille de David est allemande.

5. Le mercredi, Stéphane travaille avec Astrid au café sur le cours de maths.

6. Stéphane a beaucoup de problèmes.

7. Rachid est optimiste.

8. Stéphane dîne chez Rachid samedi.

9. Le sport est très important pour Stéphane.

10. Astrid est fâchée (*angry*) contre Stéphane.

Les amis organisent des rendez-vous.

RACHID C'est un examen très important que les élèves français passent la dernière année de lycée pour continuer en études supérieures.

DAVID Euh, n'oublie pas, je suis de famille française.

ASTRID Oui, et c'est difficile, mais ce n'est pas impossible. Stéphane trouve que les études ne sont pas intéressantes. Le sport, oui, mais pas les études.

RACHID Le sport? Tu cherches Stéphane, n'est-ce pas? On trouve Stéphane au parc! Allons-y, Astrid.

ASTRID D'accord. À demain!

RACHID Oui. Mais le sport, c'est la dernière des priorités. Écoute, dimanche prochain, tu dînes chez moi et on trouve une solution.

STÉPHANE Rachid, tu n'as pas envie de donner des cours à un lycéen nul comme moi!

RACHID Mais si, j'ai très envie d'enseigner les maths...

STÉPHANE Bon, j'accepte. Merci, Rachid. C'est sympa.

RACHID De rien. À plus tard!

Expressions utiles

Talking about your schedule

- **Alors, on a rendez-vous demain à cinq heures moins le quart pour rentrer chez nous.**
  So, we're meeting tomorrow at quarter to five to go home (our home).

- **J'ai cours de chant de trois heures vingt à quatre heures et demie.**
  I have voice (singing) class from three-twenty to four-thirty.

- **J'ai cours de stylisme de deux heures à quatre heures vingt.**
  I have fashion design class from two o'clock to four-twenty.

- **Quelle heure est-il?** • **Tu n'as pas de montre?**
  What time is it?   *You don't have a watch?*

Talking about school

- **Nous avons le bac.**
  We have the bac.

- **Il ne fait pas ses devoirs.**
  He doesn't do his homework.

- **Tu n'as pas peur du bac!**
  You're not afraid of the bac!

- **Tu as tort, j'ai très peur du bac!**
  You're wrong, I'm very afraid of the bac!

- **Je suis d'accord avec toi.**
  I agree with you.

- **J'ai d'énormes problèmes.**
  I have big/enormous problems.

- **Tu n'as pas envie de donner des cours à un(e) lycéen(ne) nul(le) comme moi.**
  You don't want to teach a high school student as bad as myself.

Useful expressions

- **C'est parfait!**   • **Ouais.**
  That's perfect!   *Yeah.*

- **Allons-y!**   • **C'est sympa.**
  Let's go!   *That's nice/fun.*

- **D'accord.**
  OK./All right.

---

2 **Répondez** Answer these questions. Refer to the video scenes and use a dictionary as necessary. You do not have to answer in complete sentences.

1. Où (*Where*) est-ce que tu as envie de voyager?

2. Est-ce que tu as peur de quelque chose? De quoi?

3. Qu'est-ce que tu dis (*say*) quand tu as tort?

3 **À vous!** With a partner, describe someone you know whose personality, likes, or dislikes resemble those of Rachid or Stéphane.

MODÈLE

*Paul est comme (*like*) Rachid... il est sérieux.*

ACTIVITÉS

vhlcentral

CULTURE À LA LOUPE

Le bac

The three years of **lycée** culminate in a high stakes exam called the **baccalauréat** or **bac**. Students begin preparing for this exam by the end of **seconde** (10th grade), when they must decide the type of **bac** they will take. This choice determines their coursework during the last two years of **lycée**; for example, a student who plans to take the **bac S** will study mainly physics, chemistry, and math. Most students take **le bac économique et social (ES)**, **le bac littéraire (L)**, or **le bac scientifique (S)**. Others, though, choose to follow a more technical path, for example **le bac sciences et technologies de l'industrie et du développement durable (STI2D)**, **le bac sciences et technologies de la santé et du social (ST2S)**, or **le bac sciences et technologies du management et de la gestion (STMG)**. There is even a **bac technique** for hotel management and music/dance!

The **bac** has both oral and written sections, which are weighted differently according to the type of **bac**. This means that, for example, a bad grade on the math section would lower a

student's grade significantly on a **bac S** but to a lesser degree on a **bac L**. In all cases, the highest possible grade is 20/20. If a student's overall score on the **bac** is below 10/20 (the minimum passing grade) but above 8/20, he/she can take the **rattrapage**, or make-up exam. If the student fails again, then he/she can **redoubler**, or repeat the school year and take the **bac** again.

Students usually go to find out their results with friends and classmates just a few days after they take the exam. This yearly ritual is full of emotion: it's common to see groups of students frantically looking for their results posted on bulletin boards at the **lycée**. Over 80% of students successfully pass the **bac** every year, granting them access to France's higher education system.

Students can pass the **bac** with:	
18/20 - 20/20	mention Très bien et félicitations du jury
16/20 - 18/20	mention Très bien
14/20 - 16/20	mention Bien
12/20 - 14/20	mention Assez bien
10/20 - 12/20	no special mention

Coup de main

In French, a superscript -e following a numeral tells you that it is an ordinal number. It is the equivalent of a -th after a numeral in English: 10e (dixième) = 10th.

A C T I V I T É S

1 **Vrai ou faux?** Indicate whether each statement is **vrai** or **faux**. Correct the false statements.

1. The **bac** is an exam that students take at the end of **terminale**.

2. The **bac** has only oral exams.

3. The highest possible grade on the **bac** is 20/20.

4. Students decide which **bac** they will take at the beginning of **terminale**.

5. Most students take the **bac technique**.

6. All the grades of the **bac** are weighted equally.

7. A student with an average grade of 14.5 on the **bac** receives his diploma with **mention Bien**.

8. A student who fails the **bac** but has an overall grade of 8/20 can take a make-up exam.

9. A student who fails the **bac** and the **rattrapage** cannot repeat the year.

10. Passing the **bac** enables students to register for college or to apply for the **grandes écoles**.

Les examens

assurer/cartonner (à un examen)	to ace (an exam)
bachoter	to cram for the bac
bosser	to work hard
une moyenne	an average
rater (un examen)	to fail (an exam)
réviser	to study, to review
un(e) surveillant(e)	a proctor
tricher	to cheat

L'immersion française

Voici quelques° lycées du monde où les élèves suivent leurs cours° en français.

Aux États-Unis École franco-américaine de Chicago, École franco-américaine de San Diego, Lycée français de La Nouvelle-Orléans, Lycée franco-américain de New York, The French-American School of Minneapolis

Au Canada Collège Stanislas à Montréal, Lycée français de Toronto

Au Maroc Lycée André Malraux de Rabat

À Madagascar Lycée français de Tananarive

Au Viêt-nam Lycée Français International Marguerite Duras de Hô-Chi-Minh-Ville

quelques some suivent leurs cours take their classes

Les études supérieures en France

After taking the **bac**, students continuing their studies have several choices. The highest achieving students often enroll in a **classe préparatoire**, which prepares them for the entrance tests to the **grandes écoles**. The **grandes écoles** are France's most prestigious and elite institutions of higher learning. The best known are **l'ENA (École nationale d'administration), Polytechnique, HEC (École des hautes° études commerciales) et Sciences Po (Institut des sciences politiques).** Other students choose **une école spécialisée**, such as a business or jounalism school. These establishments offer a highly specialized course of study and degree. Another option is enrolling in **l'université**. University students begin classes in their chosen field of study in their first year. University studies generally take three to four year to complete, or longer for a doctorate.

haute higher-level

Sur Internet

Quel (Which) bac aimeriez-vous (would you like) passer?

Go to **vhlcentral.com** to find more information related to this **Culture** section.

2 Les études supérieures en France What kind of higher education might these students seek? Write the school types in French.

1. a future journalist
2. an outstanding student
3. a foreign language student
4. a business student
5. a chemistry student

3 Et les cours? In French, name two courses you might take in preparation for each of these **baccalauréat** exams.

1. un bac L
2. un bac STMG
3. un bac ES
4. un bac STI2D

ACTIVITÉS

2B.1

Present tense of *avoir* vhlcentral

Point de départ The verb **avoir** (*to have*) is used frequently. You will have to memorize each of its present tense forms because they are irregular.

Present tense of *avoir*			
j'ai	*I have*	**nous avons**	*we have*
tu as	*you have*	**vous avez**	*you have*
il/elle/on a	*he/she/it/one has*	**ils/elles ont**	*they have*

On a rendez-vous avec David demain.

Cette année, nous avons le bac.

- Liaison is required between the final consonants of **on**, **nous**, **vous**, **ils**, and **elles** and the first vowel of forms of **avoir** that follow them. When the final consonant is an **-s**, pronounce it as a z before the verb forms.

  On a un prof sympa.
  We have a nice teacher.

  Nous avons un cours d'art.
  We have an art class.

  Vous avez deux stylos.
  You have two pens.

  Elles ont un examen de psychologie.
  They have a Psychology exam.

- Keep in mind that an indefinite article, whether singular or plural, usually becomes **de/d'** after a negation.

J'ai **un** cours difficile.
I have a difficult class.

Je n'ai pas **de** cours difficile.
I don't have a difficult class.

Il a **des** examens.
He has exams.

Il n'a pas **d'**examens.
He does not have exams.

- The verb **avoir** is used in certain idiomatic or set expressions where English generally uses *to be* or *to feel*.

Expressions with *avoir*

avoir... ans	to be... years old	avoir froid	to be cold
avoir besoin (de)	to need	avoir honte (de)	to be ashamed (of)
avoir de la chance	to be lucky	avoir l'air	to look like, to seem
		avoir peur (de)	to be afraid (of)
avoir chaud	to be hot	avoir raison	to be right
avoir envie (de)	to feel like	avoir sommeil	to be sleepy
		avoir tort	to be wrong

Il a chaud.

Ils ont froid.

Elle a sommeil.

Il a peur.

- The expressions **avoir besoin de**, **avoir honte de**, **avoir peur de**, and **avoir envie de** can be followed by either a noun or a verb.

  J'**ai besoin d'**une calculatrice.
  I need a calculator.

  J'**ai besoin d'**étudier.
  I need to study.

- The command forms of **avoir** are irregular: **aie, ayons, ayez**. Place **ne** and **pas** around the command to make it negative.

  Aie un peu de patience.
  Be a little patient.

  N'**ayez** pas peur.
  Don't be afraid.

 Vérifiez

Essayez! Complete the sentences with the correct forms of **avoir**.

1. La température est de 35 degrés Celsius. Nous ___avons___ chaud.

2. En Alaska, en décembre, vous _____ froid.

3. Martine _____ envie de danser.

4. Ils _____ besoin d'une calculatrice pour le devoir.

5. Est-ce que tu _____ peur des insectes?

6. Sébastien pense que je travaille aujourd'hui. Il _____ raison.

7. J' _____ cours d'économie le lundi.

8. Mes amis voyagent beaucoup. Ils _____ de la chance.

9. Mohammed _____ deux cousins à Marseille.

10. Vous _____ un grand appartement.

Mise en pratique

1 On a... Use the correct forms of **avoir** to form questions from these elements. Use inversion and provide an affirmative or negative answer as indicated.

MODÈLE

tu / un examen (oui)
As-tu un examen? Oui, j'ai un examen.

1. nous / un dictionnaire (oui)
2. Luc / un diplôme (non)
3. elles / des montres (non)
4. vous / des copains (oui)
5. Thérèse / un téléphone (oui)
6. Charles et Jacques / une calculatrice (non)
7. on / un examen (non)
8. tu / des livres de français (non)

2 C'est évident Describe these people using expressions with **avoir**.

1. J' _____ étudier.

2. Vous _____.

3. Tu _____.

4. Elles _____.

3 Assemblez Use the verb avoir and combine elements from the two columns to create sentences about yourself, your class, and your school. Make any necessary changes or additions.

A	B
Je	cours utiles
Le lycée	bonnes notes
Les profs	professeurs brillants
Mon (*My*) petit ami	ami(e) mexicain(e) / anglais(e)
Ma (*My*) petite amie	/ canadien(ne) / vietnamien(ne)
Nous	élèves intéressants
	cantine agréable
	cours d'informatique

Communication

4 **Besoins** Your teacher will give you a worksheet. Ask different classmates if they need to do these activities. Find at least one person to answer **Oui** and at least one to answer **Non** for each item.

MODÈLE

regarder la télé
Élève 1: *Tu as besoin de regarder la télé?*
Élève 2: *Oui, j'ai besoin de regarder la télé.*
Élève 3: *Non, je n'ai pas besoin de regarder la télé.*

Activités	Oui	Non
1. regarder la télé	Anne	Louis
2. étudier ce soir		
3. passer un examen cette semaine		
4. retrouver des amis demain		
5. travailler à la bibliothèque		
6. commencer un devoir important		
7. téléphoner à un(e) copain/copine ce week-end		
8. parler avec le professeur		

5 **C'est vrai?** Interview a classmate by transforming each of these statements into a question. Be prepared to report the results of your interview to the class.

MODÈLE J'ai deux ordinateurs.

Élève 1: *Tu as deux ordinateurs?*
Élève 2: *Non, je n'ai pas deux ordinateurs.*

1. J'ai peur des examens.
2. J'ai seize ans.
3. J'ai envie de visiter Montréal.
4. J'ai un cours de biologie.
5. J'ai sommeil le lundi matin.
6. J'ai un(e) petit(e) ami(e) égoïste.

6 **Interview** You are talking to a school counselor. Answer his or her questions. In pairs, practice the scene and role-play it for the class.

1. Qu'est-ce que (*What*) vous avez envie d'étudier?
2. Est-ce que vous avez d'excellentes notes?
3. Est-ce que vous avez souvent besoin d'aide (*help*) avec les devoirs?
4. Est-ce que vous mangez à la cantine?
5. Est-ce que vous avez un ordinateur?
6. Est-ce que vous retrouvez des amis au lycée?
7. Est-ce que vous écoutez de la musique?
8. Est-ce que vous avez des cours le soir?

2B.2

Telling time vhlcentral

Point de départ You use the verb **être** with numbers to tell time.

- There are two ways to ask what time it is.

  Quelle heure est-il?
  What time is it?

  Quelle heure avez-vous/as-tu?
  What time do you have?

- To tell time on the hour, use a *number* + **heures**. Use **une heure** for one o'clock.

Il est **six heures**.

Il est **une heure**.

- To tell the time from the hour to the half-hour, add the number of minutes past the hour. To say it is fifteen minutes past the hour, use **et quart**. To say it is thirty minutes past the hour, use **et demie**.

Il est quatre heures **cinq**.

Il est onze heures **vingt**.

Il est une heure **et quart**.

Il est sept heures **et demie**.

- To tell the time from the half hour to the hour, use **moins** (*minus*) and subtract the number of minutes or the portion of an hour from the next hour.

Il est trois heures **moins dix**.

Il est une heure **moins le quart**.

- To say at what time something happens, use the preposition **à**.

  Le cours commence **à neuf heures moins vingt**.
  The class starts at 8:40.

  Nous avons un examen **à une heure**.
  We have a test at one o'clock.

- **Liaison** occurs between numbers and the word **heure(s)**. Final **-s** and **-x** in **deux**, **trois**, **six**, and **dix** are pronounced like a z. The final **-f** of **neuf** is pronounced like a *v*.

  Il est **deux heures**.   Il est **neuf heures** et quart.
  It's two o'clock.   *It's 9:15.*

- You do not usually make a **liaison** between the verb form **est** and a following number that starts with a vowel sound.

  Il **est onze** heures.   Il **est une** heure vingt.   Il **est huit** heures et demie.
  It's eleven o'clock.   *It's 1:20.*   *It's 8:30.*

<table>
<tr><td colspan="4">Expressions for telling time</td></tr>
<tr><td>À quelle heure?</td><td>(At) what time/ When?</td><td>midi</td><td>noon</td></tr>
<tr><td>de l'après-midi</td><td>in the afternoon</td><td>minuit</td><td>midnight</td></tr>
<tr><td>du matin</td><td>in the morning</td><td>pile</td><td>sharp, on the dot</td></tr>
<tr><td>du soir</td><td>in the evening</td><td>presque</td><td>almost</td></tr>
<tr><td>en avance</td><td>early</td><td>tard</td><td>late</td></tr>
<tr><td>en retard</td><td>late</td><td>tôt</td><td>early</td></tr>
<tr><td></td><td></td><td>vers</td><td>about</td></tr>
</table>

  Il est **minuit** à Paris.   Il est six heures **du soir** à New York.
  It's midnight in Paris.   *It's six o'clock in the evening in New York.*

- The 24-hour clock is often used to express official time. Departure times, movie times, and store hours are expressed this way. Official time is also becoming more popular in everyday conversation. Only numbers are used to tell time this way. Expressions like **et demie**, **moins le quart**, etc. are not used.

  Le train arrive à **dix-sept heures six**.   Le film est à **vingt-deux heures trente-sept**.
  The train arrives at 5:06 p.m.   *The film is at 10:37 p.m.*

J'ai cours de trois heures vingt à quatre heures et demie.

Stéphane! Quelle heure est-il?

- When writing the time in French using numbers, the hour and minutes are separated by the letter **h**, which stands for **heure(s)**, while in English a colon is used.

  3:25 = **3h25**   11:10 = **11h10**   5:15 = **5h15**   9:30 p.m. = **21h45**

Boîte à outils

In French, there are no words for *a.m.* and *p.m.* You can use **du matin** for *a.m.*, **de l'après-midi** from noon until about 6 p.m., and **du soir** from about 6 p.m. until midnight. When you use the 24-hour clock, it becomes obvious whether you're referring to *a.m.* or *p.m.*

Vérifiez

À noter

As you learned in **Leçon 1A**, when you say 21, 31, 41, etc. in French, the *one* agrees with the gender of the noun that follows. Therefore, **21h00** is **vingt et une heures**.

Vérifiez

Essayez!   Complete the sentences by writing out the correct times according to the cues.

1. (1:00 a.m.) Il est __une heure__ du matin.
2. (2:50 a.m.) Il est _____ du matin.
3. (8:30 p.m.) Il est _____ du soir.
4. (10:08 a.m.) Il est _____ du matin.
5. (7:15 p.m.) Il est _____ du soir.
6. (12:00 p.m.) Il est _____ .
7. (4:05 p.m.) Il est _____ de l'après-midi.
8. (4:45 a.m.) Il est _____ du matin.
9. (3:20 a.m.) Il est _____ du matin.
10. (12:00 a.m.) Il est _____ .

Mise en pratique

1 **Quelle heure est-il?** Give the time shown on each clock or watch.

MODÈLE

Il est quatre heures et quart de l'après-midi.

1. _____   2. _____   3. _____   4. _____

5. _____   6. _____   7. _____   8. _____

2 **À quelle heure?** Find out when you and your friends are going to do certain things.

MODÈLE

À quelle heure est-ce qu'on étudie? (about 8 p.m.)
On étudie vers huit heures du soir.

À quelle heure...

1. ...est-ce qu'on arrive au café? (at 10:30 a.m.)
2. ...est-ce que vous parlez avec le professeur? (at noon)
3. ...est-ce que tu travailles? (late, at 11:15 p.m.)
4. ...est-ce qu'on regarde la télé? (at 9:00 p.m.)
5. ...est-ce que Marlène et Nadine mangent? (around 1:45 p.m.)
6. ...est-ce que le cours commence? (very early, at 8:20 a.m.)

3 **Départ à...** Tell what each of these times would be on a 24-hour clock.

MODÈLE

Il est trois heures vingt de l'après-midi.
Il est quinze heures vingt.

1. Il est dix heures et demie du soir.
2. Il est deux heures de l'après-midi.
3. Il est huit heures et quart du soir.
4. Il est minuit moins le quart.
5. Il est six heures vingt-cinq du soir.
6. Il est trois heures moins cinq du matin.
7. Il est six heures moins le quart de l'après-midi.
8. Il est une heure et quart de l'après-midi.
9. Il est neuf heures dix du soir.
10. Il est sept heures quarante du soir.

Communication

4 **Télémonde** Look at this French TV guide. In pairs, ask questions about program start times.

MODÈLE

Élève 1: *À quelle heure commence Télé-ciné sur Antenne 4?*
Élève 2: *Télé-ciné commence à dix heures dix du soir.*

dessins animés	*cartoons*
feuilleton télévisé	*soap opera*
film policier	*detective film*
informations	*news*
jeu télévisé	*game show*

VENDREDI		
Antenne 2	**Antenne 4**	**Antenne 5**
15h30 Pomme d'Api (dessins animés)	**14h00** Football: match France-Italie	**18h25** Montréal: une ville à visiter
17h35 Reportage spécial: le sport dans les lycées	**19h45** Les informations	**19h30** Des chiffres et des lettres (jeu télévisé)
20h15 La famille Menet (feuilleton télévisé)	**20h30** Concert: orchestre de Nice	**21h05** Reportage spécial: les Sénégalais
21h35 Télé-ciné: L'inspecteur Duval (film policier)	**22h10** Télé-ciné: Une chose difficile (comédie dramatique)	**22h05** Les informations

5 **Où es-tu?** In pairs, take turns asking where (**où**) your partner usually is on these days at these times. Choose from the places listed.

MODÈLE

Élève 1: *Où es-tu samedi à midi?*
Élève 2: *Le samedi à midi, je suis à la cantine.*

au lit (*bed*)	**chez moi** (*at home*)
à la cantine	
à la bibliothèque	**chez mes copains**
en ville (*town*)	**au lycée**
au parc	**au restaurant**
en cours	

1. Le samedi: à 8h00 du matin; à midi; à minuit
2. En semaine: à 9h00 du matin; à 3h00 de l'après-midi; à 7h00 du soir
3. Le dimanche: à 4h00 de l'après-midi; à 6h30 du soir; à 10h00 du soir
4. Le vendredi: à 11h00 du matin; à 5h00 de l'après-midi; à 11h00 du soir

6 **Le suspect** Someone at your school is a suspect in a crime. You and a partner are detectives. Keeping a log of the person activities, use the 24-hour clock to say what he or she is doing when.

MODÈLE

À vingt-deux heures trente-trois, il parle au téléphone.

Révision

1 **J'ai besoin de...** In pairs, take turns saying which items you need. Your partner will guess why you need them. How many times did each of you guess correctly?

MODÈLE

Élève 1: J'ai besoin d'un cahier et d'un dictionnaire pour demain.
Élève 2: Est-ce que tu as un cours de français?
Élève 1: Non. J'ai un examen d'anglais.

un cahier	un livre de physique
une calculatrice	une montre
une carte	un ordinateur
un dictionnaire	un stylo
une feuille de papier	un téléphone

2 **Université d'été** Imagine you are attending a special summer program at a university to gain extra credits. You need to register for one language class, a science class, and an elective of your choice. Take turns deciding what classes want to take. Your partner will tell you the days and times so you can set up your schedule.

MODÈLE

Élève 1: J'ai besoin d'un cours de maths, peut-être «Initiation aux maths».
Élève 2: C'est le mardi et le jeudi après-midi, de deux heures à trois heures et demie.
Élève 1: J'ai aussi besoin d'un cours de langue...

Les cours	Jours et heures
Allemand	mardi, jeudi; 14h00-15h30
Biologie II	mardi, jeudi; 9h00-10h30
Chimie générale	lundi, mercredi; 11h00-12h30
Espagnol	lundi, mercredi; 11h00-12h30
Gestion	mercredi; 13h00-14h30
Histoire des États-Unis	jeudi; 12h15-14h15
Initiation à la physique	lundi, mercredi; 12h00-13h30
Initiation aux maths	mardi, jeudi; 14h00-15h30
Italien	lundi, mercredi; 12h00-13h30
Japonais	mardi, jeudi; 9h00-10h30
Les philosophes grecs	lundi; 15h15-16h45
Littérature moderne	mardi; 10h15-11h15

3 **Les cours** Your partner will tell you what classes he or she is currently taking. Make a list, including the times and days of the week. Then, talk to as many classmates as you can to find two students who have the exact same schedule as your partner.

4 **On y va?** Walk around the room and find at least one classmate who feels like doing each of these activities with you. For every affirmative answer, record the name of your classmate and agree on a time and date. Do not speak to the same classmate twice.

MODÈLE

Élève 1: Tu as envie de retrouver des amis avec moi?
Élève 2: Oui, pourquoi pas? Samedi, à huit heures du soir, peut-être?
Élève 1: D'accord!

chercher un café sympa	regarder la télé
manger à la cantine	retrouver des amis
écouter de la musique	travailler à la bibliothèque
étudier le français cette semaine	visiter un musée

5 **Au téléphone** In pairs, prepare a conversation in which you and your partner discuss your classes, the days and times they meet, and what you like and dislike about them. Then, role-play the conversation for the class.

MODÈLE

Élève 1: J'ai cours de chimie à dix heures et demie.
Élève 2: Je n'ai pas de cours de chimie cette année.
Élève 1: Aimes-tu les sciences?
Élève 2: Oui, mais...

6 **La semaine de Patrick** Your teacher will give you and a partner different incomplete pages from Patrick's day planner. Do not look at each other's worksheet while you complete your own.

MODÈLE

Élève 1: Lundi matin, Patrick a cours de géographie à dix heures et demie.
Élève 2: Lundi, il a cours de sciences po à deux heures de l'après-midi.

À l'écoute vhlcentral

STRATÉGIE

Listening for cognates

You already know that cognates are words that have similar spellings and meanings in two or more languages: for example *group* and **groupe** or *activity* and **activité**. Listen for cognates to increase your comprehension of spoken French.

🔊 To help you practice this strategy, you will listen to two sentences. Make a list of all the cognates you hear.

Préparation

Based on the photograph, who and where do you think Marie-France and Dominique are? Do you think they know each other well? Where are they probably going this morning? What do you think they are talking about?

 ## À vous d'écouter

Listen to the conversation and list any cognates you hear. Listen again and complete the highlighted portions of Marie-France's schedule.

28 OCTOBRE

8H00 *jogging*	14H00
8H30	14H30
9H00	15H00
9H30	15H30
10H00	16H00
10H30	16H30 *rentrer à la maison*
11H00	17H00
11H30	17H30 *étudier*
12H00	18H00
12H30	18H30
13H00	19H00 *téléphoner à papa*
13H30	19H30 *en famille:*

Compréhension

Vrai ou faux? Indicate whether each statement is **vrai** or **faux**.

1. D'après Marie-France, la biologie est facile.
   _____

2. Marie-France adore l'informatique.
   _____

3. Marie-France mange avec des copains à midi.
   _____

4. Marie-France a trois cours cet après-midi.
   _____

5. Marie-France aime les maths.
   _____

6. Monsieur Meyer est professeur d'histoire.
   _____

7. Monsieur Meyer donne des devoirs difficiles.
   _____

8. Dominique dîne avec Marie-France ce soir.
   _____

Votre emploi du temps With a partner, discuss the classes you're taking. Be sure to say when you have each one, and give your opinion of at least three courses.

Panorama

vhlcentral

La France

Le pays en chiffres

▶ **Superficie:** 549.000 km²
(cinq cent quarante-neuf mille kilomètres carrés°)

▶ **Population:** 64.395.000 (soixante-quatre millions
trois cent quatre-vingt-quinze mille)
SOURCE: INSEE

▶ **Industries principales:** *agro-alimentaires°,
assurance°, banques, énergie, produits
pharmaceutiques, produits de luxe,
télécommunications, tourisme, transports*

*La France est le pays° le plus° visité du monde° avec
plus de° 83 millions de touristes chaque° année. Son
histoire, sa culture et ses monuments–plus de 43.000
(quarante-trois mille)–et musées–plus de 1.200
(mille deux cents)–attirent° des touristes d'Europe
et de partout° dans le monde.*

▶ **Villes principales:** *Paris, Lille, Lyon,
Marseille, Toulouse*

▶ **Monnaie°:** *l'euro
La France est un pays membre de
l'Union européenne dont la monnaie
est l'euro.*

Français célèbres

▶ **Jeanne d'Arc,** *héroïne française*
(1412–1431)

▶ **Émile Zola,** *écrivain°*
(1840–1902)

▶ **Pierre- Auguste Renoir,** *peintre°*
(1841–1919)

▶ **Claude Debussy,** *compositeur et
musicien (1862–1918)*

▶ **Camille Claudel,** *sculptrice (1864–1943)*

▶ **Claudie André-Deshays,** *médecin,
première astronaute française (1957–)*

carrés *square* **agro-alimentaires** *food processing* **assurance** *insurance*
pays *country* **le plus** *the most* **monde** *world* **plus de** *more than* **chaque**
each **attirent** *attract* **partout** *everywhere* **Monnaie** *Currency* **écrivain**
writer **peintre** *painter* **élus à vie** *elected for life* **Depuis** *Since* **mots**
words **courrier** *mail* **pont** *bridge*

LE ROYAUME-UNI

LA MER
DU NORD

LA MANCHE

LA BELGIQUE · L'ALLEMAGNE

Lille

LES ARDENNES · LE LUXEMBOURG

Rouen

Le Havre · la Seine · la Marne

Caen · Strasbourg

le Mont-St-Michel · Versailles · **Paris** · LES VOSGES · le Rhin

Rennes

Nantes · la Loire

Bourges · la Saône · LE JURA · LA SUISSE

Poitiers

L'OCÉAN
ATLANTIQUE

Limoges · Lyon · L'ITALIE

Clermont-
Ferrand · LES ALPES

Bordeaux · la Garonne · LE MASSIF CENTRAL · le Rhône · Aix-en-Provence

Toulouse · MONACO

Nîmes · Marseille

LES PYRÉNÉES · LA CORSE

ANDORRE · LA MER MÉDITERRANÉE

L'ESPAGNE

LA FRANCE

un bateau-mouche sur la Seine

le château de Chenonceau

0 — 100 miles
0 — 100 kilomètres

le pont° du Gard

Incroyable mais vrai!

Être «immortel», c'est réguler et défendre le
bon usage du français! Les académiciens
de l'Académie française sont élus à vie° et
s'appellent les «Immortels». Depuis° 1635
(mille six cent trente-cinq), ils décident de
l'orthographe correcte des mots° et publient
un dictionnaire. Attention, c'est «courrier°
électronique», pas «e-mail»!

La géographie
L'Hexagone

Surnommé° «Hexagone» à cause de° sa forme géométrique, le territoire français a trois fronts maritimes: l'océan Atlantique, la mer° Méditerranée et la Manche°; et quatre frontières° naturelles: les Pyrénées, les Ardennes, les Alpes et le Jura. À l'intérieur du pays°, le Massif central et les Vosges ponctuent° un relief composé de vastes plaines et de forêts. La Loire, la Seine, la Garonne, le Rhin et le Rhône sont les fleuves° principaux de l'Hexagone.

La technologie
Le Train à Grande Vitesse

Le chemin de fer° existe en France depuis° 1827 (mille huit cent vingt-sept). Aujourd'hui, la SNCF (Société nationale des chemins de fer français) offre la possibilité aux voyageurs de se déplacer° dans tout° le pays et propose des tarifs° avantageux aux élèves et aux moins de 25 ans°. Le TGV (Train à Grande Vitesse°) roule° à plus de 300 (trois cents) km/h (kilomètres/heure) et emmène° les voyageurs jusqu'à° Londres et Bruxelles.

Les arts
Le cinéma, le 7ᵉ art!

L'invention du cinématographe par les frères° Lumière en 1895 (mille huit cent quatre-vingt-quinze) marque le début° du «7ᵉ (septième) art». Le cinéma français donne naissance° aux prestigieux César° en 1976 (mille neuf cent soixante-seize), à des cinéastes talentueux comme° Jean Renoir, François Truffaut et Luc Besson, et à des acteurs mémorables comme Brigitte Bardot, Catherine Deneuve, Olivier Martinez et Audrey Tautou.

L'économie
L'industrie

Avec la richesse de la culture française, il est facile d'oublier que l'économie en France n'est pas limitée à l'artisanat°, à la gastronomie ou à la haute couture°. En fait°, la France est une véritable puissance° industrielle et se classe° parmi° les économies les plus° importantes du monde. Ses° activités dans des secteurs comme la construction automobile (Peugeot, Citroën, Renault), l'industrie aérospatiale (Airbus) et l'énergie nucléaire (Électricité de France) sont considérables.

Qu'est-ce que vous avez appris? Complete these sentences.

1. _____ est une sculptrice française.
2. Les Académiciens sont élus _____.
3. Pour «e-mail», on utilise aussi l'expression _____.
4. À cause de sa forme, la France s'appelle aussi _____.
5. La _____ offre la possibilité de voyager dans tout le pays.
6. Avec le _____, on voyage de Paris à Londres.
7. Les _____ sont les inventeurs du cinéma.
8. _____ est un grand cinéaste français.
9. La France est une grande puissance _____.
10. Électricité de France produit (*produces*) _____.

Sur Internet

1. Cherchez des informations sur l'Académie française. Faites (*Make*) une liste de mots ajoutés à la dernière édition du dictionnaire de l'Académie française.

2. Cherchez des informations sur l'actrice Catherine Deneuve. Quand a-t-elle commencé (*did she begin*) sa (*her*) carrière? Trouvez ses (*her*) trois derniers films.

Surnommé *Nicknamed* **à cause de** *because of* **mer** *sea* **Manche** *English Channel* **frontières** *borders* **pays** *country* **ponctuent** *punctuate* **fleuves** *rivers* **chemin de fer** *railroad* **depuis** *since* **se déplacer** *travel* **dans tout** *throughout* **tarifs** *fares* **moins de 25 ans** *people under 25* **Train à Grande Vitesse** *high speed train* **roule** *rolls, travels* **emmène** *takes* **jusqu'à** *all the way to* **frères** *brothers* **début** *beginning* **donne naissance** *gives birth* **César** *equivalent of the Oscars in France* **comme** *such as* **artisanat** *craft industry* **haute couture** *high fashion* **En fait** *In fact* **puissance** *power* **se classe** *ranks* **parmi** *among* **les plus** *the most* **Ses** *Its*

Lecture vhlcentral

Avant la lecture

Predicting content through formats

Recognizing the format of a document can help you to predict its content. For instance, invitations, greeting cards, and classified ads follow an easily identifiable format, which usually gives you a general idea of the information they contain. Look at the text and identify it based on its format.

	lundi	mardi	mercredi	jeudi	vendredi
8h30	biologie	littérature	biologie	littérature	biologie
9h00					
9h30	anglais	anglais	anglais	anglais	anglais
10h00					
10h30	maths	histoire	maths	histoire	maths
11h00					
11h30	français		français		français
12h00					
12h30					
1h00	art	économie	art	économie	art

If you guessed that this is a page from a student's schedule, you are correct. You can now infer that the document contains information about a student's weekly schedule, including days, times, and activities.

Examinez le texte

Briefly look at the document. What is its format? What kind of information is given? How is it organized? Are there any visuals? What kind? What type(s) of documents usually contain these elements?

Mots apparentés

As you have already learned, in addition to format, you can use cognates to help you predict the content of a document. With a classmate, make a list of all the cognates you find in the reading selection. Based on these cognates and the format of the document, can you guess what this document is and what it's for?

ÉCOLE DE FRANÇAIS
(pour étrangers°) DE LILLE

COURS DE FRANÇAIS POUR TOUS°	COURS DE SPÉCIALISATION
Niveau° débutant°	Français pour enfants°
Niveau élémentaire	Français des affaires°
Niveau intermédiaire	Droit° français
Niveau avancé	Français pour le tourisme
Conversation	Culture et civilisation
Grammaire française	Histoire de France
	Art et littérature
	Arts culinaires

26, place d'Arsonval • 59000 Lille
Tél. 03.20.52.48.17 • Fax. 03.20.52.48.18 • www.efpelille.fr

Programmes de 2 à 8 semaines,

4 à 8 heures par jour

Immersion totale

Professeurs diplômés

le Musée des Beaux-Arts, Lille

GRAND CHOIX° D'ACTIVITÉS SUPPLÉMENTAIRES

- Excursions à la journée dans la région
- Visites de monuments et autres sites touristiques
- Sorties° culturelles (théâtre, concert, opéra et autres spectacles°)
- Sports et autres activités de loisir°

HÉBERGEMENT°

- En cité universitaire°
- Dans° une famille française
- À l'hôtel

pour **étrangers** for foreigners **tous** all **Niveau** Level **débutant** beginner **enfants** children **affaires** business **Droit** Law **choix** choice **Sorties** Outings **spectacles** shows **loisir** leisure **hébergement** lodging **cité universitaire** university dormitories (on campus) **Dans** In

Après la lecture

Répondez Select the correct response or completion to each question or statement, based on the reading selection.

1. C'est une brochure pour...
   a. des cours de français pour étrangers.
   b. une université française.
   c. des études supérieures en Belgique.

2. «Histoire de France» est...
   a. un cours pour les professeurs diplômés.
   b. un cours de spécialisation.
   c. un cours pour les enfants.

3. Le cours de «Français pour le tourisme» est utile pour...
   a. une étudiante qui (who) étudie les sciences po.
   b. une femme qui travaille dans un hôtel.
   c. un professeur d'administration et gestion.

4. Un étudiant étranger qui commence le français assiste probablement à quel (which) cours?
   a. Cours de français pour tous, Niveau avancé
   b. Cours de spécialisation, Art et littérature
   c. Cours de français pour tous, Niveau débutant

5. Quel cours est utile pour un homme qui parle assez bien français et qui travaille dans l'économie?
   a. Cours de spécialisation, Français des affaires
   b. Cours de spécialisation, Arts culinaires
   c. Cours de spécialisation, Culture et civilisation

6. Le week-end, les étudiants...
   a. passent des examens.
   b. travaillent dans des hôtels.
   c. visitent la ville et la région.

7. Les étudiants qui habitent dans une famille...
   a. ont envie de rencontrer des Français.
   b. ont des bourses.
   c. ne sont pas reçus aux examens.

8. Un étudiant en histoire va aimer...
   a. le cours de droit français.
   b. les visites de monuments et de sites touristiques.
   c. les activités sportives.

Complétez Complete these sentences.

1. Le numéro de téléphone est le _____.

2. Le numéro de fax est le _____.

3. L'adresse de l'école est _____.

4. L'école offre des programmes de français de _____ semaines et de _____ par jour.

Écriture

J'aime
- *danser*
- *voyager*
- *regarder la télévision*
- *le cours de français*
- *le cours de psychologie*

Je n'aime pas
- *chanter*
- *dessiner*
- *travailler*
- *le cours de chimie*
- *le cours de biologie*

Thème

Une description personnelle

Avant l'écriture

1. You will be writing a description of yourself to post on a website in order to find a francophone e-pal. Your description should include:

- your name and where you are from

- the name of your school and where it is located

- the courses you are currently taking

- some of your likes and dislikes

- where you work if you have a job

- any other information you would like to include

Begin by using a chart like this one to brainstorm information about your likes and dislikes.

J'aime	Je n'aime pas

2. Now fill out this chart to organize the content of your description. Include the information you brainstormed about your likes and dislikes.

Je m'appelle...	(name).
Je suis...	(where you are from).
J'étudie...	(names of classes) à/au/à la (name of school) à (city).
Je ne travaille pas./ Je travaille à/au/ à la/chez...	(place where you work).
J'aime...	(activities you like).
Je n'aime pas...	(activities you dislike).

Écriture

Use the information from the second chart to write a paragraph describing yourself. Make sure you include all the information from the chart in your paragraph. Use the structures provided for each topic.

Bonjour!

Je m'appelle Stacy Adams. Je suis de Rochester. J'étudie le français, les maths, l'anglais, la géographie et la biologie au lycée à New York. Je travaille à la bibliothèque le samedi. J'aime parler avec des amis, écouter de la musique et voyager. Je n'aime pas le sport...

Après l'écriture

1. Exchange a rough draft of your description with a partner. Comment on his or her work by answering these questions:

- Did your partner include all the necessary information (at least five facts)?

- Did your partner use the structures provided in the chart?

- Did your partner use the vocabulary of the unit?

- Did your partner use the grammar of the unit?

2. Revise your description according to your partner's comments. After writing the final version, read it one more time to eliminate these kinds of problems:

- spelling errors

- punctuation errors

- capitalization errors

- use of incorrect verb forms

- use of incorrect adjective agreement

- use of incorrect definite and indefinite articles

Vocabulaire

Leçon 2A

Les cours

l'art (m.)	art
la biologie	biology
la chimie	chemistry
l'économie (f.)	economics
l'éducation physique (f.)	physical education
la géographie	geography
la gestion	business administration
l'histoire (f.)	history
l'informatique (f.)	computer science
les langues (étrangères) (f.)	(foreign) languages
les lettres (f.)	humanities
les mathématiques (maths) (f.)	mathematics
la philosophie	philosophy
la physique	physics
la psychologie	psychology
les sciences (politiques/po) (f.)	(political) science
une bourse	scholarhip, grant
la cantine	cafeteria
un cours	class, course
un devoir; les devoirs	homework
un diplôme	diploma, degree
l'école (f.)	school
les études (supérieures) (f.)	(higher) education; studies
le gymnase	gymnasium
une note	grade

Adjectifs et adverbes

difficile	difficult
facile	easy
inutile	useless
utile	useful
surtout	especially; above all

Vocabulaire supplémentaire

J'adore...	I love...
J'aime bien...	I like...
Je n'aime pas tellement...	I don't like... very much.
Je déteste...	I hate...
être reçu(e) à un examen	to pass an exam

Expressions utiles

See p. 51.

Verbes

adorer	to love; to adore
aimer	to like; to love
aimer mieux	to prefer
arriver	to arrive
chercher	to look for
commencer	to begin, to start
dessiner	to draw; to design
détester	to hate
donner	to give
étudier	to study
habiter (à)	to live (in)
manger	to eat
oublier	to forget
parler (au téléphone)	to speak (on the phone)
partager	to share
penser (que/qu')	to think (that)
regarder	to look (at), to watch
rencontrer	to meet
retrouver	to meet up with; to find (again)
travailler	to work
voyager	to travel

Des questions et des opinions

bien sûr	of course
d'accord	OK, all right
Est-ce que/qu'...?	Question phrase
(mais) non	no (but of course not)
moi/toi non plus	me/you neither
ne... pas	no, not
n'est-ce pas?	isn't that right?
oui/si	yes
parce que	because
pas du tout	not at all
peut-être	maybe, perhaps
Pourquoi?	Why?

Leçon 2B

Les cours

assister à	to attend
demander	to ask
dîner	to have dinner
échouer	to fail
écouter	to listen (to)
enseigner	to teach
expliquer	to explain
passer un examen	to take an exam
préparer	to prepare (for)
rentrer (à la maison)	to return (home)
téléphoner à	to telephone
trouver	to find; to think
visiter	to visit (a place)

Expressions de temps

Quel jour sommes-nous?	What day is it?
un an	a year
une/cette année	one/this year
après	after
après-demain	day after tomorrow
un/cet après-midi	an/this afternoon
aujourd'hui	today
demain (matin/après-midi/soir)	tomorrow (morning/afternoon/evening)
un jour	a day
une journée	a day
(le) lundi, mardi, mercredi, jeudi, vendredi, samedi, dimanche	(on) Monday(s), Tuesday(s), Wednesday(s), Thursday(s), Friday(s), Saturday(s), Sunday(s)
un/ce matin	a/this morning
la matinée	morning
un mois/ce mois-ci	a month/this month
une/cette nuit	a/this night
une/cette semaine	a/this week
un/ce soir	an/this evening
une soirée	an evening
un/le/ce week-end	a/the/this weekend
dernier/dernière	last
premier/première	first
prochain(e)	next

Expressions utiles

See p. 69.

Expressions avec avoir

avoir	to have
avoir... ans	to be... years old
avoir besoin (de)	to need
avoir chaud	to be hot
avoir de la chance	to be lucky
avoir envie (de)	to feel like
avoir froid	to be cold
avoir honte (de)	to be ashamed (of)
avoir l'air	to look like, to seem
avoir peur (de)	to be afraid (of)
avoir raison	to be right
avoir sommeil	to be sleepy
avoir tort	to be wrong

L'heure

Quelle heure est-il?	What time is it?
Quelle heure avez-vous/as-tu?	What time do you have?
Il est... heures.	It is... o'clock.
une heure	one o'clock
et quart	fifteen minutes past the hour
et demie	thirty minutes past the hour
moins dix	ten minutes before the hour
moins le quart	fifteen minutes before the hour
À quelle heure?	(At) what time/when?
de l'après-midi	in the afternoon
du matin	in the morning
du soir	in the evening
en avance	early
en retard	late
midi	noon
minuit	midnight
pile	sharp, on the dot
presque	almost
tard	late
tôt	early
vers	about

La famille et les copains

Pour commencer

- Qui (*Who*) est sur la photo?
  a. des amis b. une famille c. une classe
- Combien de personnes y a-t-il?
  a. deux b. trois c. quatre
- Où (*Where*) sont-ils?
  a. une cantine b. un café c. un parc

You will learn how to...
- discuss family, friends, and pets
- express ownership

◁)) **vhl**central

La famille de Marie Laval

Luc Garneau

mon grand-père

Vocabulaire

divorcer	to divorce
épouser	to marry
aîné(e)	elder
cadet(te)	younger
un beau-frère	brother-in-law
un beau-père	father-in-law; stepfather
une belle-mère	mother-in-law; stepmother
un demi-frère	half-brother; stepbrother
une demi-sœur	half-sister; stepsister
les enfants (m., f.)	children
un(e) époux/épouse	husband/wife
une famille	family
une femme	wife; woman
une fille	daughter; girl
les grands-parents (m.)	grandparents
les parents (m.)	parents
un(e) voisin(e)	neighbor
un chat	cat
un oiseau	bird
un poisson	fish
célibataire	single
divorcé(e)	divorced
fiancé(e)	engaged
marié(e)	married
séparé(e)	separated
veuf/veuve	widowed

Juliette Laval

ma mère, fille de
Luc et d'Hélène

Robert Laval

mon père, mari
de Juliette

Véronique Laval

ma belle-sœur,
femme de
mon frère

Guillaume Laval

mon frère

Marie Laval

moi, Marie Laval,
fille de Juliette
et de Robert

Matthieu Laval

mon neveu

Émilie Laval

ma nièce

petits-enfants
de mes parents

Hélène Garneau

ma grand-mère

Sophie Garneau **Marc Garneau**

**ma tante,
femme de Marc**

**mon oncle, fils de
Luc et d'Hélène**

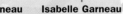

Jean Garneau **Isabelle Garneau** **Virginie Garneau**

**mon cousin,
petit-fils de Luc
et d'Hélène**

**ma cousine, sœur
de Jean et de
Virginie, petite-fille
de Luc et d'Hélène**

**ma cousine,
sœur de Jean et
d'Isabelle,
petite-fille de Luc
et d'Hélène**

Bambou

**le chien de
mes cousins**

Mise en pratique

1 **Qui est-ce?** Match the definition in the first list with the correct item from the second list. Not all the items will be used.

1. _____ le frère de ma cousine
2. _____ le père de mon cousin
3. _____ le mari de ma grand-mère
4. _____ le fils de mon frère
5. _____ la fille de mon grand-père
6. _____ le fils de ma mère
7. _____ la fille de mon fils
8. _____ le fils de ma belle-mère

a. mon grand-père
b. ma sœur
c. ma tante
d. mon cousin
e. mon neveu
f. mon demi-frère
g. mon oncle
h. ma petite-fille
i. mon frère

2 **Choisissez** Fill in the blank by selecting the most appropriate answer.

1. Voici le frère de mon père. C'est mon _____ (oncle, neveu, fiancé).
2. Voici la mère de ma cousine. C'est ma _____ (grand-mère, voisine, tante).
3. Voici la petite-fille de ma grand-mère. C'est ma _____ (cousine, nièce, épouse).
4. Voici le père de ma mère. C'est mon _____ (grand-père, oncle, cousin).
5. Voici le fils de mon père, mais ce n'est pas le fils de ma mère. C'est mon _____ (petit-fils, demi-frère, voisin).

3 **Complétez** Complete each sentence with the appropriate word.

1. Voici ma nièce. C'est la _____ de ma mère.
2. Voici la mère de ma tante. C'est ma _____.
3. Voici la sœur de mon oncle. C'est ma _____.
4. Voici la fille de mon père, mais pas de ma mère. C'est ma _____.
5. Voici le mari de ma mère, mais ce n'est pas mon père. C'est mon _____.

4 **Écoutez** Listen to each statement made by Marie Laval. Based on her family tree, indicate whether it is **vrai** or **faux**.

	Vrai	Faux		Vrai	Faux
1.	☐	☐	6.	☐	☐
2.	☐	☐	7.	☐	☐
3.	☐	☐	8.	☐	☐
4.	☐	☐	9.	☐	☐
5.	☐	☐	10.	☐	☐

Communication

5 **L'arbre généalogique** With a classmate, identify the members of the family by asking how each one is related to Anne Durand.

> **MODÈLE**
>
> **Élève 1:** *Qui (Who) est Louis Durand?*
> **Élève 2:** *C'est le grand-père d'Anne.*

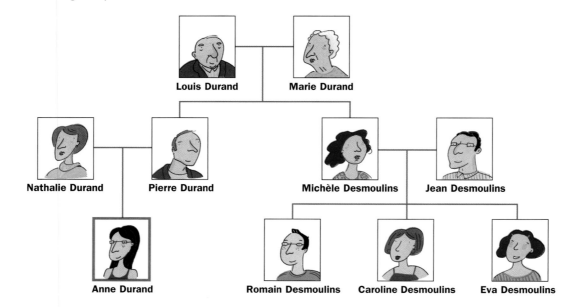

Louis Durand   Marie Durand

Nathalie Durand   Pierre Durand   Michèle Desmoulins   Jean Desmoulins

Anne Durand   Romain Desmoulins   Caroline Desmoulins   Eva Desmoulins

6 **Entrevue** With a classmate, take turns asking each other these questions.

1. Combien de personnes y a-t-il dans ta famille?
2. Comment s'appellent tes parents?
3. As-tu des frères et sœurs?
4. Combien de cousins/cousines as-tu? Comment s'appellent-ils/elles? Où habitent-ils/elles?
5. Quel(le) (*Which*) est ton cousin préféré/ta cousine préférée?
6. As-tu des neveux/des nièces?
7. Comment s'appellent tes grands-parents? Où habitent-ils?
8. Combien de petits-enfants ont tes grands-parents?

Coup de main

Use these words to help you complete this activity.

ton *your (m.)* ➔ **mon** *my (m.)*
ta *your (f.)* ➔ **ma** *my (f.)*
tes *your (pl.)* ➔ **mes** *my (pl.)*

7 **Qui suis-je?** Your teacher will give you a worksheet. Walk around the class and ask your classmates questions about their families. When a classmate gives one of the answers on the worksheet, write his or her name in the corresponding space. Be prepared to discuss the results with the class.

> **MODÈLE** J'ai un chien.
>
> **Élève 1:** *Est-ce que tu as un chien?*
> **Élève 2:** *Oui, j'ai un chien (You write the student's name.)/Non, je n'ai pas de chien. (You ask another classmate.)*

Les sons et les lettres 🔊 vhlcentral

L'accent aigu and l'accent grave

In French, diacritical marks (*accents*) are an essential part of a word's spelling. They indicate how vowels are pronounced or distinguish between words with similar spellings but different meanings. **L'accent aigu** (´) appears only over the vowel **e**. It indicates that the **e** is pronounced similarly to the vowel *a* in the English word *cake*, but shorter and crisper.

étudier   **ré**servé   **é**l**é**gant   t**é**l**é**phone

L'accent aigu also signals some similarities between French and English words. Often, an **e** with **l'accent aigu** at the beginning of a French word marks the place where the letter *s* would appear at the beginning of the English equivalent.

éponge   **é**pouse   **é**tat   **é**tudiante
sponge   *spouse*   *state*   *student*

L'accent grave (`) appears only over the vowels **a**, **e**, and **u**. Over the vowel **e**, it indicates that the **e** is pronounced like the vowel *e* in the English word *pet*.

tr**è**s   apr**è**s   m**è**re   ni**è**ce

Although **l'accent grave** does not change the pronunciation of the vowels **a** or **u**, it distinguishes words that have a similar spelling but different meanings.

la   là   ou   où
the   *there*   *or*   *where*

Prononcez Practice saying these words aloud.

1. agréable   4. faculté   7. déjà   10. poème
2. sincère   5. frère   8. éléphant   11. là
3. voilà   6. à   9. lycée   12. élève

Articulez Practice saying these sentences aloud.

1. À tout à l'heure!
2. Thérèse, je te présente Michèle.
3. Hélène est très sérieuse et réservée.
4. Voilà mon père, Frédéric, et ma mère, Ségolène.
5. Tu préfères étudier à la fac demain après-midi?

Dictons Practice reading these sayings aloud.

À vieille mule, frein doré.[2]

Tel père, tel fils.[1]

[1] Like father, like son.
[2] For an old mule, a golden bit.

L'album de photos **vhl**central

Amina

Michèle

Stéphane

Valérie

MICHÈLE Mais, qui c'est? C'est ta sœur? Tes parents?
AMINA C'est mon ami Cyberhomme.
MICHÈLE Comment est-il? Est-ce qu'il est beau? Il a les yeux de quelle couleur? Marron ou bleue? Et ses cheveux? Ils sont blonds ou châtains?
AMINA Je ne sais pas.
MICHÈLE Toi, tu es timide.

VALÉRIE Stéphane, tu as dix-sept ans. Cette année, tu passes le bac, mais tu ne travailles pas!
STÉPHANE Écoute, ce n'est pas vrai, je déteste mes cours, mais je travaille beaucoup. Regarde, mon cahier de chimie, mes livres de français, ma calculatrice pour le cours de maths, mon dictionnaire anglais-français...

STÉPHANE Oh, et qu'est-ce que c'est? Ah, oui, les photos de tante Françoise.
VALÉRIE Des photos? Mais où?
STÉPHANE Ici! Amina, on peut regarder des photos de ma tante sur ton ordinateur, s'il te plaît?

AMINA Ah, et ça, c'est toute la famille, n'est-ce pas?
VALÉRIE Oui, ça, c'est Henri, sa femme, Françoise, et leurs enfants: le fils aîné, Bernard, et puis son frère, Charles, sa sœur, Sophie, et leur chien, Socrate.
STÉPHANE J'aime bien Socrate. Il est vieux, mais il est amusant!

VALÉRIE Ah! Et Bernard, il a son bac aussi et sa mère est très heureuse.
STÉPHANE Moi, j'ai envie d'habiter avec oncle Henri et tante Françoise. Comme ça, pas de problème pour le bac!

STÉPHANE Pardon, maman. Je suis très heureux ici, avec toi. Ah, au fait, Rachid travaille avec moi pour préparer le bac.
VALÉRIE Ah, bon? Rachid est très intelligent... un étudiant sérieux.

A C T I V I T É S

1 **Vrai ou faux?** Are these sentences **vrai** or **faux**? Correct the false ones.

1. Amina communique avec sa (*her*) tante par ordinateur.
2. Stéphane n'aime pas ses (*his*) cours au lycée.
3. Ils regardent des photos de vacances.
4. Henri est le frère aîné de Valérie.
5. Bernard est le cousin de Stéphane.

6. Charles a déjà son bac.
7. La tante de Stéphane s'appelle Françoise.
8. Stéphane travaille avec Amina pour préparer le bac.
9. Socrate est le fils d'Henri et de Françoise.
10. Rachid n'est pas un bon étudiant.

Stéphane et Valérie regardent des photos de famille avec Amina.

À la table d'Amina...

AMINA Alors, voilà vos photos. Qui est-ce?

VALÉRIE Oh, c'est Henri, mon frère aîné!

AMINA Quel âge a-t-il?

VALÉRIE Il a cinquante ans. Il est très sociable et c'est un très bon père.

VALÉRIE Ah! Et ça, c'est ma nièce Sophie et mon neveu Charles! Regarde, Stéphane, tes cousins!

STÉPHANE Je n'aime pas Charles. Il est tellement sérieux.

VALÉRIE Il est peut-être trop sérieux, mais, lui, il a son bac!

AMINA Et Sophie, qu'elle est jolie!

VALÉRIE ... et elle a déjà son bac.

AMINA Ça, oui, préparer le bac avec Rachid, c'est une idée géniale!

VALÉRIE Oui, c'est vrai. En théorie, c'est une excellente idée. Mais tu prépares le bac avec Rachid, hein? Pas le prochain match de foot!

Expressions utiles

Talking about your family

- **C'est ta sœur? Ce sont tes parents?**
  Is that your sister? Are those your parents?
- **C'est mon ami.**
  That's my friend.
- **Ça, c'est Henri, sa femme, Françoise, et leurs enfants.**
  That's Henri, his wife, Françoise, and their kids.

Describing people

- **Il a les yeux de quelle couleur? Marron ou bleue?**
  What color are his eyes? Brown or blue?
- **Il a les yeux bleus.**
  He has blue eyes.
- **Et ses cheveux? Ils sont blonds ou châtains? Frisés ou raides?**
  And his hair? Is it blond or brown? Curly or straight?
- **Il a les cheveux châtains et frisés.**
  He has curly brown hair.
- **Quel âge a-t-il?**
  How old is he?

Additional vocabulary

- **On peut regarder des photos de ma tante sur ton ordinateur?**
  Can/May we look at some photos from my aunt on your computer?
- **C'est toute la famille, n'est-ce pas?**
  That's the whole family, right?
- **Je ne sais pas (encore).**
  I (still) don't know.

Alors... *So...*	**peut-être** *maybe*
vrai *true*	**au fait** *by the way*
une photo(graphie) *a photograph*	**Hein?** *Right?*
une idée *an idea*	**déjà** *already*

---

2 **Vocabulaire** Choose the adjective that describes how Stéphane would feel on these occasions. Refer to a dictionary as necessary.

1. on his 87ᵗʰ birthday _____

2. after finding 20€ _____

3. while taking the **bac** _____

4. after getting a good grade _____

5. after dressing for a party _____

> beau
> heureux
> sérieux
> vieux

3 **Conversez** In pairs, describe which member of your family is most like Stéphane. How are they alike? Do they both like sports? Do they take similar courses? How do they like school? How are their personalities? Be prepared to describe your partner's "Stéphane" to the class.

A
C
T
I
V
I
T
É
S

vhlcentral | *Flash culture*

CULTURE À LA LOUPE

La famille en France

Comment est la famille française? Est-elle différente de la famille américaine? La majorité des Français sont-ils mariés, divorcés ou célibataires?

Il n'y a pas de réponse simple à ces questions. Les familles françaises sont très diverses. Le mariage est toujours° très populaire: la majorité des hommes et des femmes sont mariés. Mais attention!

Les nombres° de personnes divorcées et de personnes célibataires augmentent chaque° année.

La structure familiale traditionnelle existe toujours en France, mais il y a des structures moins traditionnelles, comme les familles monoparentales, où° l'unique parent est divorcé, séparé ou veuf. Il y a aussi des familles recomposées, c'est-à-dire qui combinent deux familles, avec un beau-père, une belle-mère, des demi-frères et des demi-sœurs. Certains couples choisissent° le Pacte Civil de Solidarité (PACS), qui offre certains droits° et protections aux couples non-mariés. Depuis 2013, la France autorise également le mariage entre personnes de même sexe.

Géographiquement, les membres d'une famille d'immigrés peuvent° habiter près ou loin° les uns des autres°. Mais en général, ils préfèrent habiter les uns près des autres parce que l'intégration est parfois° difficile. Il existe aussi des familles d'immigrés séparées entre° la France et le pays d'origine.

Alors, oubliez les stéréotypes des familles en France. Elles sont grandes et petites, traditionnelles et non-conventionnelles; elles changent et sont toujours les mêmes°.

Coup de main

Remember to read decimal places in **French** using the French word **virgule** (*comma*) where you would normally say *point* in English. To say *percent*, use **pour cent**.

64,3% soixante-quatre virgule trois pour cent

sixty-four point three percent

La situation familiale des Français
(par tranche° d'âge)

ÂGE	CÉLIBATAIRE	EN COUPLE SANS ENFANTS	EN COUPLE AVEC ENFANTS	PARENT D'UNE FAMILLE MONOPARENTALE
< 25 ans	8%	3,5%	1,3%	0,4%
25–29 ans	1,9%	16,8%	49,4%	5,9%
30–44 ans	17%	17%	54%	9,4%
45–59 ans	23%	54%	17,9%	3,9%
> 60 ans	38%	54,3%	4,7%	2,9%

SOURCE: INSEE

toujours *still* **nombres** *numbers* **chaque** *each* **où** *where* **choisissent** *choose* **droits** *rights* **peuvent** *can* **près ou loin** *near or far from* **les uns des autres** *one another* **parfois** *sometimes* **entre** *between* **mêmes** *same* **tranche** *bracket*

ACTIVITÉS

1 Complétez Provide logical answers, based on the reading.

1. Si on regarde la population française d'aujourd'hui, on observe que les familles françaises sont très _____.
2. Le _____ est toujours très populaire en France.
3. La majorité des hommes et des femmes sont _____.
4. Le nombre de Français qui sont _____ augmente.
5. Dans les familles _____, l'unique parent est divorcé, séparé ou veuf.
6. Il y a des familles qui combinent _____ familles.
7. Le _____ offre certains droits et protections aux couples qui ne sont pas mariés.
8. Les immigrés aiment _____ les uns près des autres.
9. Oubliez les _____ des familles en France.
10. Les familles changent et sont toujours _____.

La famille

un **frangin**	*brother*
une **frangine**	*sister*
maman	*Mom*
mamie	*Nana, Grandma*
un **minou**	*kitty*
papa	*Dad*
papi	*Grandpa*
tata	*Auntie*
tonton	*Uncle*
un **toutou**	*doggy*

Les fêtes et la famille

Les États-Unis ont quelques fêtes° en commun avec le monde francophone, mais les dates et les traditions de ces fêtes diffèrent d'un pays° à l'autre°. Voici deux fêtes associées à la famille.

La Fête des mères

En France le dernier° dimanche de mai ou le premier° dimanche de juin

En Belgique le deuxième° dimanche de mai

À l'île Maurice le dernier dimanche de mai

Au Canada le deuxième dimanche de mai

La Fête des pères

En France le troisième° dimanche de juin

En Belgique le deuxième dimanche de juin

Au Canada le troisième dimanche de juin

quelques fêtes *some holidays* **pays** *country* **autre** *other*
dernier *last* **premier** *first* **deuxième** *second* **troisième** *third*

Les Noah

Dans° la famille Noah, le sport est héréditaire. À chacun son° sport: pour° Yannick, né° en France, c'est le tennis; pour son père, Zacharie, né à Yaoundé, au Cameroun, c'est le football°; pour son fils, Joakim, né aux États-Unis, c'est le basket-ball. Yannick est champion junior à Wimbledon en 1977 et participe aux championnats° du Grand Chelem° dans les années 1980.

Son fils, Joakim, est un joueur° de basket-ball aux États-Unis. Il gagne° la finale du *Final Four NCAA* en 2006 et en 2007 avec les Florida Gators. Il est aujourd'hui joueur professionnel avec les Chicago Bulls. Le sport est dans le sang° chez les Noah!

Dans *In* **À chacun son** *To each his* **pour** *for* **né** *born* **football** *soccer* **championnats** *championships* **Chelem** *Slam* **joueur** *player* **gagne** *wins* **sang** *blood*

Sur Internet

Yannick Noah: célébrité du tennis et... de la musique?

Go to **vhlcentral.com** to find more cultural information related to this **Culture** section. Then watch the corresponding **Flash culture**.

---

2 **Vrai ou faux?** Indicate if these statements are **vrai** or **faux**.

1. Le tennis est héréditaire chez les Noah.
2. Zacharie Noah est né au Cameroun.
3. Zacharie Noah était (*was*) un joueur de basket-ball.
4. Yannick gagne à l'US Open.
5. Joakim joue (*plays*) pour les Lakers.
6. Le deuxième dimanche de mai, c'est la Fête des mères en Belgique et au Canada.

3 **À vous...** With a partner, write six sentences describing another celebrity family whose members all share a common field or profession. Be prepared to share your sentences with the class.

A
C
T
I
V
I
T
É
S

3A.1

Descriptive adjectives vhlcentral

Point de départ As you learned in **Leçon 1B**, adjectives describe people, places, and things. In French, the forms of most adjectives vary depending on whether the nouns they describe are masculine or feminine, singular or plural. Furthermore, French adjectives are usually placed after the noun they modify when they don't directly follow a form of **être**.

SINGULAR MASCULINE NOUN ⟷ SINGULAR MASCULINE ADJECTIVE

Le **père** est **américain**.
The father is American.

PLURAL MASCULINE NOUN ⟷ PLURAL MASCULINE ADJECTIVE

As-tu des **cours** **faciles**?
Do you have easy classes?

- You've already learned several adjectives of nationality as well as some adjectives to describe someone's personality and your classes. Here are some adjectives to describe physical characteristics.

Adjectives of physical description			
bleu(e)	*blue*	**joli(e)**	*pretty*
blond(e)	*blond*	**laid(e)**	*ugly*
brun(e)	*dark (hair)*	**marron**	*brown (not for hair)*
châtain	*brown (hair)*	**noir(e)**	*black*
court(e)	*short*	**petit(e)**	*small, short (stature)*
grand(e)	*tall, big*	**raide**	*straight (hair)*
jeune	*young*	**vert(e)**	*green*

- In the examples below, the adjectives agree in number and gender with the subjects they describe. Remember that, in general, you add **-e** to make an adjective feminine, unless it already ends in an unaccented **-e**. You add **-s** to make an adjective plural, unless it already ends in an **-s**.

L'examen est **long**.
The exam is long.

Elle est **blonde** et **petite.**
She is blond and short.

Les tableaux sont **laids**.
The paintings are ugly.

Éva et Julie sont **jeunes** et **jolies**.
Éva and Julie are young and pretty.

- The adjective **marron** is invariable; in other words, it does not agree in gender and number with the noun it modifies. The adjective **châtain** is almost exclusively used to describe hair color.

Mon neveu a les **yeux marron**.
My nephew has brown eyes.

Ma nièce a les **cheveux châtains**.
My niece has brown hair.

- Use the expression **de taille moyenne** to describe someone or something of medium size.

Victor est un homme **de taille moyenne**.
Victor is a man of medium height.

C'est une université **de taille moyenne**.
It's a medium-sized university.

Some irregular adjectives

masculine singular	feminine singular	masculine plural	feminine plural	
beau	belle	beaux	belles	*beautiful; handsome*
bon	bonne	bons	bonnes	*good; kind*
fier	fière	fiers	fières	*proud*
gros	grosse	gros	grosses	*fat*
heureux	heureuse	heureux	heureuses	*happy*
intellectuel	intellectuelle	intellectuels	intellectuelles	*intellectual*
long	longue	longs	longues	*long*
naïf	naïve	naïfs	naïves	*naive*
roux	rousse	roux	rousses	*red-haired*
vieux	vieille	vieux	vieilles	*old*

À noter

In **Leçon 1B**, you learned that if the masculine singular form of an adjective already ends in **-s (sénégalais)**, you don't add another one to form the plural. The same is also true for words that end in **-x (roux, vieux).**

- The forms of the adjective **nouveau** (*new*) follow the same pattern as those of **beau**.

  MASCULINE PLURAL
  J'ai trois **nouveaux** stylos.
  I have three new pens.

  FEMININE SINGULAR
  Tu aimes la **nouvelle** horloge?
  Do you like the new clock?

- Other adjectives that follow the pattern of **heureux** are **curieux** (*curious*), **malheureux** (*unhappy*), **nerveux** (*nervous*), and **sérieux** (*serious*).

Vérifiez

Position of certain adjectives

- Unlike most French adjectives, certain ones are placed *before* the noun they modify. These include: **beau, bon, grand, gros, jeune, joli, long, nouveau, petit,** and **vieux.**

  J'aime bien les **grandes familles**.
  I like large families.

  Joël est un **vieux copain**.
  Joël is an old friend.

- Other adjectives that are also generally placed before a noun are: **mauvais(e)** (*bad*), **pauvre** (*poor* as in *unfortunate*), **vrai(e)** (*true, real*).

  Ça, c'est un **pauvre** homme.
  That is an unfortunate man.

  C'est une **vraie** catastrophe!
  This is a real disaster!

Boîte à outils

When **pauvre** and **vrai(e)** are placed after the noun, they have a slightly different meaning: **pauvre** means *poor* as in *not rich*, and **vrai(e)** means *true.*

Ça, c'est un homme pauvre.
That is a poor man.

C'est une histoire vraie.
This is a true story.

- When placed before a *masculine singular noun that begins with a vowel sound,* these adjectives have a special form.

beau	▶	bel	▶	un **bel** appartement
vieux		vieil		un **vieil** homme
nouveau		nouvel		un **nouvel** ami

- The plural indefinite article **des** changes to **de** when the adjective comes before the noun.

  ADJECTIVE BEFORE NOUN
  J'habite avec **de bons amis**.
  I live with good friends.

  ADJECTIVE AFTER NOUN
  J'habite avec **des amis sympathiques**.
  I live with nice friends.

Vérifiez

Essayez! **Provide all four forms of the adjectives.**

1. grand _grand, grande, grands, grandes_
2. nerveux _____
3. roux _____
4. bleu _____
5. naïf _____
6. gros _____
7. long _____
8. fier _____

Mise en pratique

1 **Ressemblances** Family members often look and behave alike. Describe these family members.

MODÈLE

Caroline est intelligente. Elle a un frère.
Il est intelligent aussi.

1. Jean est curieux. Il a une sœur.
2. Carole est blonde. Elle a un cousin.
3. Albert est gros. Il a trois tantes.
4. Sylvie est fière et heureuse. Elle a un fils.
5. Christophe est vieux. Il a une demi-sœur.
6. Martin est laid. Il a une petite-fille.
7. Sophie est intellectuelle. Elle a deux grands-pères.
8. Céline est naïve. Elle a deux frères.
9. Anne est belle. Elle a cinq neveux.
10. Anissa est rousse. Elle a un mari.

2 **Une femme heureuse** Complete these sentences about Christine. Remember: some adjectives precede and some follow the nouns they modify.

MODÈLE

Christine / avoir / trois enfants (beau)
Christine a trois beaux enfants.

1. Elle / avoir / des amis (sympathique)

   _____

2. Elle / habiter / dans un appartement (nouveau)

   _____

3. Son *(Her)* mari / avoir / un travail (bon)

   _____

4. Ses *(Her)* filles / être / des étudiantes (sérieux)

   _____

5. Christine / être / une femme (heureux)

   _____

6. Son mari / être / un homme (beau)

   _____

7. Elle / avoir / des collègues amusant(e)s

   _____

8. Sa *(Her)* secrétaire / être / une fille (jeune/intellectuel)

   _____

9. Elle / avoir / des chiens (bon)

   _____

10. Ses voisins / être (poli)

    _____

Communication

3 **Descriptions** In pairs, take turns describing these
people and things using the expressions **C'est** or **Ce sont**.

MODÈLE

C'est un cours difficile.

1. _____ 2. _____ 3. _____

4. _____ 5. _____ 6. _____

4 **Comparaisons** In pairs, take turns comparing these brothers and their sister. Make as
many comparisons as possible, then share them with the class.

MODÈLE

*Géraldine et Jean-Paul sont grands
mais Tristan est petit.*

Jean-Paul   Tristan   Géraldine

5 **Qui est-ce?** Choose the name of a classmate. Your partner must guess the person by
asking up to 10 **oui** or **non** questions. Then, switch roles.

MODÈLE

Élève 1: *C'est un homme?*
Élève 2: *Oui.*
Élève 1: *Il est de taille moyenne?*
Élève 2: *Non.*

6 **Les bons copains** Interview two classmates to learn about one of their friends, using
these questions. Your partners' answers will incorporate descriptive adjectives. Be prepared
to report to the class what you learned.

- Est-ce que tu as un(e) bon(ne)
  copain/copine?

- Comment est-ce qu'il/elle
  s'appelle?

- Quel âge est-ce qu'il/elle a?

- Comment est-ce qu'il/elle est?

- Il/Elle est de quelle origine?

- Quels cours est-ce qu'il/elle aime?

- Quels cours est-ce qu'il/elle
  déteste?

3A.2

Possessive adjectives **vhl**central

Point de départ In both English and French, possessive adjectives express ownership or possession.

Possessive adjectives

masculine singular	feminine singular	plural	
mon	ma	mes	*my*
ton	ta	tes	*your (fam. and sing.)*
son	sa	ses	*his, her, its*
notre	notre	nos	*our*
votre	votre	vos	*your (form. or pl.)*
leur	leur	leurs	*their*

C'est ta sœur? Tes parents?

Voilà vos photos.

- Possessive adjectives are always placed before the nouns they modify.

C'est **ton** père?
Is that your father?

Non, c'est **mon** oncle.
No, that's my uncle.

Voici **notre** mère.
Here's our mother.

Ce sont **tes** livres?
Are these your books?

- In French, unlike English, possessive adjectives agree in gender and number with the nouns they modify.

mon frère — *my brother*
ma sœur — *my sister*
mes grands-parents — *my grandparents*

ton chat — *your cat*
ta nièce — *your niece*
tes cousines — *your cousins*

- The forms **notre**, **votre**, and **leur** are the same for both masculine and feminine nouns. They change only if the noun they modify is plural.

notre neveu — *our nephew*
notre famille — *our family*
nos enfants — *our children*

leur cousin — *their cousin*
leur cousine — *their cousin*
leurs cousins — *their cousins*

- The masculine singular forms **mon**, **ton**, and **son** are also used with *feminine singular* nouns if they begin with a vowel sound.

mon amie — *my friend*
ton école — *your school*
son histoire — *his story*

- The possessive adjectives **son**, **sa**, and **ses** are used to indicate both *his* or *her*. The pronoun you choose depends on the gender and number of the modified noun, not the possessor (**il** or **elle**).

  son frère = *his/her brother*   **sa** sœur = *his/her sister*   **ses** parents = *his/her parents*

  Context will usually clarify whether the possessive adjective means *his* or *her*.

  J'aime **Nadine** mais je n'aime pas **son** frère.   **Rémy** et **son** frère sont trop sérieux.
  I like Nadine but I don't like her brother.   *Rémy and his brother are too serious.*

🔊 **Vérifiez**

Elle a déjà son bac.

Possession with *de*

- In English, you use *'s* to express relationships or ownership. In French, you use **de (d')** + [*the noun or proper name*].

  C'est le petit ami **d'Élisabeth**.   C'est le petit ami **de ma sœur**.
  That's Élisabeth's boyfriend.   *That's my sister's boyfriend.*

  Tu aimes la cousine **de Thierry**?   J'ai l'adresse **de ses parents**.
  Do you like Thierry's cousin?   *I have his parents' address.*

- When the preposition **de** is followed by the definite articles **le** and **les**, they contract to form **du** and **des**, respectively. There is no contraction when **de** is followed by **la** and **l'**.

  de + le ▶ **du**   **de + les** ▶ **des**

  L'opinion **du** grand-père est importante.   La fille **des** voisins a les cheveux châtains.
  The grandfather's opinion is important.   *The neighbors' daughter has brown hair.*

  Le nom **de l'**oiseau, c'est Lulu.   J'ai le nouvel album **de la** chanteuse française.
  The bird's name is Lulu.   *I have the French singer's new album.*

🏃 **Boîte à outils**

You have already seen **de** used to express relationship in **Contextes: la fille de Juliette et de Robert, le chien de mes cousins.**

🔊 **Vérifiez**

Essayez!   **Provide the appropriate form of each possessive adjective.**

mon, ma, mes
1. ___mon___ livre
2. _____ librairie
3. _____ professeurs

ton, ta, tes
4. _____ ordinateurs
5. _____ télévision
6. _____ stylo

son, sa, ses
7. _____ table
8. _____ problèmes
9. _____ école

notre, nos
10. _____ cahier
11. _____ études
12. _____ bourse

votre, vos
13. _____ soirées
14. _____ lycée
15. _____ devoirs

leur, leurs
16. _____ résultat
17. _____ classe
18. _____ notes

Mise en pratique

1 Complétez Complete the sentences with the correct possessive adjectives.

MODÈLE

Karine et Léo, vous avez ___vos___ (*your*) stylos?

1. _____ (*My*) sœur est très patiente.
2. Marc et Julien adorent _____ (*their*) cours de philosophie et de maths.
3. Nadine et Gisèle, qui est _____ (*your*) amie?
4. C'est une belle photo de _____ (*their*) grand-mère.
5. Nous voyageons en France avec _____ (*our*) enfants.
6. Est-ce que tu travailles beaucoup sur _____ (*your*) ordinateur?
7. _____ (*Her*) cousins habitent à Paris.

2 Identifiez Identify the owner of each object.

▶ **MODÈLE**

Ce sont les cahiers de Sophie.

Sophie

Christophe
1._____

Paul
2._____

Stéphanie
3._____

Georgette
4._____

Jacqueline
5._____

Christine
6._____

3 Qui est-ce? Look at the Mercier family tree and explain the relationships between these people.

MODÈLE

Hubert ⟶ Marie et Fabien
C'est leur père.

1. Marie ⟶ Guy
2. Agnès et Hubert ⟶ Thomas et Mégane
3. Thomas et Daniel ⟶ Yvette
4. Fabien ⟶ Guy
5. Claire ⟶ Thomas et Daniel
6. Thomas ⟶ Marie

Hubert   Agnès

Yvette Fabien   Marie   Guy

Thomas Lucie Daniel   Mégane Claire

Communication

4 **Ma famille** Use these cues to interview as many classmates as you can to learn about their family members. Then, tell the class what you found out.

MODÈLE

mère / parler / espagnol
Élève 1: *Est-ce que ta mère parle espagnol?*
Élève 2: *Oui, ma mère parle espagnol.*

1. sœur / travailler / en Californie

_____

2. frère / être / célibataire

_____

3. cousins / avoir / un chien

_____

4. cousin / voyager / beaucoup

_____

5. père / adorer / les ordinateurs

_____

6. parents / être / divorcés

_____

7. tante / avoir / les yeux marron

_____

8. grands-parents / habiter / en Floride

_____

5 **Tu connais?** In pairs, take turns telling your partner if someone among your family or friends has these characteristics. Be sure to use a possessive adjective or **de** in your responses.

MODÈLE

français
Mes cousins sont français.

1. naïf
2. beau
3. petit
4. sympathique
5. optimiste
6. grand
7. blond
8. mauvais
9. curieux
10. vieux
11. roux
12. intellectuel

6 **Portrait de famille** In groups of three, take turns describing your family. Listen carefully to your partners' descriptions without taking notes. After everyone has spoken, two of you describe the other's family to see how well you remember.

MODÈLE

Élève 1: *Sa mère est sociable.*
Élève 2: *Sa mère est blonde.*
Élève 3: *Mais non! Ma mère est timide et elle a les cheveux châtains.*

Révision

1 **Expliquez** In pairs, take turns randomly calling out one person from column A and one from column B. Your partner will explain how they are related.

MODÈLE

Élève 1: *ta sœur et ta mère*
Élève 2: *Ma sœur est la fille de ma mère.*

A	B
1. sœur	a. cousine
2. tante	b. mère
3. cousins	c. grand-père
4. frère	d. neveux
5. père	e. oncle

2 **Les yeux de ma mère** List seven physical or personality traits that you share with other members of your family. Be specific. Then, in pairs, compare your lists and be ready to present your partner's list to the class.

MODÈLE

Élève 1: *J'ai les yeux bleus de mon père et je suis fier/fière comme (like) mon grand-père.*
Élève 2: *Moi, je suis impatient(e) comme ma mère.*

3 **Les familles célèbres** In groups of four, play a guessing game. Imagine that you belong to one of these famous families or one of your choice. Take turns describing your new family to the group. The first person who guesses which family you belong to and where you fit in is the winner.

La famille Addams
La famille Kardashian
Les familles de *Modern Family*
La famille Weasley
La famille Simpson

4 **La famille idéale** Walk around the room to survey your classmates. Ask them to describe their ideal family. Record their answers. Then, in pairs, compare your results.

MODÈLE

Élève 1: *Comment est ta famille idéale?*
Élève 2: *Ma famille idéale est petite, avec deux enfants et beaucoup de chiens et de chats.*

5 **Le casting** A casting director is looking for actors to star in a new comedy about a strange family. In pairs, role-play a conversation between the casting director and an agent in which you discuss possible actors to play each character, based on these illustrations.

MODÈLE

Élève 1 (agent): *Pour la mère, il y a Émilie. Elle est rousse et elle a les cheveux courts.*
Élève 2 (casting director): *Ah, non. La mère est brune et elle a les cheveux longs. Avez-vous une actrice brune?*

La famille

le fils   la fille   le père   la mère   le cousin

Les acteurs et les actrices

Michelle   Patrick
Julie   Annick

Laurent

Émilie

Stéphane   Robert

6 **Les différences** Your teacher will give you and a partner each a similar drawing of a family. Identify and name the six differences between your picture and your partner's.

MODÈLE

Élève 1: *La mère est blonde.*
Élève 2: *Non, la mère est brune.*

Préparation Answer these questions.

1. Les parents sont-ils généreux? Comment? Qu'est-ce qu'ils donnent à leurs enfants?

2. Êtes-vous généreux/généreuse? Comment? Qu'est-ce que vous donnez à vos ami(e)s?

Pages d'Or

The **Pages d'Or** of Belgium offer a range of services that connect businesses with potential customers. Technology is the principal means used by **Pages d'Or** to reach a wide customer base. The **Pages d'Or** website, downloadable PDFs, smartphone and tablet applications, and digital television listings allow consumers to find businesses quickly for the services they need.

publicité *ad* **Pages d'Or** *Golden Pages* **je décrocherais la Lune** *I would give you the moon*

Publicité°: Pages d'Or°

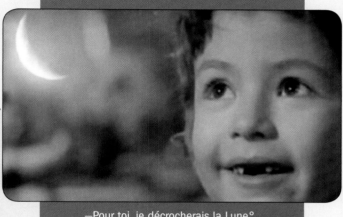

—Pour toi, je décrocherais la Lune°.

Vocabulaire utile

combien	*how much*
une grue	*crane*
c'est bien trouvé	*now that's a good choice*

Compréhension Answer these questions.

1. Qui (*Who*) sont les deux personnes dans la publicité?

2. Pourquoi l'homme téléphone-t-il pour obtenir (*to obtain*) une grue?

3. Comment trouve-t-il le numéro de téléphone?

Conversation In small groups, discuss the following.

1. Utilisez le vocabulaire de cette leçon pour décrire les parents idéaux.

2. Décrivez les méthodes que vous utilisez pour trouver le cadeau (*gift*) idéal pour les personnes que vous aimez.

Application
Tell about a time when you used an outside resource to do something special for someone to show him or her how much you cared. Use as much French as you can in your presentation.

🔊 **vhl**central

You will learn how to...
- describe people
- talk about occupations

Comment sont-ils?

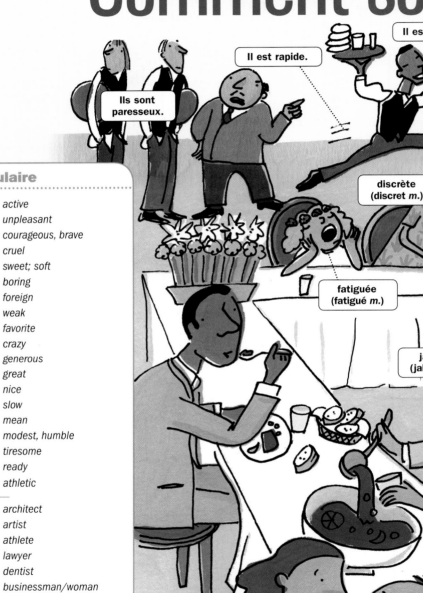

Il est fort.

Il est rapide.

Il est travailleur.

Ils sont paresseux.

discrète (discret *m.*)

fatiguée (fatigué *m.*)

jaloux (jalouse *f.*)

inquiète (inquiet *m.*)

triste

Vocabulaire

actif/active	active
antipathique	unpleasant
courageux/courageuse	courageous, brave
cruel(le)	cruel
doux/douce	sweet; soft
ennuyeux/ennuyeuse	boring
étranger/étrangère	foreign
faible	weak
favori(te)	favorite
fou/folle	crazy
généreux/généreuse	generous
génial(e) (géniaux *pl.*)	great
gentil(le)	nice
lent(e)	slow
méchant(e)	mean
modeste	modest, humble
pénible	tiresome
prêt(e)	ready
sportif/sportive	athletic
un(e) architecte	architect
un(e) artiste	artist
un(e) athlète	athlete
un(e) avocat(e)	lawyer
un(e) dentiste	dentist
un homme/une femme d'affaires	businessman/woman
un ingénieur	engineer
un(e) journaliste	journalist
un médecin	doctor

Mise en pratique

1 **Les célébrités** Match these famous people with their professions. Not all of the professions will be used.

_____	1. Oprah Winfrey	a.	médecin
_____	2. Claude Monet	b.	journaliste
_____	3. Paul Mitchell	c.	musicien(ne)
_____	4. Dr. Phil C. McGraw	d.	coiffeur/coiffeuse
_____	5. Serena Williams	e.	artiste
_____	6. Katie Couric	f.	architecte
_____	7. Beethoven	g.	avocat(e)
_____	8. Frank Lloyd Wright	h.	homme/femme d'affaires
		i.	athlète
		j.	dentiste

2 **Les contraires** Complete each sentence with the opposite adjective.

1. Ma grand-mère n'est pas cruelle, elle est _____.
2. Mon frère n'est pas travailleur, il est _____.
3. Mes cousines ne sont pas faibles, elles sont _____.
4. Ma tante n'est pas drôle, elle est _____.
5. Mon oncle est un bon athlète. Il n'est pas lent, il est _____.
6. Ma famille et moi, nous ne sommes pas antipathiques, nous sommes _____.
7. Mes parents ne sont pas méchants, ils sont _____.
8. Mon oncle n'est pas heureux, il est _____.

3 **Écoutez** You will hear descriptions of three people. Listen carefully and indicate whether the statements about them are **vrai** or **faux**.

Nora   Ahmed   Françoise

		Vrai	Faux
1.	L'architecte aime le sport.	☐	☐
2.	L'artiste est paresseuse.	☐	☐
3.	L'artiste aime son travail.	☐	☐
4.	Ahmed est médecin.	☐	☐
5.	Françoise est gentille.	☐	☐
6.	Nora est avocate.	☐	☐
7.	Nora habite au Québec.	☐	☐
8.	Ahmed est travailleur.	☐	☐
9.	Françoise est mère de famille.	☐	☐
10.	Ahmed habite avec sa femme.	☐	☐

la coiffeuse (coiffeur *m.*)

Il est drôle.

un musicien (musicienne *f.*)

Communication

4 **Les professions** In pairs, say what the real professions of these people are. Alternate reading and answering the questions.

MODÈLE

Élève 1: *Est-ce que Sabine et Sarah sont femmes d'affaires?*
Élève 2: *Non, elles sont avocates.*

1. Est-ce que Louis est architecte?

2. Est-ce que Jean est professeur?

3. Est-ce que Juliette est ingénieur?

4. Est-ce que Charles est médecin?

5. Est-ce que Pauline est musicienne?

6. Est-ce que Jacques et Brigitte sont avocats?

7. Est-ce qu'Édouard est dentiste?

8. Est-ce que Martine et Sophie sont dentistes?

5 **Conversez** Interview a classmate. Your partner should answer **pourquoi** questions with **parce que** (*because*).

1. Quel âge ont tes parents? Comment sont-ils?
2. Quelle est la profession de tes parents?
3. Qui est ton/ta cousin(e) préféré(e)? Pourquoi?
4. Qui n'est pas ton/ta cousin(e) préféré(e)? Pourquoi?
5. As-tu des animaux de compagnie (*pets*)? Quel est ton animal de compagnie favori? Pourquoi?
6. Qui est ton professeur préféré? Pourquoi?
7. Qui est gentil dans la classe?
8. Quelles professions aimes-tu?

Coup de main

Here are some useful question words:

Comment? *How/What?*
Quel(le)(s)? *Which/What?*
Qui? *Who?*
Pourquoi? *Why?*

6 **Portrait** Write a description of yourself and your best friend. Include details such as age, physical characteristics, and personality traits for both you and your friend. After your classmates share their descriptions, discuss in small groups who you would like to get to know better based on common interests.

7 **Quelle surprise!** Imagine that it is fifteen years from now, you are working in your chosen profession, and you have just run into a former classmate from high school. With a partner, prepare a conversation where you:

- greet each other
- ask what each other's professions are
- ask about marital status and for a description of your significant others
- ask if either of you have children, and if so, for a description of them

Les sons et les lettres 🔊 **vhl**central

L'accent circonflexe, la cédille, and le tréma

L'accent circonflexe (^) can appear over any vowel.

pâté	prêt	aîné	drôle	croûton

L'accent circonflexe is also used to distinguish between words with similar spellings but different meanings.

mûr	mur	sûr	sur
ripe	*wall*	*sure*	*on*

L'accent circonflexe indicates that a letter, frequently an **s**, has been dropped from an older spelling. For this reason, l'accent circonflexe can be used to identify French cognates of English words.

hospital → hôpital   *forest* → forêt

La cédille (¸) is only used with the letter **c**. A **c** with a **cédille** is pronounced with a soft **c** sound, like the *s* in the English word *yes*. Use a **cédille** to retain the soft **c** sound before an **a**, **o**, or **u**. Before an **e** or an **i**, the letter **c** is always soft, so a **cédille** is not necessary.

garçon	français	ça	leçon

Le tréma (¨) is used to indicate that two vowel sounds are pronounced separately. It is always placed over the second vowel.

égoïste	naïve	Noël	Haïti

Prononcez Practice saying these words aloud.

1. naïf
2. reçu
3. châtain
4. âge
5. français
6. fenêtre
7. théâtre
8. garçon
9. égoïste
10. château

Articulez Practice saying these sentences aloud.

1. Comment ça va?
2. Comme ci, comme ça.
3. Vous êtes française, Madame?
4. C'est un garçon cruel et égoïste.
5. J'ai besoin d'être reçu à l'examen.
6. Caroline, ma sœur aînée, est très drôle.

Dictons Practice reading these sayings aloud.

Plus ça change, plus c'est la même chose.[2]

Impossible n'est pas français.[1]

[1] There's no such thing as "can't". (lit. *impossible is not French*.)
[2] The more things change, the more they stay the same.

On travaille chez moi! vhlcentral

PERSONNAGES

Amina

David

Rachid

Sandrine

Stéphane

Valérie

SANDRINE Alors, Rachid, où est David?

Un portable sonne (a cell phone rings)...

VALÉRIE Allô.

RACHID Allô.

AMINA Allô.

SANDRINE C'est Pascal! Je ne trouve pas mon téléphone!

AMINA Il n'est pas dans ton sac à dos?

SANDRINE Non!

RACHID Ben, il est sous tes cahiers.

SANDRINE Non plus!

AMINA Il est peut-être derrière ton livre... ou à gauche.

SANDRINE Mais non! Pas derrière! Pas à gauche! Pas à droite! Et pas devant!

RACHID Non! Il est là... sur la table. Mais non! La table à côté de la porte.

SANDRINE Ce n'est pas vrai! Ce n'est pas Pascal! Numéro de téléphone 06.62.70.94.87. Mais qui est-ce?

DAVID Sandrine? Elle est au café?

RACHID Oui... pourquoi?

DAVID Ben, j'ai besoin d'un bon café, oui, d'un café très fort. D'un espresso! À plus tard!

RACHID Tu sais, David, lui aussi, est pénible. Il parle de Sandrine. Sandrine, Sandrine, Sandrine.

RACHID ET STÉPHANE C'est barbant!

STÉPHANE C'est ta famille? C'est où?

RACHID En Algérie, l'année dernière chez mes grands-parents. Le reste de ma famille — mes parents, mes sœurs et mon frère, habitent à Marseille.

STÉPHANE C'est ton père, là?

RACHID Oui. Il est médecin. Il travaille beaucoup.

RACHID Et là, c'est ma mère. Elle, elle est avocate. Elle est très active... et très travailleuse aussi.

ACTIVITÉS

1 **Identifiez** Indicate which character would make each statement. The names may be used more than once. Write **D** for David, **R** for Rachid, **S** for Sandrine, and **St** for Stéphane.

1. J'ai envie d'être architecte. _____
2. Numéro de téléphone 06.62.70.94.87. _____
3. David est pénible. _____
4. Stéphane! Tu n'es pas drôle! _____

5. Que c'est ennuyeux! _____
6. On travaille chez moi! _____
7. Sandrine, elle est tellement pénible. _____
8. Sandrine? Elle est au café? _____
9. J'ai besoin d'un café très fort. _____
10. C'est pour ça qu'on prépare le bac. _____

Sandrine perd (*loses*) son téléphone.
Rachid aide Stéphane à préparer le bac.

STÉPHANE Qui est-ce? C'est moi!

SANDRINE Stéphane! Tu n'es pas drôle!

AMINA Oui, Stéphane. C'est cruel.

STÉPHANE C'est génial...

RACHID Bon, tu es prêt? On travaille chez moi!

À l'appartement de Rachid et de David...

STÉPHANE Sandrine, elle est tellement pénible. Elle parle de Pascal, elle téléphone à Pascal... Pascal, Pascal, Pascal! Que c'est ennuyeux!

RACHID Moi aussi, j'en ai marre.

STÉPHANE Avocate? Moi, j'ai envie d'être architecte.

RACHID Architecte? Alors, c'est pour ça qu'on prépare le bac.

Rachid et Stéphane au travail...

RACHID Allez, si *x* égale 83 et *y* égale 90, la réponse, c'est...

STÉPHANE Euh... 100?

RACHID Oui! Bravo!

Expressions utiles

Making complaints

- **Sandrine, elle est tellement pénible.**
  Sandrine is so tiresome.
- **J'en ai marre.**
  I'm fed up.
- **Tu sais, David, lui aussi, est pénible.**
  You know, David, he's tiresome, too.
- **C'est barbant!/C'est la barbe!**
  What a drag!

Reading numbers

- **Numéro de téléphone 06.62.70.94.87 (zéro six, soixante-deux, soixante-dix, quatre-vingt-quatorze, quatre-vingt-sept).**
  Phone number 06.62.70.94.87.
- **Si *x* égale 83 (quatre-vingt-trois) et *y* égale 90 (quatre-vingt-dix)...**
  If x equals 83 and y equals 90...
- **La réponse, c'est 100 (cent).**
  The answer is 100.

Expressing location

- **Où est le téléphone de Sandrine?**
  Where is Sandrine's telephone?
- **Il n'est pas dans son sac à dos.**
  It's not in her backpack.
- **Il est sous ses cahiers.**
  It's under her notebooks.
- **Il est derrière son livre, pas devant.**
  It's behind her book, not in front.
- **Il est à droite ou à gauche?**
  Is it to the right or to the left?
- **Il est sur la table à côté de la porte.**
  It's on the table next to the door.

2 **Vocabulaire** Refer to the video stills and dialogues to match these people and objects with their locations.

_____ 1. sur la table   a. le téléphone de Sandrine

_____ 2. pas sous les cahiers   b. Sandrine

_____ 3. devant Rachid   c. l'ordinateur de Rachid

_____ 4. au café   d. la famille de Rachid

_____ 5. à côté de la porte   e. le café de Rachid

_____ 6. en Algérie   f. la table

3 **Écrivez** In pairs, write a brief description in French of one of the video characters. Do not mention the character's name. Describe his or her personality traits, physical characteristics, and career path. Be prepared to read your description aloud to your classmates, who will guess the identity of the character.

A C T I V I T É S

vhlcentral

L'amitié

Pour les Français, l'amitié° est une valeur sûre. En effet, plus de 95% d'entre eux estiment° que l'amitié est importante pour leur équilibre personnel°, et les amis sont considérés par beaucoup comme une deuxième famille.

Quand on demande aux Français de décrire leurs amis, ils sont nombreux à dire que ceux-ci leur ressemblent. On les choisit selon son milieu°, ses valeurs, sa culture ou son mode de vie°.

Pour les Français, l'amitié ne doit pas être confondue° avec le copinage. Les copains, ce sont des personnes que l'on voit de temps en temps, avec lesquels on passe un bon moment, mais qu'on ne considère pas comme des personnes proches. Il peut s'agir de relations professionnelles ou de personnes qu'on fréquente° dans le cadre d'une activité commune: clubs sportifs, associations, etc. Quant aux° «vrais» amis, les Français disent en avoir seulement entre cinq et six.

Pour 6 Français sur 10, le facteur le plus important en amitié est la notion d'entraide°: on est prêt à presque tout pour aider ses amis. Viennent ensuite la fidélité et la communication. Mais attention, même si on se confie à ses amis en cas de problèmes, les amis ne sont pas là pour servir de psychologues.

Les Français considèrent aussi que l'amitié prend du temps et qu'elle est fragile. En effet, l'éloignement° et le manque de temps° peuvent lui nuire°. Mais c'est la trahison° que les Français jugent comme la première cause responsable de la fin d'une amitié.

Coup de main

To ask *what is* or *what are*, you can use **quel** and a form of the verb **être**. The different forms of **quel** agree in gender and number with the nouns to which they refer:

Quel/Quelle est...?
What is...?

Quels/Quelles sont...?
What are...?

amitié *friendship* **estiment** *consider* **équilibre personnel** *personal well-being* **milieu** *backgound, social standing* **mode de vie** *lifestyle* **confondue** *confused* **fréquente** *see* **Quant aux** *As for* **entraide** *mutual assistance* **éloignement** *distance* **manque de temps** *lack of time* **nuire** *to be detrimental* **trahison** *disloyalty*

A C T I V I T É S

1 **Vrai ou faux?** Are these statements **vrai** or **faux?**

1. Un copain est un très bon ami.
2. En général, les Français ont des amis très différents d'eux.
3. Les Français ont plus d'amis que (*than*) de copains.
4. On a une relation très solide avec un ami.
5. Les Français pensent qu'on doit (*should*) toujours aider ses amis.
6. Un ami écoute quand on a un problème.
7. Pour les Français, rester amis est toujours facile.
8. Les amis sont là pour servir de psychologues si nécessaire.
9. Les Français pensent que les amis sont comme une deuxième famille.
10. Une trahison peut détruire (*can destroy*) une amitié.

Pour décrire les gens

bête	*stupid*
borné(e)	*narrow-minded*
canon	*good-looking*
coincé(e)	*inhibited*
cool	*relaxed*
dingue	*crazy*
malin/maligne	*clever*
marrant(e)	*funny*
mignon(ne)	*cute*
zarbi	*weird*

Le mariage: Qu'est-ce qui est différent?

En France Les mariages sont toujours à la mairie°, en général le samedi après-midi. Beaucoup de couples vont° à l'église° juste après. Il y a un grand dîner le soir. Tous les amis et la famille sont invités.

Au Maroc Les amis de la mariée lui appliquent° du henné sur les mains°.

En Suisse Il n'y a pas de *bridesmaids* comme aux États-Unis mais il y a deux témoins°. En Suisse romande, la partie francophone du pays°, les traditions pour le mariage sont assez° similaires aux traditions en France.

mairie *city hall* **vont** *go* **église** *church* **lui appliquent** *apply* **henné sur les mains** *henna to the hands* **témoins** *witnesses* **pays** *country* **assez** *rather*

Les Cousteau

Jacques-Yves Cousteau

L'océan est une passion pour les trois générations Cousteau. Le grand-père, Jacques-Yves (1910–1997), surnommé° le «Commandant Cousteau», a consacré sa vie° à l'exploration du monde sous-marin° et à sa préservation. Ses voyages télévisés à bord de son bateau° la *Calypso* l'ont rendu° célèbre partout dans le monde°. Ses fils Philippe et Jean-Michel ont continué ses efforts. Jean-Michel est le fondateur de l'association *Ocean Futures Society*, qui est dédiée à la protection des océans et à l'éducation. Même° les petits-enfants, Alexandra et Philippe Jr., ont hérité de la volonté de sauver° la planète. Ils défendent des causes environnementales avec leur organisation *Earth Echo International*.

Philippe, Jr.

Alexandra

surnommé *nicknamed* **consacré sa vie** *dedicated his life* **monde sous-marin** *underwater world* **bateau** *boat* **l'ont rendu** *made him* **partout dans le monde** *around the world* **Même** *Even* **ont hérité de la volonté de sauver** *inherited the desire to save*

Sur Internet

Quand ils sortent (*go out*), où vont (*go*) les jeunes couples français?

Go to **vhlcentral.com** to find more cultural information related to this **Culture** section.

---

2 **Les Cousteau** Complete these statements with the correct information.

1. La passion de la famille Cousteau est _____.

2. Les trois générations Cousteau ont dédié leur vie à l'exploration et à la _____ du monde sous-marin.

3. Le Commandant Cousteau est célèbre grâce à (*thanks to*) _____.

4. _____ sont les petits-enfants du Commandant Cousteau.

3 **Comment sont-ils?** Look at the photos of the Cousteau family. With a partner, take turns describing each person in detail in French. How old do you think they are? What do you think their personalities are like? Do you see any family resemblances?

A C T I V I T É S

3B.1

Numbers 61–100 vhlcentral

Numbers 61–100	
61–69	**80–89**
61 soixante et un	80 quatre-vingts
62 soixante-deux	81 quatre-vingt-un
63 soixante-trois	82 quatre-vingt-deux
64 soixante-quatre	83 quatre-vingt-trois
65 soixante-cinq	84 quatre-vingt-quatre
66 soixante-six	85 quatre-vingt-cinq
67 soixante-sept	86 quatre-vingt-six
68 soixante-huit	87 quatre-vingt-sept
69 soixante-neuf	88 quatre-vingt-huit
	89 quatre-vingt-neuf
70–79	**90–100**
70 soixante-dix	90 quatre-vingt-dix
71 soixante et onze	91 quatre-vingt-onze
72 soixante-douze	92 quatre-vingt-douze
73 soixante-treize	93 quatre-vingt-treize
74 soixante-quatorze	94 quatre-vingt-quatorze
75 soixante-quinze	95 quatre-vingt-quinze
76 soixante-seize	96 quatre-vingt-seize
77 soixante-dix-sept	97 quatre-vingt-dix-sept
78 soixante-dix-huit	98 quatre-vingt-dix-huit
79 soixante-dix-neuf	99 quatre-vingt-dix-neuf
	100 cent

- Numbers that end in the digit **1** are not usually hyphenated. They use the conjunction **et** instead.

  trente et un   cinquante et un   soixante et un

- Note that **81** and **91** are exceptions:

  quatre-vingt-un   quatre-vingt-onze

- The number **quatre-vingts** ends in **-s**, but there is no **-s** when it is followed by another number.

  quatre-vingts   quatre-vingt-cinq   quatre-vingt-dix-huit

Essayez! **What are these numbers in French?**

1. 67 _soixante-sept_
2. 75 _____
3. 99 _____
4. 70 _____
5. 82 _____

6. 91 _____
7. 66 _____
8. 87 _____
9. 80 _____
10. 60 _____

Identifiez Scan this catalogue page, and identify the instances where the numbers 61–100 are used.

Questions

1. Qui sont les personnes sur la photo?
2. Où (*Where*) est-ce qu'elles habitent?
3. Qu'est-ce qu'elles ont dans leur maison?
4. Quels autres *(other)* objets trouve-t-on dans le Catalogue AAZ? (Imaginez.)
5. Quels sont leurs prix *(prices)*?

Structures Leçon 3B

Mise en pratique

1 **Les numéros de téléphone** Write down these phone numbers, then read them aloud in French.

MODÈLE

C'est le zéro un, quarante-trois, soixante-quinze,
quatre-vingt-trois, seize.
01.43.75.83.16

1. C'est le zéro deux, soixante-cinq, trente-trois, quatre-vingt-quinze, zéro six.

_____

2. C'est le zéro un, quatre-vingt-dix-neuf, soixante-quatorze, quinze, vingt-cinq.

_____

3. C'est le zéro cinq, soixante-cinq, onze, zéro huit, quatre-vingts.

_____

4. C'est le zéro trois, quatre-vingt-dix-sept, soixante-dix-neuf, cinquante-quatre, vingt-sept.

_____

5. C'est le zéro quatre, quatre-vingt-cinq, soixante-neuf, quatre-vingt-dix-neuf, quatre-vingt-onze.

_____

6. C'est le zéro un, vingt-quatre, quatre-vingt-trois, zéro un, quatre-vingt-neuf.

_____

7. C'est le zéro deux, quarante et un, soixante et onze, douze, soixante.

_____

8. C'est le zéro quatre, cinquante-huit, zéro neuf, quatre-vingt-dix-sept, treize.

_____

2 **Les maths** Read these math problems, then write out each answer in words.

MODÈLE

65 + 3 = _soixante-huit_

1. 70 + 15 = _____
2. 82 + 10 = _____
3. 76 + 3 = _____
4. 88 + 12 = _____
5. 40 + 27 = _____

6. 67 + 6 = _____
7. 43 + 54 = _____
8. 78 + 5 = _____
9. 70 + 20 = _____
10. 64 + 16 = _____

3 **Comptez** Write out the missing number in the following patterns.

1. 62, 64, 66, … 70
2. 80, 84, 88, … 96
3. 40, 50, 60, … 80
4. 81, 83, 85, … 89

5. 90, 85, 80, … 70
6. 55, 57, 59, … 63
7. 100, 93, 86, … 72
8. 99, 96, 93, … 87

Communication

4 **Questions indiscrètes** With a partner, take turns asking how old these people are.

> **MODÈLE**
>
> **Élève 1:** *Madame Hubert a quel âge?*
> **Élève 2:** *Elle a 70 ans.*

5 **Qui est-ce?** Interview as many classmates as you can in five minutes to find out the name, relationship, and age of their oldest family member. Identify the student with the oldest family member to the class.

> **MODÈLE**
>
> **Élève 1:** *Qui est le plus vieux (the oldest) dans ta famille?*
> **Élève 2:** *C'est ma tante Julie. Elle a soixante-dix ans.*

6 **Fournitures scolaires** Take turns playing the role of a store employee ordering the school supplies **(fournitures scolaires)** below. Tell how many of each item you need. Your partner will write down the number of items ordered. Switch roles when you're done.

> **MODÈLE**
>
> **Élève 1:** *Vous avez besoin de combien de crayons?*
> **Élève 2:** *J'ai besoin de soixante-dix crayons.*

1. _____ 2. _____ 3. _____ 4. _____

5. _____ 6. _____ 7. _____ 8. _____

3B.2 Prepositions of location and vhlcentral disjunctive pronouns

Point de départ You have already learned expressions in French containing prepositions like **à**, **de**, and **en**. Prepositions of location describe the location of something or someone, often in relation to something or someone else.

Prepositions of location			
à côté de	*next to*	**en face de**	*facing, across from*
à droite de	*to the right of*	**entre**	*between*
à gauche de	*to the left of*	**loin de**	*far from*
dans	*in*	**près de**	*close to, near*
derrière	*behind*	**sous**	*under*
devant	*in front of*	**sur**	*on*
en	*in*		

La librairie est **derrière** le lycée
The bookstore is behind the high school.

Ma maison est **loin de** la ville.
My house is far from town.

- When a preposition of location ends in **de** and is followed by **le** and **les**, remember that it contracts to form **du** and **des** respectively. There is no change when **de** is followed by **la** or **l'**.

  La cantine est **à côté du** gymnase.
  The cafeteria is next to the gym.

  Notre chien aime manger **près des** fenêtres.
  Our dog likes to eat near the windows.

  Ils sont **à gauche de** la bibliothèque.
  They're in front of the library.

  Le café est **à droite de** l'hôtel.
  The café is to the right of the hotel.

- You can further modify prepositions of location by using intensifiers, such as **tout** (*very, really*) and **juste** (*just, right*).

  Ma sœur habite **juste en face de** l'université.
  My sister lives right across from the university.

  Le lycée est **juste derrière** son appartement.
  The high school is just behind his apartment.

  Eva travaille **tout près de la** librairie.
  Eva works really close to the bookstore.

  La librairie est **tout à côté du** café.
  The bookstore is right next to the café.

- You may use a preposition without the word **de** *if it is not followed by a noun.*

  Ma sœur habite **juste à côté**.
  My sister lives right next door.

  Elle travaille **tout près**.
  She works really close by.

🏃 Boîte à outils

You can also use the prepositions **derrière** and **devant** without a following noun.

Le chien habite derrière.
The dog lives out back.

However, a noun must always follow the prepositions **dans**, **en**, **entre**, **par**, **sous**, and **sur**.

Il n'est pas sous les cahiers.

Pas derrière! Pas à droite!

🔗 Vérifiez

- The preposition **chez** has no exact English equivalent. It expresses the idea of *at* or *to someone's house* or *place*.

    Louise étudie **chez Arnaud**.   Laurent est **chez sa cousine**.
    Louise is studying at Arnaud's.   *Laurent is at his cousin's.*

- The preposition **chez** is also used to express the idea of *at* or *to a professional's office* or *business*.

    chez le docteur   **chez** la coiffeuse
    at the doctor's   *to the hairdresser's*

Disjunctive pronouns

When you want to use a pronoun after any type of preposition, you need to use what is called a disjunctive pronoun, not a subject pronoun.

Disjunctive pronouns			
singular		**plural**	
je ⟶ moi		nous ⟶ nous	
tu ⟶ toi		vous ⟶ vous	
il ⟶ lui		ils ⟶ eux	
elle ⟶ elle		elles ⟶ elles	

Maryse travaille **à côté de moi**.   J'aime mieux dîner **chez vous**.
Maryse is working next to me.   *I prefer to have dinner at your house.*

Nous pensons **à toi**.   Voilà ma cousine Lise, **devant nous**.
We're thinking about you.   *There's my cousin Lise, in front of us.*

Tu as besoin **d'elle** aujourd'hui?   Vous n'avez pas peur **d'eux**.
Do you need her today?   *You're not afraid of them.*

Vérifiez

Essayez!   Complete each sentence with the equivalent of the expression in parentheses.

1. La librairie est _derrière_ (*behind*) la cantine.
2. J'habite _____ (*close to*) leur lycée.
3. Le laboratoire est _____ (*next to*) ma résidence.
4. Tu retournes _____ (*to the house of*) tes parents ce week-end?
5. La fenêtre est _____ (*across from*) la porte.

6. Mon sac à dos est _____ (*under*) la chaise.
7. Ses crayons sont _____ (*on*) la table.
8. Votre ordinateur est _____ (*in*) la corbeille!
9. Il n'y a pas de secrets _____ (*between*) amis.
10. Le professeur est _____ (*in front of*) les élèves.

Mise en pratique

1 **Où est ma montre?** Claude has lost her watch. Choose the appropriate prepositions to complete her friend Pauline's questions.

> **MODÈLE**
>
> Elle est (*à gauche du* / entre le) livre?

1. Elle est (sur / entre) le bureau?
2. Elle est (chez / derrière) la télévision?
3. Elle est (entre / dans) le lit et la table?
4. Elle est (dans / sous) la chaise?

5. Elle est (sur / à côté de) la fenêtre?
6. Elle est (près du / entre le) sac à dos?
7. Elle est (devant / sur) la porte?
8. Elle est (dans / sous) la corbeille?

2 **Complétez** Look at the drawing, and complete these sentences with the appropriate prepositions.

> **MODÈLE**
>
> Nous sommes _chez_ nos cousins.

1. Nous sommes _____ la maison de notre tante.
2. Michel est _____ Béatrice.
3. _____ Jasmine et Laure, il y a le petit cousin, Adrien.
4. Béatrice est _____ Jasmine.
5. Jasmine est tout _____ Béatrice.
6. Michel est _____ Laure.
7. Un oiseau est _____ la maison.
8. Laure est _____ Adrien.

Michel
Laure
Adrien
Jasmine
Béatrice

3 **Où est-on?** Tell where these people, animals, and things are in relation to each other. Replace the second noun or pronoun with the appropriate disjunctive pronoun.

> ▶ **MODÈLE**
>
> Alex / Anne
>
> *Alex est à droite d'elle.*

1. _____

2. _____

3. _____

4. _____

5. _____

6. _____

1. l'oiseau / je
2. le chien / Gabrielle et Emma
3. le monument / tu

4. l'ordinateur / Ousmane
5. Mme Fleury / Max et Élodie
6. les enfants / la grand-mère

Communication

4 Où est l'objet? In pairs, take turns asking where these items are in the classroom. Use prepositions of location.

MODÈLE la carte

Élève 1: *Où est la carte?*
Élève 2: *Elle est devant la classe.*

1. l'horloge
2. l'ordinateur
3. le tableau
4. la fenêtre
5. le bureau du professeur
6. ton livre de français
7. la corbeille
8. la porte

5 Qui est-ce? Choose someone in the room. The rest of the class will guess whom you chose by asking yes/no questions that use prepositions of location.

MODÈLE

Est-ce qu'il/elle est à côté de toi?
Est-ce qu'il/elle est entre Jean-Pierre et Suzanne?

6 S'il vous plaît...? A tourist stops someone on the street to ask where certain places are located. In pairs, play these roles using the map to locate the places.

MODÈLE

Élève 1: *La banque, s'il vous plaît?*
Élève 2: *Elle est en face de l'hôpital.*

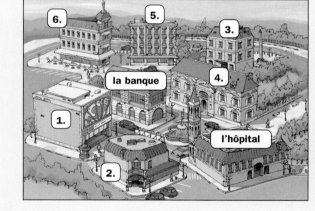

1. le cinéma Ambassadeur
2. le restaurant Chez Marlène
3. la librairie Antoine
4. le lycée Camus
5. l'hôtel Royal
6. le café de la Place

7 Ma ville In pairs, take turns telling your partner where the places below are located in your town or neighborhood. Correct your partner when you disagree.

MODÈLE

la banque
La banque est tout près du cinéma.

1. le café
2. la librairie
3. le lycée
4. le gymnase
5. l'hôtel
6. la bibliothèque
7. l'hôpital
8. le restaurant italien

Révision

1 Le basket These college basketball rivals are competing for the title. In pairs, predict the missing playoff scores. Then, compare your predictions with those of another pair. Be prepared to share your predictions with the class.

1. Ohio State 76, Michigan _____
2. Florida _____, Florida State 84
3. Stanford _____, UCLA 79
4. Purdue 81, Indiana _____
5. Duke 100, Virginia _____
6. Kansas 95, Colorado _____
7. Texas _____, Oklahoma 88
8. Kentucky 98, Tennessee _____

2 La famille d'Édouard In pairs, take turns describing the members of Édouard's family and where they are in relationship to one another in the photo.

MODÈLE

Le père d'Édouard est derrière sa mère. Il est gentil et drôle.

Édouard

3 La ville In pairs, take turns describing the location of a building (**un bâtiment**) somewhere in your town or city. Your partner must guess which building you are describing in three tries. Keep score to determine the winner after several rounds.

MODÈLE

Élève 1: *C'est un bâtiment entre la banque et le lycée.*
Élève 2: *C'est l'hôpital?*
Élève 1: *C'est ça!*

4 C'est quel numéro? You are looking up phone numbers for your grandmother who needs help from several professionals. Take turns role-playing by asking and answering questions using the phone numbers below.

MODÈLE

Élève 1: *Je cherche un artiste.*
Élève 2: *C'est le zéro quatre...*

Profession	Numéro de téléphone
architecte	04.70.65.74.92
artiste	04.76.72.63.85
coiffeuse	04.61.84.79.64
professeur d'anglais	04.06.99.90.82
avocat	04.25.86.66.93
dentiste	04.42.75.99.80
médecin	04.15.61.88.91
ingénieur	04.57.68.96.81
journaliste	04.33.70.83.97

5 À la librairie In pairs, role-play a customer at a bookstore and a clerk who points out where supplies are located. Then, switch roles. Each turn, the customer picks four items from the list. Use the drawing to find the supplies.

MODÈLE

Élève 1: *Je cherche des stylos.*
Élève 2: *Ils sont à côté des cahiers.*

des cahiers	un dictionnaire
une calculatrice	un iPhone®
une carte	du papier
des crayons	un sac à dos

6 Trouvez Your teacher will give you and your partner each a drawing of a family picnic. Ask each other questions to find out where all of the family members are located.

MODÈLE

Élève 1: *Qui est à côté du père?*
Élève 2: *Le neveu est à côté du père.*

À l'écoute vhlcentral

Préparation

Based on the photograph, where do you think Suzanne and Diane are? What do you think they are talking about?

À vous d'écouter

Now you are going to hear Suzanne and Diane's conversation. Use **R** to indicate adjectives that describe Suzanne's boyfriend, Robert. Use **E** for adjectives that describe Diane's boyfriend, Édouard. Some adjectives will not be used.

_____ brun	_____ optimiste
_____ laid	_____ intelligent
_____ grand	_____ blond
_____ intéressant	_____ beau
_____ gentil	_____ sympathique
_____ drôle	_____ patient

Compréhension

Identifiez-les Whom do these statements describe?

1. Elle a un problème avec un garçon. _____
2. Il ne parle pas à Diane. _____
3. Elle a de la chance. _____
4. Ils parlent souvent. _____
5. Il est sympa. _____
6. Il est timide. _____

Vrai ou faux? Indicate whether each sentence is **vrai** or **faux**, then correct any false statements.

1. Édouard est un garçon très patient et optimiste.

   _____

2. Diane pense que Suzanne a de la chance.

   _____

3. Suzanne et son petit ami parlent de tout.

   _____

4. Édouard parle souvent à Diane.

   _____

5. Robert est peut-être un peu timide.

   _____

6. Suzanne parle de beaucoup de choses avec Robert.

   _____

vhlcentral

Panorama

La Belgique

Le pays en chiffres

▶ **Superficie:** *30.528 km²*

▶ **Population:** *11.299.000*
SOURCE: Population Division, UN Secretariat

▶ **Industries principales:** *agroalimentaire°, chimie, textile*

▶ **Ville capitale:** *Bruxelles*

▶ **Monnaie:** *l'euro*

▶ **Langues:** *allemand, français, flamand°*

Environ° 60% de la population belge parle flamand et habite dans la partie nord°. Le français est parlé surtout dans le sud°, par environ 40% des Belges.

La Suisse

Le pays en chiffres

▶ **Superficie:** *41.285 km²*

▶ **Population:** *8.299.000*
SOURCE: Population Division, UN Secretariat

▶ **Industries principales:** *activités financières, agroalimentaire, horlogerie°*

▶ **Ville capitale:** *Berne*

▶ **Monnaie:** *le franc suisse*

▶ **Langues:** *allemand, français, italien, romanche*

L'allemand, le français et l'italien sont les langues officielles. Le romanche, langue d'origine latine, est parlé dans l'est° du pays.

Personnages célèbres

▶ Roger Federer, *Suisse, joueur de tennis, (1981–)*

▶ Jean-Luc Godard, *Suisse, cinéaste (1930–)*

▶ Amélie Nothomb, *Belgique, écrivaine (1966–)*

agroalimentaire *food processing* **flamand** *Flemish*
Environ *About* **nord** *north* **sud** *south* **horlogerie** *watch and clock making* **est** *east* **Battue** *Defeated* **paix** *peace* **reconnu** *recognized* **depuis** *since* **aucune guerre** *any war* **ni** *nor* **OTAN** *NATO*

LA MER DU NORD — LES PAYS-BAS

Ostende • Anvers
• Bruges
la Meuse
Gand *LA FLANDRE*
⊛ **Bruxelles**
le Lys
LA BELGIQUE *la Meuse* • Liège
Mons
Charleroi • Namur
l'Escaut LES ARDENNES
la Sambre LA WALLONIE
LE LUXEMBOURG
la Marne *la Meuse*
L'ALLEMAGNE
LA FRANCE
le Danube
le Rhin
Saint-Gall
le lac de Constance
Bâle • Zurich
le Rhin
La Chaux-de-Fonds *le lac de Zurich* L'AUT
Neuchâtel LE LIECHTE
• ⊛ **Berne** • Lucerne
le lac de Neuchâtel LES ALPES
Fribourg
LE JURA Lausanne LA SUISSE
le lac Léman Montreux *le Tessin*
• Genève *le Rhône*
la Loire Lugano *le lac de Côme*
le lac Majeur
L'ITALIE

☐ Régions francophones

0 _____ 50 milles
0 _____ 50 kilomètres

L'hôtel de ville de Mons

le château de Chillon sur le lac Léman

Incroyable mais vrai!

Battue° par la France en 1515, la Suisse signe une paix° perpétuelle et adopte une politique de neutralité. Ce statut est reconnu° par les autres nations européennes en 1815 et, depuis°, la Suisse ne participe à aucune guerre° ni° alliance militaire, comme l'OTAN°.

Les destinations

Bruxelles, capitale de l'Europe

Fondée au septième siècle, la ville de Bruxelles a été choisie° en 1958, en partie pour sa situation géographique centrale, comme siège° de la C.E.E.° Aujourd'hui, elle reste encore le siège de l'Union européenne (l'U.E.), lieu central des institutions et des décisions européennes. On y trouve le Parlement européen, organe législatif de l'U.E., et depuis 1967, le siège de l'OTAN°. Bruxelles est une ville très cosmopolite, avec un grand nombre d'habitants étrangers. Elle est aussi touristique, renommée pour sa Grand-Place, ses nombreux chocolatiers et la grande qualité de sa cuisine.

Les traditions

La bande dessinée°

Les dessinateurs° de bandes dessinées (BD) sont très nombreux en Belgique. À Bruxelles, il y a de nombreuses peintures murales° et statues de BD. Le dessinateur Peyo est devenu célèbre avec la création des Schtroumpfs° en 1958, mais le père de la BD belge est Hergé, dessinateur qui a créé Tintin et Milou en 1929. Tintin est un reporter qui a des aventures partout dans° le monde. En 1953, il devient le premier homme, avant Neil Armstrong, à marcher sur la Lune° dans *On a marché sur la Lune*. La BD de Tintin est traduite en 45 langues.

L'économie

Des montres et des banques

L'économie suisse se caractérise par la présence de grandes entreprises° multinationales et par son secteur financier. Les multinationales sont particulièrement actives dans le domaine des banques, des assurances, de l'agroalimentaire (Nestlé), de l'industrie pharmaceutique et de l'horlogerie (Longines, Rolex, Swatch). Cinquante pour cent de la production mondiale° d'articles° d'horlogerie viennent de Suisse. Le franc suisse est une des monnaies les plus stables du monde et les banques suisses ont la réputation de bien gérer° les fortunes de leurs clients.

Les gens

Jean-Jacques Rousseau (1712–1778)

Né à Genève, Jean-Jacques Rousseau a passé sa vie entre la France et la Suisse. Vagabond et autodidacte°, Rousseau est devenu écrivain, philosophe, théoricien politique et musicien. Il a comme principe° que l'homme naît bon et que c'est la société qui le corrompt°. Défenseur de la tolérance religieuse et de la liberté de pensée, les idées de Rousseau, exprimées° principalement dans son œuvre° *Du contrat social*, se retrouvent° dans la Révolution française. À la fin de sa vie, il écrit *Les Confessions*, son autobiographie, un genre nouveau pour l'époque°.

Qu'est-ce que vous avez appris? Répondez aux questions.

1. Quelles sont les langues officielles de la Suisse?
2. Quels sont les secteurs importants de l'économie suisse?
3. Quelles sont les valeurs défendues (*values defended*) par Rousseau?
4. Quel événement a été influencé par les idées de Rousseau?
5. Quelles sont les langues officielles de la Belgique?
6. Pourquoi Bruxelles a-t-elle été choisie comme capitale de l'Europe?
7. Quelles institutions importantes trouve-t-on à Bruxelles?
8. Qui est le père de la bande dessinée belge?
9. Quels sont les noms de deux bandes dessinées célèbres (*famous*)?
10. Comment s'appelle le champion de tennis suisse?

Sur Internet

1. Cherchez plus d'informations sur les œuvres de Rousseau. Quelles sont ses autres œuvres?
2. Quels sont les noms de trois autres personnages de bandes dessinées belges?
3. Quel est le statut (*status*) de la Suisse dans l'Union européenne?

a été choisie *was chosen* **siège** *headquarters (lit. seat)*
C.E.E *European Economic Community (predecessor of the European Union)* **OTAN** *NATO* **bande dessinée** *comic strips*
dessinateurs *artists* **peintures murales** *murals*
Schtroumpfs *Smurfs* **partout dans** *all over* **Lune** *moon*
entreprises *companies* **mondiale** *worldwide* **articles** *products*
gérer *manage* **autodidacte** *self-taught* **comme principe** *as a principle* **corrompt** *corrupts* **exprimées** *expressed*
œuvre *work* **se retrouvent** *are found* **époque** *time*

Lecture vhlcentral

Avant la lecture

Predicting content from visuals

When you are reading in French, be sure to look for visual clues to help you understand the content and purpose of what you are reading. Photos and illustrations, for example, will often give you a good idea of the main points in the reading. You may also find helpful visuals that summarize large amounts of information. These visuals include bar graphs, pie charts, flow charts, lists of percentages, and other diagrams.

Le Top 10 des chiens de race°
le berger° allemand
le berger belge
le golden retriever
le Staffordshire terrier américain
le berger australien
le Staffordshire bull terrier
le labrador
le cavalier King Charles
le chihuahua
le bouledogue français

Examinez le texte

Take a quick look at the visual elements of the article and make a list of the information you expect to find. Then, compare your list with a classmate's. Are your lists the same or are they different? Discuss your lists and make any changes needed to produce a final list of ideas.

race breed **berger** shepard

Fido

Les Français adorent les animaux. Plus de la moitié° des foyers en France ont un chien, un chat ou un autre animal de compagnie°. Les chiens sont particulièrement appréciés et intégrés dans la famille et la société françaises.

Qui possède un chien en France et pourquoi? Souvent°, la présence d'un chien en famille suit l'arrivée° d'enfants, parce que les parents pensent qu'un chien contribue positivement à leur développement. Il est aussi commun de trouver deux chiens ou plus dans le même° foyer.

Les chiens sont d'excellents compagnons. Leurs maîtres° sont moins seuls° et déclarent avoir moins de stress. Certaines personnes possèdent un chien pour faire plus d'exercice

en famille

physique. Et il y a aussi des personnes qui possèdent un chien parce qu'elles en ont toujours eu un° et n'imaginent pas une vie° sans° chien.

Les chiens ont parfois° les mêmes droits° que les autres membres de la famille, et parfois des droits spéciaux. Bien sûr, ils accompagnent leurs maîtres pour les courses en ville° et les promenades dans le parc, et ils entrent même dans certains magasins°. Ne trouvez-vous pas parfois un bouledogue ou un labrador avec son maître dans un restaurant?

En France, il n'est pas difficile d'observer que les chiens ont une place privilégiée au sein de° la famille.

Pourquoi avoir un animal de compagnie?

RAISON	CHIENS	CHATS	OISEAUX	POISSONS
Pour l'amour des animaux	61,4%	60,5%	61%	33%
Pour avoir de la compagnie	43,5%	38,2%	37%	10%
Pour s'occuper°	40,4%	37,7%	0%	0%
Parce que j'en ai toujours eu un°	31,8%	28,9%	0%	0%
Pour le bien-être° personnel	29,2%	26,2%	0%	0%
Pour les enfants	23,7%	21,3%	30%	48%

Plus de la moitié More than half **animal de compagnie** pet **Souvent** Often **suit l'arrivée** follows the arrival **même** same **maîtres** owners **moins seuls** less lonely **en ont toujours eu un** have always had one **vie** life **sans** without **parfois** sometimes **droits** rights **courses en ville** errands in town **magasins** stores **au sein de** in the heart of **s'occuper** keep busy **Parce que j'en ai toujours eu un** Because I've always had one **bien-être** well-being

Après la lecture

Vrai ou faux? Indicate whether these items are **vrai** or **faux**, based on the reading.

	Vrai	Faux
1. Les chiens accompagnent leurs maîtres pour les promenades dans le parc.	☐	☐
2. Parfois, les chiens accompagnent leurs maîtres dans les restaurants.	☐	☐
3. Le chat n'est pas un animal apprécié en France.	☐	☐
4. Certaines personnes déclarent posséder un chien pour avoir plus d'exercice physique.	☐	☐
5. Certaines personnes déclarent posséder un chien pour avoir plus de stress.	☐	☐
6. En France, les familles avec enfants n'ont pas de chien.	☐	☐

Fido en famille Choose the correct response according to the article.

1. Combien de foyers en France ont au moins (*at least*) un animal de compagnie?
   a. 20%–25%
   b. 40%–45%
   c. 50% ou plus

2. Pourquoi est-ce une bonne idée d'avoir un chien?
   a. pour la protection
   b. pour trouver des amis
   c. pour la compagnie

3. Que pensent les familles françaises de leurs chiens?
   a. Les chiens sont plus importants que les enfants.
   b. Les chiens font partie (*are part*) de la famille.
   c. Le rôle des chiens est limité aux promenades.

4. À quel moment les Français adoptent-ils un chien?
   a. juste après le mariage
   b. après un divorce
   c. à l'arrivée des enfants

5. Y a-t-il des familles avec plus d'un chien?
   a. non
   b. oui
   c. Ce n'est pas indiqué dans l'article.

Mes animaux In groups of three, say why you own or someone you know owns a pet. Give one of the reasons listed in the table on the left or a different one. Use the verb **avoir** and possessive adjectives.

MODÈLE

Mon grand-père a un chien pour son bien-être personnel.

Savoir-faire

Écriture

Using idea maps

How do you organize ideas for a first draft? Often, the organization of ideas represents the most challenging part of the writing process. Idea maps are useful for organizing important information. Here is an example of an idea map you can use when writing.

SCHÉMA D'IDÉES

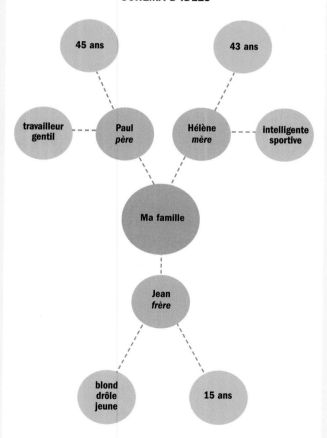

Thème

Écrivez un e-mail

Avant l'écriture

1. A French-speaking friend wants to know about your family. Using some of the verbs and adjectives you learned in this lesson, you will write an e-mail describing your own family or an imaginary one. You should include information from each of these categories for each family member:

   ■ Names, ages, and relationships

   ■ Physical characteristics

   ■ Hobbies and interests

Before you begin, create an idea map like the one on the left, with a circle for each member of your family.

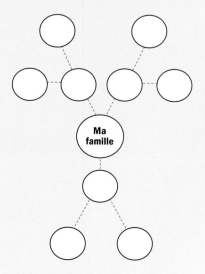

2. Once you have completed your idea map, compare it with the one created by a classmate. Did you both include the same kind of information? Did you list all your family members? Did you include information from each of the three categories for each person?

3. Here are some useful expressions for writing an e-mail in French:

Salutations	
Cher Fabien,	*Dear Fabien,*
Chère Joëlle,	*Dear Joëlle,*

Asking for a response	
Réponds-moi vite.	*Write back soon.*
Donne-moi de tes nouvelles.	*Tell me all your news.*

Closings	
Grosses bises!	*Big kisses!*
Je t'embrasse!	*Kisses!*
Bisous!	*Kisses!*
À bientôt!	*See you soon!*
Amitiés,	*In friendship,*
Cordialement,	*Cordially,*
À plus (tard),	*Until later,*

Écriture

Use your idea map and the list of expressions to write an e-mail that describes your family to a friend. Be sure to include some of the verbs and adjectives you have learned in this lesson.

> Cher Christophe,
>
> Mon père s'appelle Gabriel. Il a 42 ans. Il est grand, a les cheveux châtains et les yeux marron. Il est architecte et travaille à Paris. Il aime dessiner, lire (*to read*) et voyager. Ma mère, Nicole, a 37 ans. Elle est petite, blonde et a les yeux bleus. Elle est professeur d'anglais à l'université. Comme mon père, elle aime voyager. Elle aime aussi faire (*to do*) du sport. Ma sœur, Élodie, a 17 ans. Elle est grande, a les cheveux châtains et les yeux verts. Elle est encore au lycée. Elle adore écouter de la musique et aller au (*to go to*) cinéma. Mon oncle, ...
>
> Et ta famille, comment est-elle? Donne-moi vite de tes nouvelles!
>
> À bientôt!
>
> Caroline

Après l'écriture

1. Exchange rough drafts with a partner. Comment on his or her work by answering these questions:

- Did your partner include the age, family relationship, physical characteristics, and hobbies and interests of each family member?

- Did your partner make the adjectives agree with the person described?

- Did your partner use verb forms correctly?

- Did your partner use the letter-writing expressions correctly?

2. Revise your description according to your partner's comments. After writing the final version, read it once more to eliminate these kinds of problems:

- spelling errors

- punctuation errors

- capitalization errors

- use of incorrect verb forms

- adjectives that do not agree with the nouns they modify

Vocabulaire

Leçon 3A

La famille

aîné(e)	younger
cadet(te)	brother-in-law
un beau-frère	father-in-law; stepfather
un beau-père	
une belle-mère	mother-in-law; stepmother
une belle-soeur	sister-in-law
un(e) cousin(e)	cousin
un demi-frère	half-brother; stepbrother
une demi-soeur	half-sister; stepsister
les enfants (m., f.)	children
un époux/une épouse	husband/wife
une famille	family
une femme	wife; woman
une fille	daughter; girl
un fils	son
un frère	brother
une grand-mère	grandmother
un grand-père	grandfather
les grands-parents (m.)	grandparents
un mari	husband
une mère	mother
un neveu	nephew
une nièce	niece
un oncle	uncle
les parents (m.)	parents
un père	father
une petite-fille	granddaughter
un petit-fils	grandson
les petits-enfants (m.)	grandchildren
une soeur	sister
une tante	aunt
un chat	cat
un chien	dog
un oiseau	bird
un poisson	fish

Vocabulaire supplémentaire

divorcer	to divorce
épouser	to marry
célibataire	single
divorcé(e)	divorced
fiancé(e)	engaged
marié(e)	married
séparé(e)	separated
veuf/veuve	widowed
un(e) voisin(e)	neighbor

Expressions utiles

Adjectifs descriptifs

bleu(e)	blue
blond(e)	blond
brun(e)	dark (hair)
court(e)	short
frisé(e)	curly
grand(e)	big; tall
jeune	young
joli(e)	pretty
laid(e)	ugly
mauvais(e)	bad
noir(e)	black
pauvre	poor; unfortunate
petit(e)	small, short (stature)
raide	straight (hair)
vert(e)	green
vrai(e)	true; real
de taille moyenne	medium-sized

Adjectifs irréguliers

beau/belle	beautiful; handsome
bon(ne)	kind; good
châtain	brown (hair)
curieux/curieuse	curious
fier/fière	proud
gros(se)	fat
intellectuel(le)	intellectual
long(ue)	long
(mal)heureux/(mal)heureuse	(un)happy
marron	brown (not for hair)
naïf/naïve	naive
nerveux/nerveuse	nervous
nouveau/nouvelle	new
roux/rousse	red-haired
sérieux/sérieuse	serious
vieux/vieille	old

Adjectifs possessifs

mon, ma, mes	my
ton, ta, tes	your (fam. and sing.)
son, sa, ses	his, her, its
notre, notre, nos	our
votre, votre, vos	your (form. or pl.)
leur, leur, leurs	their

Leçon 3B

Adjectifs descriptifs

antipathique	unpleasant
drôle	funny
faible	weak
fatigué(e)	tired
fort(e)	strong
génial(e) (géniaux m., pl.)	great
lent(e)	slow
méchant(e)	mean
modeste	modest
pénible	annoying
prêt(e)	ready
rapide	fast
triste	sad

Professions et occupations

un(e) architecte	architect
un(e) artiste	artist
un(e) athlète	athlete
un(e) avocat(e)	lawyer
un coiffeur/une coiffeuse	hairdresser
un(e) dentiste	dentist
un homme/une femme d'affaires	businessman/ woman
un ingénieur	engineer
un(e) journaliste	journalist
un médecin	doctor
un(e) musicien(ne)	musician
un(e) propriétaire	owner; landlord/ lady

Adjectifs irréguliers

actif/active	active
courageux/courageuse	brave
cruel(le)	cruel
discret/discrète	discreet; unassuming
doux/douce	sweet; soft
ennuyeux/ennuyeuse	boring
étranger/étrangère	foreign
favori(te)	favorite
fou/folle	crazy
généreux/généreuse	generous
gentil(le)	nice
inquiet/inquiète	worried
jaloux/jalouse	jealous
paresseux/paresseuse	lazy
sportif/sportive	athletic
travailleur/travailleuse	hard-working

Expressions utiles

Nombres 61–100

Prépositions de lieu

à côté de	next to
à droite de	to the right of
à gauche de	to the left of
dans	in
derrière	behind
devant	in front of
en	in
en face de	facing, across from
entre	between
loin de	far from
par	by
près de	close to, near
sous	under
sur	on

Pronoms toniques

132 *cent trente-deux*

Au café

Pour commencer

- Quelle heure est-il, à votre avis?
  a. neuf heures du matin b. midi
  c. dix heures du soir
- Qu'est-ce qu'il y a sur la table?
  a. des sandwiches b. des boissons
  c. de la soupe
- Qu'est-ce que ces garçons ont envie de faire?
  a. boire b. manger c. partager

You will learn how to...
- say where you are going
- say what you are going to do

🔊 **vhl**central

Où allons-nous?

Vocabulaire

danser	to dance
explorer	to explore
fréquenter	to frequent; to visit
inviter	to invite
nager	to swim
patiner	to skate
une banlieue	suburbs
un bureau	office; desk
un centre commercial	shopping center, mall
un centre-ville	city/town center, downtown
un cinéma (ciné)	movie theater, movies
un endroit	place
un grand magasin	department store
un gymnase	gym
un hôpital	hospital
un lieu	place
un magasin	store
un marché	market
un musée	museum
un parc	park
une piscine	pool
un restaurant	restaurant
une ville	city, town

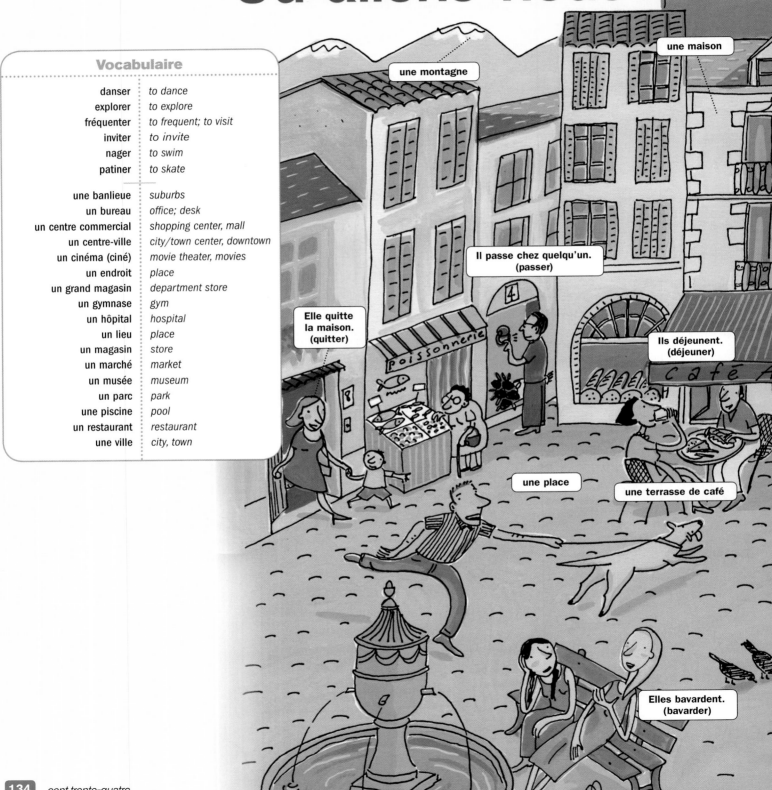

une montagne

une maison

Il passe chez quelqu'un. (passer)

Elle quitte la maison. (quitter)

Ils déjeunent. (déjeuner)

une place

une terrasse de café

Elles bavardent. (bavarder)

Attention!

Remember that nouns that end in **-al** have an irregular plural. Replace **-al** with **-aux**.

un hôpital → deux hôpitaux

À (*to, at*) before **le** or **les** makes these contractions:

à + le = au   à + les = aux
le musée → au musée
les endroits → aux endroits
À does NOT contract with **l'** or **la**.

une église

une épicerie

e u r o m a r c h é

JOURNAUX

un kiosque

*Il dépense de l'argent (m.).
(dépenser)*

Mise en pratique

1 **Associez** Quels lieux associez-vous à ces activités?

1. nager _____
2. acheter (*to buy*) un jean _____
3. dîner _____
4. travailler _____
5. habiter _____
6. épouser _____
7. voir (*to see*) un film _____
8. acheter des fruits _____

2 **Écoutez** Djamila parle de sa journée à son amie Samira. Écoutez la conversation et mettez (*put*) les lieux de la liste dans l'ordre chronologique. Il y a deux lieux en trop (*extra*).

____ **a.** à l'hôpital
____ **b.** à la maison
____ **c.** à la piscine
____ **d.** au centre commercial
____ **e.** au cinéma
____ **f.** à l'église
____ **g.** au musée
____ **h.** au bureau
____ **i.** au parc
____ **j.** au restaurant

Coup de main

Note that the French **Je vais à...** is the equivalent of the English *I am going to...*

3 **Logique ou illogique** Lisez chaque phrase et déterminez si l'action est **logique** ou **illogique**. Corrigez si nécessaire.

	Logique	Illogique
1. Maxime invite Delphine à une épicerie.	☐	☐
_____		
2. Caroline et Aurélie bavardent au marché.	☐	☐
_____		
3. Nous déjeunons à l'épicerie.	☐	☐
_____		
4. Ils dépensent beaucoup d'argent au centre commercial.	☐	☐
_____		
5. Vous explorez une ville.	☐	☐
_____		
6. Vous escaladez (*climb*) un kiosque.	☐	☐
_____		
7. J'habite en banlieue.	☐	☐
_____		
8. Tu danses dans un studio.	☐	☐
_____		

Communication

4 **Conversez** Avec un(e) partenaire, échangez vos opinions sur ces activités. Utilisez un élément de chaque colonne dans vos réponses.

MODÈLE

Élève 1: *Moi, j'adore bavarder au restaurant, mais je déteste parler au musée.*

Élève 2: *Moi aussi, j'adore bavarder au restaurant. Je ne déteste pas parler au musée, mais j'aime mieux bavarder au parc.*

Opinion	Activité	Lieu
adorer	bavarder	au bureau
aimer (mieux)	danser	au centre commercial
ne pas tellement aimer	déjeuner	au centre-ville
détester	dépenser de l'argent	au cinéma
	étudier	au gymnase
	inviter	au musée
	nager	au parc
	parler	à la piscine
	patiner	au restaurant

5 **La journée d'Anne** Votre professeur va vous donner, à vous et à votre partenaire, une feuille d'activités. À tour de rôle, posez-vous des questions pour compléter vos feuilles respectives. Utilisez le vocabulaire de la leçon. Attention! Ne regardez pas la feuille de votre partenaire.

MODÈLE

Élève 1: *À 7h30, Anne quitte la maison. Qu'est-ce qu'elle fait ensuite (do next)?*

Élève 2: *À 8h00, elle…*

Anne

6 **Une lettre** Écrivez une lettre à un(e) ami(e) dans laquelle (*in which*) vous décrivez vos activités de la semaine. Utilisez les expressions de la liste.

bavarder	passer chez quelqu'un
déjeuner	travailler
dépenser de l'argent	quitter la maison
étudier	un centre commercial
manger au restaurant	un cinéma

Cher Paul,

Comment vas-tu? Pour (For) moi, tout va bien. Je suis très actif/active. Je travaille beaucoup et j'ai beaucoup d'amis. En général, le samedi, après les cours, je déjeune chez moi et l'après-midi, je bavarde avec mes amis…

Les sons et les lettres 🔊 vhlcentral

Oral vowels

French has two basic kinds of vowel sounds: oral vowels, the subject of this discussion, and nasal vowels, presented in **Leçon 4B**. Oral vowels are produced by releasing air through the mouth. The pronunciation of French vowels is consistent and predictable.

In short words (usually two-letter words), **e** is pronounced similarly to the *a* in the English word *about*.

le	que	ce	de

The letter **a** alone is pronounced like the *a* in *father*.

la	ça	ma	ta

The letter **i** by itself and the letter **y** are pronounced like the vowel sound in the word *bee*.

ici	livre	stylo	lycée

The letter combination **ou** sounds like the vowel sound in the English word *who*.

vous	nous	oublier	écouter

The French **u** sound does not exist in English. To produce this sound, say *ee* with your lips rounded.

tu	du	une	étudier

Prononcez Répétez les mots suivants à voix haute.

1. je
2. chat
3. fou
4. ville
5. utile
6. place
7. jour
8. triste
9. mari
10. active
11. Sylvie
12. rapide
13. gymnase
14. antipathique
15. calculatrice
16. piscine

Articulez Répétez les phrases suivantes à voix haute.

1. Salut, Luc. Ça va?
2. La philosophie est difficile.
3. Brigitte est une actrice fantastique.
4. Suzanne va à son cours de physique.
5. Tu trouves le cours de maths facile?
6. Viviane a une bourse universitaire.

Dictons Répétez les dictons à voix haute.

Plus on est de fous, plus on rit.[2]

Qui va à la chasse perd sa place.[1]

[1] He who steps out of line loses his place.
[2] The more the merrier.

Star du cinéma vhlcentral

PERSONNAGES

Amina

David

Pascal

Sandrine

À l'épicerie...

DAVID Juliette Binoche? Pas possible! Je vais chercher Sandrine!

Au café...

PASCAL Alors, chérie, tu vas faire quoi de ton week-end?

SANDRINE Euh, demain je vais déjeuner au centre-ville.

PASCAL Bon... et quand est-ce que tu vas rentrer?

SANDRINE Euh, je ne sais pas. Pourquoi?

PASCAL Pour rien. Et demain soir, tu vas danser?

SANDRINE Ça dépend. Je vais passer chez Amina pour bavarder avec elle.

PASCAL Combien d'amis as-tu à Aix-en-Provence?

SANDRINE Oh, Pascal...

PASCAL Bon, moi, je vais continuer à penser à toi jour et nuit.

DAVID Mais l'actrice! Juliette Binoche!

SANDRINE Allons-y! Vite! C'est une de mes actrices préférées! J'adore le film *Chocolat*!

AMINA Et comme elle est chic! C'est une vraie star!

DAVID Elle est à l'épicerie! Ce n'est pas loin d'ici!

Dans la rue...

AMINA Mais elle est où, cette épicerie? Nous allons explorer toute la ville pour rencontrer Juliette Binoche?

SANDRINE C'est là, l'épicerie Pierre Dubois, à côté du cinéma?

DAVID Mais non, elle n'est pas à l'épicerie Pierre Dubois, elle est à l'épicerie près de l'église, en face du parc.

AMINA Et combien d'églises est-ce qu'il y a à Aix?

SANDRINE Il n'y a pas d'église en face du parc!

DAVID Bon, hum, l'église sur la place.

AMINA D'accord, et ton église sur la place, elle est ici au centre-ville ou en banlieue?

A C T I V I T É S

1 **Vrai ou faux?** Indiquez pour chaque phrase si l'affirmation est **vraie** ou **fausse**.

1. David va chercher Pascal.

2. Sandrine va déjeuner au centre-ville.

3. Pascal va passer chez Amina.

4. Pascal va continuer à penser à Sandrine jour et nuit.

5. Pascal va bien.

6. Juliette Binoche est une des actrices préférées de Sandrine.

7. Les amis cherchent l'épicerie Pierre Dubois.

8. L'épicerie est en banlieue.

9. Il n'y a pas d'église en face du parc.

10. Juliette Binoche fréquente le P'tit Bistrot.

David et les filles à la recherche de (*in search of*) leur actrice préférée

SANDRINE Oui. Génial.
Au revoir, Pascal.
AMINA Salut, Sandrine. Comment
va Pascal?
SANDRINE Il va bien, mais il
adore bavarder.

DAVID Elle est là, elle est là!
SANDRINE Mais, qui est là?
AMINA Et c'est où, «là»?
DAVID Juliette Binoche! Mais non,
pas ici!
SANDRINE ET AMINA Quoi? Qui? Où?

Devant l'épicerie...
DAVID C'est elle, là! Hé, JULIETTE!
AMINA Oh, elle est belle!
SANDRINE Elle est jolie, élégante!
AMINA Elle est... petite?
DAVID Elle, elle... est... vieille?!?

AMINA Ce n'est pas du tout
Juliette Binoche!
SANDRINE David, tu es complètement
fou! Juliette Binoche, au
centre-ville d'Aix?
AMINA Pourquoi est-ce qu'elle ne
fréquente pas le P'tit Bistrot?

Expressions utiles

Talking about your plans

- **Tu vas faire quoi de ton week-end?**
  What are you doing this weekend?
- **Je vais déjeuner au centre-ville.**
  I'm going to have lunch downtown.
- **Quand est-ce que tu vas rentrer?**
  When are you coming back?
- **Je ne sais pas.**
  I don't know.
- **Je vais passer chez Amina.**
  I am going to Amina's (house).
- **Nous allons explorer toute la ville.**
  We're going to explore the whole city.

Additional vocabulary

- **C'est une de mes actrices préférées.**
  She's one of my favorite actresses.
- **Comme elle est chic!**
  She is so chic!
- **Ce n'est pas loin d'ici!**
  It's not far from here!
- **Ce n'est pas du tout...**
  It's not... at all.
- **Ça dépend.**
  It depends.
- **Pour rien.**
  No reason.
- **Vite!**
  Quick!, Hurry!

2 Questions À l'aide (*the help*) d'un dictionnaire, choisissez le bon mot pour chaque question.

1. (Avec qui, Quoi) Sandrine parle-t-elle au téléphone?
2. (Où, Parce que) Sandrine va-t-elle déjeuner?
3. (Qui, Pourquoi) Pascal demande-t-il à Sandrine quand elle va rentrer?
4. (Combien, Comment) d'amis Sandrine a-t-elle?
5. (Combien, À qui) Amina demande-t-elle comment va Pascal?
6. (Quand, Où) est Juliette Binoche?

3 Écrivez Pensez à votre acteur ou actrice préféré(e) et préparez un paragraphe où vous décrivez son apparence, sa personnalité et sa carrière. Comment est-il/elle? Dans quel(s) (*which*) film(s) joue-t-il/elle? Si un jour vous rencontrez cet acteur/cette actrice, qu'est-ce que vous allez lui dire (*say to him or her*)?

ACTIVITÉS

vhlcentral

Les passe-temps des jeunes Français

Comment est-ce que les jeunes occupent leur temps libre° en France? Si la télévision a été pendant longtemps° un des passe-temps préféré, aujourd'hui près de° 60% (pour cent) des jeunes disent être plus attachés à° leur *smartphone*. En effet, ils sont 68% à ne jamais sortir sans leur portable, et ils veulent être connectés partout°. Les médias jouent donc un rôle très important dans leur vie, surtout les réseaux sociaux° qu'ils utilisent pour communiquer avec leurs amis et leurs proches°. Les portables sont aussi considérés très pratiques pour télécharger° et écouter de la musique, surfer sur Internet, jouer à des jeux° vidéo ou regarder des films.

Les activités culturelles, en particulier le cinéma, sont aussi très appréciées: en moyenne°, les jeunes y° vont une fois° par semaine. Ils aiment également° la littérature et l'art: presque° 50% des jeunes visitent des musées ou des monuments historiques chaque année et plus de° 40% vont au théâtre ou à des concerts. Un jeune sur cinq° joue d'un instrument de musique ou chante°, et environ 20% d'entre eux° pratiquent une activité artistique, comme la danse, le théâtre, la sculpture, le dessin° ou la peinture°. La photographie et la vidéo sont aussi très appréciées.

Quant à° la pratique sportive, elle concerne près de 90% des jeunes Français, qui font partie de clubs ou s'entraînent entre copains.

Beaucoup de jeunes Français sont aussi membres de la Maison des Jeunes et de la Culture (MJC) de leur ville. Les MJC proposent des activités culturelles, sportives et des cours et ateliers° dans de nombreux domaines.

Et bien sûr, comme tous les jeunes, ils aiment aussi tout simplement se détendre° et bavarder avec des amis, le plus souvent dans un des nombreux cafés du centre-ville.

temps libre *free time* a été pendant longtemps *has for a long time been* près de *close to* attachés à *fond of* partout *everywhere* réseaux sociaux *social networks* proches *people close to them* télécharger *download* jeux *games* en moyenne *on average* y *there* fois *time* également *also* presque *almost* plus de *more than* Un... sur cinq *One . . . in five* chante *sings* d'entre eux *of them* dessin *drawing* peinture *painting* Quant à *As for* ateliers *workshops* se détendre *relax* les *them* Sortir *Go out* Lire *Read* Échanger *Exchange* Faire une sortie *Go on ... outing*

Loisirs les plus populaires en France	
(% des Français qui les° pratiquent)	
Écouter de la musique	87%
Regarder la télévision	84%
Sortir° avec des amis	82%
Lire° un magazine ou un journal	80%
Échanger° à distance	77%
Écouter la radio	74%
Surfer sur Internet	69%
Regarder une vidéo	66%
Aller au cinéma	63%
Faire une sortie° culturelle	58%

SOURCE: Ipsos in France for the Centre National du Livre. The survey was conducted in France, by telephone on 1,012 people (aged 15 y.o. and more), from February 3rd to 11th, 2015.

A C T I V I T É S

1 **Vrai ou faux?** Indiquez si les phrases sont **vraies** ou **fausses**.

1. Les portables sont rarement utilisés pour écouter de la musique.
2. Les jeunes Français n'utilisent pas Internet.
3. Les musées sont des lieux appréciés pour les loisirs.
4. Les réseaux sociaux ne sont pas très utilisés pour communiquer entre amis.
5. Les jeunes Français n'aiment pas pratiquer d'activités artistiques.
6. Le sport n'est pas important dans la vie des jeunes.
7. Les jeunes Français regardent moins la télévision aujourd'hui.
8. En général, les Français aiment les médias.
9. Les jeunes aiment mieux regarder la télé que (*than*) d'aller au cinéma.
10. Dans les MJC, on peut faire une grande variété d'activités.

LE FRANÇAIS QUOTIDIEN

Le verlan

En France, on entend parfois° des jeunes parler en **verlan**. En verlan, les syllabes des mots sont inversées°:

l'en**vers**° → **vers**-l'en → **verlan**.

Voici quelques exemples:

français	verlan	anglais
louche	chelou	*shady*
café	féca	*café*
mec	keum	*guy*
femme	meuf	*woman*

parfois *sometimes* **inversées** *inverted* **l'envers** *the reverse*

LE MONDE FRANCOPHONE

Où passer le temps

Voici quelques endroits typiques où les jeunes francophones aiment se restaurer° et passer du temps.

En Afrique de l'Ouest

Le maquis Commun dans beaucoup de pays° d'Afrique de l'Ouest°, le maquis est un restaurant où on peut manger à bas prix°. Situé en ville ou en bord de route°, le maquis est typiquement en plein air°.

Au Sénégal

Le tangana Le terme «tang» signifie «chaud» en wolof, une des langues nationales du Sénégal. Le tangana est un lieu populaire pour se restaurer. On trouve souvent les tanganas au coin de la rue°, en plein air, avec des tables et des bancs°.

se restaurer *have something to eat* **pays** *countries* **Ouest** *West* **à bas prix** *inexpensively* **en bord de route** *on the side of the road* **en plein air** *outdoors* **coin de la rue** *street corner* **bancs** *benches*

PORTRAIT

Le parc Astérix

Situé° à 30 kilomètres de Paris, en Picardie, le parc Astérix est le premier parc à thème français. Le parc d'attractions°, ouvert° en 1989, est basé sur la bande dessinée° française, *Astérix le Gaulois*. Création de René Goscinny et d'Albert Uderzo, Astérix est un guerrier gaulois° qui lutte° contre l'invasion des Romains. Au parc Astérix, il y a des montagnes russes°, des petits trains et des spectacles, tous° basés sur les aventures d'Astérix et de son meilleur ami, Obélix. Une des attractions, *le Tonnerre° de Zeus*, est la plus grande° montagne russe en bois° d'Europe.

Situé *Located* **parc d'attractions** *amusement park* **ouvert** *opened* **bande dessinée** *comic strip* **guerrier gaulois** *Gallic warrior* **lutte** *fights* **montagnes russes** *roller coasters* **tous** *all* **Tonnerre** *Thunder* **la plus grande** *the largest* **en bois** *wooden*

Albert Uderzo

Sur Internet

Comment sont les parcs d'attractions dans les autres pays francophones?

Go to **vhlcentral.com** to find more information related to this **Culture** section.

---

2 **Compréhension** Complétez les phrases.

1. Le parc Astérix est basé sur Astérix le Gaulois, une _____.

2. Astérix le Gaulois est une _____ de René Goscinny et d'Albert Uderzo.

3. Le parc Astérix est près de la ville de _____.

4. Astérix est un _____ gaulois.

5. En verlan, on peut passer du temps avec ses copains au _____.

6. Au Sénégal, les jeunes aiment passer du temps au _____.

3 **Vos activités préférées** Posez des questions à trois ou quatre de vos camarades de classe à propos de leurs activités favorites. Comparez vos résultats avec ceux (*those*) d'un autre groupe.

A
C
T
I
V
I
T
É
S

4A.1   The verb *aller* **vhl**central

Point de départ In **Leçon 1A**, you saw a form of the verb **aller** (*to go*) in the expression **ça va**. Now you will use this verb to talk about going places and to express actions that take place in the immediate future.

aller			
je vais	*I go*	**nous allons**	*we go*
tu vas	*you go*	**vous allez**	*you go*
il/elle/on va	*he/she/it/one goes*	**ils/elles vont**	*they go*

- The verb **aller** is irregular. Only the **nous** and **vous** forms resemble the infinitive.

  Tu **vas** souvent au cinéma?
  Do you go to the movies often?

  Nous **allons** au marché le samedi.
  We go to the market on Saturdays.

  Je **vais** à la piscine.
  I'm going to the pool.

  Vous **allez** au parc aussi?
  Are you going to the park too?

Le futur proche

- The present tense of **aller** can be used with the infinitive form of another verb to tell what is going to happen. This construction is called **le futur proche** (*the immediate future*).

  Nous **allons déjeuner** sur la terrasse.
  We're going to eat lunch on the terrace.

  Marc et Julie **vont explorer** le centre-ville.
  Marc and Julie are going to explore the city center.

  Je **vais partager** la pizza avec ma copine.
  I'm going to share the pizza with my friend.

  Elles **vont retrouver** Guillaume à la cantine.
  They're going to meet Guillaume at the cafeteria.

> Demain, je vais déjeuner au centre-ville.

> Et quand est-ce que tu vas rentrer?

À noter

In **Leçon 2A**, you learned how to form questions with inversion when you have a conjugated verb + infinitive. Follow the same pattern for **le futur proche**. Example: **Théo va-t-il déjeuner à midi?**

- To negate an expression in **le futur proche**, place **ne/n'** before the conjugated form of **aller** and **pas** after it.

  Je **ne vais pas** oublier la date.
  I'm not going to forget the date.

  Nous **n'allons pas** quitter la maison.
  We're not going to leave the house.

  Tu **ne vas pas** manger au café?
  Aren't you going to eat at the café?

  Ousmane **ne va pas** retrouver Salima au parc.
  Ousmane is not going to meet Salima at the park.

- Note that **le futur proche** can be used with the infinitive of **aller** to mean *going to go (somewhere)*.

Vérifiez

  Elle **va aller** à la piscine.
  She's going to go to the pool.

  Vous **allez aller** au gymnase ce soir?
  Are you going to go to the gym tonight?

The preposition *à* and prepositions with place names

- The preposition **à** can be translated in various ways in English: *to*, *in*, *at*. When followed by the definite article **le** or **les**, the preposition **à** and the definite article contract into one word.

à + le ▸ au

à + les ▸ aux

Nous allons **au** magasin.
We're going to the store.

Ils parlent **aux** profs.
They're talking to the teachers.

- The preposition **à** does not contract with **la** or **l'**.

à + la ▸ à la

à + l' ▸ à l'

Je rentre **à la** maison.
I'm going back home.

Il va **à l'**épicerie.
He's going to the grocery store.

- The preposition **à** often indicates a physical location, as with **aller à** and **habiter à**. However, it can have other meanings depending on the verb used.

Verbs with the preposition *à*			
commencer à + [*infinitive*]	to start (doing something)	penser à	to think about
parler à	to talk to	téléphoner à	to phone (someone)

Elle va **parler au** professeur.
She's going to talk to the teacher.

Il **commence à travailler** demain.
He starts working tomorrow.

 Vérifiez

- In general, **à** is used to mean *at* or *in*, whereas **dans** is used to mean *inside* or *within*. When learning a place name in French, learn the preposition that accompanies it.

Prepositions with place names			
à la maison	at home	dans la maison	inside the house
à Paris	in Paris	dans Paris	within Paris
en ville	in town	dans la ville	within the town
sur la place	in the square	à/sur la terrasse	on the terrace

Tu travailles **à la maison**?
Are you working at home?

On mange **dans la maison**.
We'll eat in the house.

 Vérifiez

Essayez! Utilisez la forme correcte du verbe **aller**. Pour les phrases 2–6, utilisez aussi la forme correcte de la préposition **à** et l'article défini.

1. Comment ça ___*va*___ ?
2. Tu _____ piscine pour nager.
3. Ils _____ centre-ville.
4. Nous _____ bavarder _____ parc.
5. Vous _____ aller _____ restaurant ce soir?
6. Elle _____ aller _____église dimanche matin.
7. Ce soir, je _____ faire mes devoirs.
8. On ne _____ pas passer par l'épicerie cet après-midi.

Mise en pratique

1 **Samedi prochain** Voici ce que (*what*) vous et vos amis faites (*are doing*) aujourd'hui. Indiquez que vous allez faire les mêmes (*same*) choses samedi prochain.

MODÈLE

Je nage.
Samedi prochain aussi, je vais nager.

1. Paul bavarde avec ses copains. _____
2. Nous dansons. _____
3. Je dépense de l'argent dans un magasin. _____
4. Luc et Sylvie déjeunent au restaurant. _____
5. Vous explorez le centre-ville. _____
6. Tu patines. _____
7. Amélie nage à la piscine. _____
8. Lucas et Sabrina téléphonent à leurs grands-parents. _____

2 **Questions parentales** Votre père est très curieux. Écrivez les questions qu'il pose. Utilisez la forme correcte du verbe **aller** et de la préposition nécessaire.

MODÈLE

tes frères / piscine
Tes frères vont à la piscine?

1. tu / cinéma / ce soir _____
2. tes amis et toi, vous / café _____
3. ta mère et moi, nous / ville / vendredi _____
4. ton ami(e) / souvent / marché _____
5. je / musée / avec toi / demain _____
6. tes amis / parc _____
7. on / église / dimanche _____
8. tes amis et toi, vous / parfois / gymnase _____

3 **Où vont-ils?** Indiquez où vont les personnages.

Henri

▶ **MODÈLE**

Henri va au cinéma.

1. tu **2.** nous **3.** Paul et Luc **4.** vous

_____ _____ _____ _____

Communication

4 **Activités du week-end** Avec un(e) partenaire, assemblez les éléments des colonnes pour poser des questions. Rajoutez (*Add*) d'autres éléments utiles.

MODÈLE

Élève 1: *Est-ce que tu vas déjeuner aves tes copains?*
Élève 2: *Oui, je vais déjeuner avec mes copains.*

A	B	C	D
ta sœur	aller	voyager	professeur
vous		aller	cinéma
tes copains		déjeuner	piscine
nous		bavarder	centre
tu		nager	commercial
ton petit ami		parler	café
ta petite amie		inviter	parents
tes		téléphoner	copains
grands-parents		visiter	petit(e) ami(e)
		patiner	camarades de classe
			musée
			cousin(e)s

5 **Le grand voyage** Vous avez gagné (*have won*) un voyage. Par groupes de trois, expliquez à vos camarades ce que vous allez faire pendant (*during*) le voyage. Vos camarades vont deviner (*to guess*) où vous allez.

MODÈLE

Élève 1: *Je vais visiter le musée du Louvre.*
Élève 2: *Est-ce que tu vas aller à Paris?*

6 **À Deauville** Votre professeur va vous donner, à vous et à votre partenaire, un plan (*map*) de Deauville. Posez-vous des questions pour découvrir (*to find out*) où va chaque membre de la famille de votre liste. Attention! Ne regardez pas la feuille de votre partenaire.

MODÈLE

Élève 1: *Où va Simon?*
Élève 2: *Il va au kiosque.*

4A.2 Interrogative words vhlcentral

Point de départ In **Leçon 2A**, you learned four ways to ask yes or no questions in French. However, many questions seek information that can't be provided by a simple yes or no answer.

- Use these words with **est-ce que** or inversion to ask for more specific information.

Interrogative words			
à quelle heure?	*at what time?*	quand?	*when?*
combien (de)?	*how many?;*	que/qu'...?	*what?*
	how much?	quel(le)(s)?	*which?; what?*
comment?	*how?; what?*	(à/avec/pour)	*(to/with/for)*
où?	*where?*	qui?	*who(m)?*
pourquoi?	*why?*	quoi?	*what?*

À qui est-ce que tu penses?
Who are you thinking about?

Combien de villes **y a-t-il** en Suisse?
How many cities are there in Switzerland?

Pourquoi est-ce que tu danses?
Why are you dancing?

Que vas-tu manger?
What are you going to eat?

- Another way to ask questions with most interrogative words is by placing them after a verb. This kind of formulation is very informal but very common.

Tu t'appelles **comment**?
What's your name?

Tu habites **où**?
Where do you live?

- When the question word **qui** (*who*) is the subject of a sentence, it is followed directly by a verb in the third person singular.

Qui invite Patrice à dîner?
Who is inviting Patrice to dinner?

Qui n'aime pas danser?
Who doesn't like to dance?

When the question word **qui** (*whom*) is the object of a sentence, it is followed by **est-ce que** plus a subject and verb or an inverted subject and verb.

Qui est-ce que tu regardes?
Who are you looking at?

Qui regardes-tu?
Who are you looking at?

- Although **quand?** and **à quelle heure?** can both be translated as *when?*, they are not interchangeable in French. Use **quand** to ask about a day or date and **à quelle heure** to ask about a specific time of day.

Quand est-ce que le cours commence?
When does the class start?

Il commence **le lundi 28 août**.
It starts Monday, August 28.

À quelle heure est-ce qu'il commence?
At what time does it begin?

Il commence **à dix heures et demie**.
It begins at 10:30.

- The question word **que/qu'** (*what*) used with **est-ce que** or with inversion is always the object of the sentence. This means that a subject and verb must follow it.

Que regardons-nous?
What are we looking at?

Que pensez-vous visiter?
What are you planning to visit?

Qu'est-ce que tu vas manger?
What are you going to eat?

Qu'est-ce que Sandrine étudie?
What is Sandrine studying?

- The question word **quoi?** also means *what?* Use it after a preposition followed by **est-ce que** or inversion instead of **que/qu'** or **qu'est-ce que.** You can also use **quoi** after the verb in informal questions when there is no preposition.

À quoi pensez-vous?
What are you thinking about?

De quoi est-ce qu'il parle?
What is he talking about?

Elle étudie **quoi?**
What does she study?

Tu regardes **quoi?**
What are you looking at?

- Use **Comment?** or **Pardon?** to indicate that you don't understand what's being said. You may also use **Quoi?** but only in informal situations with friends.

Vous allez voyager cette année?
Are you going to travel this year?

Comment?
I beg your pardon?

 **Vérifiez**

The interrogative adjective *quel(le)(s)*

- The interrogative adjective **quel** means *what* or *which.* The form of **quel** varies in gender and number with the noun it modifies.

The interrogative adjective *quel(le)(s)*			
	singular		**plural**
masculine	Quel	*restaurant?*	Quels *cours?*
feminine	Quelle	*montre?*	Quelles *filles?*

Quel restaurant aimes-tu?
Which restaurant do you like?

Quelle montre a-t-il?
What watch does he have?

Quels cours commencent à dix heures?
What classes start at ten o'clock?

Quelles filles vont à la cantine?
Which girls are going to the cafeteria?

Boîte à outils

You can also use a form of **quel** as an exclamation.
Quel beau garçon!
What a handsome boy!
Quelles grandes maisons!
What big houses!

- **Quel** is always linked to a noun. It is used either directly before a noun or before the verb **être** followed by a noun.

Quelles amies invites-tu?
What friends are you inviting?

Quel est ton numéro de téléphone?
What is your phone number?

Quelle heure est-il?
What time is it?

Quels sont tes cours préférés?
What are your favorite classes?

 **Vérifiez**

Essayez! **Donnez les mots (*words*) interrogatifs.**

1. <u>Comment</u> allez-vous?
2. _____ est-ce que vous allez faire (*do*) après le cours?
3. Le cours commence à _____ heure?
4. _____ est-ce que tu ne travailles pas?
5. Avec _____ est-ce qu'on va au cinéma ce soir?
6. _____ d'élèves y a-t-il?
7. _____ musées vas-tu visiter?
8. _____ est-ce que tes parents arrivent?
9. _____ n'aime pas voyager?
10. _____ est-ce qu'on dîne ce soir?
11. De _____ parlez-vous?
12. _____ est ton restaurant préféré?

Mise en pratique

1 **Le français familier** Utilisez l'inversion pour reformuler les questions.

MODÈLE

Tu t'appelles comment?
Comment t'appelles-tu?

1. Tu habites où? _____
2. Le film commence à quelle heure? _____
3. Il est quelle heure? _____
4. Tu as combien de frères? _____
5. Le prof parle quand? _____
6. Vous aimez quoi? _____
7. Elle téléphone à qui? _____
8. Il étudie comment? _____
9. Il y a combien d'enfants? _____
10. Elle aime qui? _____

2 **La paire** Trouvez la paire et formez des phrases complètes. Utilisez chaque (*each*) option une seule fois (*only once*).

1. À quelle heure	a. est-ce que tu regardes?
2. Comment	b. habitent-ils?
3. Combien de	c. est-ce que tu habites dans le centre-ville?
4. Avec qui	d. est-ce que le cours commence?
5. Où	e. heure est-il?
6. Pourquoi	f. vous appelez-vous?
7. Qu'	g. villes est-ce qu'il y a aux États-Unis?
8. Quelle	h. parlez-vous?

3 **La question** Vous avez les réponses. Quelles sont les questions?

MODÈLE

Il est midi.
Quelle heure est-il?

1. Les cours commencent à huit heures. _____
2. Stéphanie habite à Paris. _____
3. Julien danse avec Caroline. _____
4. Elle s'appelle Julie. _____
5. Laetitia a deux chiens. _____
6. Elle déjeune dans ce restaurant parce qu'il est à côté de son bureau. _____
7. Nous allons bien, merci. _____
8. Je vais au marché mardi. _____
9. Simon aime danser. _____
10. Brigitte pense à ses études. _____

Communication

4 **Questions et réponses** À tour de rôle, posez une question à un(e) partenaire au sujet de chaque (*each*) thème de la liste. Posez une seconde question basée sur sa réponse.

MODÈLE

Élève 1: *Où est-ce que tu habites?*
Élève 2: *J'habite au centre-ville.*
Élève 1: *Pourquoi est-ce que tu habites au centre-ville?*

Thèmes

- où vous habitez
- ce que vous faites (*do*) le week-end
- à qui vous téléphonez
- combien de frères et sœurs vous avez
- les endroits que vous fréquentez avec vos copains
- comment sont vos camarades de classe
- quels cours vous aimez

5 **La montagne** Par groupes de quatre, lisez (*read*) avec attention la lettre de Céline. Fermez votre livre. Une personne du groupe va poser une question basée sur l'information donnée. La personne qui répond pose une autre question au groupe, etc.

Bonjour. Je m'appelle Céline. J'ai 17 ans. Je suis grande, mince et sportive. J'habite à Grenoble dans une maison agréable. Je suis en première. J'adore la montagne.

Tous les week-ends, je vais skier à Chamrousse avec mes trois amis Alain, Catherine et Pascal. Nous skions de midi à cinq heures. À six heures, nous prenons un chocolat chaud à la terrasse d'un café ou nous allons manger des crêpes dans un restaurant. Nous allons au cinéma tous ensemble.

6 **Le week-end** Avec un(e) partenaire, posez-vous des questions pour savoir (*know*) où vous allez aller ce (*this*) week-end. Utilisez **le futur proche**. Posez beaucoup de questions pour avoir tous les détails sur les projets (*plans*) de votre partenaire.

MODÈLE

Élève 1: *Où est-ce que tu vas aller samedi?*
Élève 2: *Je vais aller au centre commercial.*
Élève 1: *Avec qui?*

Révision

1 **En ville** Par groupes de trois, interviewez vos camarades. Où allez-vous en ville? Quand ils mentionnent un endroit de la liste, demandez des détails (quand? avec qui? pourquoi? etc.). Présentez les réponses à la classe.

le centre commercial	le musée
le cinéma	le parc
le gymnase	la piscine
le marché	le restaurant

2 **La semaine prochaine** Voici votre agenda (*day planner*). Parlez de votre semaine avec un(e) partenaire. Mentionnez trois activités associées au lycée, trois activités d'un autre type et deux activités à faire en groupe.

MODÈLE

Lundi, je vais préparer un examen, mais mardi, je vais au centre commercial.

	L	M	M	J	V	S	D
8h30							
9h00							
9h30							
10h00							
10h30							
11h00							
11h30							
12h00							
12h30							

3 **Le week-end** Par groupes de trois, posez-vous des questions sur vos projets (*plans*) pour le week-end prochain. Donnez des détails. Mentionnez des activités qu'on fait (*does*) avec des amis.

MODÈLE

Élève 1: *Quels projets avez-vous pour ce week-end?*
Élève 2: *Nous allons au marché samedi.*
Élève 3: *Et nous allons au cinéma dimanche.*

4 **Ma ville** Votre partenaire passe une semaine chez vous. Parlez des activités dans votre ville que vous et votre partenaire ont envie de faire. Ensuite (*Then*), comparez vos projets (*plans*) avec ceux (*those*) d'un autre groupe.

MODÈLE

Élève 1: *Samedi, on va au centre-ville.*
Élève 2: *Nous allons dépenser de l'argent!*

5 **Où passer un long week-end?** Vous et votre partenaire avez la possibilité de passer un long week-end à Montréal ou à La Nouvelle-Orléans, mais vous préférez chacun(e) (*each one*) une ville différente. Présentez votre conversation à la classe.

MODÈLE

Élève 1: *À Montréal, on va aller dans les librairies!*
Élève 2: *Oui, mais à La Nouvelle-Orléans, je vais aller à des concerts de musique cajun!*

Montréal

- le jardin (*garden*) botanique
- le musée des Beaux-Arts
- le parc du Mont-Royal
- le Vieux-Montréal

La Nouvelle-Orléans

- le Café du Monde
- la cathédrale Saint-Louis
- la route des plantations
- le vieux carré, quartier (*neighborhood*) français

6 **La semaine de Martine** Votre professeur va vous donner, à vous et à votre partenaire, des informations sur la semaine de Martine. Attention! Ne regardez pas la feuille de votre partenaire.

MODÈLE

Lundi matin, Martine va dessiner au parc.

Préparation Répondez aux questions suivantes.

1. Aimez-vous cuisiner (*to cook*)? Où allez-vous pour acheter (*to buy*) de la nourriture (*food*)?

2. Achetez-vous des desserts, ou préférez-vous les préparer vous-même (*yourself*)?

Un tuto° original

Bons plans, réservations en ligne, des tutos originaux—PagesJaunes est beaucoup plus qu'un annuaire°. C'est un site de services. Dans sa campagne publicitaire «*Don't do it yourself*», PagesJaunes travaille en partenariat° avec FastGoodCuisine, nom professionnel du Youtuber cuisinier° Charles Gilles-Compagnon. Ensemble, ils présentent un tuto à «comment ne pas faire soi-même°». Le tuto a un grand succès grâce au° charme et à la célébrité de FastGoodCuisine. Avec plus d'un million de followers, cette star d'Internet réinvente la notion du fast-food en proposant des tutos créatifs, des interviews de grands chefs et des recettes simples, bonnes et saines°.

souhaiterais *would like* **une pièce montée** *tiered/layered dessert* **tuto** *tutorial* **annuaire** *phone book* **en partenariat** *in partnership* **cuisinier** *cook* **ne pas faire soi-même** *not to do it yourself* **grâce au** *thanks to* **saines** *healthy*

Publicité de PagesJaunes

Je souhaiterais° une pièce montée° s'il te plaît.

Vocabulaire utile

une astuce	*trick, tip*
les choux (*m.*)	*light, puffed pastries*
une étape	*step*
goûter	*to taste*
une pâtisserie	*bakery*

Compréhension Indiquez l'ordre des évènements (*events*) de la vidéo.

____ FastGoodCuisine dit bonjour à Guillaume.

____ FastGoodCuisine goûte un chou.

____ FastGoodCuisine va à la pâtisserie.

____ FastGoodCuisine demande une pièce montée.

____ FastGoodCuisine va en terrasse.

____ FastGoodCuisine et Guillaume prennent une photo.

Conversation À deux, répondez aux questions.

1. Utilisez-vous l'Internet pour apprendre (*to learn*) de nouvelles activités? Quels types d'activités?

2. Pour quelles activités ou tâches (*tasks*) avez-vous besoin d'un professionnel? Pourquoi?

Application Pensez à un service pour lequel (*for which*) vous avez besoin d'un professionnel. Cherchez sur Internet deux personnes ou compagnies dans votre région qui offrent ce service. Notez les adresses, les numéros de téléphone, les prix (*prices*) et les critiques. Ensuite, préparez une représentation graphique des deux compagnies et présentez-la à la classe. Quelle compagnie préférez-vous? Pourquoi?

You will learn how to...

- order food and beverages
- ask for your check

🔊 **vhl**central

J'ai faim!

Vocabulaire

apporter	to bring, to carry
coûter	to cost
Combien coûte(nt)...?	How much is/are...?
une baguette	baguette (long, thin loaf of bread)
le beurre	butter
des frites (f.)	French fries
un fromage	cheese
le jambon	ham
un pain (de campagne)	(country-style) bread
un sandwich	sandwich
une boisson (gazeuse)	(soft) (carbonated) drink/ beverage
un chocolat (chaud)	(hot) chocolate
une eau (minérale)	(mineral) water
un jus (d'orange, de pomme, etc.)	(orange, apple, etc.) juice
le lait	milk
une limonade	lemon soda
un thé (glacé)	(iced) tea
(pas) assez (de)	(not) enough (of)
beaucoup (de)	a lot (of)
d'autres	others
un morceau (de)	piece, bit (of)
un peu (plus/moins) (de)	a little (more/less) (of)
plusieurs	several
quelque chose	something; anything
quelques	some
tous (m. pl.)	all
tout (m. sing.)	all
tout le/tous les (m.)	all the
toute la/toutes les (f.)	all the
trop (de)	too many/much (of)
un verre (de)	glass (of)

menu
du jour
—————
soupe du
jour 3.50€
plat du
jour
12€

le prix

un serveur
(serveuse f.)

une bouteille
d'eau

une soupe

l'addition (f.)

Elle laisse
un pourboire.
(laisser)

les croissants (m.)

Il a faim.

Attention!

To read prices in French, say the number of euros (**euros**) followed by the number of cents (**centimes**). French decimals are marked with a comma, not a period.

8,10€ = huit euros dix (centimes)

le sucre

le thé

Il a soif.

une tasse

Il mange quelque chose. (manger)

un café

un éclair

Mise en pratique

1 **Chassez l'intrus** Trouvez le mot qui ne va pas avec les autres.

1. un croissant, le pain, le fromage, une baguette
2. une limonade, un jus de pomme, un jus d'orange, le beurre
3. des frites, un sandwich, le sucre, le jambon
4. le jambon, un éclair, un croissant, une baguette
5. l'eau, la boisson, l'eau minérale, la soupe
6. l'addition, un chocolat, le pourboire, coûter
7. apporter, d'autres, plusieurs, quelques
8. un morceau, une bouteille, un verre, une tasse

2 **Reliez** Choisissez les expressions de quantité qui correspondent le mieux (*the best*) aux produits.

MODÈLE

un morceau de baguette

| une bouteille de | une tasse de |
| une morceau de | un verre de |

1. _____ eau
2. _____ sandwich
3. _____ fromage
4. _____ chocolat
5. _____ café
6. _____ jus de pomme
7. _____ thé
8. _____ limonade

3 **Écoutez** Écoutez la conversation entre André et le serveur du café Gide, et décidez si les phrases sont **vraies** ou **fausses**.

	Vrai	Faux
1. André n'a pas très soif.	☐	☐
2. André n'a pas faim.	☐	☐
3. Au café, on peut commander (*one may order*) un jus d'orange, une limonade, un café ou une boisson gazeuse.	☐	☐
4. André commande un sandwich au jambon avec du fromage.	☐	☐
5. André commande une tasse de chocolat.	☐	☐
6. André déteste le lait.	☐	☐
7. André n'a pas beaucoup d'argent.	☐	☐
8. André ne laisse pas de pourboire.	☐	☐

Contextes

Communication

4 **Combien coûte...?** Regardez la carte et, à tour de rôle, demandez à votre partenaire combien coûte chaque élément. Répondez par des phrases complètes.

> **MODÈLE**
> **Élève 1:** Combien coûte un sandwich?
> **Élève 2:** Un sandwich coûte 3,50€.

1. _____
2. _____
3. _____
4. _____
5. _____
6. _____
7. _____
8. _____

5 **Conversez** Interviewez un(e) camarade de classe.

1. Qu'est-ce que tu aimes boire (*drink*) quand tu as soif? Quand tu as froid? Quand tu as chaud?
2. Quand tu as faim, est-ce que tu manges un sandwich? Qu'est-ce que tu aimes manger?
3. Est-ce que tu aimes le café ou le thé? Combien de tasses est-ce que tu aimes boire par jour?
4. Comment est-ce que tu aimes le café? Avec du lait? Avec du sucre? Noir (*Black*)?
5. Comment est-ce que tu aimes le thé? Avec du lait? Avec du sucre? Nature (*Black*)?
6. Dans ta famille, qui aime le thé? Et le café?
7. Est-ce que tu aimes les boissons gazeuses ou l'eau minérale?
8. Quand tu manges avec ta famille dans un restaurant, est-ce que vous laissez un pourboire au serveur/à la serveuse?

6 **Au restaurant** Avec deux partenaires, écrivez une conversation entre deux client(e)s et leur serveur/serveuse. Préparez-vous à jouer (*perform*) la scène devant la classe.

Client(e)s

- Demandez des détails sur le menu et les prix.
- Choisissez des boissons et des plats (*dishes*).
- Demandez l'addition.

Serveur/Serveuse

- Parlez du menu et répondez aux questions.
- Apportez les plats et l'addition.

> **Coup de main**
>
> **Vous désirez?**
> *What can I get you?*
>
> **Je voudrais...**
> *I would like...*
>
> **C'est combien?**
> *How much is it/this/that?*

7 **Sept différences** Votre professeur va vous donner, à vous et à votre partenaire, deux feuilles d'activités différentes. Posez-vous des questions pour trouver les sept différences. Attention! Ne regardez pas la feuille de votre partenaire.

> **MODÈLE**
> **Élève 1:** J'ai deux tasses de café.
> **Élève 2:** Oh, j'ai une tasse de thé!

Les sons et les lettres 🔊 vhlcentral

Nasal vowels

In French, when vowels are followed by an **m** or an **n** in a single syllable, they usually become nasal vowels. Nasal vowels are produced by pushing air through both the mouth and the nose.

The nasal vowel sound you hear in **français** is usually spelled **an** or **en**.

| an | fr**an**çais | **en**chanté | **en**f**an**t |

The nasal vowel sound you hear in **bien** may be spelled **en**, **in**, **im**, **ain**, or **aim**. The nasal vowel sound you hear in **brun** may be spelled **un** or **um**.

| exam**en** | améric**ain** | l**un**di | parf**um** |

The nasal vowel sound you hear in **bon** is spelled **on** or **om**.

| t**on** | all**on**s | c**om**bien | **on**cle |

When **m** or **n** is followed by a vowel sound, the preceding vowel is not nasal.

| **im**age | **in**utile | **am**i | **am**our |

Prononcez Répétez les mots suivants à voix haute.

1. blond
2. dans
3. faim
4. entre
5. garçon
6. avant
7. maison
8. cinéma
9. quelqu'un
10. différent
11. amusant
12. télévision
13. impatient
14. rencontrer
15. informatique
16. comment

Articulez Répétez les phrases suivantes à voix haute.

1. Mes parents ont cinquante ans.
2. Tu prends une limonade, Martin?
3. Le Printemps est un grand magasin.
4. Lucien va prendre le train à Montauban.
5. Pardon, Monsieur, l'addition s'il vous plaît!
6. Jean-François a les cheveux bruns et les yeux marron.

Dictons Répétez les dictons à voix haute.

L'appétit vient en mangeant.[1]

N'allonge pas ton bras au-delà de ta manche.[2]

[2] Don't bite off more than you can chew. (lit. Don't stretch your arm out farther than your sleeve.)

[1] Appetite comes from eating.

L'heure du déjeuner vhlcentral

PERSONNAGES

Amina

David

Michèle

Rachid

Sandrine

Valérie

Près du café...

AMINA J'ai très faim. J'ai envie de manger un sandwich.

SANDRINE Moi aussi, j'ai faim, et puis j'ai soif. J'ai envie d'une bonne boisson. Eh, les garçons, on va au café?

RACHID Moi, je rentre à l'appartement étudier pour un examen de sciences po. David, tu vas au café avec les filles?

DAVID Non, je rentre avec toi. J'ai envie de dessiner un peu.

AMINA Bon, alors, à tout à l'heure.

Au café...

VALÉRIE Bonjour, les filles! Alors, ça va, les études?

AMINA Bof, ça va. Qu'est-ce qu'il y a de bon à manger, aujourd'hui?

VALÉRIE Eh bien, j'ai une soupe de poisson maison délicieuse! Il y a aussi des sandwichs jambon-fromage, des frites... Et, comme d'habitude, j'ai des éclairs, euh...

VALÉRIE Et pour toi, Amina?

AMINA Hmm... Pour moi, un sandwich jambon-fromage avec des frites.

VALÉRIE Très bien, et je vous apporte du pain tout de suite.

SANDRINE ET AMINA Merci!

Au bar...

VALÉRIE Alors, pour la table d'Amina et Sandrine, une soupe du jour, un sandwich au fromage... Pour la table sept, une limonade, un café, un jus d'orange et trois croissants.

MICHÈLE D'accord! Je prépare ça tout de suite. Mais Madame Forestier, j'ai un problème avec l'addition de la table huit.

VALÉRIE Ah, bon?

MICHÈLE Le monsieur ne comprend pas pourquoi ça coûte onze euros cinquante. Je ne comprends pas non plus. Regardez.

VALÉRIE Ah, non! Avec tout le travail que nous avons cet après-midi, des problèmes d'addition aussi?!

A C T I V I T É S

1 **Identifiez** Trouvez à qui correspond chacune (*each*) des phrases. Écrivez **A** pour Amina, **D** pour David, **M** pour Michèle, **R** pour Rachid, **S** pour Sandrine et **V** pour Valérie.

_____ 1. Je ne comprends pas non plus.

_____ 2. Vous prenez du jus d'orange uniquement le matin.

_____ 3. Tu bois de l'eau aussi?

_____ 4. Je prépare ça tout de suite.

_____ 5. Je ne bois pas de limonade.

_____ 6. Je vais apprendre à préparer des éclairs.

_____ 7. J'ai envie de dessiner un peu.

_____ 8. Je vous apporte du pain tout de suite.

_____ 9. Moi, je rentre à l'appartement étudier pour un examen de sciences po.

_____10. Qu'est-ce qu'il y a de bon à manger, aujourd'hui?

Amina et Sandrine déjeunent au café.

SANDRINE Oh, Madame Forestier, j'adore! Un jour, je vais apprendre à préparer des éclairs. Et une bonne soupe maison. Et beaucoup d'autres choses.
AMINA Mais pas aujourd'hui. J'ai trop faim!
SANDRINE Alors, je choisis la soupe et un sandwich au fromage.

VALÉRIE Et comme boisson?
SANDRINE Une bouteille d'eau minérale, s'il vous plaît. Tu bois de l'eau aussi? Avec deux verres, alors.

VALÉRIE Ah, ça y est! Je comprends! La boisson gazeuse coûte un euro vingt-cinq, pas un euro soixante-quinze. C'est noté, Michèle?
MICHÈLE Merci, Madame Forestier. Excusez-moi. Je vais expliquer ça au monsieur. Et voilà, tout est prêt pour la table d'Amina et Sandrine.
VALÉRIE Merci, Michèle.

À la table des filles...
VALÉRIE Voilà, une limonade, un café, un jus d'orange et trois croissants.
AMINA Oh? Mais Madame Forestier, je ne bois pas de limonade!
VALÉRIE Et vous prenez du jus d'orange uniquement le matin, n'est-ce pas? Ah! Excusez-moi, les filles!

Expressions utiles

Talking about food

- **Moi aussi, j'ai faim, et puis j'ai soif.**
  Me too, I am hungry, and I am thirsty as well.
- **J'ai envie d'une bonne boisson.**
  I feel like having a nice drink.
- **Qu'est-ce qu'il y a de bon à manger, aujourd'hui?**
  What looks good on the menu today?
- **Une soupe de poisson maison délicieuse.**
  A delicious homemade fish soup.
- **Je vais apprendre à préparer des éclairs.**
  I am going to learn (how) to prepare éclairs.
- **Je choisis la soupe.**
  I choose the soup.
- **Tu bois de l'eau aussi?**
  Are you drinking water too?
- **Vous prenez du jus d'orange uniquement le matin.**
  You only have orange juice in the morning.

Additional vocabulary

- **On va au café?**
  Shall we go to the café?
- **Bof, ça va.**
  So-so.
- **comme d'habitude**
  as usual
- **Le monsieur ne comprend pas pourquoi ça coûte onze euros cinquante.**
  The gentleman doesn't understand why this costs 11,50€.
- **Je ne comprends pas non plus.**
  I don't understand either.
- **Je prépare ça tout de suite.**
  I am going to prepare this right away.
- **Ça y est! Je comprends!**
  That's it! I get it!
- **C'est noté?**
  Understood?/Got it?
- **Tout est prêt.**
  Everything is ready.

---

2 **Mettez dans l'ordre** Numérotez les phrases suivantes dans l'ordre correspondant à l'histoire.

_____ a. Michèle a un problème avec l'addition.

_____ b. Amina prend (*gets*) un sandwich jambon-fromage.

_____ c. Sandrine dit qu'elle (*says that she*) a soif.

_____ d. Rachid rentre à l'appartement.

_____ e. Valérie va chercher du pain.

_____ f. Tout est prêt pour la table d'Amina et Sandrine.

3 **Conversez** Au moment où Valérie apporte le plateau (*tray*) de la table sept à Sandrine et Amina, Michèle apporte le plateau de Sandrine et Amina à la table sept. Avec trois partenaires, écrivez la conversation entre Michèle et les client(e)s et jouez-la devant la classe.

A
C
T
I
V
I
T
É
S

CULTURE À LA LOUPE

Le café français

À Toute Heure

Quiches	12,50€
Pâtisseries	4,50€
Omelettes	9,25€
Thé	5,00€
Glaces	7,50€
Café	4,50€
Cappuccino	7,00€
Chocolat chaud	5,50€

Le café est une partie importante de la culture française. Les Français adorent passer du temps° à la terrasse des cafés. C'est un des symboles de l'art de vivre° à la française.

On peut aller au café à tout moment de la journée: le matin, pour prendre un café et manger un croissant, le midi pour déjeuner entre copains ou avec des collègues, et le soir après les cours ou le travail pour boire quelque chose et se détendre° entre amis.

Il y a de très célèbres° cafés à Paris: «Les Deux Magots» ou le «Café de Flore» par exemple, dans le quartier° de Saint-Germain. Ils sont connus° parce que c'était le rendez-vous des intellectuels et des écrivains°, comme Jean-Paul Sartre, Simone de Beauvoir et Albert Camus, après la Deuxième Guerre mondiale°.

Le premier café français, le Procope, a ouvert° ses portes à Paris en 1686. C'était° un lieu° pour boire du café, qui était une boisson exotique à l'époque°. On pouvait° aussi manger un sorbet dans des tasses en porcelaine. Benjamin Franklin et Napoléon Bonaparte fréquentaient le Procope.

a ouvert *opened* **C'était** *It was* **lieu** *place* **à l'époque** *at the time* **pouvait** *could* **fréquentaient** *used to frequent* **passer du temps** *spending time* **vivre** *living* **en lisant** *while reading* **se détendre** *to relax* **célèbres** *famous* **quartier** *neighborhood* **connus** *known* **écrivains** *writers* **Deuxième Guerre mondiale** *World War II*

A C T I V I T É S

1 **Vrai ou faux?** Indiquez si les phrases sont **vraies** ou **fausses**.

1. Le premier café parisien date des années 1686.
2. Le café était (*was*) une boisson courante (*common*) dans les années 1600.
3. Napoléon Bonaparte et Benjamin Franklin sont d'anciens clients du Procope.
4. Le café est une partie importante de la culture française.
5. Les Français n'aiment pas les terrasses des cafés.
6. Le matin, les Français prennent du jambon et du fromage.
7. Les Français mangent rarement au café à midi.
8. Les Français se retrouvent souvent avec leurs amis au café.
9. «Les Deux Magots» et le «Café de Flore» sont deux cafés célèbres à Paris.
10. Les intellectuels français fréquentent les cafés après la Première Guerre mondiale.

J'ai faim!

avoir les crocs	*to be hungry*
avoir un petit creux	*to be slightly hungry*
boire à petites gorgées	*to sip*
bouffer	*to eat*
dévorer	*to devour*
grignoter	*to snack on*
mourir de faim	*to be starving*
siroter	*to sip (with pleasure)*

Des spécialités à grignoter

Voici quelques spécialités à grignoter dans les pays et régions francophones.

En Afrique du Nord la merguez (saucisse épicée°) et le makroud (pâtisserie° au miel° et aux dattes)

En Côte d'Ivoire l'aloco (bananes plantains frites°)

En France le pan-bagnat (sandwich avec de la salade, des tomates, des œufs durs° et du thon°) et les crêpes (pâte° cuite° composée de farine°, d'œufs et de lait, de forme ronde)

À la Martinique les accras de morue° (beignets° à la morue)

Au Québec la poutine (frites avec du fromage fondu° et de la sauce)

Au Sénégal le chawarma (de la viande°, des oignons et des tomates dans du pain pita)

saucisse épicée *spicy sausage* pâtisserie *pastry* miel *honey* frites *fried* œufs durs *hard-boiled eggs* thon *tuna* pâte *batter* cuite *cooked* farine *flour* morue *cod* beignets *fritters* fondu *melted* viande *meat*

Les cafés nord-africains

Comme en France, les cafés ont une grande importance culturelle en Afrique du Nord. C'est le lieu où les amis se rencontrent pour discuter° ou pour jouer aux cartes° ou aux dominos. Les cafés ont une variété de boissons, mais la boisson typique, au café comme à la maison, est le thé à la menthe°. Il a peu de caféine, mais il a des vertus énergisantes et il favorise la digestion. En général, ce sont les hommes qui le° préparent. C'est la boisson qu'on vous sert° quand vous êtes invité, et ce n'est pas poli de refuser!

pour discuter *to chat* jouer aux cartes *play cards* menthe *mint* le *it* on vous sert *you are served*

Sur Internet

Comment prépare-t-on le thé à la menthe au Maghreb?

Go to **vhlcentral.com** to find more information related to this **Culture** section and to watch the corresponding **Flash culture** video.

2 Compréhension Complétez les phrases.
1. Quand on a un peu soif, on a tendance à (*tends to*) boire _____.
2. On aime jouer aux cartes ou rencontrer des amis pour _____ dans les cafés nord-africains.
3. _____ est la boisson typique de l'Afrique du Nord.
4. Il n'est pas poli de _____ une tasse de thé en Afrique du Nord.
5. Si vous aimez les frites, vous allez aimer _____ au Québec.

3 Un café francophone Par groupes de quatre, préparez une liste de suggestions pour un nouveau café francophone: noms pour le café, idées (*ideas*) pour le menu, prix, heures, etc. Indiquez où le café va être situé et qui va fréquenter ce café.

ACTIVITÉS

4B.1

The verbs *prendre* and **vhl**central
boire; Partitives

Point de départ The verbs **prendre** (*to take, to have food or drink*) and **boire** (*to drink*), like **être, avoir,** and **aller,** are irregular.

> *Je prends la soupe et un sandwich au fromage.*

> *Je ne bois pas de limonade.*

prendre				
je prends	*I take*		nous prenons	*we take*
tu prends	*you take*		vous prenez	*you take*
il/elle/on prend	*he/she/it/one takes*		ils/elles prennent	*they take*

Brigitte **prend** le métro le soir.
Brigitte takes the subway in the evening.

Nous **prenons** un café chez moi.
We are having a coffee at my house.

- The forms of the verbs **apprendre** (*to learn*) and **comprendre** (*to understand*) follow the same pattern as that of **prendre.**

Tu ne **comprends** pas l'espagnol?
Don't you understand Spanish?

Elles **apprennent** beaucoup.
They're learning a lot.

> *Je ne comprends pas non plus.*

> *Un jour, je vais apprendre à préparer des éclairs.*

∞ Vérifiez

boire				
je bois	*I drink*		nous buvons	*we drink*
tu bois	*you drink*		vous buvez	*you drink*
il/elle/on boit	*he/she/it/one drinks*		ils/elles boivent	*they drink*

Ton père **boit** un jus d'orange.
Your father is drinking an orange juice.

Vous **buvez** un chocolat chaud, M. Dion?
Are you drinking hot chocolate, Mr. Dion?

Je **bois** toujours du lait.
I always drink milk.

Nous ne **buvons** pas de café.
We don't drink coffee.

∞ Vérifiez

Partitives

- Partitive articles in French express *some* or *any*. To form the partitive, use the preposition **de** followed by a definite article. Although the words *some* and *any* are often omitted in English, the partitive must always be used in French.

masculine singular	feminine singular	singular noun beginning with a vowel
du thé	**de la** limonade	**de l'**eau

Je bois **du** thé chaud.
I drink (some) hot tea.

Tu bois **de la** limonade?
Are you drinking (any) lemon soda?

Elle prend **de l'**eau?
Is she having (some) water?

À noter

The partitives follow the same pattern of contraction as the possessive **de** + [*definite article*] you learned in **Structures 3A.2: du, de la, de l'**.

- Partitive articles are used with non-count nouns (nouns whose quantity cannot be expressed by a number). For count nouns, use definite articles.

PARTITIVE ARTICLE / NON-COUNT NOUN
Tu prends **du** pain tous les jours.
You have (some) bread every day.

INDEFINITE ARTICLE / COUNT NOUN
Tu prends **une** banane, aussi.
You have a banana, too.

- The article **des** also means *some*. It is the plural form of the indefinite article, not the partitive. This means it is used with nouns you can count.

PARTITIVE ARTICLE
Vous prenez **de la limonade**.
You're having (some) lemon soda.

INDEFINITE ARTICLE
Nous prenons **des croissants**.
We're having (some) croissants.

Boîte à outils

Partitives are used to say that you want *some* of an item, whereas indefinite articles are used to say that you want *a whole item* or *several whole items*.
Tu prends de la pizza? (part of a whole pizza)
Tu prends une pizza? (a whole pizza)

- As with the indefinite articles, the partitives **du**, **de la**, and **de l'** become **de** (meaning *not any*) in a negative sentence.

Est-ce qu'il y a **du** lait?
Is there (any) milk?

Non, il n'y a pas **de** lait.
No, there isn't (any) milk.

Prends-tu **de la** soupe?
Will you have (some) soup?

Non, je ne prends pas **de** soupe.
No, I'm not having (any) soup.

Vérifiez

Essayez! Complétez les phrases. Utilisez la forme correcte du verbe entre parenthèses et l'article qui convient.

1. Ma sœur _prend_ (prendre) _des_ éclairs.
2. Tes parents _____ (boire) _____ café?
3. Louise ne _____ (boire) pas _____ thé.
4. Est-ce qu'il y _____ (avoir) _____ sucre?
5. Nous _____ (boire) _____ limonade.
6. Non, merci. Je ne _____ (prendre) pas _____ frites.
7. Vous _____ (prendre) _____ taxi?
8. Nous _____ (prendre) _____ eau.

Mise en pratique

1 **Au café** Indiquez l'article correct.

> **MODÈLE**
>
> Avez-vous __*du*__ lait froid?

1. Prenez-vous _____ thé glacé?
2. Je voudrais _____ baguette, s'il vous plaît.
3. Elle prend _____ croissant.
4. Nous ne prenons pas _____ sucre dans le café.
5. Tu ne laisses pas _____ pourboire?
6. Vous mangez _____ frites.
7. Zeina commande _____ boisson gazeuse.
8. Voici _____ eau minérale.
9. Nous mangeons _____ pain.
10. Je ne prends pas _____ fromage.

2 **Des suggestions** Laurent est au café avec des amis et il fait (*makes*) des suggestions. Que suggère-t-il?

▶ **MODÈLE**

On prend du jus d'orange?

1. _____
2. _____
3. _____
4. _____

3 **Au restaurant** Alain est au restaurant avec toute sa famille. Il note les préférences de tout le monde. Utilisez le verbe indiqué et un article indéfini.

> **MODÈLE**
>
> Oncle Lucien aime bien le café. (prendre) *Il prend un café.*

1. Marie-Hélène et papa adorent le thé. (prendre)
2. Tu adores le chocolat chaud. (boire)
3. Vous aimez bien le jus de pomme. (prendre)
4. Mes nièces aiment la limonade. (boire)
5. Tu aimes les boissons gazeuses. (prendre)
6. Vous adorez le café. (boire)

Communication

4 **Échanges** Posez les questions à un(e) partenaire.

1. Qu'est-ce que tu bois quand tu as très soif?
2. Qu'est-ce que tu apprends au lycée?
3. Quelles langues est-ce que tes parents comprennent?
4. Est-ce que tu bois beaucoup de café? Pourquoi?
5. Qu'est-ce que tu prends à manger à midi?
6. Quelle langue est-ce que ton/ta meilleur(e) ami(e) apprend?
7. Où est-ce que tu prends tes repas (*meals*)?
8. Qu'est-ce que tu bois le matin? À midi? Le soir?

5 **Je bois, je prends** Votre professeur va vous donner une feuille d'activités. Circulez dans la classe pour demander à vos camarades s'ils prennent rarement, une fois (*once*) par semaine ou tous les jours la boisson ou le plat (*dish*) indiqués. Écrivez (*Write*) les noms sur la feuille, puis présentez vos réponses à la classe.

MODÈLE

Élève 1: *Est-ce que tu bois du café?*
Élève 2: *Oui, je bois du café une fois par semaine. Et toi?*

Boisson ou plat	rarement	une fois par semaine	tous les jours
1. café		Didier	
2. fromage			
3. thé			
4. soupe			
5. chocolat chaud			
6. jambon			

6 **Après les cours** Des amis se retrouvent au café. Par groupes de quatre, jouez (*play*) les rôles d'un(e) serveur/serveuse et de trois clients. Utilisez les mots de la liste et présentez la scène à la classe.

addition	chocolat chaud	frites
avoir faim	coûter	prix
avoir soif	croissant	sandwich
boisson	eau minérale	soupe
éclair	jambon	limonade

4B.2

Regular -ir verbs vhlcentral

Point de départ In **Leçon 2A**, you learned the forms of **-er** verbs in the present tense. Now you will learn the forms for verbs that end in **-ir**. They follow a different pattern.

finir	
je finis	nous finissons
tu finis	vous finissez
il/elle/on finit	ils/elles finissent

Je **finis** mes devoirs.
I'm finishing my homework.

Alain et Chloé **finissent** leurs sandwichs.
Alain and Chloé are finishing their sandwiches.

- Here are some other verbs that follow the same pattern as **finir**.

Other regular -ir verbs			
choisir	to choose	réfléchir (à)	to think (about), to reflect (on)
grandir	to grow		
grossir	to gain weight	réussir (à)	to succeed (in doing something)
maigrir	to lose weight		
obéir (à)	to obey	rougir	to blush
réagir	to react	vieillir	to grow old

Je **choisis** un chocolat chaud.
I choose a hot chocolate.

Vous **réfléchissez** à ma question?
Are you thinking about my question?

Une minute... je réfléchis.

Je choisis un sandwich.

Boîte à outils

Use the constructions **finir de** + [*infinitive*] and **choisir de** + [*infinitive*] to mean *to finish doing* and *to choose to do something*.

Je finis de manger.
I'm finishing eating.

Nous choisissons de rester ici.
We choose to stay here.

À noter

In **Leçon 2A**, you learned the phrase **être reçu(e) à un examen**. You can also use the phrase **réussir un examen** to mean *to pass a test or exam*.

- Like for **–er** verbs, use present tense verb forms to give commands. However, do not drop the **–s** in the **tu** form.

Réagis vite!
React quickly!

Obéissez.
Obey.

Réfléchissons bien.
Let's think well.

Ne **rougis** pas.
Don't blush.

Essayez! **Complétez les phrases.**

1. Quand on ne mange pas beaucoup, on ___maigrit___ (maigrir).
2. Il _____ (réussir) son examen.
3. Vous _____ (finir) vos devoirs?
4. Lundi prochain nous _____ (finir) le livre.
5. Les enfants _____ (grandir) très vite (*fast*).
6. Vous _____ (choisir) le fromage?
7. Ils n' _____ (obéir) pas à leur parents.
8. Je _____ (réfléchir) beaucoup à ce problème.

Café du Marché

Formule petit-déjeuner simple | 7,50€

boisson chaude + croissant +
jus de fruits (au choix°) ou
boisson chaude + mini-baguette avec
du beurre + jus de fruits (au choix)

✿✿✿

Formule petit-déjeuner complet | 9,50€

boisson chaude +
croissant jambon-fromage +
jus de fruits (au choix)

Boissons

Café .... 2,50€
Café déca .... 3,00€
Café crème .... 4,50€
Chocolat chaud ..... 5,00€
Thé .... 4,50€

Eau minérale .... 3,50€
Jus de fruits .... 4,80€
Limonade .... 4,80€

au choix *your choice of*

Répondez Avec un(e) partenaire, discutez de la carte et de ces (*these*) situations. Utilisez des verbes en **-ir**.

1. Je prends quatre croissants.

2. J'ai très faim.

3. Je ne mange pas beaucoup.

4. Je ne commande pas encore.

5. J'ai très soif.

Mise en pratique

1 **On fait quoi?** Choisissez la forme correcte du verbe en **-ir**.

1. Nous (finissons / grandissons) nos devoirs avant le dîner.
2. Ursula (choisis / choisit) un croissant.
3. Eva et Léo (rougissent / réussissent) à faire un gâteau.
4. Omar (réfléchit / réfléchis) à ses problèmes.
5. Nous essayons de ne pas (grandir / grossir).
6. Tu manges une salade parce que tu essaies de (vieillir / maigrir)?

2 **Au restaurant** Complétez le dialogue avec la forme correcte du verbe entre parenthèses.

SERVEUR Vous désirez?

MARC Nous (1) _____ (réfléchir) encore.

FANNY Je pense savoir ce que je veux (*know what I want*).

SERVEUR Que (2) _____ (choisir)-vous, Mademoiselle?

FANNY Je (3) _____ (choisir) un hamburger avec des frites. Et toi?

MARC Euh... je (4) _____ (réfléchir). La soupe ou la salade, je pense... Oui, je prends la salade.

SERVEUR Très bien. Je vous apporte ça tout de suite (*right away*).

FANNY Tu n'as pas très faim?

MARC Non, pas trop. Et je suis au régime (*on a diet*). J'ai besoin de (5) _____ (maigrir) un peu.

FANNY Tu (6) _____ (réussir) déjà. Ton jean est trop grand. Tu n'as pas envie de partager mon éclair?

MARC Mais non! Je vais (7) _____ (grossir)!

FANNY Alors, je (8) _____ (finir) l'éclair.

3 **Complétez** Complétez les phrases avec la forme correcte des verbes de la liste. N'utilisez les verbes qu'une seule fois.

choisir	maigrir
finir	obéir
grandir	rougir
grossir	vieillir

1. Nous _____ l'endroit où nous allons déjeuner.
2. Corinne _____ quand elle a honte.
3. Mes frères cadets _____ encore. Ils sont déjà (*already*) très grands!
4. Vous ne mangez pas assez et vous _____.
5. Nous _____ aux profs.
6. Sylvie _____ ses études cette année.
7. Mes grands-parents _____.
8. Quand on mange beaucoup de chocolat, on _____.

Communication

4 **Ça, c'est moi!** Avec un(e) partenaire, complétez les phrases suivantes pour parler de vous-même.

1. Je ne finis jamais (de)...
2. Je grossis quand...
3. Je maigris quand...
4. Au restaurant, je choisis souvent...
5. Je réfléchis quelquefois (*sometimes*) à...
6. Je réussis toujours (à)...

5 **Assemblez** Avec un(e) partenaire, assemblez les éléments des trois colonnes pour créer des phrases.

A	B	C
je	choisir	aujourd'hui
tu	finir	beaucoup
le prof	grandir	cette (this)
mon frère	grossir	année
mes parents	maigrir	cours
ma sœur	réfléchir	devoirs
mon/ma petit(e)	réussir	diplôme
ami(e)	rougir	encore
mes camarades	vieillir	problème
de classe		vite
?		?

6 **Votre vie au lycée** Posez ces questions à un(e) partenaire puis présentez vos réponses à la classe.

1. Pendant ce semestre, dans quel cours réussis-tu le mieux (*best*)?
2. Comment est-ce que tu choisis un/une ami(e)?
3. En général, est-ce que tu réussis aux examens de français? Comment trouves-tu les examens?
4. Est-ce que tu maigris ou grossis au lycée? Pourquoi?
5. À quelle heure est-ce que tes cours finissent le vendredi? Que fais-tu (*do you do*) après les cours?
6. Comment tes parents réagissent-ils quand tu réussis tes examens?
7. Quand fais-tu tes devoirs? À quelle heure finis-tu tes devoirs?

7 **Qui...?** Posez (*Ask*) des questions pour trouver une personne dans la classe qui fait ces (*does these*) choses.

MODÈLE

Élève 1: *Est-ce que tu rougis facilement?*
Élève 2: *Non, je ne rougis pas facilement.*

1. rougir facilement (*easily*)
2. réagir vite
3. obéir à ses parents
4. finir toujours ses devoirs
5. choisir bien sa nourriture (*food*)

Révision

1 **Ils aiment apprendre** À tour de rôle, demandez à votre partenaire pourquoi il/elle apprend les activités suivantes. Donnez à votre partenaire une réponse logique à ses questions.

> **MODÈLE**
> **Élève 1:** *Pourquoi est-ce que tu apprends à travailler sur l'ordinateur?*
> **Élève 2:** *J'apprends parce que j'aime les ordinateurs.*

1.

4.

2.

5.

3.

6.

2 **Quelle boisson?** À tour de rôle, interviewez deux personnes pour découvrir ce qu' (*to find out what*) elles boivent dans les occasions suivantes. Utilisez des articles partitifs dans vos réponses.

1. au café
2. au cinéma
3. en classe
4. le dimanche matin
5. le matin très tôt
6. quand il/elle passe des examens
7. quand il/elle a très soif
8. quand il/elle étudie toute la nuit

3 **Notre café** Vous et votre partenaire allez créer une carte pour un café français. Choisissez le nom du café et huit boissons. Pour chaque (*each*) boisson, inventez deux prix, un pour le comptoir (*bar*) et un pour la terrasse. Comparez votre café au café d'un autre groupe.

4 **La terrasse du café** Avec un(e) partenaire, trouvez au minimum quatre différences entre les deux dessins. Ensuite, écrivez (*write*) un paragraphe sur ces trois personnages en utilisant (*by using*) des verbes en **–ir**.

> **MODÈLE**
> **Élève 1:** *Mylène prend une limonade.*
> **Élève 2:** *Mylène prend de la soupe.*

Patrick   Mylène   Djamel

5 **Dialogue** Avec un(e) partenaire, créez un dialogue avec les éléments de la liste.

choisir	du chocolat
grossir	de l'eau minérale
maigrir	un sandwich au jambon
réagir	des frites
réfléchir (à)	de la soupe
réussir (à)	du jus de pomme

6 **La famille Arnal au café** Votre professeur va vous donner, à vous et à votre partenaire, des photos de la famille Arnal. Posez-vous des questions pour savoir qui prend quoi. Attention! Ne regardez pas la feuille de votre partenaire.

> **MODÈLE**
> **Élève 1:** *Qui prend un sandwich?*
> **Élève 2:** *La grand-mère prend un sandwich.*

À l'écoute vhlcentral

vhlcentral

STRATÉGIE

Listening for the gist

Listening for the general idea, or gist, can help you follow what someone is saying even if you can't hear or understand some of the words. When you listen for the gist, you try to capture the essence of what you hear without focusing on individual words.

🔊 To help you practice this strategy, you will listen to three sentences. Jot down a brief summary of what you hear.

Préparation

Regardez la photo. Combien de personnes y a-t-il? Où sont Charles et Gina? Qu'est-ce qu'ils vont manger? Boire? Quelle heure est-il? Qu'est-ce qu'ils vont faire (*to do*) cet après-midi?

🔊 À vous d'écouter

Écoutez la conversation entre Charles, Gina et leur serveur. Écoutez une deuxième fois (*a second time*) et indiquez quelles activités ils vont faire.

_____ 1. acheter un livre

_____ 2. aller à la librairie

_____ 3. aller à l'église

_____ 4. aller chez des grands-parents

_____ 5. boire un coca

_____ 6. aller au cinéma

_____ 7. dépenser de l'argent

_____ 8. étudier

_____ 9. manger au restaurant

_____ 10. manger un sandwich

Compréhension

Un résumé Complétez ce résumé (*summary*) de la conversation entre Charles et Gina avec des mots et expressions de la liste.

aller au cinéma	un croissant
aller au gymnase	une eau minérale
aller au musée	faim
avec son frère	un jus d'orange
café	manger au restaurant
chez ses grands-parents	du pain
des copains	soif

Charles et Gina sont au (1) _____. Charles va boire (2) _____. Gina n'a pas très (3) _____. Elle va manger (4) _____. Cet après-midi, Charles va (5) _____. Ce soir, il va (6) _____ avec (7) _____. Cet après-midi, Gina va peut-être (8) _____. Ce soir, elle va manger (9) _____. À neuf heures et demie, elle va (10) _____ avec Charles.

 Et vous? Avec un(e) camarade, discutez de vos projets (*plans*) pour ce week-end. Où est-ce que vous allez aller? Qu'est-ce que vous allez faire (*to do*)?

Panorama

vhlcentral

Le Québec

La province en chiffres

- **Superficie:** 1.667.441 km²
- **Population:** 8.263.600
  SOURCE: Statistique Canada
- **Industries principales:** *agriculture, exploitation forestière°, hydroélectricité, industrie du bois (papier), minerai° (fer°, cuivre°, or°)*
- **Villes principales:** *Montréal, Québec, Trois-Rivières*
- **Langues:** *anglais, français*

Le français parlé par les Québécois a une histoire très intéressante. La population française qui s'installe° au Québec en 1608 est composée en majorité de Français du nord-ouest de la France. Ils parlent tous leur langue régionale, comme le normand ou le breton. Beaucoup d'entre eux parlent aussi le français de la cour du roi°, langue qui devient la langue commune de tous les Québécois. Assez isolés du reste du monde francophone et ardents défenseurs de leur langue, les Québécois continuent à parler un français considéré plus pur même° que celui° des Français.

- **Monnaie:** *le dollar canadien*

Québécois célèbres

- **Justin Trudeau,** *premier ministre du Canada (1971–)*
- **Céline Dion,** *chanteuse (1968–)*
- **Guy Laliberté,** *fondateur du Cirque du Soleil (1959–)*
- **Leonard Cohen,** *poète, romancier, chanteur (1934–2016)*
- **Julie Payette,** *astronaute (1963–)*
- **Georges St-Pierre,** *pratiquant d'arts martiaux mixtes (1981–)*

exploitation forestière *forestry* **minerai** *ore* **fer** *iron* **cuivre** *copper* **or** *gold* **s'installe** *settles* **cour du roi** *king's court* **même** *even* **celui** *that* **traîneau à chiens** *dogsled* **loger** *house* **Bonhomme** *Snowman (mascot of the carnival)* **longueur** *long* **hauteur** *high* **largeur** *wide*

un traîneau à chiens°

Région francophone

Kangiqsujuaq

Inukjuak

LA BAIE D'HUDSON

LA MER DU LABRADOR

LE QUÉBEC

TERRE-NEUVE-ET-LABRADOR

LE CANADA

Chisasibi

Labrador City

La Tabatière

la ville de Trois-Rivières

le Saint-Laurent

L'ÎLE-DU-PRINCE-ÉDOUARD

Québec

LE NOUVEAU-BRUNSWICK

Trois-Rivières

L'ONTARIO
Ottawa
Montréal

LA NOUVELLE-ÉCOSSE

Toronto
le lac Ontario

LES ÉTATS-UNIS

0 ___ 200 miles
0 ___ 200 kilomètres

le Stade olympique, Montréal

L'OCÉAN ATLANTIQUE

Incroyable mais vrai!

Chaque année, pour le carnaval d'hiver de la ville de Québec, 15 personnes travaillent pendant deux mois à la construction d'un immense palais de glace pour loger° le Bonhomme° Carnaval. L'architecture et la taille du palais changent chaque année, mais il mesure parfois jusqu'à 50 mètres de longueur°, 20 m de hauteur° et 20 m de largeur°.

La société

Un Québec indépendant

Pour des raisons politiques, économiques et culturelles, un grand nombre de Québécois, surtout les francophones, luttent°, depuis les années soixante, pour un Québec indépendant du Canada. Ils forment le mouvement souverainiste° et font des efforts pour conserver l'identité culturelle québécoise. Ces Canadiens francophones ont pris° le nom de Québécois pour montrer leur «nationalisme». Les séparatistes ont perdu° deux référendums en 1980 et en 1995, mais aujourd'hui, l'indépendance est une idée toujours d'actualité°.

Les destinations

Montréal

Montréal, deuxième ville francophone du monde après Paris, est située sur une île du fleuve° Saint-Laurent et présente une ambiance américano-européenne. Elle a été fondée° en 1642 et a l'énergie d'un centre urbain moderne et le charme d'une vieille ville de style européen. Ville cosmopolite et largement bilingue de 1,8 million d'habitants, elle attire° beaucoup de touristes et accueille° de nombreux étudiants dans ses quatre universités. La majorité des Montréalais, 65,7%, est de langue maternelle française; 12,5% parlent l'anglais et 21,8% une autre langue. Pourtant°, 51,9% de la population montréalaise peuvent communiquer en français et en anglais.

La musique

Le festival de jazz de Montréal

Le Festival International de Jazz de Montréal est parmi° les plus prestigieux du monde. Avec 1.000 concerts, dont° plus de 600 donnés gratuitement en plein air°, le festival attire 3.000 artistes de 30 pays, et plus de 2 millions de spectateurs. Le centre-ville, fermé à la circulation, se transforme en un village musical. De grands noms internationaux comme Miles Davis, Ella Fitzgerald, Dizzy Gillespie ou Pat Metheny sont venus au festival, ainsi que° des jazzmen locaux.

L'histoire

La ville de Québec

Capitale de la province de Québec, la ville de Québec est la seule° ville d'Amérique au nord du Mexique qui a conservé ses fortifications. Fondée par l'explorateur français Samuel de Champlain en 1608, Québec est située sur un rocher°, au bord du fleuve Saint-Laurent. Elle est connue° en particulier pour sa vieille ville, son carnaval d'hiver et le château Frontenac. Les plaines d'Abraham, où les Britanniques ont vaincu° les Français en 1759 pour prendre le contrôle du Canada, servent aujourd'hui de vaste parc public. De nombreux étudiants de l'Université Laval profitent° du charme de cette ville francophone.

Qu'est-ce que vous avez appris? Répondez aux questions.

1. Quelle langue devient (*becomes*) la langue commune des Québecois?
2. Quel est le nom d'une chanteuse québecoise célèbre?
3. Pour quel évènement est-ce qu'on construit (*build*) un palais de glace à la ville de Québec?
4. Le palais est-il identique chaque année?
5. Que désire le mouvement souverainiste pour le Québec?
6. Quelles sont les deux langues principales parlées à Montréal?
7. En quoi se transforme le centre-ville de Montréal pour le festival de jazz?
8. Qui chantent ou jouent du jazz au festival?
9. Au bord de quel fleuve (*river*) se trouvent Montréal et la ville de Québec?
10. Qui est le fondateur de la ville de Québec?

Sur Internet

1. Quelles sont quelques-unes des expressions qui sont particulières au français des Québécois?
2. Quels sont les autres grands festivals du Québec? Quand ont-ils lieu?
3. Cherchez plus d'informations sur le carnaval d'hiver de Québec. Le palais de glace a-t-il toujours été fait (*been made*) de glace?

luttent *fight* souverainiste *in support of sovereignty for Quebec* ont pris *took* ont perdu *lost* d'actualité *current, relevant* fleuve *river* fondée *founded* attire *attracts* accueille *welcomes* Pourtant *However* parmi *among* dont *of which* en plein air *outside* ainsi que *as well as* seule *only* rocher *rock* connue *known* ont vaincu *defeated* profitent *take advantage of, benefit from*

Savoir-faire

Lecture vhlcentral

Avant la lecture

STRATÉGIE

Scanning

Scanning involves glancing over a document in search of specific information. For example, you can scan a document to identify its format, to find cognates, to locate visual clues about the document's content, or to find specific facts. Scanning allows you to learn a great deal about a text without having to read it word-for-word.

Examinez le texte

Regardez le texte et indiquez huit mots apparentés (*cognates*) que vous trouvez.

1. _____ 5. _____
2. _____ 6. _____
3. _____ 7. _____
4. _____ 8. _____

Trouvez

Regardez le document. Indiquez si les informations suivantes sont présentes dans le texte.

_____ 1. une adresse
_____ 2. le nombre de tables
_____ 3. un plat du jour (*daily special*)
_____ 4. de l'accès Internet
_____ 5. les noms des propriétaires
_____ 6. des prix réduits (*reduced*) pour les jeunes
_____ 7. de la musique *live*
_____ 8. les heures d'ouverture (*business hours*)
_____ 9. un numéro de téléphone
_____ 10. une librairie à l'intérieur

Décrivez

Regardez les photos. Écrivez un paragraphe pour décrire (*describe*) le café. Comparez votre paragraphe avec le paragraphe d'un(e) camarade.

Café Le connecté

- **Ouvert° du lundi au samedi, de 7h00 à 20h00**
- **Snack et restauration rapide**
- **Wi-Fi haut débit° et sécurisé**

Café Le connecté

MENU

PETIT-DÉJEUNER° FRANÇAIS — 12,00€
Café, thé, chocolat chaud ou lait
Pain, beurre et confiture°
Orange pressée

VIENNOISERIES° — 3,00€
Croissant, pain au chocolat, brioche°, pain aux raisins

SANDWICHS ET SALADES
Sandwich (jambon ou fromage; baguette ou pain de campagne) — 7,50€
Croque-monsieur° — 8,80€
Salade verte° — 6,20€

BOISSONS CHAUDES
Café/Déca — 3,80€
Grand crème — 5,50€
Chocolat chaud — 5,80€
Thé — 5,50€
Lait chaud — 4,80€

Propriétaires: Bernard et Marie-Claude Fouchier

PETIT-DÉJEUNER ANGLAIS — 15,00€
Café, thé, chocolat chaud ou lait
Œufs° (au plat° ou brouillés°), bacon, toasts
Orange pressée

DESSERTS
Tarte aux fruits — 7,50€
Banana split — 8,40€

AUTRES SÉLECTIONS CHAUDES
Frites — 4,30€
Soupe à l'oignon — 8,00€
Omelette au fromage — 8,50€
Omelette au jambon — 8,50€

BOISSONS FROIDES
Eau minérale non gazeuse — 3,00€
Eau minérale gazeuse — 3,50€
Jus de fruits (orange...) — 5,80€
Soda, limonade — 5,50€
Café, thé glacé° — 5,20€

cent soixante-douze — 172

Après la lecture

Répondez Répondez aux questions par des phrases complètes.

1. Quand est-ce qu'on peut (*can*) aller au café?
   _____

2. Qui adore ce café?
   _____

3. Combien coûte l'accès Internet?
   _____

4. Comment est la connection wi-fi?
   _____

5. Quelles sont les deux boissons gazeuses? Combien coûtent-elles?
   _____

6. Combien de desserts sont proposés?
   _____

Choisissez Indiquez qui va prendre quoi. Écrivez des phrases complètes.

MODÈLE

Julie a soif. Elle n'aime pas les boissons gazeuses. Elle a 6 euros.
Julie va prendre un jus d'orange.

1. Lise a froid. Elle a besoin d'une boisson chaude. Elle a 4 euros et 90 centimes.
   _____

2. Nathan a faim et soif. Il a 15 euros.
   _____

3. Julien va prendre un plat chaud. Il a 8 euros et 80 centimes.
   _____

4. Lola a chaud et a très soif. Elle a 5 euros et 75 centimes.
   _____

5. Marina va prendre une boisson gazeuse. Elle a 4 euros et 20 centimes.
   _____

6. Ève va prendre un dessert. Elle n'aime pas les bananes. Elle a 8 euros.
   _____

L'invitation Avec un(e) camarade, jouez (*play*) cette scène: vous invitez un ami à déjeuner au café Le connecté. Parlez de ce que vous allez manger et boire. Puis (*Then*), discutez de vos activités de l'après-midi et du soir.

- **Le connecté, le café préféré des étudiants**

- **Wi–Fi gratuit° avec consommation ou 3€ de l'heure en connection**

24, place des Terreaux
69001 LYON
Tél. 04.72.45.87.90
www.leconnecte.fr

Place des Terreaux

Rue d'Algérie

Rue Paul Chenavard

Musée des Beaux-Arts de Lyon

Rue de Constantine

Situé en face du musée des Beaux-Arts

Ouvert *Open* **haut débit** *high speed* **Petit-déjeuner** *Breakfast* **confiture** *jam*
Viennoiseries *Breakfast pastries* **brioche** *a light, slightly-sweet bread*
Croque-monsieur *Grilled sandwich with cheese and ham* **verte** *green*
Œufs *Eggs* **au plat** *fried* **brouillés** *scrambled* **glacé** *iced* **gratuit** *free*

Écriture

Adding details

How can you make your writing more informative or more interesting? You can add details by answering the "W" questions: Who? What? When? Where? Why? The answers to these questions will provide useful and interesting details that can be incorporated into your writing. You can use the same strategy when writing in French. Here are some useful question words that you have already learned:

(À/Avec) Qui?	À quelle heure?
Quoi?	Où?
Quand?	Pourquoi?

Compare these two sentences.

Je vais aller nager.

Aujourd'hui, à quatre heures, je vais aller nager à la piscine du parc avec mon ami Paul, parce que nous avons chaud.

While both sentences give the same basic information (the writer is going to go swimming), the second, with its detail, is much more informative.

Thème

Un petit mot

Avant l'écriture

1. Vous passez un an en France et vous vivez (*are living*) dans une famille d'accueil (*host family*). C'est samedi, et vous allez passer la journée en ville avec des amis. Écrivez un petit mot (*note*) pour informer votre famille de vos projets (*plans*) pour la journée.

2. Choisissez cinq activités que vous allez faire (*to do*) avec vos amis aujourd'hui.

> Activité 1:
>
> Activité 2:
>
> Activité 3:
>
> Activité 4:
>
> Activité 5:

3. Complétez ce tableau pour organiser vos idées. Répondez à toutes les questions.

	Activité 1	Activité 2	Activité 3	Activité 4	Activité 5
Qui?					
Quoi?					
Quand?					
Où?					
Comment?					
Pourquoi?					

4. Comparez votre tableau à celui (*to the one*) d'un(e) partenaire. Avez-vous tous les deux cinq activités? Avez-vous des informations dans toutes les colonnes? Avez-vous répondu à toutes les questions?

Écriture

Écrivez la note à votre famille d'accueil. Référez-vous au tableau que vous avez complété et incluez toutes les informations. Utilisez les verbes **aller**, **boire** et **prendre**, et le vocabulaire de l'unité. Organisez vos idées de manière logique.

Chère famille,
Aujourd'hui, je vais visiter
la ville avec Xavier et
Laurent, deux élèves belges
du lycée…

Après l'écriture

1. Échangez votre tableau et votre note avec ceux (*the ones*) d'un(e) partenaire. Faites des commentaires sur son travail (*work*) d'après (*according to*) ces questions:

- Votre partenaire a-t-il/elle inclus dans la note toutes les informations du tableau?

- A-t-il/elle correctement (*correctly*) utilisé le vocabulaire de l'unité?

- A-t-il/elle utilisé la forme correcte des verbes **aller**, **boire** et **prendre**?

- A-t-il/elle présenté ses informations de manière logique?

2. Corrigez (*Correct*) votre note d'après les commentaires de votre partenaire. Relisez votre travail pour éliminer ces problèmes:

- des fautes (*errors*) d'orthographe

- des fautes de ponctuation

- des fautes de conjugaison

- des fautes d'accord (*agreement*) des adjectifs

Leçon 4A

Dans la ville

un bureau	office; desk
un centre commercial	shopping center, mall
un cinéma (ciné)	movie theater, movies
une église	church
une épicerie	grocery store
un grand magasin	department store
un gymnase	gym
un hôpital	hospital
un kiosque	kiosk
un magasin	store
une maison	house
un marché	market
un musée	museum
un parc	park
une piscine	pool
une place	square; place
un restaurant	restaurant
une terrasse de café	café terrace
une banlieue	suburbs
un centre-ville	city/town center, downtown
un endroit	place
un lieu	place
une montagne	mountain
une ville	city, town

Activités

bavarder	to chat
danser	to dance
déjeuner	to eat lunch
dépenser de l'argent (m.)	to spend money
explorer	to explore
fréquenter	to frequent; to visit
inviter	to invite
nager	to swim
passer chez quelqu'un	to stop by someone's house
patiner	to skate
quitter la maison	to leave the house

Expressions utiles

See p. 139.

Verbes

aller	to go
commencer à + [infinitive]	to start (doing something)
parler à	to talk to
penser à	to think about
téléphoner à	to phone (someone)

Prepositions

à [+ definite article]	to, in, at
dans	inside; within
à la maison	at home
à Paris	in Paris
en ville	in town
sur la place	in the square
dans la maison	inside the house
dans Paris	within Paris
dans la ville	within the town
à/sur la terrasse	on the terrace

Les questions

à quelle heure?	at what time?
à qui?	to whom?
avec qui?	with whom?
combien (de)?	how many?; how much?
comment?	how?; what?
où?	where?
parce que	because
pour qui?	for whom?
pourquoi?	why?
quand?	when?
quel(le)(s)?	which?; what?
que/qu'...?	what?
qui?	who?; whom?
quoi?	what?

Leçon 4B

À table

avoir faim	to be hungry
avoir soif	to be thirsty
manger quelque chose	to eat something
une baguette	baguette (long, thin loaf of bread)
le beurre	butter
un croissant	croissant (flaky, crescent-shaped roll)
un éclair	éclair (pastry filled with cream)
des frites (f.)	French fries
un fromage	cheese
le jambon	ham
un pain (de campagne)	(country-style) bread
un sandwich	sandwich
une soupe	soup
le sucre	sugar
une boisson (gazeuse)	(soft/carbonated) drink/beverage
un café	coffee
un chocolat (chaud)	(hot) chocolate
une eau (minérale)	(mineral) water
un jus (d'orange, de pomme, etc.)	(orange, apple, etc.) juice
le lait	milk
une limonade	lemon soda
un thé (glacé)	(iced) tea

Expressions de quantité

(pas) assez (de)	(not) enough (of)
beaucoup (de)	a lot (of)
d'autres	others
une bouteille (de)	bottle (of)
un morceau (de)	piece, bit (of)
un peu (plus/ moins) (de)	little (more/less) (of)
plusieurs	several
quelque chose	something; anything
quelques	some
une tasse (de)	cup (of)
tous (m. pl.)	all
tout (m. sing.)	all
tout (tous) le/ les (m.)	all the
toute(s) la/les (f.)	all the
trop (de)	too many/much (of)
un verre (de)	glass (of)

Au café

apporter l'addition (f.)	to bring the check/ bill
coûter	to cost
laisser un pourboire	to leave a tip
Combien coûte(nt)...?	How much is/are...?
un prix	price
un serveur/une serveuse	server

Expressions utiles

See p. 157.

Verbes

apprendre	to learn
boire	to drink
choisir	to choose
comprendre	to understand
finir	to finish
grandir	to grow
grossir	to gain weight
maigrir	to lose weight
obéir	to obey
prendre	to take; to have
réagir	to react
réfléchir (à)	to think (about), to reflect (on)
réussir (à)	to succeed (in doing something)
rougir	to blush
veillir	to grow old

Appendices

The *impératif*

Point de départ The **impératif** is the form of a verb that is used to give commands or to offer directions, hints, and suggestions. With command forms, you do not use subject pronouns.

- Form the **tu** command of -er verbs by dropping the -s from the present tense form. Note that **aller** also follows this pattern.

Réserve deux chambres.	**Ne travaille pas.**	**Va** au marché.
Reserve two rooms.	*Don't work.*	*Go to the market.*

- The **nous** and **vous** command forms of -er verbs are the same as the present tense forms.

Nettoyez votre chambre.	**Mangeons** au restaurant ce soir.
Clean your room.	*Let's eat at the restaurant tonight.*

- For -ir verbs, -re verbs, and most irregular verbs, the command forms are identical to the present tense forms.

Finis la salade.	**Attendez** dix minutes.	**Faisons** du yoga.
Finish the salad.	*Wait ten minutes.*	*Let's do some yoga.*

The *impératif* of *avoir* and *être*

	avoir	être
(tu)	aie	sois
(nous)	ayons	soyons
(vous)	ayez	soyez

- The forms of **avoir** and **être** in the **impératif** are irregular.

Aie confiance.	Ne **soyons** pas en retard.
Have confidence.	*Let's not be late.*

- An object pronoun can be added to the end of an affirmative command. Use a hyphen to separate them. Use **moi** and **toi** for the first- and second-person object pronouns.

Permettez-moi de vous aider.	Achète le dictionnaire et **utilise-le**.
Allow me to help you.	*Buy the dictionary and use it.*

- In negative commands, place object pronouns between **ne** and the verb. Use **me** and **te** for the first- and second-person object pronouns.

Ne **me montre** pas les réponses, **s'il te plaît.**	Cette photo est fragile. Ne **la touchez** pas.
Please don't show me the answers.	*That picture is fragile. Don't touch it.*

Glossary of Grammatical Terms

ADJECTIVE A word that modifies, or describes, a noun or pronoun.

des livres **amusants**	une **jolie** fleur
*some **funny** books*	*a **pretty** flower*

Demonstrative adjective An adjective that specifies which noun a speaker is referring to.

cette chemise	**ce** placard
this shirt	*this closet*
cet hôtel	**ces** boîtes
this hotel	*these boxes.*

Possessive adjective An adjective that indicates ownership or possession.

ma belle montre	C'est **son** cousin.
my beautiful watch	*This is **his/her** cousin.*
tes crayons	Ce sont **leurs** tantes.
your pencils	*Those are **their** aunts.*

ADVERB A word that modifies, or describes, a verb, adjective, or other adverb.

Michael parle **couramment** français.
*Michael speaks French **fluently**.*

Elle lui parle **très** franchement.
*She speaks to him **very** honestly.*

ARTICLE A word that points out a noun in either a specific or a non-specific way.

Definite article An article that points out a noun in a specific way.

le marché	**la** valise
the market	*the suitcase*
les dictionnaires	**les** mots
the dictionaries	*the words*

Indefinite article An article that points out a noun in a general, non-specific way.

un vélo	**une** fille
a bike	*a girl*
des oiseaux	**des** affiches
some birds	*some posters*

CLAUSE A group of words that contains both a conjugated verb and a subject, either expressed or implied.

Main (or Independent) clause A clause that can stand alone as a complete sentence.

J'ai un manteau vert.
I have a green coat.

Glossary of Grammatical Terms

Subordinate (or Dependent) clause A clause that does not express a complete thought and therefore cannot stand alone as a sentence.

Je travaille dans un restaurant **parce que j'ai besoin d'argent**.
*I work in a restaurant **because I need money**.*

COMPARATIVE A construction used with an adjective or adverb to express a comparison between two people, places, or things.

Thomas est **plus petit** qu'Adrien.
*Thomas is **shorter than** Adrien.*

En Corse, il pleut **moins souvent qu'**en Alsace.
*In Corsica, it rains **less often than** in Alsace.*

Cette maison n'a pas **autant de fenêtres** que l'autre.
*This house does not have **as many windows as** the other one.*

CONJUGATION A set of the forms of a verb for a specific tense or mood, or the process by which these verb forms are presented.

Imparfait conjugation of **chanter**:
je chant**ais**	nous chant**ions**
tu chant**ais**	vous chant**iez**
il/elle chant**ait**	ils/elles chant**aient**

CONJUNCTION A word used to connect words, clauses, or phrases.

Suzanne **et** Pierre habitent en Suisse.
*Suzanne **and** Pierre live in Switzerland.*

Je ne dessine pas très bien, **mais** j'aime les cours de dessin.
*I don't draw very well, **but** I like art classes.*

CONTRACTION The joining of two words into one. In French, the contractions are **au**, **aux**, **du**, and **des**.

Ma sœur est allée **au** concert hier soir.
*My sister went **to a** concert last night.*

Il a parlé **aux** voisins cet après-midi.
*He talked **to the** neighbors this afternoon.*

Je retire de l'argent **du** distributeur automatique.
*I withdraw money **from the** ATM machine.*

Nous avons campé près **du** village.
*We camped **near the** village.*

DIRECT OBJECT A noun or pronoun that directly receives the action of the verb.

Thomas lit **un livre**.	Je **l'**ai vu hier.
*Thomas reads **a book**.*	*I saw **him** yesterday.*

GENDER The grammatical categorizing of certain kinds of words, such as nouns and pronouns, as masculine, feminine, or neuter.

Masculine
articles **le, un**
pronouns **il, lui, le, celui-ci, celui-là, lequel**
adjective **élégant**

Feminine
articles **la, une**
pronouns **elle, la, celle-ci, celle-là, laquelle**
adjective **élégante**

IMPERSONAL EXPRESSION A third-person expression with no expressed or specific subject.

Il pleut.	**C'est** très important.
It's raining.	*It's very important.*

INDIRECT OBJECT A noun or pronoun that receives the action of the verb indirectly; the object, often a living being, to or for whom an action is performed.

Éric donne un livre **à Linda**.
*Éric gave a book **to Linda**.*

Le professeur **m'**a donné une bonne note.
*The teacher gave **me** a good mark.*

INFINITIVE The basic form of a verb. Infinitives in French end in -**er**, -**ir**, -**oir**, or -**re**.

parler	**finir**	**savoir**	**prendre**
to speak	*to finish*	*to know*	*to take*

INTERROGATIVE An adjective or pronoun used to ask a question.

Qui parle?
***Who** is speaking?*

Combien de biscuits as-tu achetés?
***How many** cookies did you buy?*

Que penses-tu faire aujourd'hui?
***What** do you plan to do today?*

INVERSION Changing the word order of a sentence, often to form a question.

Statement: Elle a vendu sa voiture.

Inversion: A-t-elle vendu sa voiture?

MOOD A grammatical distinction of verbs that indicates whether the verb is intended to make a statement or command or to express a doubt, emotion, or condition contrary to fact.

Glossary of Grammatical Terms

Conditional mood Verb forms used to express what would be done or what would happen under certain circumstances, or to make a polite request, soften a demand, express what someone could or should do, or to state a contrary-to-fact situation.

Il irait se promener s'il avait le temps.
He would go for a walk if he had the time.

Pourrais-tu éteindre la lumière, s'il te plaît?
Would you turn off the light, please?

Je devrais lui parler gentiment.
I should talk to her nicely.

Imperative mood Verb forms used to make commands or suggestions.

Parle lentement.	**Venez** avec moi.
Speak slowly.	*Come with me.*

Indicative mood Verb forms used to state facts, actions, and states considered to be real.

Je sais qu'**il a** un chat.
I know that he has a cat.

Subjunctive mood Verb forms used principally in subordinate (dependent) clauses to express wishes, desires, emotions, doubts, and certain conditions, such as contrary-to-fact situations.

Il est important que **tu finisses** tes devoirs.
*It's important that **you finish** your homework.*

Je doute que **Louis ait** assez d'argent.
*I doubt that **Louis has** enough money.*

NOUN A word that identifies people, animals, places, things, and ideas.

homme	chat	Belgique
man	*cat*	*Belgium*
maison	livre	amitié
house	*book*	*friendship*

NUMBER A grammatical term that refers to singular or plural. Nouns in French and English have number. Other parts of a sentence, such as adjectives, articles, and verbs, can also have number.

Singular	Plural
une chose	**des** choses
a thing	*some things*
le professeur	**les** professeurs
the professor	*the professors*

NUMBERS Words that represent amounts.

Cardinal numbers Words that show specific amounts.

cinq minutes	l'année **deux mille six**
five minutes	*the year **2006***

Ordinal numbers Words that indicate the order of a noun in a series.

le **quatrième** joueur	la **dixième** fois
*the **fourth** player*	*the **tenth** time*

PAST PARTICIPLE A past form of the verb used in compound tenses. The past participle may also be used as an adjective, but it must then agree in number and gender with the word it modifies.

Ils ont beaucoup **marché**.
*They have **walked** a lot.*

Je n'ai pas **préparé** mon examen.
*I haven't **prepared** for my exam.*

Il y a une fenêtre **ouverte** dans le salon.
*There is an **open** window in the living room.*

PERSON The form of the verb or pronoun that indicates the speaker, the one spoken to, or the one spoken about. In French, as in English, there are three persons: first, second, and third.

Person	Singular		Plural	
1st	**je**	*I*	**nous**	*we*
2nd	**tu**	*you*	**vous**	*you*
3rd	**il/elle**	*he/she/it*	**ils/elles**	*they*
	on	*one*		

PREPOSITION A word or words that describe(s) the relationship, most often in time or space, between two other words.

Annie habite **loin de** Paris.
*Annie lives **far from** Paris.*

Le blouson est **dans** la voiture.
*The jacket is **in** the car.*

Martine s'est coiffée **avant de** sortir.
*Martine combed her hair **before** going out.*

PRONOUN A word that takes the place of a noun or nouns.

Demonstrative pronoun A pronoun that takes the place of a specific noun.

Je veux **celui-ci**.
*I want **this one**.*

*Marc préférait **ceux-là**.*
*Marc preferred **those**.*

Object pronoun A pronoun that functions as a direct or indirect object of the verb.

Elle **lui** donne un cadeau.   Frédéric **me l'**a apporté.
*She gives **him** a present.*   *Frédéric brought **it to me**.*

Reflexive pronoun A pronoun that indicates that the action of a verb is performed by the subject on itself. These pronouns are often expressed in English with -*self*: *myself, yourself,* etc.

Je **me lave** avant de sortir.
*I **wash (myself)** before going out.*

Marie **s'est couchée** à onze heures et demie.
*Marie **went to bed** at eleven-thirty.*

Relative pronoun A pronoun that connects a subordinate clause to a main clause.

Le garçon **qui** nous a écrit vient nous voir demain.
*The boy **who** wrote us is coming to visit tomorrow.*

Je sais **que** nous avons beaucoup de choses à faire.
*I know **that** we have a lot of things to do.*

Subject pronoun A pronoun that replaces the name or title of a person or thing, and acts as the subject of a verb.

Tu vas partir.   **Il** arrive demain.
***You** are going to leave.*   ***He** arrives tomorrow.*

SUBJECT A noun or pronoun that performs the action of a verb and is often implied by the verb.

Marine va au supermarché.
***Marine** goes to the supermarket.*

Ils travaillent beaucoup.
***They** work a lot.*

Ces livres sont très chers.
***Those books** are very expensive.*

SUPERLATIVE A word or construction used with an adjective, adverb or a noun to express the highest or lowest degree of a specific quality among three or more people, places, or things.

Le cours de français est **le plus intéressant**.
*The French class is **the most interesting**.*

Romain court **le moins rapidement**.
*Romain runs **the least fast**.*

C'est son jardin qui a **le plus d'arbres**.
*It is her garden that has **the most trees**.*

TENSE A set of verb forms that indicates the time of an action or state: past, present, or future

Compound tense A two-word tense made up of an auxiliary verb and a present or past participle. In French, there are two auxiliary verbs: **être** and **avoir**.

Le colis n'**est** pas encore **arrivé**.
*The package **has** not **arrived** yet.*

Elle **a réussi** son examen.
*She **has passed** her exam.*

Simple tense A tense expressed by a single verb form.

Timothée **jouait** au volley-ball pendant les vacances.
*Timothée **played** volleyball during his vacation.*

Joëlle **parlera** à sa mère demain.
*Joëlle **will speak** with her mom tomorrow.*

VERB A word that expresses actions or states-of-being.

Auxiliary verb A verb used with a present or past participle to form a compound tense. **Avoir** is the most commonly used auxiliary verb in French.

Ils **ont** vu les éléphants.
*They **have** seen the elephants.*

J'espère que tu **as** mangé.
*I hope you **have** eaten.*

Reflexive verb A verb that describes an action performed by the subject on itself and is always used with a reflexive pronoun.

Je **me suis acheté** une voiture neuve.
*I **bought myself** a new car.*

Pierre et Adeline **se lèvent** très tôt.
*Pierre and Adeline **get (themselves) up** very early.*

Spelling-change verb A verb that undergoes a predictable change in spelling in the various conjugations.

acheter	e → è	nous achetons	j'ach**è**te
espérer	é → è	nous espérons	j'esp**è**re
appeler	l → ll	nous appelons	j'appe**ll**e
envoyer	y → i	nous envoyons	j'envo**i**e
essayer	y → i	nous essayons	j'essa**i**e/ j'essa**y**e

Verb Conjugation Tables

Each verb in this list is followed by a model verb conjugated according to the same pattern. The number in parentheses indicates where in the verb tables you can find the conjugated forms of the model verb. Reminder: All reflexive (pronominal) verbs use **être** as their auxiliary verb in the **passé composé**. The infinitives of reflexive verbs begin with **se (s')**.

* = This verb, unlike its model, takes **être** in the **passé composé**.
† = This verb, unlike its model, takes **avoir** in the **passé composé**.

In the tables you will find the infinitive, past participles, and all the forms of each model verb you have learned.

abolir like finir (2)
aborder like parler (1)
abriter like parler (1)
accepter like parler (1)
accompagner like parler (1)
accueillir like ouvrir (31)
acheter (7)
adorer like parler (1)
afficher like parler (1)
aider like parler (1)
aimer like parler (1)
aller (13) **p.c.** with **être**
allumer like parler (1)
améliorer like parler (1)
amener like acheter (7)
animer like parler (1)
apercevoir like recevoir (36)
appeler (8)
applaudir like finir (2)
apporter like parler (1)
apprendre like prendre (35)
arrêter like parler (1)
arriver* like parler (1)
assister like parler (1)
attacher like parler (1)
attendre like vendre (3)
attirer like parler (1)
avoir (4)
balayer like essayer (10)
bavarder like parler (1)
boire (15)
bricoler like parler (1)
bronzer like parler (1)
célébrer like préférer (12)
chanter like parler (1)
chasser like parler (1)

chercher like parler (1)
choisir like finir (2)
classer like parler (1)
commander like parler (1)
commencer (9)
composer like parler (1)
comprendre like prendre (35)
compter like parler (1)
conduire (16)
connaître (17)
consacrer like parler (1)
considérer like préférer (12)
construire like conduire (16)
continuer like parler (1)
courir (18)
coûter like parler (1)
couvrir like ouvrir (31)
croire (19)
cuisiner like parler (1)
danser like parler (1)
débarrasser like parler (1)
décider like parler (1)
découvrir like ouvrir (31)
décrire like écrire (22)
décrocher like parler (1)
déjeuner like parler (1)
demander like parler (1)
démarrer like parler (1)
déménager like manger (11)
démissionner like parler (1)
dépasser like parler (1)
dépendre like vendre (3)
dépenser like parler (1)
déposer like parler (1)
descendre* like vendre (3)
désirer like parler (1)

dessiner like parler (1)
détester like parler (1)
détruire like conduire (16)
développer like parler (1)
devenir like venir (41)
devoir (20)
dîner like parler (1)
dire (21)
diriger like parler (1)
discuter like parler (1)
divorcer like commencer (9)
donner like parler (1)
dormir† like partir (32)
douter like parler (1)
durer like parler (1)
échapper like parler (1)
échouer like parler (1)
écouter like parler (1)
écrire (22)
effacer like commencer (9)
embaucher like parler (1)
emménager like manger (11)
emmener like acheter (7)
employer like essayer (10)
emprunter like parler (1)
enfermer like parler (1)
enlever like acheter (7)
enregistrer like parler (1)
enseigner like parler (1)
entendre like vendre (3)
entourer like parler (1)
entrer* like parler (1)
entretenir like tenir (40)
envahir like finir (2)
envoyer like essayer (10)
épouser like parler (1)

espérer like préférer (12)
essayer (10)
essuyer like essayer (10)
éteindre (24)
éternuer like parler (1)
étrangler like parler (1)
être (5)
étudier like parler (1)
éviter like parler (1)
exiger like manger (11)
expliquer like parler (1)
explorer like parler (1)
faire (25)
falloir (26)
fermer like parler (1)
fêter like parler (1)
finir (2)
fonctionner like parler (1)
fonder like parler (1)
freiner like parler (1)
fréquenter like parler (1)
fumer like parler (1)
gagner like parler (1)
garder like parler (1)
garer like parler (1)
gaspiller like parler (1)
enfler like parler (1)
goûter like parler (1)
graver like parler (1)
grossir like finir (2)
guérir like finir (2)
habiter like parler (1)
imprimer like parler (1)
indiquer like parler (1)
interdire like dire (21)
inviter like parler (1)

Verb Conjugation Tables

jeter like appeler (8)
jouer like parler (1)
laisser like parler (1)
laver like parler (1)
lire (27)
loger like manger (11)
louer like parler (1)
lutter like parler (1)
maigrir like finir (2)
maintenir like tenir (40)
manger (11)
marcher like parler (1)
mêler like préférer (12)
mener like parler (1)
mettre (28)
monter* like parler (1)
montrer like parler (1)
mourir (29); p.c. with être
nager like manger (11)
naître (30); p.c. with être
nettoyer like essayer (10)
noter like parler (1)
obtenir like tenir (40)
offrir like ouvrir (31)
organiser like parler (1)
oublier like parler (1)
ouvrir (31)
parler (1)
partager like manger (11)
partir (32); p.c. with être
passer like parler (1)
patienter like parler (1)
patiner like parler (1)
payer like essayer (10)
penser like parler (1)
perdre like vendre (3)
permettre like mettre (28)
pleuvoir (33)
plonger like manger (11)
polluer like parler (1)
porter like parler (1)
poser like parler (1)
posséder like préférer (12)
poster like parler (1)
pouvoir (34)
pratiquer like parler (1)
préférer (12)

prélever like parler (1)
prendre (35)
préparer like parler (1)
présenter like parler (1)
préserver like parler (1)
prêter like parler (1)
prévenir like tenir (40)
produire like conduire (16)
profiter like parler (1)
promettre like mettre (28)
proposer like parler (1)
protéger like préférer (12)
provenir like venir (41)
publier like parler (1)
quitter like parler (1)
raccrocher like parler (1)
ranger like manger (11)
réaliser like parler (1)
recevoir (36)
recommander like parler (1)
reconnaître like connaître (17)
recycler like parler (1)
réduire like conduire (16)
réfléchir like finir (2)
regarder like parler (1)
régner like préférer (12)
remplacer like parler (1)
remplir like finir (2)
rencontrer like parler (1)
rendre like vendre (3)
rentrer* like parler (1)
renvoyer like essayer (10)
réparer like parler (1)
repasser like parler (1)
répéter like préférer (12)
repeupler like parler (1)
répondre like vendre (3)
réserver like parler (1)
rester* like parler (1)
retenir like tenir (40)
retirer like parler (1)
retourner* like parler (1)
retrouver like parler (1)
réussir like finir (2)
revenir like venir (41)

revoir like voir (42)
rire (37)
rouler like parler (1)
salir like finir (2)
s'amuser like se laver (6)
s'asseoir (14)
sauvegarder like parler (1)
sauver like parler (1)
savoir (38)
se brosser like se laver (6)
se coiffer like se laver (6)
se composer like se laver (6)
se connecter like se laver (6)
se coucher like se laver (6)
se croiser like se laver (6)
se dépêcher like se laver (6)
se déplacer* like commencer (9)
se déshabiller like se laver (6)
se détendre* like vendre (3)
se disputer like se laver (6)
s'embrasser like se laver (6)
s'endormir like partir (32)
s'énerver like se laver (6)
s'ennuyer* like essayer (10)
s'excuser like se laver (6)
se fouler like se laver (6)
s'installer like se laver (6)
se laver (6)
se lever* like acheter (7)
se maquiller like se laver (6)
se marier like se laver (6)
se promener* like acheter (7)
se rappeler* like appeler (8)
se raser like se laver (6)
se rebeller like se laver (6)
se réconcilier like se laver (6)
se relever* like acheter (7)
se reposer like se laver (6)
se réveiller like se laver (6)

servir† like partir (32)
se sécher* like préférer (12)
se souvenir like venir (41)
se tromper like se laver (6)
s'habiller like se laver (6)
sentir† like partir (32)
signer like parler (1)
s'inquiéter* like préférer (12)
s'intéresser like se laver (6)
skier like parler (1)
s'occuper like se laver (6)
sonner like parler (1)
s'orienter like se laver (6)
sortir like partir (32)
sourire like rire (37)
souffrir like ouvrir (31)
souhaiter like parler (1)
subvenir† like venir (41)
suffire like lire (27)
suggérer like préférer (12)
suivre (39)
surfer like parler (1)
surprendre like prendre (35)
télécharger like parler (1)
téléphoner like parler (1)
tenir (40)
tomber* like parler (1)
tourner like parler (1)
tousser like parler (1)
traduire like conduire (16)
travailler like parler (1)
traverser like parler (1)
trouver like parler (1)
tuer like parler (1)
utiliser like parler (1)
valoir like falloir (26)
vendre (3)
venir (41); p.c. with être
vérifier like parler (1)
visiter like parler (1)
vivre like suivre (39)
voir (42)
vouloir (43)
voyager like manger (11)

Verb Conjugation Tables

Regular verbs

Infinitive / Past participle	Subject Pronouns	Present	Passé composé	Imperfect	Future	CONDITIONAL Present	SUBJUNCTIVE Present	IMPERATIVE
1 parler *(to speak)* parlé	je (j')	parle	ai parlé	parlais	parlerai	parlerais	parle	
	tu	parles	as parlé	parlais	parleras	parlerais	parles	parle
	il/elle/on	parle	a parlé	parlait	parlera	parlerait	parle	
	nous	parlons	avons parlé	parlions	parlerons	parlerions	parlions	parlons
	vous	parlez	avez parlé	parliez	parlerez	parleriez	parliez	parlez
	ils/elles	parlent	ont parlé	parlaient	parleront	parleraient	parlent	
2 finir *(to finish)* fini	je (j')	finis	ai fini	finissais	finirai	finirais	finisse	
	tu	finis	as fini	finissais	finiras	finirais	finisses	finis
	il/elle/on	finit	a fini	finissait	finira	finirait	finisse	
	nous	finissons	avons fini	finissions	finirons	finirions	finissions	finissons
	vous	finissez	avez fini	finissiez	finirez	finiriez	finissiez	finissez
	ils/elles	finissent	ont fini	finissaient	finiront	finiraient	finissent	
3 vendre *(to sell)* vendu	je (j')	vends	ai vendu	vendais	vendrai	vendrais	vende	
	tu	vends	as vendu	vendais	vendras	vendrais	vendes	vends
	il/elle/on	vend	a vendu	vendait	vendra	vendrait	vende	
	nous	vendons	avons vendu	vendions	vendrons	vendrions	vendions	vendons
	vous	vendez	avez vendu	vendiez	vendrez	vendriez	vendiez	vendez
	ils/elles	vendent	ont vendu	vendaient	vendront	vendraient	vendent	

Auxiliary verbs: *avoir* and *être*

Infinitive		INDICATIVE				CONDITIONAL	SUBJUNCTIVE	IMPERATIVE
Past participle	**Subject Pronouns**	**Present**	**Passé composé**	**Imperfect**	**Future**	**Present**	**Present**	
4 avoir	j'	ai	ai eu	avais	aurai	aurais	aie	
(to have)	tu	as	as eu	avais	auras	aurais	aies	aie
	il/elle/on	a	a eu	avait	aura	aurait	ait	
eu	nous	avons	avons eu	avions	aurons	aurions	ayons	ayons
	vous	avez	avez eu	aviez	aurez	auriez	ayez	ayez
	ils/elles	ont	ont eu	avaient	auront	auraient	aient	
5 être	je (j')	suis	ai été	étais	serai	serais	sois	
(to be)	tu	es	as été	étais	seras	serais	sois	sois
	il/elle/on	est	a été	était	sera	serait	soit	
été	nous	sommes	avons été	étions	serons	serions	soyons	soyons
	vous	êtes	avez été	étiez	serez	seriez	soyez	soyez
	ils/elles	sont	ont été	étaient	seront	seraient	soient	

Reflexive (Pronominal)

Infinitive		INDICATIVE				CONDITIONAL	SUBJUNCTIVE	IMPERATIVE
Past participle	**Subject Pronouns**	**Present**	**Passé composé**	**Imperfect**	**Future**	**Present**	**Present**	
6 se laver	je	me lave	me suis lavé(e)	me lavais	me laverai	me laverais	me lave	
(to wash oneself)	tu	te laves	t'es lavé(e)	te lavais	te laveras	te laverais	te laves	lave-toi
	il/elle/on	se lave	s'est lavé(e)	se lavait	se lavera	se laverait	se lave	
lavé	nous	nous lavons	nous sommes lavé(e)s	nous lavions	nous laverons	nous laverions	nous lavions	lavons-nous
	vous	vous lavez	vous êtes lavé(e)s	vous laviez	vous laverez	vous laveriez	vous laviez	lavez-vous
	ils/elles	se lavent	se sont lavé(e)s	se lavaient	se laveront	se laveraient	se lavent	

Verb Conjugation Tables

Verbs with spelling changes

Infinitive / Past participle	Subject Pronouns	Present	Passé composé	Imperfect	Future	CONDITIONAL Present	SUBJUNCTIVE Present	IMPERATIVE
7 acheter *(to buy)* / acheté	j'	achète	ai acheté	achetais	achèterai	achèterais	achète	
	tu	achètes	as acheté	achetais	achèteras	achèterais	achètes	achète
	il/elle/on	achète	a acheté	achetait	achètera	achèterait	achète	
	nous	achetons	avons acheté	achetions	achèterons	achèterions	achetions	achetons
	vous	achetez	avez acheté	achetiez	achèterez	achèteriez	achetiez	achetez
	ils/elles	achètent	ont acheté	achetaient	achèteront	achèteraient	achètent	
8 appeler *(to call)* / appelé	j'	appelle	ai appelé	appelais	appellerai	appellerais	appelle	
	tu	appelles	as appelé	appelais	appelleras	appellerais	appelles	appelle
	il/elle/on	appelle	a appelé	appelait	appellera	appellerait	appelle	
	nous	appelons	avons appelé	appelions	appellerons	appellerions	appelions	appelons
	vous	appelez	avez appelé	appeliez	appellerez	appelleriez	appeliez	appelez
	ils/elles	appellent	ont appelé	appelaient	appelleront	appelleraient	appellent	
9 commencer *(to begin)* / commencé	je (j')	commence	ai commencé	commençais	commencerai	commencerais	commence	
	tu	commences	as commencé	commençais	commenceras	commencerais	commences	commence
	il/elle/on	commence	a commencé	commençait	commencera	commencerait	commence	
	nous	commençons	avons commencé	commencions	commencerons	commencerions	commencions	commençons
	vous	commencez	avez commencé	commenciez	commencerez	commenceriez	commenciez	commencez
	ils/elles	commencent	ont commencé	commençaient	commenceront	commenceraient	commencent	
10 essayer *(to try)* / essayé	j'	essaie	ai essayé	essayais	essaierai	essaierais	essaie	
	tu	essaies	as essayé	essayais	essaieras	essaierais	essaies	essaie
	il/elle/on	essaie	a essayé	essayait	essaiera	essaierait	essaie	
	nous	essayons	avons essayé	essayions	essaierons	essaierions	essayions	essayons
	vous	essayez	avez essayé	essayiez	essaierez	essaieriez	essayiez	essayez
	ils/elles	essayent	ont essayé	essayaient	essaieront	essaieraient	essaient	
11 manger *(to eat)* / mangé	je (j')	mange	ai mangé	mangeais	mangerai	mangerais	mange	
	tu	manges	as mangé	mangeais	mangeras	mangerais	manges	mange
	il/elle/on	mange	a mangé	mangeait	mangera	mangerait	mange	
	nous	mangeons	avons mangé	mangions	mangerons	mangerions	mangions	mangeons
	vous	mangez	avez mangé	mangiez	mangerez	mangeriez	mangiez	mangez
	ils/elles	mangent	ont mangé	mangeaient	mangeront	mangeraient	mangent	
12 préférer *(to prefer)* / préféré	je (j')	préfère	ai préféré	préférais	préférerai	préférerais	préfère	
	tu	préfères	as préféré	préférais	préféreras	préférerais	préfères	préfère
	il/elle/on	préfère	a préféré	préférait	préférera	préférerait	préfère	
	nous	préférons	avons préféré	préférions	préférerons	préférerions	préférions	préférons
	vous	préférez	avez préféré	préfériez	préférerez	préféreriez	préfériez	préférez
	ils/elles	préfèrent	ont préféré	préféraient	préféreront	préféreraient	préfèrent	

Irregular verbs

Infinitive Past participle	Subject Pronouns	INDICATIVE				CONDITIONAL	SUBJUNCTIVE	IMPERATIVE
		Present	Passé composé	Imperfect	Future	Present	Present	
13 aller *(to go)* allé	je (j') tu il/elle/on nous vous ils/elles	vais vas va allons allez vont	suis allé(e) es allé(e) est allé(e) sommes allé(e)s êtes allé(e)s sont allé(e)s	allais allais allait allions alliez allaient	irai iras ira irons irez iront	irais irais irait irions iriez iraient	aille ailles aille allions alliez aillent	 va allons allez
14 s'asseoir *(to sit down,* *to be seated)* assis	je tu il/elle/on nous vous ils/elles	m'assieds t'assieds s'assied nous asseyons vous asseyez s'asseyent	me suis assis(e) t'es assis(e) s'est assis(e) nous sommes assis(e)s vous êtes assis(e)s se sont assis(e)s	m'asseyais t'asseyais s'asseyait nous asseyions vous asseyiez s'asseyaient	m'assiérai t'assiéras s'assiéra nous assiérons vous assiérez s'assiéront	m'assiérais t'assiérais s'assiérait nous assiérions vous assiériez s'assiéraient	m'asseye t'asseyes s'asseye nous asseyions vous asseyiez s'asseyent	 assieds-toi asseyons-nous asseyez-vous
15 boire *(to drink)* bu	je (j') tu il/elle/on nous vous ils/elles	bois bois boit buvons buvez boivent	ai bu as bu a bu avons bu avez bu ont bu	buvais buvais buvait buvions buviez buvaient	boirai boiras boira boirons boirez boiront	boirais boirais boirait boirions boiriez boiraient	boive boives boive buvions buviez boivent	 bois buvons buvez
16 conduire *(to drive; to lead)* conduit	je (j') tu il/elle/on nous vous ils/elles	conduis conduis conduit conduisons conduisez conduisent	ai conduit as conduit a conduit avons conduit avez conduit ont conduit	conduisais conduisais conduisait conduisions conduisiez conduisaient	conduirai conduiras conduira conduirons conduirez conduiront	conduirais conduirais conduirait conduirions conduiriez conduiraient	conduise conduises conduise conduisions conduisiez conduisent	 conduis conduisons conduisez
17 connaître *(to know, to be* *acquainted with)* connu	je (j') tu il/elle/on nous vous ils/elles	connais connais connaît connaissons connaissez connaissent	ai connu as connu a connu avons connu avez connu ont connu	connaissais connaissais connaissait connaissions connaissiez connaissaient	connaîtrai connaîtras connaîtra connaîtrons connaîtrez connaîtront	connaîtrais connaîtrais connaîtrait connaîtrions connaîtriez connaîtraient	connaisse connaisses connaisse connaissions connaissiez connaissent	 connais connaissons connaissez
18 courir *(to run)* couru	je (j') tu il/elle/on nous vous ils/elles	cours cours court courons courez courent	ai couru as couru a couru avons couru avez couru ont couru	courais courais courait courions couriez couraient	courrai courras courra courrons courrez courront	courrais courrais courrait courrions courriez courraient	coure coures coure courions couriez courent	 cours courons courez
19 croire *(to believe)* cru	je (j') tu il/elle/on nous vous ils/elles	crois crois croit croyons croyez croient	ai cru as cru a cru avons cru avez cru ont cru	croyais croyais croyait croyions croyiez croyaient	croirai croiras croira croirons croirez croiront	croirais croirais croirait croirions croiriez croiraient	croie croies croie croyions croyiez croient	 crois croyons croyez

Verb Conjugation Tables

Irregular verbs (continued)

Infinitive Past participle	Subject Pronouns	Present	Passé composé	Imperfect	Future	Present	Present	
			INDICATIVE			**CONDITIONAL**	**SUBJUNCTIVE**	**IMPERATIVE**
20 devoir	je (j')	dois	ai dû	devais	devrai	devrais	doive	
(to have to;	tu	dois	as dû	devais	devras	devrais	doives	dois
to owe)	il/elle/on	doit	a dû	devait	devra	devrait	doive	
	nous	devons	avons dû	devions	devrons	devrions	devions	devons
dû	vous	devez	avez dû	deviez	devrez	devriez	deviez	devez
	ils/elles	doivent	ont dû	devaient	devront	devraient	doivent	
21 dire	je (j')	dis	ai dit	disais	dirai	dirais	dise	
(to say, to tell)	tu	dis	as dit	disais	diras	dirais	dises	dis
	il/elle/on	dit	a dit	disait	dira	dirait	dise	
dit	nous	disons	avons dit	disions	dirons	dirions	disions	disons
	vous	dites	avez dit	disiez	direz	diriez	disiez	dites
	ils/elles	disent	ont dit	disaient	diront	diraient	disent	
22 écrire	j'	écris	ai écrit	écrivais	écrirai	écrirais	écrive	
(to write)	tu	écris	as écrit	écrivais	écriras	écrirais	écrives	écris
	il/elle/on	écrit	a écrit	écrivait	écrira	écrirait	écrive	
écrit	nous	écrivons	avons écrit	écrivions	écrirons	écririons	écrivions	écrivons
	vous	écrivez	avez écrit	écriviez	écrirez	écririez	écriviez	écrivez
	ils/elles	écrivent	ont écrit	écrivaient	écriront	écriraient	écrivent	
23 envoyer	j'	envoie	ai envoyé	envoyais	enverrai	enverrais	envoie	
(to send)	tu	envoies	as envoyé	envoyais	enverras	enverrais	envoies	envoie
	il/elle/on	envoie	a envoyé	envoyait	enverra	enverrait	envoie	
envoyé	nous	envoyons	avons envoyé	envoyions	enverrons	enverrions	envoyions	envoyons
	vous	envoyez	avez envoyé	envoyiez	enverrez	enverriez	envoyiez	envoyez
	ils/elles	envoient	ont envoyé	envoyaient	enverront	enverraient	envoient	
24 éteindre	j'	éteins	ai éteint	éteignais	éteindrai	éteindrais	éteigne	
(to turn off)	tu	éteins	as éteint	éteignais	éteindras	éteindrais	éteignes	éteins
	il/elle/on	éteint	a éteint	éteignait	éteindra	éteindrait	éteigne	
éteint	nous	éteignons	avons éteint	éteignions	éteindrons	éteindrions	éteignions	éteignons
	vous	éteignez	avez éteint	éteigniez	éteindrez	éteindriez	éteigniez	éteignez
	ils/elles	éteignent	ont éteint	éteignaient	éteindront	éteindraient	éteignent	
25 faire	je (j')	fais	ai fait	faisais	ferai	ferais	fasse	
(to do; to make)	tu	fais	as fait	faisais	feras	ferais	fasses	fais
	il/elle/on	fait	a fait	faisait	fera	ferait	fasse	
fait	nous	faisons	avons fait	faisions	ferons	ferions	fassions	faisons
	vous	faites	avez fait	faisiez	ferez	feriez	fassiez	faites
	ils/elles	font	ont fait	faisaient	feront	feraient	fassent	
26 falloir	il	faut	a fallu	fallait	faudra	faudrait	faille	
(to be necessary)								
fallu								

Infinitive / Past participle		INDICATIVE				CONDITIONAL	SUBJUNCTIVE	IMPERATIVE
	Subject Pronouns	Present	Passé composé	Imperfect	Future	Present	Present	
27 lire (to read)	je (j')	lis	ai lu	lisais	lirai	lirais	lise	
	tu	lis	as lu	lisais	liras	lirais	lises	lis
	il/elle/on	lit	a lu	lisait	lira	lirait	lise	
lu	nous	lisons	avons lu	lisions	lirons	lirions	lisions	lisons
	vous	lisez	avez lu	lisiez	lirez	liriez	lisiez	lisez
	ils/elles	lisent	ont lu	lisaient	liront	liraient	lisent	
28 mettre (to put)	je (j')	mets	ai mis	mettais	mettrai	mettrais	mette	
	tu	mets	as mis	mettais	mettras	mettrais	mettes	mets
	il/elle/on	met	a mis	mettait	mettra	mettrait	mette	
mis	nous	mettons	avons mis	mettions	mettrons	mettrions	mettions	mettons
	vous	mettez	avez mis	mettiez	mettrez	mettriez	mettiez	mettez
	ils/elles	mettent	ont mis	mettaient	mettront	mettraient	mettent	
29 mourir (to die)	je	meurs	suis mort(e)	mourais	mourrai	mourrais	meure	
	tu	meurs	es mort(e)	mourais	mourras	mourrais	meures	meurs
	il/elle/on	meurt	est mort(e)	mourait	mourra	mourrait	meure	
mort	nous	mourons	sommes mort(e)s	mourions	mourrons	mourrions	mourions	mourons
	vous	mourez	êtes mort(e)s	mouriez	mourrez	mourriez	mouriez	mourez
	ils/elles	meurent	sont mort(e)s	mouraient	mourront	mourraient	meurent	
30 naître (to be born)	je	nais	suis né(e)	naissais	naîtrai	naîtrais	naisse	
	tu	nais	es né(e)	naissais	naîtras	naîtrais	naisses	nais
	il/elle/on	naît	est né(e)	naissait	naîtra	naîtrait	naisse	
né	nous	naissons	sommes né(e)s	naissions	naîtrons	naîtrions	naissions	naissons
	vous	naissez	êtes né(e)s	naissiez	naîtrez	naîtriez	naissiez	naissez
	ils/elles	naissent	sont né(e)s	naissaient	naîtront	naîtraient	naissent	
31 ouvrir (to open)	j'	ouvre	ai ouvert	ouvrais	ouvrirai	ouvrirais	ouvre	
	tu	ouvres	as ouvert	ouvrais	ouvriras	ouvrirais	ouvres	ouvre
	il/elle/on	ouvre	a ouvert	ouvrait	ouvrira	ouvrirait	ouvre	
ouvert	nous	ouvrons	avons ouvert	ouvrions	ouvrirons	ouvririons	ouvrions	ouvrons
	vous	ouvrez	avez ouvert	ouvriez	ouvrirez	ouvririez	ouvriez	ouvrez
	ils/elles	ouvrent	ont ouvert	ouvraient	ouvriront	ouvriraient	ouvrent	
32 partir (to leave)	je	pars	suis parti(e)	partais	partirai	partirais	parte	
	tu	pars	es parti(e)	partais	partiras	partirais	partes	pars
	il/elle/on	part	est parti(e)	partait	partira	partirait	parte	
parti	nous	partons	sommes parti(e)s	partions	partirons	partirions	partions	partons
	vous	partez	êtes parti(e)(s)	partiez	partirez	partiriez	partiez	partez
	ils/elles	partent	sont parti(e)s	partaient	partiront	partiraient	partent	
33 pleuvoir (to rain)	il	pleut	a plu	pleuvait	pleuvra	pleuvrait	pleuve	
plu								

Verb Conjugation Tables

Irregular verbs (continued)

Infinitive / Past participle	Subject Pronouns	INDICATIVE Present	INDICATIVE Passé composé	INDICATIVE Imperfect	INDICATIVE Future	CONDITIONAL Present	SUBJUNCTIVE Present	IMPERATIVE
34 pouvoir (to be able) pu	je (j')	peux	ai pu	pouvais	pourrai	pourrais	puisse	
	tu	peux	as pu	pouvais	pourras	pourrais	puisses	
	il/elle/on	peut	a pu	pouvait	pourra	pourrait	puisse	
	nous	pouvons	avons pu	pouvions	pourrons	pourrions	puissions	
	vous	pouvez	avez pu	pouviez	pourrez	pourriez	puissiez	
	ils/elles	peuvent	ont pu	pouvaient	pourront	pourraient	puissent	
35 prendre (to take) pris	je (j')	prends	ai pris	prenais	prendrai	prendrais	prenne	
	tu	prends	as pris	prenais	prendras	prendrais	prennes	prends
	il/elle/on	prend	a pris	prenait	prendra	prendrait	prenne	
	nous	prenons	avons pris	prenions	prendrons	prendrions	prenions	prenons
	vous	prenez	avez pris	preniez	prendrez	prendriez	preniez	prenez
	ils/elles	prennent	ont pris	prenaient	prendront	prendraient	prennent	
36 recevoir (to receive) reçu	je (j')	reçois	ai reçu	recevais	recevrai	recevrais	reçoive	
	tu	reçois	as reçu	recevais	recevras	recevrais	reçoives	reçois
	il/elle/on	reçoit	a reçu	recevait	recevra	recevrait	reçoive	
	nous	recevons	avons reçu	recevions	recevrons	recevrions	recevions	recevons
	vous	recevez	avez reçu	receviez	recevrez	recevriez	receviez	recevez
	ils/elles	reçoivent	ont reçu	recevaient	recevront	recevraient	reçoivent	
37 rire (to laugh) ri	je (j')	ris	ai ri	riais	rirai	rirais	rie	
	tu	ris	as ri	riais	riras	rirais	ries	ris
	il/elle/on	rit	a ri	riait	rira	rirait	rie	
	nous	rions	avons ri	riions	rirons	ririons	riions	rions
	vous	riez	avez ri	riiez	rirez	ririez	riiez	riez
	ils/elles	rient	ont ri	riaient	riront	riraient	rient	
38 savoir (to know) su	je (j')	sais	ai su	savais	saurai	saurais	sache	
	tu	sais	as su	savais	sauras	saurais	saches	sache
	il/elle/on	sait	a su	savait	saura	saurait	sache	
	nous	savons	avons su	savions	saurons	saurions	sachions	sachons
	vous	savez	avez su	saviez	saurez	sauriez	sachiez	sachez
	ils/elles	savent	ont su	savaient	sauront	sauraient	sachent	
39 suivre (to follow) suivi	je (j')	suis	ai suivi	suivais	suivrai	suivrais	suive	
	tu	suis	as suivi	suivais	suivras	suivrais	suives	suis
	il/elle/on	suit	a suivi	suivait	suivra	suivrait	suive	
	nous	suivons	avons suivi	suivions	suivrons	suivrions	suivions	suivons
	vous	suivez	avez suivi	suiviez	suivrez	suivriez	suiviez	suivez
	ils/elles	suivent	ont suivi	suivaient	suivront	suivraient	suivent	
40 tenir (to hold) tenu	je (j')	tiens	ai tenu	tenais	tiendrai	tiendrais	tienne	
	tu	tiens	as tenu	tenais	tiendras	tiendrais	tiennes	tiens
	il/elle/on	tient	a tenu	tenait	tiendra	tiendrait	tienne	
	nous	tenons	avons tenu	tenions	tiendrons	tiendrions	tenions	tenons
	vous	tenez	avez tenu	teniez	tiendrez	tiendriez	teniez	tenez
	ils/elles	tiennent	ont tenu	tenaient	tiendront	tiendraient	tiennent	

Infinitive		INDICATIVE				CONDITIONAL	SUBJUNCTIVE	IMPERATIVE
Past participle	Subject Pronouns	Present	Passé composé	Imperfect	Future	Present	Present	
41 venir *(to come)* venu	je	viens	suis venu(e)	venais	viendrai	viendrais	vienne	
	tu	viens	es venu(e)	venais	viendras	viendrais	viennes	viens
	il/elle/on	vient	est venu(e)	venait	viendra	viendrait	vienne	
	nous	venons	sommes venu(e)s	venions	viendrons	viendrions	venions	venons
	vous	venez	êtes venu(e)(s)	veniez	viendrez	viendriez	veniez	venez
	ils/elles	viennent	sont venu(e)s	venaient	viendront	viendraient	viennent	
42 voir *(to see)* vu	je (j')	vois	ai vu	voyais	verrai	verrais	voie	
	tu	vois	as vu	voyais	verras	verrais	voies	vois
	il/elle/on	voit	a vu	voyait	verra	verrait	voie	
	nous	voyons	avons vu	voyions	verrons	verrions	voyions	voyons
	vous	voyez	avez vu	voyiez	verrez	verriez	voyiez	voyez
	ils/elles	voient	ont vu	voyaient	verront	verraient	voient	
43 vouloir *(to want, to wish)* voulu	je (j')	veux	ai voulu	voulais	voudrai	voudrais	veuille	
	tu	veux	as voulu	voulais	voudras	voudrais	veuilles	veuille
	il/elle/on	veut	a voulu	voulait	voudra	voudrait	veuille	
	nous	voulons	avons voulu	voulions	voudrons	voudrions	voulions	veuillons
	vous	voulez	avez voulu	vouliez	voudrez	voudriez	vouliez	veuillez
	ils/elles	veulent	ont voulu	voulaient	voudront	voudraient	veuillent	

Guide to Vocabulary

This glossary contains the words and expressions listed on the **Vocabulaire** page found at the end of each unit in **D'accord!** Levels 1 & 2. The numbers following an entry indicate the **D'accord!** level and unit where the term was introduced. For example, the first entry in the glossary, **à**, was introduced in **D'accord!** Level 1, Unit 4. Note that **II–P** refers to the **Unité Préliminaire** in **D'accord!** Level 2.

Abbreviations used in this glossary

adj.	adjective	*f.*	feminine	*i.o.*	indirect object	*prep.*	preposition
adv.	adverb	*fam.*	familiar	*m.*	masculine	*pron.*	pronoun
art.	article	*form.*	formal	*n.*	noun	*refl.*	reflexive
comp.	comparative	*imp.*	imperative	*obj.*	object	*rel.*	relative
conj.	conjunction	*indef.*	indefinite	*part.*	partitive	*sing.*	singular
def.	definite	*interj.*	interjection	*p.p.*	past participle	*sub.*	subject
dem.	demonstrative	*interr.*	interrogative	*pl.*	plural	*super.*	superlative
disj.	disjunctive	*inv.*	invariable	*poss.*	possessive	*v.*	verb
d.o.	direct object						

French-English

A

à *prep.* at; in; to I-4
  À bientôt. See you soon. I-1
  à condition que on the condition that, provided that II-7
  à côté de *prep.* next to I-3
  À demain. See you tomorrow. I-1
  à droite (de) *prep.* to the right (of) I-3
  à gauche (de) *prep.* to the left (of) I-3
  à ... heure(s) at ... (o'clock) I-4
  à la radio on the radio II-7
  à la télé(vision) on television II-7
  à l'étranger abroad, overseas I-7
  à mi-temps half-time (*job*) II-5
  à moins que unless II-7
  à plein temps full-time (*job*) II-5
  À plus tard. See you later. I-1
  À quelle heure? What time?; When? I-2
  À qui? To whom? I-4
  À table! Let's eat! Food is on! II-1
  à temps partiel part-time (*job*) II-5
  À tout à l'heure. See you later. I-1
  au bout (de) *prep.* at the end (of) II-4

au contraire on the contrary II-7
au fait by the way I-3
au printemps in the spring I-5
Au revoir. Good-bye. I-1
au secours help II-3
au sujet de on the subject of, about II-6
abolir *v.* to abolish II-6
absolument *adv.* absolutely I-7
accident *m.* accident II-3
  avoir un accident to have/to be in an accident II-3
accompagner *v.* to accompany II-4
acheter *v.* to buy I-5
acteur *m.* actor I-1
actif/active *adj.* active I-3
activement *adv.* actively I-8, II-P
actrice *f.* actress I-1
addition *f.* check, bill I-4
adieu farewell II-6
adolescence *f.* adolescence I-6
adorer *v.* to love I-2
  J'adore... I love... I-2
adresse *f.* address II-4
aérobic *m.* aerobics I-5
  faire de l'aérobic *v.* to do aerobics I-5
aéroport *m.* airport I-7
affaires *f., pl.* business I-3
affiche *f.* poster I-8, II-P
afficher *v.* to post II-5
âge *m.* age I-6
  âge adulte *m.* adulthood I-6
agence de voyages *f.* travel agency I-7
agent *m.* officer; agent II-3
  agent de police *m.* police officer II-3

agent de voyages *m.* travel agent I-7
agent immobilier *m.* real estate agent II-5
agréable *adj.* pleasant I-1
agriculteur/agricultrice *m., f.* farmer II-5
aider (à) *v.* to help (*to do something*) I-5
aie (avoir) *imp. v.* have I-7
ail *m.* garlic II-1
aimer *v.* to like I-2
  aimer mieux to prefer I-2
  aimer que... to like that... II-6
  J'aime bien... I really like... I-2
  Je n'aime pas tellement... I don't like ... very much. I-2
aîné(e) *adj.* elder I-3
algérien(ne) *adj.* Algerian I-1
aliment *m.* food item; a food II-1
Allemagne *f.* Germany I-7
allemand(e) *adj.* German I-1
aller *v.* to go I-4
  aller à la pêche to go fishing I-5
  aller aux urgences to go to the emergency room II-2
  aller avec to go with I-6
  aller-retour *adj.* round-trip I-7
  billet aller-retour *m.* round-trip ticket I-7
  Allons-y! Let's go! I-2
  Ça va? What's up?; How are things? I-1
  Comment allez-vous? *form.* How are you? I-1
  Comment vas-tu? *fam.* How are you? I-1

Je m'en vais. I'm leaving. I-8, II-P
Je vais bien/mal. I am doing well/badly. I-1
J'y vais. I'm going/coming. I-8, II-P
Nous y allons. We're going/coming. II-1
allergie *f.* allergy II-2
Allez. Come on. I-5
allô *(on the phone)* hello I-1
allumer *v.* to turn on II-3
alors *adv.* so, then; at that moment I-2
améliorer *v.* to improve II-5
amende *f.* fine I-3
amener *v.* to bring *(someone)* I-5
américain(e) *adj.* American I-1
  football américain *m.* football I-5
ami(e) *m., f.* friend I-1
  petit(e) ami(e) *m., f.* boyfriend/girlfriend I-1
amitié *f.* friendship I-6
amour *m.* love I-6
amoureux/amoureuse *adj.* in love I-6
  tomber amoureux/amoureuse *v.* to fall in love I-6
amusant(e) *adj.* fun I-1
an *m.* year I-2
ancien(ne) *adj.* ancient, old; former II-7
ange *m.* angel I-1
anglais(e) *adj.* English I-1
angle *m.* corner II-4
Angleterre *f.* England I-7
animal *m.* animal II-6
année *f.* year I-2
  cette année this year I-2
anniversaire *m.* birthday I-5
  C'est quand l'anniversaire de … ? When is …'s birthday? I-5
  C'est quand ton/votre anniversaire? When is your birthday? I-5
annuler (une réservation) *v.* to cancel (a reservation) I-7
anorak *m.* ski jacket, parka I-6
antipathique *adj.* unpleasant I-3
août *m.* August I-5
apercevoir *v.* to see, to catch sight of II-4
aperçu (apercevoir) *p.p.* seen, caught sight of II-4
appareil *m.* (on the phone) telephone II-5
  appareil (électrique/ménager) *m.* (electrical/household) appliance I-8, II-P

appareil photo (numérique) *m.* (digital) camera II-3
C'est M./Mme/Mlle … à l'appareil. It's Mr./Mrs./Miss … on the phone. II-5
Qui est à l'appareil? Who's calling, please? II-5
appartement *m.* apartment II-7
appeler *v.* to call I-7
applaudir *v.* to applaud II-7
applaudissement *m.* applause II-7
apporter *v.* to bring, to carry *(something)* I-4
apprendre (à) *v.* to teach; to learn *(to do something)* I-4
appris (apprendre) *p.p., adj.* learned I-6
après (que) *adv.* after I-2
après-demain *adv.* day after tomorrow I-2
après-midi *m.* afternoon I-2
  cet après-midi this afternoon I-2
  de l'après-midi in the afternoon I-2
  demain après-midi *adv.* tomorrow afternoon I-2
  hier après-midi *adv.* yesterday afternoon I-7
arbre *m.* tree II-6
architecte *m., f.* architect I-3
argent *m.* money II-4
  dépenser de l'argent *v.* to spend money I-4
  déposer de l'argent *v.* to deposit money II-4
  retirer de l'argent *v.* to withdraw money II-4
armoire *f.* armoire, wardrobe I-8, II-P
arrêt d'autobus (de bus) *m.* bus stop I-7
arrêter (de faire quelque chose) *v.* to stop (doing something) II-3
arrivée *f.* arrival I-7
arriver (à) *v.* to arrive; to manage *(to do something)* I-2
art *m.* art I-2
  beaux-arts *m., pl.* fine arts II-7
artiste *m., f.* artist I-3
ascenseur *m.* elevator I-7
aspirateur *m.* vacuum cleaner I-8, II-P
  passer l'aspirateur to vacuum I-8, II-P
aspirine *f.* aspirin II-2
Asseyez-vous! (s'asseoir) *imp. v.* Have a seat! II-2
assez *adv. (before adjective or adverb)* pretty; quite I-8, II-P

assez (de) *(before noun)* enough (of) I-4
  pas assez (de) not enough (of) I-4
assiette *f.* plate II-1
assis (s'asseoir) *p.p., adj. (used as past participle)* sat down; *(used as adjective)* sitting, seated II-2
assister *v.* to attend I-2
assurance (maladie/vie) *f.* (health/life) insurance II-5
athlète *m., f.* athlete I-3
attacher *v.* to attach II-3
  attacher sa ceinture de sécurité to buckle one's seatbelt II-3
attendre *v.* to wait I-6
attention *f.* attention I-5
  faire attention (à) *v.* to pay attention (to) I-5
au (à + le) *prep.* to/at the I-4
auberge de jeunesse *f.* youth hostel I-7
aucun(e) *adj.* no; *pron.* none II-2
  ne… aucun(e) none, not any II-4
augmentation (de salaire) *f.* raise (in salary) II-5
aujourd'hui *adv.* today I-2
auquel (à + lequel) *pron., m., sing.* which one II-5
aussi *adv.* too, as well; as I-1
  Moi aussi. Me too. I-1
  aussi … que *(used with an adjective)* as … as II-1
autant de … que *adv. (used with noun to express quantity)* as much/as many … as II-6
auteur/femme auteur *m., f.* author II-7
autobus *m.* bus I-7
  arrêt d'autobus (de bus) *m.* bus stop I-7
  prendre un autobus to take a bus I-7
automne *m.* fall I-5
  à l'automne in the fall I-5
autoroute *f.* highway II-3
autour (de) *prep.* around II-4
autrefois *adv.* in the past I-8, II-P
aux (à + les) to/at the I-4
auxquelles (à + lesquelles) *pron., f., pl.* which ones II-5
auxquels (à + lesquels) *pron., m., pl.* which ones II-5
avance *f.* advance I-2
  en avance *adv.* early I-2
avant (de/que) *adv.* before I-7
avant-hier *adv.* day before yesterday I-7

avec *prep.* with I-1
  Avec qui? With whom? I-4
aventure *f.* adventure II-7
  film d'aventures *m.* adventure film II-7
avenue *f.* avenue II-4
avion *m.* airplane I-7
  prendre un avion *v.* to take a plane I-7
avocat(e) *m., f.* lawyer I-3
avoir *v.* to have I-2
  aie *imp. v.* have I-2
  avoir besoin (de) to need (*something*) I-2
  avoir chaud to be hot I-2
  avoir de la chance to be lucky I-2
  avoir envie (de) to feel like (*doing something*) I-2
  avoir faim to be hungry I-4
  avoir froid to be cold I-2
  avoir honte (de) to be ashamed (of) I-2
  avoir mal to have an ache II-2
  avoir mal au cœur to feel nauseated II-2
  avoir peur (de/que) to be afraid (of/that) I-2
  avoir raison to be right I-2
  avoir soif to be thirsty I-4
  avoir sommeil to be sleepy I-2
  avoir tort to be wrong I-2
  avoir un accident to have/to be in an accident II-3
  avoir un compte bancaire to have a bank account II-4
  en avoir marre to be fed up I-3
avril *m.* April I-5
ayez (avoir) *imp. v.* have I-7
ayons (avoir) *imp. v.* let's have I-7

B

bac(calauréat) *m.* an important exam taken by high-school students in France I-2
baguette *f.* baguette I-4
baignoire *f.* bathtub I-8, II-P
bain *m.* bath I-6
  salle de bains *f.* bathroom I-8, II-P
balai *m.* broom I-8, II-P
balayer *v.* to sweep I-8, II-P
balcon *m.* balcony I-8, II-P
banane *f.* banana II-1
banc *m.* bench II-4
bancaire *adj.* banking II-4
  avoir un compte bancaire *v.* to have a bank account II-4
bande dessinée (B.D.) *f.* comic strip I-5
banlieue *f.* suburbs I-4

banque *f.* bank II-4
banquier/banquière *m., f.* banker II-5
barbant *adj.,* **barbe** *f.* drag I-3
baseball *m.* baseball I-5
basket(-ball) *m.* basketball I-5
baskets *f., pl.* tennis shoes I-6
bateau *m.* boat I-7
  prendre un bateau *v.* to take a boat I-7
bateau-mouche *m.* riverboat I-7
bâtiment *m.* building II-4
batterie *f.* drums II-7
bavarder *v.* to chat I-4
beau (belle) *adj.* handsome; beautiful I-3
  faire quelque chose de beau *v.* to be up to something interesting II-4
  Il fait beau. The weather is nice. I-5
beaucoup (de) *adv.* a lot (of) 4
  Merci (beaucoup). Thank you (very much). I-1
beau-frère *m.* brother-in-law I-3
beau-père *m.* father-in-law; stepfather I-3
beaux-arts *m., pl.* fine arts II-7
belge *adj.* Belgian I-7
Belgique *f.* Belgium I-7
belle *adj., f. (feminine form of* **beau**) beautiful I-3
belle-mère *f.* mother-in-law; stepmother I-3
belle-sœur *f.* sister-in-law I-3
besoin *m.* need I-2
  avoir besoin (de) to need (*something*) I-2
beurre *m.* butter 4
bibliothèque *f.* library I-1
bien *adv.* well I-7
  bien sûr *adv.* of course I-2
  Je vais bien. I am doing well. I-1
  Très bien. Very well. I-1
bientôt *adv.* soon I-1
  À bientôt. See you soon. I-1
bienvenu(e) *adj.* welcome I-1
bijouterie *f.* jewelry store II-4
billet *m.* (*travel*) ticket I-7; (*money*) bills, notes II-4
  billet aller-retour *m.* round-trip ticket I-7
biologie *f.* biology I-2
biscuit *m.* cookie I-6
blague *f.* joke I-2
blanc(he) *adj.* white I-6
blessure *f.* injury, wound II-2
bleu(e) *adj.* blue I-3
blond(e) *adj.* blonde I-3
blouson *m.* jacket I-6
bœuf *m.* beef II-1

boire *v.* to drink I-4
bois *m.* wood II-6
boisson (gazeuse) *f.* (carbonated) drink/beverage I-4
boîte *f.* box; can II-1
  boîte aux lettres *f.* mailbox II-4
  boîte de conserve *f.* can (of food) II-1
bol *m.* bowl II-1
bon(ne) *adj.* kind; good I-3
  bon marché *adj.* inexpensive I-6
  Il fait bon. The weather is good/warm. I-5
bonbon *m.* candy I-6
bonheur *m.* happiness I-6
Bonjour. Good morning.; Hello. I-1
Bonsoir. Good evening.; Hello. I-1
bouche *f.* mouth II-2
boucherie *f.* butcher's shop II-1
boulangerie *f.* bread shop, bakery II-1
boulevard *m.* boulevard II-4
  suivre un boulevard *v.* to follow a boulevard II-4
bourse *f.* scholarship, grant I-2
bout *m.* end II-4
  au bout (de) *prep.* at the end (of) II-4
bouteille (de) *f.* bottle (of) I-4
boutique *f.* boutique, store II-4
brancher *v.* to plug in, to connect II-3
bras *m.* arm II-2
brasserie *f.* restaurant II-4
Brésil *m.* Brazil II-2
brésilien(ne) *adj.* Brazilian I-7
bricoler *v.* to tinker; to do odd jobs I-5
brillant(e) *adj.* bright I-1
bronzer *v.* to tan I-6
brosse (à cheveux/à dents) *f.* (hair/tooth)brush II-2
brun(e) *adj.* (*hair*) dark I-3
bu (boire) *p.p.* drunk I-6
bureau *m.* desk; office I-1
  bureau de poste *m.* post office II-4
bus *m.* bus I-7
  arrêt d'autobus (de bus) *m.* bus stop I-7
  prendre un bus *v.* to take a bus I-7

C

ça *pron.* that; this; it I-1
  Ça dépend. It depends. I-4
  Ça ne nous regarde pas. That has nothing to do with us.; That is none of our business. II-6
  Ça suffit. That's enough. I-5
  Ça te dit? Does that appeal to you? II-6
  Ça va? What's up?; How are things? I-1
  ça veut dire that is to say II-2
  Comme ci, comme ça. So-so. I-1
cadeau *m.* gift I-6
  paquet cadeau wrapped gift I-6
cadet(te) *adj.* younger I-3
cadre/femme cadre *m., f.* executive II-5
café *m.* café; coffee I-1
  terrasse de café *f.* café terrace I-4
  cuillére à café *f.* teaspoon II-1
cafetière *f.* coffeemaker I-8, II-P
cahier *m.* notebook I-1
calculatrice *f.* calculator I-1
calme *adj.* calm I-1; *m.* calm I-1
camarade de classe *m., f.* classmate I-1
caméra vidéo *f.* camcorder II-3
caméscope *m.* camcorder II-3
campagne *f.* country(side) I-7
  pain de campagne *m.* country-style bread I-4
  pâté (de campagne) *m.* pâté, meat spread II-1
camping *m.* camping I-5
  faire du camping *v.* to go camping I-5
Canada *m.* Canada I-7
canadien(ne) *adj.* Canadian I-1
canapé *m.* couch I-8, II-P
candidat(e) *m., f.* candidate; applicant II-5
cantine *f.* (school) cafeteria I-2
capitale *f.* capital I-7
capot *m.* hood II-3
carafe (d'eau) *f.* pitcher (of water) II-1
carotte *f.* carrot II-1
carrefour *m.* intersection II-4
carrière *f.* career II-5
carte *f.* map I-1; menu II-1; card II-4
  payer par carte (bancaire/de crédit) to pay with a (debit/credit) card II-4

carte postale *f.* postcard II-4
cartes *f. pl.* (*playing*) cards I-5
casque *f.* **à écouteurs** *m., pl.* headphones II-3
casquette *f.* (baseball) cap I-6
cassette vidéo *f.* videotape II-3
catastrophe *f.* catastrophe II-6
cave *f.* basement, cellar I-8, II-P
ce *dem. adj., m., sing.* this; that I-6
  ce matin this morning I-2
  ce mois-ci this month I-2
  Ce n'est pas grave. It's no big deal. I-6
  ce soir this evening I-2
  ce sont... those are... I-1
  ce week-end this weekend I-2
ceinture *f.* belt I-6
  attacher sa ceinture de sécurité *v.* to buckle one's seatbelt II-3
célèbre *adj.* famous II-7
célébrer *v.* to celebrate I-5
célibataire *adj.* single I-3
celle *pron., f., sing.* this one; that one; the one II-6
celles *pron., f., pl.* these; those; the ones II-6
celui *pron., m., sing.* this one; that one; the one II-6
cent *m.* one hundred I-3
  cent mille *m.* one hundred thousand I-5
  cent un *m.* one hundred one I-5
  cinq cents *m.* five hundred I-5
centième *adj.* hundredth I-7
centrale nucléaire *f.* nuclear plant II-6
centre commercial *m.* shopping center, mall I-4
centre-ville *m.* city/town center, downtown I-4
certain(e) *adj.* certain II-1
  Il est certain que... It is certain that... II-7
  Il n'est pas certain que... It is uncertain that... II-7
ces *dem. adj., m., f., pl.* these; those I-6
c'est... it/that is... I-1
  C'est de la part de qui? On behalf of whom? II-5
  C'est le 1ᵉʳ (premier) octobre. It is October first. I-5
  C'est M./Mme/Mlle ... (à l'appareil). It's Mr./Mrs./Miss ... (on the phone). II-5
  C'est quand l'anniversaire de... ? When is ...'s birthday? I-5

C'est quand ton/votre anniversaire? When is your birthday? I-5
  Qu'est-ce que c'est? What is it? I-1
cet *dem. adj., m., sing.* this; that I-6
  cet après-midi this afternoon I-2
cette *dem. adj., f., sing.* this; that I-6
  cette année this year I-2
  cette semaine this week I-2
ceux *pron., m., pl.* these; those; the ones II-6
chaîne (de télévision) *f.* (television) channel II-3
chaise *f.* chair I-1
chambre *f.* bedroom I-8, II-P
  chambre (individuelle) *f.* (single) room I-7
champ *m.* field II-6
champignon *m.* mushroom II-1
chance *f.* luck I-2
  avoir de la chance *v.* to be lucky I-2
chanson *f.* song II-7
chanter *v.* to sing I-5
chanteur/chanteuse *m., f.* singer I-1
chapeau *m.* hat I-6
chaque *adj.* each I-6
charcuterie *f.* delicatessen II-1
charmant(e) *adj.* charming I-1
chasse *f.* hunt II-6
chasser *v.* to hunt II-6
chat *m.* cat I-3
châtain *adj.* (*hair*) brown I-3
chaud *m.* heat I-2
  avoir chaud *v.* to be hot I-2
  Il fait chaud. (*weather*) It is hot. I-5
chauffeur de taxi/de camion *m.* taxi/truck driver II-5
chaussette *f.* sock I-6
chaussure *f.* shoe I-6
chef d'entreprise *m.* head of a company II-5
chef-d'œuvre *m.* masterpiece II-7
chemin *m.* path; way II-4
  suivre un chemin *v.* to follow a path II-4
chemise (à manches courtes/longues) *f.* (short-/long-sleeved) shirt I-6
chemisier *m.* blouse I-6
chèque *m.* check II-4
  compte-chèques *m.* checking account II-4
  payer par chèque *v.* to pay by check II-4

French-English

cher/chère *adj.* expensive I-6
chercher *v.* to look for I-2
  chercher un/du travail to look for a job/work II-4
chercheur/chercheuse *m., f.* researcher II-5
chéri(e) *adj.* dear, beloved, darling I-2
cheval *m.* horse I-5
  faire du cheval *v.* to go horseback riding I-5
cheveux *m., pl.* hair II-1
  brosse à cheveux *f.* hairbrush II-2
  cheveux blonds blond hair I-3
  cheveux châtains brown hair I-3
  se brosser les cheveux *v.* to brush one's hair II-1
cheville *f.* ankle II-2
  se fouler la cheville *v.* to twist/sprain one's ankle II-2
chez *prep.* at (someone's) house I-3, at (a place) I-3
  passer chez quelqu'un *v.* to stop by someone's house I-4
chic *adj.* chic I-4
chien *m.* dog I-3
chimie *f.* chemistry I-2
Chine *f.* China I-7
chinois(e) *adj.* Chinese 7
chocolat (chaud) *m.* (hot) chocolate I-4
chœur *m.* choir, chorus II-7
choisir *v.* to choose I-4
chômage *m.* unemployment II-5
  être au chômage *v.* to be unemployed II-5
chômeur/chômeuse *m., f.* unemployed person II-5
chose *f.* thing I-1
  quelque chose *m.* something; anything I-4
chrysanthèmes *m., pl.* chrysanthemums II-1
chut shh II-7
-ci (used with demonstrative adjective ce and noun or with demonstrative pronoun celui) here I-6
  ce mois-ci this month I-2
ciel *m.* sky II-6
cinéma (ciné) *m.* movie theater, movies I-4
cinq *m.* five I-1
cinquante *m.* fifty I-1
cinquième *adj.* fifth 7
circulation *f.* traffic II-3
clair(e) *adj.* clear II-7
  Il est clair que... It is clear that... II-7
classe *f.* (group of students) class I-1

camarade de classe *m., f.* classmate I-1
  salle de classe *f.* classroom I-1
clavier *m.* keyboard II-3
clé *f.* key I-7
  clé USB *f.* USB drive II-3
client(e) *m., f.* client; guest I-7
cœur *m.* heart II-2
  avoir mal au cœur to feel nauseated II-2
coffre *m.* trunk II-3
coiffeur/coiffeuse *m., f.* hairdresser I-3
coin *m.* corner II-4
colis *m.* package II-4
colocataire *m., f.* roommate (in an apartment) I-1
Combien (de)... ? *adv.* How much/many... ? I-1
  Combien coûte... ? How much is... ? I-4
combiné *m.* receiver II-5
comédie (musicale) *f.* comedy (musical) II-7
commander *v.* to order II-1
comme *adv.* how; like, as I-2
  Comme ci, comme ça. So-so. I-1
commencer (à) *v.* to begin (to do something) I-2
comment *adv.* how I-4
  Comment? *adv.* What? I-4
  Comment allez-vous?, *form.* How are you? I-1
  Comment t'appelles-tu? *fam.* What is your name? I-1
  Comment vas-tu? *fam.* How are you? I-1
  Comment vous appelez-vous? *form.* What is your name? I-1
commerçant(e) *m., f.* shopkeeper II-1
commissariat de police *m.* police station II-4
commode *f.* dresser, chest of drawers I-8, II-P
complet (complète) *adj.* full (no vacancies) I-7
composer (un numéro) *v.* to dial (a number) II-3
compositeur *m.* composer II-7
comprendre *v.* to understand I-4
compris (comprendre) *p.p., adj.* understood; included I-6
comptable *m., f.* accountant II-5
compte *m.* account (at a bank) II-4
  avoir un compte bancaire *v.* to have a bank account II-4
  compte de chèques *m.* checking account II-4

compte d'épargne *m.* savings account II-4
  se rendre compte *v.* to realize II-2
compter sur quelqu'un *v.* to count on someone I-8, II-P
concert *m.* concert II-7
condition *f.* condition II-7
  à condition que on the condition that..., provided that... II-7
conduire *v.* to drive I-6
conduit (conduire) *p.p., adj.* driven I-6
confiture *f.* jam II-1
congé *m.* time off, leave I-7
  jour de congé *m.* day off I-7
  prendre un congé *v.* to take time off II-5
congélateur *m.* freezer I-8, II-P
connaissance *f.* acquaintance I-5
  faire la connaissance de *v.* to meet (someone) I-5
connaître *v.* to know, to be familiar with I-8, II-P
connecté(e) *adj.* connected II-3
  être connecté(e) avec quelqu'un *v.* to be online with someone I-7, II-3
connu (connaître) *p.p., adj.* known; famous I-8, II-P
conseil *m.* advice II-5
conseiller/conseillère *m., f.* consultant; advisor II-5
considérer *v.* to consider I-5
constamment *adv.* constantly I-7
construire *v.* to build, to construct I-6
conte *m.* tale II-7
content(e) *adj.* happy II-5
  être content(e) que... *v.* to be happy that... II-6
continuer (à) *v.* to continue (doing something) II-4
contraire *adj.* contrary II-7
  au contraire on the contrary II-7
copain/copine *m., f.* friend I-1
corbeille (à papier) *f.* wastebasket I-1
corps *m.* body II-2
costume *m.* (man's) suit I-6
côte *f.* coast II-6
coton *m.* cotton II-4
cou *m.* neck II-2
couche d'ozone *f.* ozone layer II-6
  trou dans la couche d'ozone *m.* hole in the ozone layer II-6
couleur *f.* color 6
  De quelle couleur... ? What color... ? I-6

couloir *m.* hallway I-8, II-P

couple *m.* couple I-6

courage *m.* courage II-5

courageux/courageuse *adj.* courageous, brave I-3

couramment *adv.* fluently I-7

courir *v.* to run I-5

courrier *m.* mail II-4

cours *m.* class, course I-2

course *f.* errand II-1

  faire les courses *v.* to go (grocery) shopping II-1

court(e) *adj.* short I-3

  chemise à manches courtes *f.* short-sleeved shirt I-6

couru (courir) *p.p.* run I-6

cousin(e) *m., f.* cousin I-3

couteau *m.* knife II-1

coûter *v.* to cost I-4

  Combien coûte... ? How much is... ? I-4

couvert (couvrir) *p.p.* covered II-3

couverture *f.* blanket I-8, II-P

couvrir *v.* to cover II-3

covoiturage *m.* carpooling II-6

cravate *f.* tie I-6

crayon *m.* pencil I-1

crème *f.* cream II-1

  crème à raser *f.* shaving cream II-2

crêpe *f.* crêpe I-5

crevé(e) *adj.* deflated; blown up II-3

  pneu crevé *m.* flat tire II-3

critique *f.* review; criticism II-7

croire (que) *v.* to believe (that) II-7

  ne pas croire que... to not believe that... II-7

croissant *m.* croissant I-4

croissant(e) *adj.* growing II-6

  population croissante *f.* growing population II-6

cru (croire) *p.p.* believed II-7

cruel/cruelle *adj.* cruel I-3

cuillère (à soupe/à café) *f.* (soup/tea)spoon II-1

cuir *m.* leather II-4

cuisine *f.* cooking; kitchen 5

  faire la cuisine *v.* to cook 5

cuisiner *v.* to cook II-1

cuisinier/cuisinière *m., f.* cook II-5

cuisinière *f.* stove I-8, II-P

curieux/curieuse *adj.* curious I-3

curriculum vitæ (C.V.) *m.* résumé II-5

D

d'abord *adv.* first I-7

d'accord *(tag question)* all right? I-2; *(in statement)* okay I-2

  être d'accord to be in agreement I-2

d'autres *m., f.* others I-4

d'habitude *adv.* usually I-8, II-P

danger *m.* danger, threat II-6

dangereux/dangereuse *adj.* dangerous II-3

dans *prep.* in I-3

danse *f.* dance II-7

danser *v.* to dance I-4

danseur/danseuse *m., f.* dancer II-7

date *f.* date I-5

  Quelle est la date? What is the date? I-5

de/d' *prep.* of I-3; from I-1

  de l'après-midi in the afternoon I-2

  de laquelle *pron., f., sing.* which one II-5

  De quelle couleur... ? What color... ? I-6

  De rien. You're welcome. I-1

  de taille moyenne of medium height I-3

  de temps en temps *adv.* from time to time I-7

débarrasser la table *v.* to clear the table I-8, II-P

déboisement *m.* deforestation II-6

début *m.* beginning; debut II-7

décembre *m.* December I-5

déchets toxiques *m., pl.* toxic waste II-6

décider (de) *v.* to decide (*to do something*) II-3

découvert (découvrir) *p.p.* discovered II-3

découvrir *v.* to discover II-3

décrire *v.* to describe I-7

décrocher *v.* to pick up II-5

décrit (décrire) *p.p., adj.* described I-7

degrés *m., pl.* (*temperature*) degrees I-5

  Il fait ... degrés. (*to describe weather*) It is ... degrees. I-5

déjà *adv.* already I-5

déjeuner *m.* lunch II-1; *v.* to eat lunch I-4

de l' *part. art., m., f., sing.* some I-4

de la *part. art., f., sing.* some I-4

délicieux/délicieuse delicious I-8, II-P

demain *adv.* tomorrow I-2

À demain. See you tomorrow. I-1

  après-demain *adv.* day after tomorrow I-2

  demain matin/après-midi/soir *adv.* tomorrow morning/afternoon/evening I-2

demander (à) *v.* to ask (*someone*), to make a request (*of someone*) I-6

  demander que... *v.* to ask that... II-6

démarrer *v.* to start up II-3

déménager *v.* to move out I-8, II-P

demie half I-2

  et demie half past ... (o'clock) I-2

demi-frère *m.* half-brother, stepbrother I-3

demi-sœur *f.* half-sister, stepsister I-3

démissionner *v.* to resign II-5

dent *f.* tooth II-1

  brosse à dents *f.* tooth brush II-2

  se brosser les dents *v.* to brush one's teeth II-1

dentifrice *m.* toothpaste II-2

dentiste *m., f.* dentist I-3

départ *m.* departure I-7

dépasser *v.* to go over; to pass II-3

dépense *f.* expenditure, expense II-4

dépenser *v.* to spend I-4

  dépenser de l'argent *v.* to spend money I-4

déposer de l'argent *v.* to deposit money II-4

déprimé(e) *adj.* depressed II-2

depuis *adv.* since; for II-1

dernier/dernière *adj.* last I-2

dernièrement *adv.* lastly, finally I-7

derrière *prep.* behind I-3

des *part. art., m., f., pl.* some I-4

des (de + les) *m., f., pl.* of the I-3

dès que *adv.* as soon as II-5

désagréable *adj.* unpleasant I-1

descendre (de) *v.* to go downstairs; to get off; to take down I-6

désert *m.* desert II-6

désirer (que) *v.* to want (that) I-5

désolé(e) *adj.* sorry I-6

  être désolé(e) que... to be sorry that... II-6

desquelles (de + lesquelles) *pron., f., pl.* which ones II-5

desquels (de + lesquels) *pron., m., pl.* which ones II-5

dessert *m.* dessert I-6
dessin animé *m.* cartoon II-7
dessiner *v.* to draw I-2
détester *v.* to hate I-2
  Je déteste... I hate... I-2
détruire *v.* to destroy I-6
détruit (détruire) *p.p., adj.*
  destroyed I-6
deux *m.* two I-1
deuxième *adj.* second I-7
devant *prep.* in front of I-3
développer *v.* to develop II-6
devenir *v.* to become II-1
devoir *m.* homework I-2; *v.* to
  have to, must II-1
dictionnaire *m.* dictionary I-1
différemment *adv.* differently
  I-8, II-P
différence *f.* difference I-1
différent(e) *adj.* different I-1
difficile *adj.* difficult I-1
dimanche *m.* Sunday I-2
dîner *m.* dinner II-1; *v.* to have
  dinner I-2
diplôme *m.* diploma, degree I-2
dire *v.* to say I-7
  Ça te dit? Does that appeal
  to you? II-6
  ça veut dire that is to say II-2
  veut dire *v.* means, signifies
  II-1
diriger *v.* to manage II-5
discret/discrète *adj.* discreet;
  unassuming I-3
discuter *v.* discuss I-6
disque dur *m.* hard drive II-3
dissertation *f.* essay II-3
**distributeur automatique/de
  billets** *m.* ATM II-4
dit (dire) *p.p., adj.* said I-7
divorce *m.* divorce I-6
divorcé(e) *adj.* divorced I-3
divorcer *v.* to divorce I-3
dix *m.* ten I-1
dix-huit *m.* eighteen I-1
dixième *adj.* tenth I-7
dix-neuf *m.* nineteen I-1
dix-sept *m.* seventeen I-1
documentaire *m.*
  documentary II-7
doigt *m.* finger II-2
doigt de pied *m.* toe II-2
domaine *m.* field II-5
dommage *m.* harm II-6
  Il est dommage que... It's a
  shame that... II-6
donc *conj.* therefore I-7
donner (à) *v.* to give (*to
  someone*) I-2
dont *rel. pron.* of which; of
  whom; that II-3
dormir *v.* to sleep I-5

dos *m.* back II-2
  sac à dos *m.* backpack I-1
douane *f.* customs I-7
douche *f.* shower I-8, II-P
  prendre une douche *v.* to
  take a shower II-2
doué(e) *adj.* talented, gifted II-7
douleur *f.* pain II-2
douter (que) *v.* to doubt
  (that) II-7
douteux/douteuse *adj.*
  doubtful II-7
  Il est douteux que... It is
  doubtful that... II-7
doux/douce *adj.* sweet; soft I-3
douze *m.* twelve I-1
dramaturge *m.* playwright II-7
drame (psychologique) *m.*
  (psychological) drama II-7
draps *m., pl.* sheets I-8, II-P
droite *f.* the right (side) I-3
  à droite de *prep.* to the right
  of I-3
drôle *adj.* funny I-3
du *part. art., m., sing.* some I-4
du (de + le) *m., sing.* of the I-3
dû (devoir) *p.p., adj. (used with
  infinitive)* had to; *(used with
  noun)* due, owed II-1
duquel (de + lequel) *pron., m.,
  sing.* which one II-5

E

eau (minérale) *f.* (mineral)
  water I-4
  carafe d'eau *f.* pitcher of
  water II-1
écharpe *f.* scarf I-6
échecs *m., pl.* chess I-5
échouer *v.* to fail I-2
éclair *m.* éclair I-4
école *f.* school I-2
écologie *f.* ecology II-6
écologique *adj.* ecological II-6
économie *f.* economics I-2
écotourisme *m.* ecotourism II-6
écouter *v.* to listen (to) I-2
écran *m.* screen 11
écrire *v.* to write I-7
écrivain(e) *m., f.* writer II-7
écrit (écrire) *p.p., adj.* written I-7
écureuil *m.* squirrel II-6
éducation physique *f.* physical
  education I-2
effacer *v.* to erase II-3
effet de serre *m.* greenhouse
  effect II-6
égaler *v.* to equal I-3
église *f.* church I-4

égoïste *adj.* selfish I-1
Eh! *interj.* Hey! I-2
électrique *adj.* electric I-8, II-P
  appareil électrique/ménager
  m. electrical/household
  appliance I-8, II-P
électricien/électricienne *m., f.*
  electrician II-5
élégant(e) *adj.* elegant 1
élevé *adj.* high II-5
élève *m., f.* pupil, student I-1
elle *pron., f.* she; it I-1; her I-3
  elle est... she/it is... I-1
elles *pron., f.* they I-1; them I-3
  elles sont... they are... I-1
e-mail *m.* e-mail II-3
emballage (en plastique) *m.*
  (plastic) wrapping/
  packaging II-6
embaucher *v.* to hire II-5
embrayage *m.* (*automobile*)
  clutch II-3
émission (de télévision) *f.*
  (television) program II-7
emménager *v.* to move in
  I-8, II-P
emmener *v.* to take (*someone*) I-5
emploi *m.* job II-5
  **emploi à mi-temps/à temps
  partiel** *m.* part-time job II-5
  emploi à plein temps *m.*
  full-time job II-5
employé(e) *m., f.* employee II-5
employer *v.* to use, to employ I-5
emprunter *v.* to borrow II-4
en *prep.* in I-3
  en automne in the fall I-5
  en avance early I-2
  en avoir marre to be fed up I-6
  en effet indeed; in fact II-6
  en été in the summer I-5
  en face (de) *prep.* facing,
  across (from) I-3
  en fait in fact I-7
  en général *adv.* in general I-7
  en hiver in the winter I-5
  en plein air in fresh air II-6
  en retard late I-2
  en tout cas in any case 6
  en vacances on vacation 7
  être en ligne to be online II-3
en *pron.* some of it/them; about
  it/them; of it/them; from it/
  them II-2
  Je vous en prie. *form.*
  Please.; You're welcome. I-1
  Qu'en penses-tu? What do
  you think about that? II-6
enceinte *adj.* pregnant II-2
Enchanté(e). Delighted. I-1
encore *adv.* again; still I-3
endroit *m.* place I-4

énergie (nucléaire/solaire) *f.* (nuclear/solar) energy II-6
enfance *f.* childhood I-6
enfant *m., f.* child I-3
enfin *adv.* finally, at last I-7
enlever la poussière *v.* to dust I-8, II-P
ennuyeux/ennuyeuse *adj.* boring I-3
énorme *adj.* enormous, huge I-2
enregistrer *v.* to record II-3
enregistreur DVR *m.* DVR II-3
enseigner *v.* to teach I-2
ensemble *adv.* together I-6
ensuite *adv.* then, next I-7
entendre *v.* to hear I-6
entracte *m.* intermission II-7
entre *prep.* between I-3
entrée *f.* appetizer, starter II-1
entreprise *f.* firm, business II-5
entrer *v.* to enter I-7
entretien: passer un entretien to have an interview II-5
enveloppe *f.* envelope II-4
envie *f.* desire, envy I-2
  avoir envie (de) to feel like (*doing something*) I-2
environnement *m.* environment II-6
envoyer (à) *v.* to send (*to someone*) I-5
épargne *f.* savings II-4
  compte d'épargne *m.* savings account II-4
épicerie *f.* grocery store I-4
épouser *v.* to marry I-3
épouvantable *adj.* dreadful 5
  Il fait un temps épouvantable. The weather is dreadful. I-5
époux/épouse *m., f.* husband/ wife I-3
équipe *f.* team I-5
escalier *m.* staircase I-8, II-P
escargot *m.* escargot, snail II-1
espace *m.* space II-6
Espagne *f.* Spain 7
espagnol(e) *adj.* Spanish I-1
espèce (menacée) *f.* (endangered) species II-6
espèces *m.* cash II-4
espérer *v.* to hope I-5
essayer *v.* to try I-5
essence *f.* gas II-3
  réservoir d'essence *m.* gas tank II-3
  voyant d'essence *m.* gas warning light II-3
essentiel(le) *adj.* essential II-6
  Il est essentiel que... It is essential that... II-6

essuie-glace *m.* **(essuie-glaces** *pl.***)** windshield wiper(s) II-3
essuyer (la vaiselle/la table) *v.* to wipe (the dishes/ the table) I-8, II-P
est *m.* east II-4
Est-ce que... ? *(used in forming questions)* I-2
et *conj.* and I-1
  Et toi? *fam.* And you? I-1
  Et vous? *form.* And you? I-1
étage *m.* floor I-7
étagère *f.* shelf I-8, II-P
étape *f.* stage I-6
États-Unis *m., pl.* United States I-7
été *m.* summer I-5
  en été in the summer I-5
été (être) *p.p.* been I-6
éteindre *v.* to turn off II-3
éternuer *v.* to sneeze II-2
étoile *f.* star II-6
étranger/étrangère *adj.* foreign I-2
  langues étrangères *f., pl.* foreign languages I-2
étranger *m.* (*places that are*) abroad, overseas I-7
  à l'étranger abroad, overseas I-7
étrangler *v.* to strangle II-5
être *v.* to be I-1
  être bien/mal payé(e) to be well/badly paid II-5
  être connecté(e) avec quelqu'un to be online with someone I-7, II-3
  être en ligne avec to be online with II-3
  être en pleine forme to be in good shape II-2
études (supérieures) *f., pl.* studies; (higher) education I-2
étudiant(e) *m., f.* student I-1
étudier *v.* to study I-2
eu (avoir) *p.p.* had I-6
eux *disj. pron., m., pl.* they, them I-3
évidemment *adv.* obviously, evidently; of course I-7
évident(e) *adj.* evident, obvious II-7
  Il est évident que... It is evident that... II-7
évier *m.* sink I-8, II-P

éviter (de) *v.* to avoid (*doing something*) II-2
exactement *adv.* exactly II-1
examen *m.* exam; test I-1
  être reçu(e) à un examen *v.* to pass an exam I-2

passer un examen *v.* to take an exam I-2
Excuse-moi. *fam.* Excuse me. I-1
Excusez-moi. *form.* Excuse me. I-1
exercice *m.* exercise II-2
  faire de l'exercice *v.* to exercise II-2
exigeant(e) *adj.* demanding II-5
  profession (exigeante) *f.* a (demanding) profession II-5
exiger (que) *v.* to demand (that) II-6
expérience (professionnelle) *f.* (professional) experience II-5
expliquer *v.* to explain I-2
explorer *v.* to explore I-4
exposition *f.* exhibit II-7
extinction *f.* extinction II-6

F

facile *adj.* easy I-2
facilement *adv.* easily I-8, II-P
facteur *m.* mailman II-4
faible *adj.* weak I-3
faim *f.* hunger I-4
  avoir faim *v.* to be hungry I-4
faire *v.* to do; to make I-5
  faire attention (à) *v.* to pay attention (to) I-5
  faire quelque chose de beau *v.* to be up to something interesting II-4
  faire de l'aérobic *v.* to do aerobics I-5
  faire de la gym *v.* to work out I-5
  faire de la musique *v.* to play music II-5
  faire de la peinture *v.* to paint II-7
  faire de la planche à voile *v.* to go windsurfing I-5
  faire de l'exercice *v.* to exercise II-2
  faire des projets *v.* to make plans II-5
  faire du camping *v.* to go camping I-5
  faire du cheval *v.* to go horseback riding I-5
  faire du jogging *v.* to go jogging I-5
  faire du shopping *v.* to go shopping I-7
  faire du ski *v.* to go skiing I-5
  faire du sport *v.* to do sports I-5
  faire du vélo *v.* to go bike riding I-5

faire la connaissance de *v.* to meet (*someone*) I-5
faire la cuisine *v.* to cook I-5
faire la fête *v.* to celebrate I-6
faire la lessive *v.* to do the laundry I-8, II-P
faire la poussière *v.* to dust I-8, II-P
faire la queue *v.* to wait in line II-4
faire la vaisselle *v.* to do the dishes I-8, II-P
faire le lit *v.* to make the bed I-8, II-P
faire le ménage *v.* to do the housework I-8, II-P
faire le plein *v.* to fill the tank II-3
faire les courses *v.* to run errands II-1
faire les musées *v.* to go to museums II-7
faire les valises *v.* to pack one's bags I-7
faire mal *v.* to hurt II-2
faire plaisir à quelqu'un *v.* to please someone II-5
faire sa toilette *v.* to wash up II-2
faire une piqûre *v.* to give a shot 10
faire une promenade *v.* to go for a walk I-5
faire une randonnée *v.* to go for a hike I-5
faire un séjour *v.* to spend time (*somewhere*) I-7
faire un tour (en voiture) *v.* to go for a walk (drive) I-5
faire visiter *v.* to give a tour I-8, II-P
fait (faire) *p.p., adj.* done; made I-6
falaise *f.* cliff II-6
faut (falloir) *v. (used with infinitive)* is necessary to... I-5
Il a fallu... It was necessary to... I-6
Il fallait... One had to... I-8, II-P
Il faut que... One must.../It is necessary that... II-6
fallu (falloir) *p.p. (used with infinitive)* had to... I-6
Il a fallu... It was necessary to... I-6
famille *f.* family I-3
fatigué(e) *adj.* tired I-3
fauteuil *m.* armchair I-8, II-P
favori/favorite *adj.* favorite I-3
fax *m.* fax (machine) II-3

félicitations congratulations II-7
femme *f.* woman; wife I-1
femme d'affaires businesswoman I-3
femme au foyer housewife II-5
femme auteur author II-7
femme cadre executive II-5
femme peintre painter II-7
femme politique politician II-5
femme pompier firefighter II-5
fenêtre *f.* window I-1
fer à repasser *m.* iron I-8, II-P
férié(e) *adj.* holiday I-6
jour férié *m.* holiday I-6
fermé(e) *adj.* closed II-4
fermer *v.* to close; to shut off II-3
festival (festivals *pl.***)** *m.* festival II-7
fête *f.* party; celebration I-6
faire la fête *v.* to celebrate I-6
fêter *v.* to celebrate I-6
feu de signalisation *m.* traffic light II-4
feuille de papier *f.* sheet of paper I-1
feuilleton *m.* soap opera II-7
février *m.* February I-5
fiancé(e) *adj.* engaged I-3
fiancé(e) *m., f.* fiancé I-6
fichier *m.* file II-3
fier/fière *adj.* proud I-3
fièvre *f.* fever II-2
avoir de la fièvre *v.* to have a fever II-2
fille *f.* girl; daughter I-1
film (d'aventures, d'horreur, de science-fiction, policier) *m.* (adventure, horror, science-fiction, crime) film II-7
fils *m.* son I-3
fin *f.* end II-7
finalement *adv.* finally I-7
fini (finir) *p.p., adj.* finished, done, over I-4
finir (de) *v.* to finish (*doing something*) I-4
fleur *f.* flower I-8, II-P
fleuve *m.* river II-6
fois *f.* time I-8, II-P
une fois *adv.* once I-8, II-P
deux fois *adv.* twice I-8, II-P
fonctionner *v.* to work, to function II-3
fontaine *f.* fountain II-4
foot(ball) *m.* soccer I-5
football américain *m.* football I-5
forêt (tropicale) *f.* (tropical) forest II-6

formation *f.* education; training II-5
forme *f.* shape; form II-2
être en pleine forme *v.* to be in good shape II-2
formidable *adj.* great I-7
formulaire *m.* form II-4
remplir un formulaire to fill out a form II-4
fort(e) *adj.* strong I-3
fou/folle *adj.* crazy I-3
four (à micro-ondes) *m.* (microwave) oven I-8, II-P
fourchette *f.* fork II-1
frais/fraîche *adj.* fresh; cool I-5
Il fait frais. (*weather*) It is cool. I-5
fraise *f.* strawberry II-1
français(e) *adj.* French I-1
France *f.* France I-7
franchement *adv.* frankly, honestly I-7
freiner *v.* to brake II-3
freins *m., pl.* brakes II-3
fréquenter *v.* to frequent; to visit I-4
frère *m.* brother I-3
beau-frère *m.* brother-in-law I-3
demi-frère *m.* half-brother, stepbrother I-3
frigo *m.* refrigerator I-8, II-P
frisé(e) *adj.* curly I-3
frites *f., pl.* French fries I-4
froid *m.* cold I-2
avoir froid to be cold I-2
Il fait froid. (*weather*) It is cold. I-5
fromage *m.* cheese I-4
fruit *m.* fruit II-1
fruits de mer *m., pl.* seafood II-1
funérailles *f., pl.* funeral II-1
furieux/furieuse *adj.* furious II-6
être furieux/furieuse que... *v.* to be furious that... II-6

G

gagner *v.* to win I-5; to earn II-5
gant *m.* glove I-6
garage *m.* garage I-8, II-P
garanti(e) *adj.* guaranteed 5
garçon *m.* boy I-1
garder la ligne *v.* to stay slim II-2
gare (routière) *f.* train station (bus station) I-7
gaspillage *m.* waste II-6
gaspiller *v.* to waste II-6
gâteau *m.* cake I-6
gauche *f.* the left (side) I-3
à gauche (de) *prep.* to the left (of) I-3

Vocabulary

gazeux/gazeuse *adj.* carbonated, fizzy 4
  boisson gazeuse *f.* carbonated drink/beverage I-4
généreux/généreuse *adj.* generous I-3
génial(e) *adj.* great I-3
genou *m.* knee II-2
genre *m.* genre II-7
gens *m., pl.* people I-7
gentil/gentille *adj.* nice I-3
gentiment *adv.* nicely I-8, II-P
géographie *f.* geography I-2
gérant(e) *m., f.* manager II-5
gestion *f.* business administration I-2
glace *f.* ice cream I-6
glaçon *m.* ice cube I-6
glissement de terrain *m.* landslide II-6
golf *m.* golf I-5
enfler *v.* to swell II-2
gorge *f.* throat II-2
goûter *m.* afternoon snack II-1; *v.* to taste II-1
gouvernement *m.* government II-6
grand(e) *adj.* big I-3
  grand magasin *m.* department store I-4
grand-mère *f.* grandmother I-3
grand-père *m.* grandfather I-3
grands-parents *m., pl.* grandparents I-3
gratin *m.* gratin II-1
gratuit(e) *adj.* free II-7
grave *adj.* serious II-2
  Ce n'est pas grave. It's okay.; No problem. I-6
grille-pain *m.* toaster I-8, II-P
grippe *f.* flu II-2
gris(e) *adj.* gray I-6
gros(se) *adj.* fat I-3
grossir *v.* to gain weight I-4
guérir *v.* to get better II-2
guitare *f.* guitar II-7
gym *f.* exercise I-5
  faire de la gym *v.* to work out I-5
gymnase *m.* gym I-4

H

habitat *m.* habitat II-6
  sauvetage des habitats *m.* habitat preservation II-6
habiter (à) *v.* to live (in/at) I-2
haricots verts *m., pl.* green beans II-1
Hein? *interj.* Huh?; Right? I-3
herbe *f.* grass II-6
hésiter (à) *v.* to hesitate (*to do something*) II-3

heure(s) *f.* hour, o'clock; time I-2
  à ... heure(s) at ... (o'clock) I-4
  À quelle heure? What time?; When? I-2
  À tout à l'heure. See you later. I-1
  Quelle heure avez-vous? *form.* What time do you have? I-2
  Quelle heure est-il? What time is it? I-2
heureusement *adv.* fortunately I-8, II-P
heureux/heureuse *adj.* happy I-3
  être heureux/heureuse que... to be happy that... II-6
hier (matin/après-midi/soir) *adv.* yesterday (morning/afternoon/evening) I-7
  avant-hier *adv.* day before yesterday I-7
histoire *f.* history; story I-2
hiver *m.* winter I-5
  en hiver in the winter I-5
homme *m.* man I-1
  homme d'affaires *m.* businessman I-3
  homme politique *m.* politician II-5
honnête *adj.* honest II-7
honte *f.* shame I-2
  avoir honte (de) *v.* to be ashamed (of) I-2
hôpital *m.* hospital I-4
horloge *f.* clock I-1
hors-d'œuvre *m.* hors d'œuvre, appetizer II-1
hôte/hôtesse *m., f.* host I-6
hôtel *m.* hotel I-7
hôtelier/hôtelière *m., f.* hotel keeper I-7
huile *f.* oil II-1
  huile *f.* (automobile) oil II-3
  huile d'olive *f.* olive oil II-1
  vérifier l'huile to check the oil II-3
  voyant d'huile *m.* oil warning light II-3
huit *m.* eight I-1
huitième *adj.* eighth I-7
humeur *f.* mood I-8, II-P
  être de bonne/mauvaise humeur *v.* to be in a good/bad mood I-8, II-P

I

ici *adv.* here I-1
idée *f.* idea I-3
il *sub. pron.* he; it I-1
  il est... he/it is... I-1

Il n'y a pas de quoi. It's nothing.; You're welcome. I-1
Il vaut mieux que... It is better that... II-6
Il faut (falloir) *v. (used with infinitive)* It is necessary to... I-6
  Il a fallu... It was necessary to... I-6
  Il fallait... One had to... I-8, II-P
  Il faut (que)... One must.../ It is necessary that... II-6
il y a there is/are I-1
  il y a eu there was/were 6
  il y avait there was/were I-8, II-P
  Qu'est-ce qu'il y a? What is it?; What's wrong? I-1
  Y a-t-il... ? Is/Are there... ? I-2
il y a... *(used with an expression of time)* ... ago II-1
île *f.* island II-6
ils *sub. pron., m., pl.* they I-1
  ils sont... they are... I-1
immeuble *m.* building I-8, II-P
impatient(e) *adj.* impatient I-1
imperméable *m.* rain jacket I-5
important(e) *adj.* important I-1
  Il est important que... It is important that... II-6
impossible *adj.* impossible II-7
  Il est impossible que... It is impossible that... II-7
imprimante *f.* printer II-3
imprimer *v.* to print II-3
incendie *m.* fire II-6
  prévenir l'incendie to prevent a fire II-6
incroyable *adj.* incredible II-3
indépendamment *adv.* independently I-8, II-P
indépendant(e) *adj.* independent I-1
indications *f.* directions II-4
indiquer *v.* to indicate I-5
indispensable *adj.* essential, indispensable II-6
  Il est indispensable que... It is essential that... II-6
individuel(le) *adj.* single, individual I-7
  chambre individuelle *f.* single (hotel) room I-7
infirmier/infirmière *m., f.* nurse II-2
informations (infos) *f., pl.* news II-7
informatique *f.* computer science I-2
ingénieur *m.* engineer I-3
inquiet/inquiète *adj.* worried I-3

instrument *m.* instrument I-1
intellectuel(le) *adj.*
intellectual I-3
intelligent(e) *adj.* intelligent I-1
interdire *v.* to forbid, to
prohibit II-6
intéressant(e) *adj.* interesting I-1
inutile *adj.* useless I-2
invité(e) *m., f.* guest I-6
inviter *v.* to invite I-4
irlandais(e) *adj.* Irish I-7
Irlande *f.* Ireland I-7
Italie *f.* Italy I-7
italien(ne) *adj.* Italian I-1

J

jaloux/jalouse *adj.* jealous I-3
jamais *adv.* never I-5
ne... jamais never, not
ever II-4
jambe *f.* leg II-2
jambon *m.* ham I-4
janvier *m.* January I-5
Japon *m.* Japan I-7
japonais(e) *adj.* Japanese I-1
jardin *m.* garden; yard I-8, II-P
jaune *adj.* yellow I-6
je/j' *sub. pron.* I I-1
Je vous en prie. *form.*
Please.; You're welcome. I-1
jean *m., sing.* jeans I-6
jeter *v.* to throw away II-6
jeu *m.* game I-5
jeu télévisé *m.* game
show II-7
jeu vidéo (des jeux vidéo)
m. video game(s) II-3
jeudi *m.* Thursday I-2
jeune *adj.* young I-3
jeunes mariés *m., pl.* newlyweds I-6
jeunesse *f.* youth I-6
auberge de jeunesse *f.*
youth hostel I-7
jogging *m.* jogging I-5
faire du jogging *v.* to go
jogging I-5
joli(e) *adj.* handsome; beautiful I-3
joue *f.* cheek I-2
jouer (à/de) *v.* to play (*a
sport/a musical instrument*) I-5
jouer un rôle *v.* to play a
role II-7
joueur/joueuse *m., f.* player I-5
jour *m.* day I-2
jour de congé *m.* day off I-7
jour férié *m.* holiday I-6
Quel jour sommes-nous?
What day is it? I-2
journal *m.* newspaper;
journal I-7

journaliste *m., f.* journalist I-3
journée *f.* day I-2
juillet *m.* July I-5
juin *m.* June I-5
jungle *f.* jungle II-6
jupe *f.* skirt I-6
jus (d'orange/de pomme) *m.*
(orange/apple) juice I-4
jusqu'à (ce que) *prep.* until II-4
juste *adv.* just; right I-3
juste à côté right next door I-3

K

kilo(gramme) *m.* kilo(gram) II-1
kiosque *m.* kiosk I-4

L

l' *def. art., m., f. sing.* the I-1; *d.o.
pron., m., f.* him; her; it I-7
la *def. art., f. sing.* the I-1; *d.o.
pron., f.* her; it I-7
là(-bas) (over) there I-1
-là (*used with demonstrative
adjective* **ce** *and noun or with
demonstrative pronoun* **celui**)
there I-6
lac *m.* lake II-6
laid(e) *adj.* ugly I-3
laine *f.* wool II-4
laisser *v.* to let, to allow II-3
laisser tranquille *v.* to leave
alone II-2
laisser un message *v.* to
leave a message II-5
laisser un pourboire *v.* to
leave a tip I-4
lait *m.* milk I-4
laitue *f.* lettuce II-1
lampe *f.* lamp I-8, II-P
langues (étrangères) *f., pl.*
(foreign) languages I-2
lapin *m.* rabbit II-6
laquelle *pron., f., sing.* which
one II-5
à laquelle *pron., f., sing.*
which one II-5
de laquelle *pron., f., sing.*
which one II-5
large *adj.* loose; big I-6
lavabo *m.* bathroom sink
I-8, II-P
lave-linge *m.* washing machine
I-8, II-P
laver *v.* to wash I-8, II-P
laverie *f.* laundromat II-4
lave-vaisselle *m.* dishwasher
I-8, II-P
le *def. art., m. sing.* the I-1; *d.o.
pron.* him; it I-7
légume *m.* vegetable II-1
lent(e) *adj.* slow I-3

lentement *adv.* slowly I-7
lequel *pron., m., sing.* which
one II-5
auquel (à + lequel) *pron., m.,
sing.* which one II-5
duquel (de + lequel) *pron.,
m., sing.* which one II-5
les *def. art., m., f., pl.* the I-1;
d.o. pron., m., f., pl. them I-7
lesquelles *pron., f., pl.* which
ones II-5
auxquelles (à + lesquelles)
pron., f., pl. which ones II-5
desquelles (de + lesquelles)
pron., f., pl. which ones II-5
lesquels *pron., m., pl.* which
ones II-5
auxquels (à + lesquels)
pron., m., pl. which ones II-5
desquels (de + lesquels)
pron., m., pl. which ones II-5
lessive *f.* laundry I-8, II-P
faire la lessive *v.* to do the
laundry I-8, II-P
lettre *f.* letter II-4
boîte aux lettres *f.* mailbox II-4
lettre de motivation *f.* letter
of application II-5
lettre de recommandation
f. letter of recommendation,
reference letter II-5
lettres *f., pl.* humanities I-2
leur *i.o. pron., m., f., pl.* them I-6
leur(s) *poss. adj., m., f.* their I-3
librairie *f.* bookstore I-1
libre *adj.* available I-7
lien *m.* link II-3
lieu *m.* place I-4
ligne *f.* figure, shape II-2
garder la ligne *v.* to stay
slim II-2
limitation de vitesse *f.* speed
limit II-3
limonade *f.* lemon soda I-4
linge *m.* laundry I-8, II-P
lave-linge *m.* washing
machine I-8, II-P
sèche-linge *m.* clothes dryer
I-8, II-P
lire *v.* to read I-7
lit *m.* bed I-7
faire le lit *v.* to make the bed
I-8, II-P
littéraire *adj.* literary II-7
littérature *f.* literature I-1
livre *m.* book I-1
logement *m.* housing I-8, II-P
logiciel *m.* software, program II-3
loi *f.* law II-6
loin de *prep.* far from I-3
loisir *m.* leisure activity I-5
long(ue) *adj.* long I-3

chemise à manches longues *f.* long-sleeved shirt I-6
longtemps *adv.* a long time I-5
louer *v.* to rent I-8, II-P
loyer *m.* rent I-8, II-P
lu (lire) *p.p.* read I-7
lui *pron., sing.* he I-1; him I-3; *i.o. pron. (attached to imperative)* to him/her II-1
l'un(e) à l'autre to one another II-3
l'un(e) l'autre one another II-3
lundi *m.* Monday I-2
Lune *f.* moon II-6
lunettes (de soleil) *f., pl.* (sun)glasses I-6
lycée *m.* high school I-1
lycéen(ne) *m., f.* high school student I-2

M

ma *poss. adj., f., sing.* my I-3
Madame *f.* Ma'am; Mrs. I-1
Mademoiselle *f.* Miss I-1
magasin *m.* store I-4
grand magasin *m.* department store I-4
magazine *m.* magazine II-7
magnétophone *m.* tape recorder II-3
magnétoscope *m.* videocassette recorder (VCR) II-3
mai *m.* May I-5
maigrir *v.* to lose weight I-4
maillot de bain *m.* swimsuit, bathing suit I-6
main *f.* hand I-5
sac à main *m.* purse, handbag I-6
maintenant *adv.* now I-5
maintenir *v.* to maintain II-1
mairie *f.* town/city hall; mayor's office II-4
mais *conj.* but I-1
mais non (but) of course not; no I-2
maison *f.* house I-4
rentrer à la maison *v.* to return home I-2
mal *adv.* badly I-7
Je vais mal. I am doing badly. I-1
le plus mal *super. adv.* the worst II-1
se porter mal *v.* to be doing badly II-2
mal *m.* illness; ache, pain II-2
avoir mal *v.* to have an ache II-2
avoir mal au cœur *v.* to feel nauseated II-2
faire mal *v.* to hurt II-2
malade *adj.* sick, ill II-2

tomber malade *v.* to get sick II-2
maladie *f.* illness II-5
assurance maladie *f.* health insurance II-5
malheureusement *adv.* unfortunately I-7
malheureux/malheureuse *adj.* unhappy I-3
manche *f.* sleeve I-6
chemise à manches courtes/ longues *f.* short-/long-sleeved shirt I-6
manger *v.* to eat I-2
salle à manger *f.* dining room I-8, II-P
manteau *m.* coat I-6
maquillage *m.* makeup II-2
marchand de journaux *m.* newsstand II-4
marché *m.* market I-4
bon marché *adj.* inexpensive I-6
marcher *v.* to walk *(person)* I-5; to work *(thing)* II-3
mardi *m.* Tuesday I-2
mari *m.* husband I-3
mariage *m.* marriage; wedding *(ceremony)* I-6
marié(e) *adj.* married I-3
mariés *m., pl.* married couple I-6
jeunes mariés *m., pl.* newlyweds I-6
marocain(e) *adj.* Moroccan I-1
marron *adj., inv. (not for hair)* brown I-3
mars *m.* March I-5
martiniquais(e) *adj.* from Martinique I-1
match *m.* game I-5
mathématiques (maths) *f., pl.* mathematics I-2
matin *m.* morning I-2
ce matin *adv.* this morning I-2
demain matin *adv.* tomorrow morning I-2
hier matin *adv.* yesterday morning I-7
matinée *f.* morning I-2
mauvais(e) *adj.* bad I-3
Il fait mauvais. The weather is bad. I-5
le/la plus mauvais(e) *super. adj.* the worst II-1
mayonnaise *f.* mayonnaise II-1
me/m' *pron., sing.* me; myself I-6
mec *m.* guy II-2
mécanicien *m.* mechanic II-3
mécanicienne *f.* mechanic II-3
méchant(e) *adj.* mean I-3
médecin *m.* doctor I-3
médicament (contre/pour) *m.* medication (against/for) II-2
meilleur(e) *comp. adj.* better II-1

le/la meilleur(e) *super. adj.* the best II-1
membre *m.* member II-7
même *adj.* even I-5; same
-même(s) *pron.* -self/-selves I-6
menacé(e) *adj.* endangered II-6
espèce menacée *f.* endangered species II-6
ménage *m.* housework I-8, II-P
faire le ménage *v.* to do housework I-8, II-P
ménager/ménagère *adj.* household I-8, II-P
appareil ménager *m.* household appliance I-8, II-P
tâche ménagère *f.* household chore I-8, II-P
mention *f.* distinction II-5
menu *m.* menu II-1
mer *f.* sea I-7
Merci (beaucoup). Thank you (very much). I-1
mercredi *m.* Wednesday I-2
mère *f.* mother I-3
belle-mère *f.* mother-in-law; stepmother I-3
mes *poss. adj., m., f., pl.* my I-3
message *m.* message II-5
laisser un message *v.* to leave a message II-5
messagerie *f.* voicemail II-5
météo *f.* weather II-7
métier *m.* profession II-5
métro *m.* subway I-7
station de métro *f.* subway station I-7
metteur en scène *m.* director *(of a play)* II-7
mettre *v.* to put, to place 6
mettre la table to set the table I-8, II-P
meuble *m.* piece of furniture I-8, II-P
mexicain(e) *adj.* Mexican I-1
Mexique *m.* Mexico I-7
Miam! *interj.* Yum! I-5
micro-onde *m.* microwave oven I-8, II-P
four à micro-ondes *m.* microwave oven I-8, II-P
midi *m.* noon I-2
après-midi *m.* afternoon I-2
mieux *comp. adv.* better II-1
aimer mieux *v.* to prefer I-2
le mieux *super. adv.* the best II-1
se porter mieux *v.* to be doing better II-2
mille *m.* one thousand I-5
cent mille *m.* one hundred thousand I-5
million, un *m.* one million I-5
deux millions *m.* two million I-5

minuit *m.* midnight I-2
miroir *m.* mirror I-8, II-P
mis (mettre) *p.p.* put, placed I-6
mode *f.* fashion I-2
modeste *adj.* modest II-5
moi *disj. pron., sing.* I, me I-3; *pron. (attached to an imperative)* to me, to myself II-1
  Moi aussi. Me too. I-1
  Moi non plus. Me neither. I-2
moins *adv.* before … (o'clock) I-2
moins (de) *adv.* less (of); fewer I-4
  le/la moins *super. adv. (used with verb or adverb)* the least II-1
  le moins de... *(used with noun to express quantity)* the least... II-6
  moins de... que... *(used with noun to express quantity)* less... than... II-6
mois *m.* month I-2
  ce mois-ci this month I-2
moment *m.* moment I-1
mon *poss. adj., m., sing.* my I-3
monde *m.* world I-7
monnaie *f.* change, coins; money II-4
Monsieur *m.* Sir; Mr. I-1
montagne *f.* mountain I-4
monter *v.* to go up, to come up; to get in/on I-7
montre *f.* watch I-1
montrer (à) *v.* to show (to someone) I-6
morceau (de) *m.* piece, bit (of) I-4
mort *f.* death I-6
mort (mourir) *p.p., adj. (as past participle)* died; *(as adjective)* dead I-7
mot de passe *m.* password II-3
moteur *m.* engine II-3
mourir *v.* to die I-7
moutarde *f.* mustard II-1
moyen(ne) *adj.* medium I-3
  de taille moyenne of medium height I-3
MP3 *m.* MP3 II-3
mur *m.* wall I-8, II-P
musée *m.* museum I-4
  faire les musées *v.* to go to museums II-7
musical(e) *adj.* musical II-7
  comédie musicale *f.* musical II-7
musicien(ne) *m., f.* musician I-3
musique: faire de la musique *v.* to play music II-7

nager *v.* to swim I-4
naïf/naïve *adj.* naïve I-3
naissance *f.* birth I-6
naître *v.* to be born I-7
nappe *f.* tablecloth II-1
nationalité *f.* nationality I-1
  Je suis de nationalité... I am of … nationality. I-1
  Quelle est ta nationalité? *fam.* What is your nationality? I-1
  Quelle est votre nationalité? *fam., pl., form.* What is your nationality? I-1
nature *f.* nature II-6
naturel(le) *adj.* natural II-6
  ressource naturelle *f.* natural resource II-6
né (naître) *p.p., adj.* born I-7
ne/n' no, not I-1
  ne... aucun(e) none, not any II-4
  ne... jamais never, not ever II-4
  ne... ni... ni... neither... nor... II-4
  ne... pas no, not I-2
  ne... personne nobody, no one II-4
  ne... plus no more, not anymore II-4
  ne... que only II-4
  ne... rien nothing, not anything II-4
  N'est-ce pas? *(tag question)* Isn't it? I-2
nécessaire *adj.* necessary II-6
  Il est nécessaire que... It is necessary that... II-6
neiger *v.* to snow I-5
  Il neige. It is snowing. I-5
nerveusement *adv.* nervously I-8, II-P
nerveux/nerveuse *adj.* nervous I-3
nettoyer *v.* to clean I-5
neuf *m.* nine I-1
neuvième *adj.* ninth I-7
neveu *m.* nephew I-3
nez *m.* nose II-2
ni nor II-4
  ne... ni... ni... neither... nor... II-4
nièce *f.* niece I-3
niveau *m.* level II-5
noir(e) *adj.* black I-3
non no I-2
  mais non (but) of course not; no I-2
nord *m.* north II-4

nos *poss. adj., m., f., pl.* our I-3
note *f. (academics)* grade I-2
notre *poss. adj., m., f., sing.* our I-3
nourriture *f.* food, sustenance II-1
nous *pron.* we I-1; us I-3; ourselves II-2
nouveau/nouvelle *adj.* new I-3
nouvelles *f., pl.* news II-7
novembre *m.* November I-5
nuage de pollution *m.* pollution cloud II-6
nuageux/nuageuse *adj.* cloudy I-5
  Le temps est nuageux. It is cloudy. I-5
nucléaire *adj.* nuclear II-6
  centrale nucléaire *f.* nuclear plant II-6
  énergie nucléaire *f.* nuclear energy II-6
nuit *f.* night I-2
  boîte de nuit *f.* nightclub I-4
nul(le) *adj.* useless I-2
numéro *m. (telephone)* number II-3
  composer un numéro *v.* to dial a number II-3
  recomposer un numéro *v.* to redial a number II-3

objet *m.* object I-1
obtenir *v.* to get, to obtain II-5
occupé(e) *adj.* busy I-1
octobre *m.* October I-5
œil (les yeux) *m.* eye (eyes) II-2
œuf *m.* egg II-1
œuvre *f.* artwork, piece of art II-7
  chef-d'œuvre *m.* masterpiece II-7
  hors-d'œuvre *m.* hors d'œuvre, starter II-1
offert (offrir) *p.p.* offered II-3
office du tourisme *m.* tourist office II-4
offrir *v.* to offer II-3
oignon *m.* onion II-1
oiseau *m.* bird I-3
olive *f.* olive II-1
  huile d'olive *f.* olive oil II-1
omelette *f.* omelette I-5
on *sub. pron., sing.* one (we) I-1
  on y va let's go II-2
oncle *m.* uncle I-3
onze *m.* eleven I-1
onzième *adj.* eleventh I-7
opéra *m.* opera II-7
optimiste *adj.* optimistic I-1
orageux/orageuse *adj.* stormy I-5
  Le temps est orageux. It is stormy. I-5

orange *adj. inv.* orange I-6; *f.* orange II-1
orchestre *m.* orchestra II-7
ordinateur *m.* computer I-1
ordonnance *f.* prescription II-2
ordures *f., pl.* trash II-6
   ramassage des ordures *m.* garbage collection II-6
oreille *f.* ear II-2
oreiller *m.* pillow I-8, II-P
organiser (une fête) *v.* to organize/to plan (a party) I-6
origine *f.* heritage I-1
   Je suis d'origine... I am of... heritage. I-1
orteil *m.* toe II-2
ou *or* I-3
où *adv., rel. pron.* where 4
ouais *adv.* yeah I-2
oublier (de) *v.* to forget (*to do something*) I-2
ouest *m.* west II-4
oui *adv.* yes I-2
ouvert (ouvrir) *p.p., adj.* (*as past participle*) opened; (*as adjective*) open II-3
ouvrier/ouvrière *m., f.* worker, laborer II-5
ouvrir *v.* to open II-3
ozone *m.* ozone II-6
   trou dans la couche d'ozone *m.* hole in the ozone layer II-6

P

page d'accueil *f.* home page II-3
pain (de campagne) *m.* (country-style) bread I-4
panne *f.* breakdown, malfunction II-3
   tomber en panne *v.* to break down II-3
pantalon *m., sing.* pants I-6
pantoufle *f.* slipper II-2
papeterie *f.* stationery store II-4
papier *m.* paper I-1
   corbeille à papier *f.* wastebasket I-1
   feuille de papier *f.* sheet of paper I-1
paquet cadeau *m.* wrapped gift I-6
par *prep.* by I-3
   par jour/semaine/mois/an per day/week/month/year I-5
parapluie *m.* umbrella I-5
parc *m.* park I-4
parce que *conj.* because I-2
Pardon. Pardon (me). I-1
Pardon? What? I-4
pare-brise *m.* windshield II-3
pare-chocs *m.* bumper II-3

parents *m., pl.* parents I-3
paresseux/paresseuse *adj.* lazy I-3
parfait(e) *adj.* perfect I-4
parfois *adv.* sometimes I-5
parking *m.* parking lot II-3
parler (à) *v.* to speak (to) I-6
   parler (au téléphone) *v.* to speak (on the phone) I-2
partager *v.* to share I-2
partir *v.* to leave I-5
   partir en vacances *v.* to go on vacation I-7
pas (de) *adv.* no, none II-4
   ne... pas no, not I-2
   pas de problème no problem II-4
   pas du tout not at all I-2
   pas encore not yet I-8, II-P
   Pas mal. Not badly. I-1
passager/passagère *m., f.* passenger I-7
passeport *m.* passport I-7
passer *v.* to pass by; to spend time I-7
   passer chez quelqu'un *v.* to stop by someone's house I-4
   passer l'aspirateur *v.* to vacuum I-8, II-P
   passer un examen *v.* to take an exam I-2
passe-temps *m.* pastime, hobby I-5
pâté (de campagne) *m.* pâté, meat spread II-1
pâtes *f., pl.* pasta II-1
patiemment *adv.* patiently I-8, II-P
patient(e) *m., f.* patient II-2; *adj.* patient I-1
patienter *v.* to wait (on the phone), to be on hold II-5
patiner *v.* to skate I-4
pâtisserie *f.* pastry shop, bakery, pastry II-1
patron(ne) *m., f.* boss II-5
pauvre *adj.* poor I-3
payé (payer) *p.p., adj.* paid II-5
   être bien/mal payé(e) *v.* to be well/badly paid II-5
payer *v.* to pay I-5
   payer par carte (bancaire/ de crédit) *v.* to pay with a (debit/credit) card II-4
   payer en espèces *v.* to pay in cash II-4
   payer par chèque *v.* to pay by check II-4
pays *m.* country I-7
peau *f.* skin II-2
pêche *f.* fishing I-5; peach II-1
   aller à la pêche *v.* to go fishing I-5

peigne *m.* comb II-2
peintre/femme peintre *m., f.* painter II-7
peinture *f.* painting II-7
pendant (que) *prep.* during, while I-7
   pendant (*with time expression*) *prep.* for II-1
pénible *adj.* tiresome I-3
penser (que) *v.* to think (that) I-2
   ne pas penser que... to not think that... II-7
   Qu'en penses-tu? What do you think about that? II-6
perdre *v.* to lose I-6
   perdre son temps *v.* to waste time I-6
perdu *p.p., adj.* lost II-4
   être perdu(e) to be lost II-4
père *m.* father I-3
   beau-père *m.* father-in-law; stepfather I-3
permettre (de) *v.* to allow (*to do something*) I-6
permis *m.* permit; license II-3
   permis de conduire *m.* driver's license II-3
permis (permettre) *p.p., adj.* permitted, allowed I-6
personnage (principal) *m.* (main) character II-7
personne *f.* person I-1; *pron.* no one I-4
   ne... personne nobody, no one II-4
pessimiste *adj.* pessimistic I-1
petit(e) *adj.* small I-3; short (*stature*) I-3
   petit(e) ami(e) *m., f.* boy- friend/girlfriend I-1
petit-déjeuner *m.* breakfast II-1
petite-fille *f.* granddaughter I-3
petit-fils *m.* grandson I-3
petits-enfants *m., pl.* grand- children I-3
petits pois *m., pl.* peas II-1
peu (de) *adv.* little; not much (of) I-2
peur *f.* fear I-2
   avoir peur (de/que) *v.* to be afraid (of/that) I-2
peut-être *adv.* maybe, perhaps I-2
phares *m., pl.* headlights II-3
pharmacie *f.* pharmacy II-2
pharmacien(ne) *m., f.* pharmacist II-2
philosophie *f.* philosophy I-2
photo(graphie) *f.* photo (graph) I-3
physique *f.* physics I-2
piano *m.* piano II-7
pièce *f.* room I-8, II-P
pièce de théâtre *f.* play II-7

pièces de monnaie *f., pl.* change II-4
pied *m.* foot II-2
pierre *f.* stone II-6
pilule *f.* pill II-2
pique-nique *m.* picnic II-6
piqûre *f.* shot, injection II-2
  faire une piqûre *v.* to give a shot II-2
pire *comp. adj.* worse II-1
  le/la pire *super. adj.* the worst II-1
piscine *f.* pool I-4
placard *m.* closet; cupboard I-8, II-P
place *f.* square; place I-4; *f.* seat II-7
plage *f.* beach I-7
plaisir *m.* pleasure, enjoyment II-5
  faire plaisir à quelqu'un *v.* to please someone II-5
plan *m.* map I-7
  utiliser un plan *v.* to use a map I-7
planche à voile *f.* windsurfing I-5
  faire de la planche à voile *v.* to go windsurfing I-5
planète *f.* planet II-6
  sauver la planète *v.* to save the planet II-6
plante *f.* plant II-6
plastique *m.* plastic II-6
  emballage en plastique *m.* plastic wrapping/packaging II-6
plat (principal) *m.* (main) dish II-1
plein air *m.* outdoor, open-air II-6
pleine forme *f.* good shape, good state of health II-2
  être en pleine forme *v.* to be in good shape II-2
pleurer *v.* to cry
pleuvoir *v.* to rain I-5
  Il pleut. It is raining. I-5
plombier *m.* plumber II-5
plu (pleuvoir) *p.p.* rained I-6
pluie acide *f.* acid rain I-6
plus *adv. (used in comparatives, superlatives, and expressions of quantity)* more I-4
  le/la plus ... *super. adv. (used with adjective)* the most II-1
  le/la plus mauvais(e) *super. adj.* the worst II-1
  le plus *super. adv. (used with verb or adverb)* the most II-1
  le plus de... *(used with noun to express quantity)* the most... II-6
  le plus mal *super. adv.* the worst II-1
  plus... que *(used with adjective)* more... than II-1

plus de more of I-4
plus de... que *(used with noun to express quantity)* more... than II-6
plus mal *comp. adv.* worse II-1
plus mauvais(e) *comp. adj.* worse II-1
plus *adv.* no more, not any-more II-4
  ne... plus no more, not any-more II-4
plusieurs *adj.* several I-4
plutôt *adv.* rather I-2
pneu (crevé) *m.* (flat) tire II-3
  vérifier la pression des pneus *v.* to check the tire pressure II-3
poème *m.* poem II-7
poète/poétesse *m., f.* poet II-7
point *m. (punctuation mark)* period II-3
poire *f.* pear II-1
poisson *m.* fish I-3
poissonnerie *f.* fish shop II-1
poitrine *f.* chest II-2
poivre *m. (spice)* pepper II-1
poivron *m. (vegetable)* pepper II-1
poli(e) *adj.* polite I-1
police *f.* police II-3
  agent de police *m.* police officer II-3
  commissariat de police *m.* police station II-4
policier *m.* police officer II-3
  film policier *m.* detective film II-7
policière *f.* police officer II-3
poliment *adv.* politely I-8, II-P
politique *adj.* political I-2
  femme politique *f.* politician II-5
  homme politique *m.* politician II-5
  sciences politiques (sciences po) *f., pl.* political science I-2
polluer *v.* to pollute II-6
pollution *f.* pollution II-6
  nuage de pollution *m.* pollution cloud II-6
pomme *f.* apple II-1
pomme de terre *f.* potato II-1
pompier/femme pompier *m., f.* firefighter II-5
pont *m.* bridge II-4
population croissante *f.* growing population II-6
porc *m.* pork II-1
portable *m.* cell phone II-3
porte *f.* door I-1
porter *v.* to wear I-6
portière *f.* car door II-3
portrait *m.* portrait I-5
poser une question (à) *v.* to ask (*someone*) a question I-6

posséder *v.* to possess, to own I-5
possible *adj.* possible II-7
  Il est possible que... It is possible that... II-6
poste *f.* postal service; post office II-4
  bureau de poste *m.* post office II-4
poste *m.* position II-5
poster une lettre *v.* to mail a letter II-4
postuler *v.* to apply II-5
poulet *m.* chicken II-1
pour *prep.* for I-5
  pour qui? for whom? I-4
  pour rien for no reason I-4
  pour que so that II-7
pourboire *m.* tip I-4
  laisser un pourboire *v.* to leave a tip I-4
pourquoi? *adv.* why? I-2
poussière *f.* dust I-8, II-P
  enlever/faire la poussière *v.* to dust I-8, II-P
pouvoir *v.* to be able to; can II-1
pratiquer *v.* to play regularly, to practice I-5
préféré(e) *adj.* favorite, preferred I-2
préférer (que) *v.* to prefer (that) I-5
premier *m.* the first (*day of the month*) I-5
  C'est le 1ᵉʳ (premier) octobre. It is October first. I-5
premier/première *adj.* first I-2
prendre *v.* to take I-4; to have I-4
  prendre sa retraite *v.* to retire I-6
  prendre un train/avion/taxi/autobus/bateau *v.* to take a train/plane/taxi/bus/boat I-7
  prendre un congé *v.* to take time off II-5
  prendre une douche *v.* to take a shower II-2
  prendre (un) rendez-vous *v.* to make an appointment II-5
  prendre une photo(graphe) *v.* to take a photo(graph) II-3
préparer *v.* to prepare (for) I-2
près (de) *prep.* close (to), near I-3
  tout près (de) very close (to) II-4
présenter *v.* to present, to introduce II-7
  Je te présente... *fam.* I would like to introduce... to you. I-1
  Je vous présente... *fam., form.* I would like to introduce... to you. I-1

préservation *f.* protection II-6
préserver *v.* to preserve II-6
presque *adv.* almost I-2
pressé(e) *adj.* hurried II-1
pression *f.* pressure II-3
  vérifier la pression des pneus to check the tire pressure II-3
prêt(e) *adj.* ready I-3
prêter (à) *v.* to lend (*to someone*) I-6
prévenir l'incendie *v.* to prevent a fire II-6
principal(e) *adj.* main, principal II-1
  personnage principal *m.* main character II-7
  plat principal *m.* main dish II-1
printemps *m.* spring I-5
  au printemps in the spring I-5
pris (prendre) *p.p., adj.* taken I-6
prix *m.* price I-4
problème *m.* problem I-1
prochain(e) *adj.* next I-2
produire *v.* to produce I-6
produit *m.* product II-6
produit (produire) *p.p., adj.* produced I-6
professeur *m.* teacher, professor I-1
profession (exigeante) *f.* (demanding) profession II-5
professionnel(le) *adj.* professional II-5
  expérience professionnelle *f.* professional experience II-5
profiter (de) *v.* to take advantage (of); to enjoy II-7
programme *m.* program II-7
projet *m.* project II-5
  faire des projets *v.* to make plans II-5
promenade *f.* walk, stroll I-5
  faire une promenade *v.* to go for a walk I-5
promettre *v.* to promise I-6
promis (promettre) *p.p., adj.* promised I-6
promotion *f.* promotion II-5
proposer (que) *v.* to propose (that) II-6
  proposer une solution *v.* to propose a solution II-6
propre *adj.* clean I-8, II-P
propriétaire *m., f.* owner I-8, II-P
protection *f.* protection II-6
protéger *v.* to protect 5
psychologie *f.* psychology I-2
psychologique *adj.* psychological II-7
psychologue *m., f.* psychologist II-5
pu (pouvoir) *p.p. (used with infinitive)* was able to 9

publicité (pub) *f.* advertisement II-7
publier *v.* to publish II-7
puis *adv.* then I-7
pull *m.* sweater I-6
pur(e) *adj.* pure II-6

Q

quand *adv.* when I-4
  C'est quand l'anniversaire de ... ? When is ...'s birthday? I-5
  C'est quand ton/votre anniversaire? When is your birthday? I-5
quarante *m.* forty I-1
quart *m.* quarter I-2
  et quart a quarter after... (o'clock) I-2
quartier *m.* area, neighborhood I-8, II-P
quatorze *m.* fourteen I-1
quatre *m.* four I-1
quatre-vingts *m.* eighty I-3
quatre-vingt-dix *m.* ninety I-3
quatrième *adj.* fourth I-7
que/qu' *rel. pron.* that; which II-3; *conj.* than II-1, II-6
  plus/moins ... que (*used with adjective*) more/less ... than II-1
  plus/moins de ... que (*used with noun to express quantity*) more/less ... than II-6
que/qu'...? *interr. pron.* what? I-4
  Qu'en penses-tu? What do you think about that? II-6
  Qu'est-ce que c'est? What is it? I-1
  Qu'est-ce qu'il y a? What is it?; What's wrong? I-1
que *adv.* only II-4
  ne... que only II-4
québécois(e) *adj.* from Quebec I-1
quel(le)(s)? *interr. adj.* which? I-4; what? I-4
  À quelle heure? What time?; When? I-2
  Quel jour sommes-nous? What day is it? I-2
  Quelle est la date? What is the date? I-5
  Quelle est ta nationalité? *fam.* What is your nationality? I-1
  Quelle est votre nationalité? *form.* What is your nationality? I-1
  Quelle heure avez-vous? *form.* What time do you have? I-2
  Quelle heure est-il? What time is it? I-2
  Quelle température fait-il? (*weather*) What is the temperature? I-5

  Quel temps fait-il? What is the weather like? I-5
quelqu'un *pron.* someone II-4
quelque chose *m.* something; anything I-4
  Quelque chose ne va pas. Something's not right. I-5
quelquefois *adv.* sometimes I-7
quelques *adj.* some I-4
question *f.* question I-6
  poser une question (à) to ask (*someone*) a question I-6
queue *f.* line II-4
  faire la queue *v.* to wait in line II-4
qui? *interr. pron.* who? I-4; whom? I-4; *rel. pron.* who, that II-3
  à qui? to whom? I-4
  avec qui? with whom? I-4
  C'est de la part de qui? On behalf of whom? II-5
  Qui est à l'appareil? Who's calling, please? II-5
  Qui est-ce? Who is it? I-1
quinze *m.* fifteen I-1
quitter (la maison) *v.* to leave (the house) I-4
  Ne quittez pas. Please hold. II-5
quoi? *interr. pron.* what? I-1
  Il n'y a pas de quoi. It's nothing.; You're welcome. I-1
  quoi que ce soit whatever it may be II-5

R

raccrocher *v.* to hang up II-5
radio *f.* radio II-7
  à la radio on the radio II-7
raide *adj.* straight I-3
raison *f.* reason; right I-2
  avoir raison *v.* to be right I-2
ramassage des ordures *m.* garbage collection II-6
randonnée *f.* hike I-5
  faire une randonnée *v.* to go for a hike I-5
ranger *v.* to tidy up, to put away I-8, II-P
rapide *adj.* fast I-3
rapidement *adv.* quickly I-7
rarement *adv.* rarely I-5
rasoir *m.* razor II-2
ravissant(e) *adj.* beautiful; delightful II-5
réalisateur/réalisatrice *m., f.* director (*of a movie*) II-7
récent(e) *adj.* recent II-7
réception *f.* reception desk I-7
recevoir *v.* to receive II-4

réchauffement de la Terre *m.* global warming II-6
recharger *v.* to charge (battery) II-3
rechercher *v.* to search for, to look for II-5
recommandation *f.* recommendation II-5
recommander (que) *v.* to recommend (that) II-6
recomposer (un numéro) *v.* to redial (a number) II-3
reconnaître *v.* to recognize I-8, II-P
reconnu (reconnaître) *p.p., adj.* recognized I-8, II-P
reçu *m.* receipt II-4
reçu (recevoir) *p.p., adj.* received I-7
  être reçu(e) à un examen to pass an exam I-2
recyclage *m.* recycling II-6
recycler *v.* to recycle II-6
redémarrer *v.* to restart, to start again II-3
réduire *v.* to reduce I-6
réduit (réduire) *p.p., adj.* reduced I-6
référence *f.* reference II-5
réfléchir (à) *v.* to think (about), to reflect (on) I-4
refuser (de) *v.* to refuse (*to do something*) II-3
regarder *v.* to watch I-2
  Ça ne nous regarde pas. That has nothing to do with us.; That is none of our business. II-6
régime *m.* diet II-2
  être au régime *v.* to be on a diet II-1
région *f.* region II-6
regretter (que) *v.* to regret (that) II-6
remplir (un formulaire) *v.* to fill out (a form) II-4
rencontrer *v.* to meet I-2
rendez-vous *m.* date; appointment I-6
  prendre (un) rendez-vous *v.* to make an appointment II-5
rendre (à) *v.* to give back, to return (to) I-6
  rendre visite (à) *v.* to visit I-6
rentrer (à la maison) *v.* to return (home) I-2
  rentrer (dans) *v.* to hit II-3
renvoyer *v.* to dismiss, to let go II-5
réparer *v.* to repair II-3
repartir *v.* to go back II-7
repas *m.* meal II-1

repasser *v.* to take again II-7
  repasser (le linge) *v.* to iron (the laundry) I-8, II-P
  fer à repasser *m.* iron I-8, II-P
répéter *v.* to repeat; to rehearse I-5
répondeur (téléphonique) *m.* answering machine II-3
répondre (à) *v.* to respond, to answer (to) I-6
réseau (social) *m.* (social) network II-3
réservation *f.* reservation I-7
  annuler une réservation *v.* to cancel a reservation I-7
réservé(e) *adj.* reserved I-1
réserver *v.* to reserve I-7
réservoir d'essence *m.* gas tank II-3
responsable *m., f.* manager, supervisor II-5
ressource naturelle *f.* natural resource II-6
restaurant *m.* restaurant I-4
rester *v.* to stay I-7
résultat *m.* result I-2
retenir *v.* to keep, to retain II-1
retirer (de l'argent) *v.* to withdraw (money) II-4
retourner *v.* to return I-7
retraite *f.* retirement I-6
  prendre sa retraite *v.* to retire I-6
retraité(e) *m., f.* retired person II-5
retrouver *v.* to find (again); to meet up with I-2
rétroviseur *m.* rear-view mirror II-3
réunion *f.* meeting II-5
réussir (à) *v.* to succeed (*in doing something*) I-4
réussite *f.* success II-5
réveil *m.* alarm clock II-2
revenir *v.* to come back II-1
rêver (de) *v.* to dream about II-3
revoir *v.* to see again II-7
  Au revoir. Good-bye. I-1
revu (revoir) *p.p.* seen again II-7
rez-de-chaussée *m.* ground floor I-7
rhume *m.* cold II-2
ri (rire) *p.p.* laughed I-6
rideau *m.* curtain I-8, II-P
rien *m.* nothing II-4
  De rien. You're welcome. I-1
  ne... rien nothing, not anything II-4
  ne servir à rien *v.* to be good for nothing II-1
rire *v.* to laugh I-6

rivière *f.* river II-6
riz *m.* rice II-1
robe *f.* dress I-6
rôle *m.* role II-6
  jouer un rôle *v.* to play a role II-7
roman *m.* novel II-7
rose *adj.* pink I-6
roue (de secours) *f.* (emergency) tire II-3
rouge *adj.* red I-6
rouler en voiture *v.* to ride in a car I-7
rue *f.* street II-3
  suivre une rue *v.* to follow a street II-4

S

s'adorer *v.* to adore one another II-3
s'aider *v.* to help one another II-3
s'aimer (bien) *v.* to love (like) one another II-3
s'allumer *v.* to light up II-3
s'amuser *v.* to play; to have fun II-2
  s'amuser à *v.* to pass time by II-3
s'apercevoir *v.* to notice; to realize II-4
s'appeler *v.* to be named, to be called II-2
  Comment t'appelles-tu? *fam.* What is your name? I-1
  Comment vous appelez-vous? *form.* What is your name? I-1
  Je m'appelle... My name is... I-1
s'arrêter *v.* to stop II-2
s'asseoir *v.* to sit down II-2
sa *poss. adj., f., sing.* his; her; its I-3
sac *m.* bag I-1
  sac à dos *m.* backpack I-1
  sac à main *m.* purse, handbag I-6
sain(e) *adj.* healthy II-2
saison *f.* season I-5
salade *f.* salad II-1
salaire (élevé/modeste) *m.* (high/low) salary II-5
  augmentation de salaire *f.* raise in salary II-5
sale *adj.* dirty I-8, II-P
salir *v.* to soil, to make dirty I-8, II-P
salle *f.* room I-8, II-P
  salle à manger *f.* dining room I-8, II-P
  salle de bains *f.* bathroom I-8, II-P
  salle de classe *f.* classroom I-1

salle de séjour *f.* living/family room I-8, II-P
salon *m.* formal living room, sitting room I-8, II-P
    salon de beauté *m.* beauty salon II-4
Salut! Hi!; Bye! I-1
samedi *m.* Saturday I-2
sandwich *m.* sandwich I-4
sans *prep.* without I-8, II-P
    sans que *conj.* without II-7
santé *f.* health II-2
    être en bonne/mauvaise santé *v.* to be in good/bad health II-2
saucisse *f.* sausage II-1
sauvegarder *v.* to save II-3
sauver (la planète) *v.* to save (the planet) II-6
sauvetage des habitats *m.* habitat preservation II-6
savoir *v.* to know (*facts*), to know how to do something I-8, II-P
    savoir (que) *v.* to know (that) II-7
    Je n'en sais rien. I don't know anything about it. II-6
savon *m.* soap II-2
sciences *f., pl.* science I-2
    sciences politiques (sciences po) *f., pl.* political science I-2
sculpture *f.* sculpture II-7
sculpteur/sculptrice *m., f.* sculptor II-7
se/s' *pron., sing., pl. (used with reflexive verb)* himself; herself; itself; 10 *(used with reciprocal verb)* each other II-3
séance *f.* show; screening II-7
se blesser *v.* to hurt oneself II-2
se brosser (les cheveux/les dents) *v.* to brush one's (hair/teeth) II-1
se casser *v.* to break II-2
sèche-linge *m.* clothes dryer I-8, II-P
se coiffer *v.* to do one's hair II-2
se connaître *v.* to know one another II-3
se coucher *v.* to go to bed II-2
secours *m.* help II-3
    Au secours! Help! II-3
s'écrire *v.* to write one another II-3
sécurité *f.* security; safety
    attacher sa ceinture de sécurité *v.* to buckle one's seatbelt II-3
se dépêcher *v.* to hurry II-2
se déplacer *v.* to move, to change location II-4
se déshabiller *v.* to undress II-2
se détendre *v.* to relax II-2

se dire *v.* to tell one another II-3
se disputer (avec) *v.* to argue (with) II-2
se donner *v.* to give one another II-3
se fouler (la cheville) *v.* to twist/to sprain one's (ankle) II-2
se garer *v.* to park II-3
seize *m.* sixteen I-1
séjour *m.* stay I-7
    faire un séjour *v.* to spend time (*somewhere*) I-7
    salle de séjour *f.* living room I-8, II-P
sel *m.* salt II-1
se laver (les mains) *v.* to wash oneself (one's hands) II-2
se lever *v.* to get up, to get out of bed II-2
semaine *f.* week I-2
    cette semaine this week I-2
s'embrasser *v.* to kiss one another II-3
se maquiller *v.* to put on makeup II-2
se mettre *v.* to put (*something*) on (yourself) II-2
    se mettre à *v.* to begin to II-2
    se mettre en colère *v.* to become angry II-2
s'endormir *v.* to fall asleep, to go to sleep II-2
s'énerver *v.* to get worked up, to become upset II-2
sénégalais(e) *adj.* Senegalese I-1
s'ennuyer *v.* to get bored II-2
s'entendre bien (avec) *v.* to get along well (with one another) II-2
sentier *m.* path II-6
sentir *v.* to feel; to smell; to sense I-5
séparé(e) *adj.* separated I-3
se parler *v.* to speak to one another II-3
se porter mal/mieux *v.* to be ill/better II-2
se préparer (à) *v.* to get ready; to prepare (*to do something*) II-2
se promener *v.* to take a walk II-2
sept *m.* seven I-1
septembre *m.* September I-5
septième *adj.* seventh I-7
se quitter *v.* to leave one another II-3
se raser *v.* to shave oneself II-2
se réconcilier *v.* to make up II-7
se regarder *v.* to look at oneself; to look at each other II-2
se relever *v.* to get up again II-2
se rencontrer *v.* to meet one another, to make each other's acquaintance II-3
se rendre compte *v.* to realize II-2

se reposer *v.* to rest II-2
se retrouver *v.* to meet one another (*as planned*) II-3
se réveiller *v.* to wake up II-2
se sécher *v.* to dry oneself II-2
se sentir *v.* to feel II-2
sérieux/sérieuse *adj.* serious I-3
serpent *m.* snake II-6
serre *f.* greenhouse II-6
    effet de serre *m.* greenhouse effect II-6
serré(e) *adj.* tight I-6
serveur/serveuse *m., f.* server I-4
serviette *f.* napkin II-1
    serviette (de bain) *f.* (bath) towel II-2
servir *v.* to serve I-5
ses *poss. adj., m., f., pl.* his; her; its I-3
se souvenir (de) *v.* to remember II-2
se téléphoner *v.* to phone one another II-3
se tourner *v.* to turn (oneself) around II-2
se tromper (de) *v.* to be mistaken (about) II-2
se trouver *v.* to be located II-2
seulement *adv.* only I-8, II-P
s'habiller *v.* to dress II-2
shampooing *m.* shampoo II-2
shopping *m.* shopping I-7
    faire du shopping *v.* to go shopping I-7
short *m., sing.* shorts I-6
si *conj.* if II-5
si *adv. (when contradicting a negative statement or question)* yes I-2
signer *v.* to sign II-4
S'il te plaît. *fam.* Please. I-1
S'il vous plaît. *form.* Please. I-1
sincère *adj.* sincere I-1
s'inquiéter *v.* to worry II-2
s'intéresser (à) *v.* to be interested (in) II-2
site Internet/web *m.* web site II-3
six *m.* six I-1
sixième *adj.* sixth I-7
ski *m.* skiing I-5
    faire du ski *v.* to go skiing I-5
    station de ski *f.* ski resort I-7
skier *v.* to ski I-5
smartphone *m.* smartphone II-3
SMS *m.* text message II-3
s'occuper (de) *v.* to take care (*of something*), to see to II-2
sociable *adj.* sociable I-1
sociologie *f.* sociology I-1
sœur *f.* sister I-3
    belle-sœur *f.* sister-in-law I-3

demi-sœur *f.* half-sister, stepsister I-3
soie *f.* silk II-4
soif *f.* thirst I-4
  avoir soif *v.* to be thirsty I-4
soir *m.* evening I-2
  ce soir *adv.* this evening I-2
  demain soir *adv.* tomorrow evening I-2
  du soir *adv.* in the evening I-2
  hier soir *adv.* yesterday evening I-7
soirée *f.* evening I-2
sois (être) *imp. v.* be I-2
soixante *m.* sixty I-1
soixante-dix *m.* seventy I-3
solaire *adj.* solar II-6
  énergie solaire *f.* solar energy II-6
soldes *f., pl.* sales I-6
soleil *m.* sun I-5
  Il fait (du) soleil. It is sunny. I-5
solution *f.* solution II-6
  proposer une solution *v.* to propose a solution II-6
sommeil *m.* sleep I-2
  avoir sommeil *v.* to be sleepy I-2
son *poss. adj., m., sing.* his; her; its I-3
sonner *v.* to ring II-3
s'orienter *v.* to get one's bearings II-4
sorte *f.* sort, kind II-7
sortie *f.* exit I-7
sortir *v.* to go out, to leave I-5; to take out I-8, II-P
  sortir la/les poubelle(s) *v.* to take out the trash I-8, II-P
soudain *adv.* suddenly I-8, II-P
souffrir *v.* to suffer II-3
souffert (souffrir) *p.p.* suffered II-3
souhaiter (que) *v.* to wish (that) II-6
soupe *f.* soup I-4
  cuillère à soupe *f.* soupspoon II-1
sourire *v.* to smile I-6; *m.* smile II-4
souris *f.* mouse II-3
sous *prep.* under I-3
sous-sol *m.* basement I-8, II-P
sous-vêtement *m.* underwear I-6
souvent *adv.* often I-5
soyez (être) *imp. v.* be I-7
soyons (être) *imp. v.* let's be I-7
spécialiste *m., f.* specialist II-5
spectacle *m.* show I-5
spectateur/spectatrice *m., f.* spectator II-7
sport *m.* sport(s) I-5

faire du sport *v.* to do sports I-5
sportif/sportive *adj.* athletic I-3
stade *m.* stadium I-5
stage *m.* internship; professional training II-5
station (de métro) *f.* (subway) station I-7
station de ski *f.* ski resort I-7
station-service *f.* service station II-3
statue *f.* statue II-4
steak *m.* steak II-1
studio *m.* studio (*apartment*) I-8, II-P
stylo *m.* pen I-1
su (savoir) *p.p.* known I-8, II-P
sucre *m.* sugar I-4
sud *m.* south II-4
suggérer (que) *v.* to suggest (that) II-6
sujet *m.* subject II-6
  au sujet de on the subject of; about II-6
suisse *adj.* Swiss I-1
Suisse *f.* Switzerland I-7
suivre (un chemin/une rue/ un boulevard) *v.* to follow (a path/a street/a boulevard) II-4
supermarché *m.* supermarket II-1
sur *prep.* on I-3
sûr(e) *adj.* sure, certain II-1
  bien sûr of course I-2
  Il est sûr que... It is sure that... II-7
  Il n'est pas sûr que... It is not sure that... II-7
surpopulation *f.* overpopulation II-6
surpris (surprendre) *p.p., adj.* surprised I-6
  être surpris(e) que... *v.* to be surprised that... II-6
  faire une surprise à quelqu'un *v.* to surprise someone I-6
surtout *adv.* especially; above all I-2
sympa(thique) *adj.* nice I-1
symptôme *m.* symptom II-2
syndicat *m.* (*trade*) union II-5

T

ta *poss. adj., f., sing.* your I-3
table *f.* table I-1
  À table! Let's eat! Food is ready! II-1
  débarrasser la table *v.* to clear the table I-8, II-P
  mettre la table *v.* to set the table I-8, II-P

tableau *m.* blackboard; picture I-1; *m.* painting II-7
tablette (tactile) *f.* tablet II-3
tâche ménagère *f.* household chore I-8, II-P
taille *f.* size; waist I-6
  de taille moyenne of medium height I-3
tailleur *m.* (*woman's*) suit; tailor I-6
tante *f.* aunt I-3
tapis *m.* rug I-8, II-P
tard *adv.* late I-2
  À plus tard. See you later. I-1
tarte *f.* pie; tart I-8, II-P
tasse (de) *f.* cup (of) I-4
taxi *m.* taxi I-7
  prendre un taxi *v.* to take a taxi I-7
te/t' *pron., sing., fam.* you I-7; yourself II-2
tee-shirt *m.* tee shirt I-6
télécharger *v.* to download II-3
télécommande *f.* remote control II-3
téléphone *m.* telephone I-2
  parler au téléphone *v.* to speak on the phone I-2
téléphoner (à) *v.* to telephone (*someone*) I-2
télévision *f.* television I-1
  à la télé(vision) on television II-7
  chaîne (de télévision) *f.* television channel II-3
tellement *adv.* so much I-2
  Je n'aime pas tellement... I don't like... very much. I-2
température *f.* temperature I-5
  Quelle température fait-il? What is the temperature? I-5
temps *m., sing.* weather I-5
  Il fait un temps épouvantable. The weather is dreadful. I-5
  Le temps est nuageux. It is cloudy. I-5
  Le temps est orageux. It is stormy. I-5
  Quel temps fait-il? What is the weather like? I-5
temps *m., sing.* time I-5
  de temps en temps *adv.* from time to time I-7
  emploi à mi-temps/à temps partiel *m.* part-time job II-5
  emploi à plein temps *m.* full-time job II-5
  temps libre *m.* free time I-5
Tenez! (tenir) *imp. v.* Here! II-1
tenir *v.* to hold II-1
tennis *m.* tennis I-5
terrasse (de café) *f.* (café) terrace I-4

Vocabulary

Terre *f.* Earth II-6
  réchauffement de la Terre *m.* global warming II-6
tes *poss. adj., m., f., pl.* your I-3
tête *f.* head II-2
texto *m.* text message II-3
thé *m.* tea I-4
théâtre *m.* theater II-7
thon *m.* tuna II-1
ticket de bus/métro *m.* bus/subway ticket I-7
Tiens! (tenir) *imp. v.* Here! II-1
timbre *m.* stamp II-4
timide *adj.* shy I-1
tiret *m. (punctuation mark)* dash; hyphen II-3
tiroir *m.* drawer I-8, II-P
toi *disj. pron., sing., fam.* you I-3; *refl. pron., sing., fam. (attached to imperative)* yourself II-2
  toi non plus you neither I-2
toilette *f.* washing up, grooming II-2
  faire sa toilette to wash up II-2
toilettes *f., pl.* restroom(s) I-8, II-P
tomate *f.* tomato II-1
tomber *v.* to fall I-7
  tomber amoureux/amoureuse *v.* to fall in love I-6
  tomber en panne *v.* to break down II-3
  tomber/être malade *v.* to get/be sick II-2
  tomber sur quelqu'un *v.* to run into someone I-7
ton *poss. adj., m., sing.* your I-3
tort *m.* wrong; harm I-2
  avoir tort *v.* to be wrong I-2
tôt *adv.* early I-2
toujours *adv.* always I-8, II-P
tour *m.* tour I-5
  faire un tour (en voiture) *v.* to go for a walk (drive) I-5
tourisme *m.* tourism II-4
  office du tourisme *m.* tourist office II-4
tourner *v.* to turn II-4
tousser *v.* to cough II-2
tout *m., sing.* all I-4
  tous les *(used before noun)* all the... I-4
  tous les jours *adv.* every day I-8, II-P
  toute la *f., sing. (used before noun)* all the... I-4
  toutes les *f., pl. (used before noun)* all the... I-4
  tout le *m., sing. (used before noun)* all the... I-4
  tout le monde everyone II-1

tout(e) *adv. (before adjective or adverb)* very, really I-3
  À tout à l'heure. See you later. I-1
  tout à coup suddenly I-7
  tout à fait absolutely; completely II-4
  tout de suite right away I-7
  tout droit straight ahead II-4
  tout d'un coup *adv.* all of a sudden I-8, II-P
  tout près (de) really close by, really close (to) I-3
toxique *adj.* toxic II-6
  déchets toxiques *m., pl.* toxic waste II-6
trac *m.* stage fright II-5
traduire *v.* to translate I-6
traduit (traduire) *p.p., adj.* translated I-6
tragédie *f.* tragedy II-7
train *m.* train I-7
tranche *f.* slice II-1
tranquille *adj.* calm, serene II-2
  laisser tranquille *v.* to leave alone II-2
travail *m.* work II-4
  chercher un/du travail *v.* to look for a job/work II-4
  trouver un/du travail *v.* to find a job/work II-5
travailler *v.* to work I-2
travailleur/travailleuse *adj.* hard-working I-3
traverser *v.* to cross II-4
treize *m.* thirteen I-1
trente *m.* thirty I-1
très *adv. (before adjective or adverb)* very, really I-8, II-P
  Très bien. Very well. I-1
triste *adj.* sad I-3
  être triste que... *v.* to be sad that... II-6
trois *m.* three I-1
troisième *adj.* third 7
trop (de) *adv.* too many/much (of) I-4
tropical(e) *adj.* tropical II-6
  forêt tropicale *f.* tropical forest II-6
trou (dans la couche d'ozone) *m.* hole (in the ozone layer) II-6
troupe *f.* company, troupe II-7
trouver *v.* to find; to think I-2
  trouver un/du travail *v.* to find a job/work II-5
truc *m.* thing I-7
tu *sub. pron., sing., fam.* you I-1

U

un *m. (number)* one I-1
un(e) *indef. art.* a; an I-1
urgences *f., pl.* emergency room II-2
  aller aux urgences *v.* to go to the emergency room II-2
usine *f.* factory II-6
utile *adj.* useful I-2
utiliser (un plan) *v.* to use (a map) I-7

V

vacances *f., pl.* vacation I-7
  partir en vacances *v.* to go on vacation I-7
vache *f.* cow II-6
vaisselle *f.* dishes I-8, II-P
  faire la vaisselle *v.* to do the dishes I-8, II-P
  lave-vaisselle *m.* dishwasher I-8, II-P
valise *f.* suitcase I-7
  faire les valises *v.* to pack one's bags I-7
vallée *f.* valley II-6
variétés *f., pl.* popular music II-7
vaut (valloir) *v.*
  Il vaut mieux que It is better that II-6
vélo *m.* bicycle I-5
  faire du vélo *v.* to go bike riding I-5
velours *m.* velvet II-4
vendeur/vendeuse *m., f.* seller I-6
vendre *v.* to sell I-6
vendredi *m.* Friday I-2
venir *v.* to come II-1
  venir de *v. (used with an infinitive)* to have just II-1
vent *m.* wind I-5
  Il fait du vent. It is windy. I-5
ventre *m.* stomach II-2

vérifier (l'huile/la pression des pneus) *v.* to check (the oil/the tire pressure) II-3
véritable *adj.* true, real II-4
verre (de) *m.* glass (of) I-4
vers *adv.* about I-2
vert(e) *adj.* green I-3
  haricots verts *m., pl.* green beans II-1
vêtements *m., pl.* clothing I-6
  sous-vêtement *m.* underwear I-6
vétérinaire *m., f.* veterinarian II-5
veuf/veuve *adj.* widowed I-3

veut dire (vouloir dire) *v.* means, signifies II-1
viande *f.* meat II-1
vie *f.* life I-6
  assurance vie *f.* life insurance II-5
vieille *adj., f. (feminine form of* **vieux***)* old I-3
vieillesse *f.* old age I-6
vietnamien(ne) *adj.* Vietnamese I-1
vieux/vieille *adj.* old I-3
ville *f.* city; town I-4
vingt *m.* twenty I-1
vingtième *adj.* twentieth I-7
violet(te) *adj.* purple; violet I-6
violon *m.* violin II-7
visage *m.* face II-2
visite *f.* visit I-6
  rendre visite (à) *v.* to visit (*a person or people*) I-6
visiter *v.* to visit (*a place*) I-2
  faire visiter *v.* to give a tour I-8, II-P
vite *adv.* fast I-7
vitesse *f.* speed II-3
vivre *v.* to live I-8, II-P
voici here is/are I-1
voilà there is/are I-1
voir *v.* to see II-7
voisin(e) *m., f.* neighbor I-3
voiture *f.* car II-3
  faire un tour en voiture *v.* to go for a drive I-5
  rouler en voiture *v.* to ride in a car I-7
vol *m.* flight I-7
volant *m.* steering wheel II-3
volcan *m.* volcano II-6
volley(-ball) *m.* volleyball I-5
volontiers *adv.* willingly II-2
vos *poss. adj., m., f., pl.* your I-3
votre *poss. adj., m., f., sing.* your I-3
vouloir *v.* to want; to mean (*with* **dire**) II-1
  ça veut dire that is to say II-2
  veut dire *v.* means, signifies II-1
  vouloir (que) *v.* to want (that) II-6
voulu (vouloir) *p.p., adj. (used with infinitive)* wanted to… ; (*used with noun*) planned to/ for II-1
vous *pron., sing., pl., fam., form.* you I-1; *d.o. pron.* you I-7; yourself, yourselves II-2
voyage *m.* trip I-7
  agence de voyages *f.* travel agency I-7
  agent de voyages *m.* travel agent I-7
voyager *v.* to travel I-2

voyant (d'essence/d'huile) *m.* (gas/oil) warning light 11
vrai(e) *adj.* true; real I-3
  Il est vrai que… It is true that… II-7
  Il n'est pas vrai que… It is untrue that… II-7
vraiment *adv.* really I-7
vu (voir) *p.p.* seen II-7

W

W.-C. *m., pl.* restroom(s) I-8, II-P
week-end *m.* weekend I-2
  ce week-end this weekend I-2

Y

y *pron.* there; at (*a place*) II-2
  j'y vais I'm going/coming I-8, II-P
  nous y allons we're going/ coming II-1
  on y va let's go II-2
  Y a-t-il… ? Is/Are there… ? I-2
yaourt *m.* yogurt II-1
yeux (œil) *m., pl.* eyes I-3

Z

zéro *m.* zero I-1
zut *interj.* darn I-6

Vocabulary

English-French

A

a **un(e)** *indef. art.* I-1
able: to be able to **pouvoir** *v.* II-1
abolish **abolir** *v.* II-6
about **vers** *adv.* I-2
abroad **à l'étranger** I-7
absolutely **absolument**
   adv. I-7;
   tout à fait *adv.* I-6
accident **accident** *m.* II-2
   to have/to be in an accident
   avoir un accident *v.* II-3
accompany **accompagner** *v.* II-4
account *(at a bank)* **compte**
   m. II-4
   checking account **compte** *m.*
   de chèques II-4
   to have a bank account **avoir**
   un compte bancaire *v.* II-4
accountant **comptable** *m., f.* II-5
acid rain **pluie acide** *f.* II-6
across from **en face de** *prep.* I-3
acquaintance **connaissance** *f.* I-5
active **actif/active** *adj.* I-3
actively **activement** *adv.* I-8, II-P
actor **acteur/actrice** *m., f.* I-1
address **adresse** *f.* II-4
administration: business
   administration **gestion** *f.* I-2
adolescence **adolescence** *f.* I-6
adore **adorer** I-2
   I love... **J'adore...** I-2
   to adore one another
   s'adorer *v.* II-3
adulthood **âge adulte** *m.* I-6
adventure **aventure** *f.* II-7
   adventure film **film** *m.*
   d'aventures II-7
advertisement **publicité (pub)**
   f. II-7
advice **conseil** *m.* II-5
advisor **conseiller/conseillère**
   m., f. II-5
aerobics **aérobic** *m.* I-5
   to do aerobics **faire de**
   l'aérobic *v.* I-5
afraid: to be afraid of/that **avoir**
   peur de/que *v.* II-6
after **après (que)** *adv.* I-7
afternoon **après-midi** *m.* I-2
   ... (o'clock) in the afternoon
   ... heure(s) de l'après-midi I-2
afternoon snack **goûter** *m.* II-1
again **encore** *adv.* I-3
age **âge** *m.* I-6

agent: travel agent **agent de**
   voyages *m.* I-7
   real estate agent **agent**
   immobilier *m.* II-5
ago *(with an expression of time)*
   il y a... II-1
agree: to agree (with) **être**
   d'accord (avec) *v.* I-2
airport **aéroport** *m.* I-7
alarm clock **réveil** *m.* II-2
Algerian **algérien(ne)** *adj.* I-1
all **tout** *m., sing.* I-4
   all of a sudden **soudain** *adv.*
   I-8, II-P; **tout à coup** *adv.*; **tout**
   d'un coup *adv.* I-7
all right? *(tag question)*
   d'accord? I-2
allergy **allergie** *f.* II-2
allow *(to do something)* **laisser** *v.*
   II-3; **permettre (de)** *v.* I-6
allowed **permis (permettre)**
   p.p., adj. I-6
all the... *(agrees with noun that*
   follows) **tout le...** *m., sing;*
   toute la... *f., sing;* **tous les...**
   m., pl.; **toutes les...** *f., pl.* I-4
almost **presque** *adv.* I-5
a lot (of) **beaucoup (de)** *adv.* I-4
alone: to leave alone **laisser**
   tranquille *v.* II-2
already **déjà** *adv.* I-3
always **toujours** *adv.* I-8, II-P
American **américain(e)** *adj.* I-1
an **un(e)** *indef. art.* I-1
ancient *(placed after noun)*
   ancien(ne) *adj.* II-7
and **et** *conj.* I-1
   And you? **Et toi?,** *fam.;* **Et**
   vous? *form.* I-1
angel **ange** *m.* I-1
angry: to become angry
   s'énerver *v.* II-2; **se mettre**
   en colère *v.* II-2
animal **animal** *m.* II-6
ankle **cheville** *f.* II-2
answering machine **répondeur**
   téléphonique *m.* II-3
apartment **appartement** *m.* I-7
appetizer **entrée** *f.* II-1;
   hors-d'œuvre *m.* II-1
applaud **applaudir** *v.* II-7
applause **applaudissement**
   m. II-7
apple **pomme** *f.* II-1
appliance **appareil** *m.* I-8, II-P
   electrical/household appliance
   appareil *m.* **électrique/**
   ménager I-8, II-P
applicant **candidat(e)** *m., f.* II-5
apply **postuler** *v.* II-5

appointment **rendez-vous** *m.* II-5
   to make an appointment
   prendre (un) rendez-vous
   v. II-5
April **avril** *m.* I-5
architect **architecte** *m., f.* I-3
Are there... ? **Y a-t-il... ?** I-2
area **quartier** *m.* I-8, II-P
argue (with) **se disputer**
   (avec) *v.* II-2
arm **bras** *m.* II-2
armchair **fauteuil** *m.* I-8, II-P
armoire **armoire** *f.* I-8, II-P
around **autour (de)** *prep.* II-4
arrival **arrivée** *f.* I-7
arrive **arriver (à)** *v.* I-2
art **art** *m.* I-2
   artwork, piece of art **œuvre**
   f. II-7
   fine arts **beaux-arts** *m., pl.* II-7
artist **artiste** *m., f.* I-3
as *(like)* **comme** *adv.* I-6
   as ... as *(used with adjective to*
   compare) **aussi ... que** II-1
   as much ... as *(used with*
   noun to express comparative
   quality) **autant de ... que** II-6
   as soon as **dès que** *adv.* II-5
ashamed: to be ashamed of
   avoir honte de *v.* I-2
ask **demander** *v.* I-2
   to ask *(someone)* **demander**
   (à) *v.* I-6
   to ask *(someone)* a question
   poser une question (à) *v.* I-6
   to ask that... **demander**
   que... II-6
aspirin **aspirine** *f.* II-2
at **à** *prep.* I-4
   at ... (o'clock) **à ... heure(s)** I-4
   at the doctor's office **chez le**
   médecin *prep.* I-2
   at (someone's) house **chez...**
   prep. I-2
   at the end (of) **au bout (de)**
   prep. II-4
   at last **enfin** *adv.* II-3
athlete **athlète** *m., f.* I-3
ATM **distributeur** *m.* **automa-**
   tique/de billets *m.* II-4
attend **assister** *v.* I-2
August **août** *m.* I-5
aunt **tante** *f.* I-3
author **auteur/femme auteur**
   m., f. II-7
autumn **automne** *m.* I-5
   in autumn **en automne** I-5
available *(free)* **libre** *adj.* I-7
avenue **avenue** *f.* II-4
avoid **éviter de** *v.* II-2

B

back **dos** *m.* II-2
backpack **sac à dos** *m.* I-1
bad **mauvais(e)** *adj.* I-3
to be in a bad mood **être de
mauvaise humeur** I-8, II-P
to be in bad health **être en
mauvaise santé** II-2
badly **mal** *adv.* I-7
I am doing badly. **Je vais
mal.** I-1
to be doing badly **se porter
mal** *v.* II-2
baguette **baguette** *f.* I-4
bakery **boulangerie** *f.* II-1
balcony **balcon** *m.* I-8, II-P
banana **banane** *f.* II-1
bank **banque** *f.* II-4
to have a bank account **avoir
un compte bancaire** *v.* II-4
banker **banquier/banquière**
m., f. II-5
banking **bancaire** *adj.* II-4
baseball **baseball** *m.* I-5
baseball cap **casquette** *f.* I-6
basement **sous-sol** *m.; **cave**
f. I-8, II-P
basketball **basket(-ball)** *m.* I-5
bath **bain** *m.* I-6
bathing suit **maillot de
bain** *m.* I-6
bathroom **salle de bains**
f. I-8, II-P
bathtub **baignoire** *f.* I-8, II-P
be **être** *v.* I-1
sois (être) *imp. v.* I-7;
soyez (être) *imp. v.* I-7
beach **plage** *f.* I-7
beans **haricots** *m., pl.* II-1
green beans **haricots verts**
m., pl. II-1
bearings: to get one's bearings
s'orienter *v.* II-4
beautiful **beau (belle)** *adj.* I-3
beauty salon **salon** *m.* **de
beauté** II-4
because **parce que** *conj.* I-2
become **devenir** *v.* II-1
bed **lit** *m.* I-7
to go to bed **se coucher** *v.* II-2
bedroom **chambre** *f.* I-8, II-P
beef **bœuf** *m.* II-1
been **été (être)** *p.p.* I-6
before **avant (de/que)** *adv.* I-7
before (o'clock) **moins** *adv.* I-2
begin (to do something)
commencer (à) *v.* I-2;
se mettre à *v.* II-2
beginning **début** *m.* II-7
behind **derrière** *prep.* I-3
Belgian **belge** *adj.* I-7

Belgium **Belgique** *f.* I-7
believe (that) **croire (que)** *v.* II-7
believed **cru (croire)** *p.p.* II-7
belt **ceinture** *f.* I-6
to buckle one's seatbelt
**attacher sa ceinture de
sécurité** *v.* II-3
bench **banc** *m.* II-4
best: the best **le mieux** *super.
adv.* II-1; **le/la meilleur(e)**
super. adj. II-1
better **meilleur(e)** *comp. adj.*;
mieux *comp. adv.* II-1
It is better that… **Il vaut mieux
que/qu'…** II-6
to be doing better **se porter
mieux** *v.* II-2
to get better (*from illness*)
guérir *v.* II-2
between **entre** *prep.* I-3
beverage (carbonated) **boisson**
f. **(gazeuse)** I-4
bicycle **vélo** *m.* I-5
to go bike riding **faire du
vélo** *v.* I-5
big **grand(e)** *adj.* I-3; (clothing)
large *adj.* I-6
bill (in a restaurant) **addition** *f.* I-4
bills (money) **billets** *m., pl.* II-4
biology **biologie** *f.* I-2
bird **oiseau** *m.* I-3
birth **naissance** *f.* I-6
birthday **anniversaire** *m.* I-5
bit (of) **morceau (de)** *m.* I-4
black **noir(e)** *adj.* I-3
blackboard **tableau** *m.* I-1
blanket **couverture** *f.* I-8, II-P
blonde **blond(e)** *adj.* I-3
blouse **chemisier** *m.* I-6
blue **bleu(e)** *adj.* I-3
boat **bateau** *m.* I-7
body **corps** *m.* II-2
book **livre** *m.* I-1
bookstore **librairie** *f.* I-1
bored: to get bored **s'ennuyer**
v. II-2
boring **ennuyeux/ennuyeuse**
adj. I-3
born: to be born **naître** *v.* I-7;
né (naître) *p.p., adj.* I-7
borrow **emprunter** *v.* II-4
bottle (of) **bouteille (de)** *f.* I-4
boulevard **boulevard** *m.* II-4
boutique **boutique** *f.* II-4
bowl **bol** *m.* I-1
box **boîte** *f.* II-1
boy **garçon** *m.* I-1
boyfriend **petit ami** *m.* I-1
brake **freiner** *v.* II-3
brakes **freins** *m., pl.* II-3
brave **courageux/courageuse**
adj. I-3

Brazil **Brésil** *m.* I-7
Brazilian **brésilien(ne)** *adj.* I-7
bread **pain** *m.* I-4
country-style bread **pain** *m.*
de campagne I-4
bread shop **boulangerie** *f.* II-1
break **se casser** *v.* II-2
breakdown **panne** *f.* II-3
break down **tomber en panne**
v. II-3
break up (to leave one another)
se quitter *v.* II-3
breakfast **petit-déjeuner** *m.* II-1
bridge **pont** *m.* II-4
bright **brillant(e)** *adj.* I-1
bring (a person) **amener** *v.* I-5;
(a thing) **apporter** *v.* I-4
broom **balai** *m.* I-8, II-P
brother **frère** *m.* I-3
brother-in-law **beau-frère** *m.* I-3
brown **marron** *adj., inv.* I-3
brown (hair) **châtain** *adj.* I-3
brush (hair/tooth) **brosse** *f.*
(à cheveux/à dents) II-2
to brush one's hair/teeth
**se brosser les cheveux/
les dents** *v.* II-1
buckle: to buckle one's seatbelt
**attacher sa ceinture de
sécurité** *v.* II-3
build **construire** *v.* I-6
building **bâtiment** *m.* II-4;
immeuble *m.* I-8, II-P
bumper **pare-chocs** *m.* II-3
bus **autobus** *m.* I-7
bus stop **arrêt d'autobus
(de bus)** *m.* I-7
bus terminal **gare** *f.* **routière** I-7
business (profession) **affaires** *f.,
pl.* I-3; (company) **entreprise**
f. II-5
business administration **gestion**
f. I-2
businessman **homme d'affaires**
m. I-3
businesswoman **femme d'affaires**
f. I-3
busy **occupé(e)** *adj.* I-1
but **mais** *conj.* I-1
butcher's shop **boucherie** *f.* II-1
butter **beurre** *m.* I-4
buy **acheter** *v.* I-5
by **par** *prep.* I-3
Bye! **Salut!** *fam.* I-1

C

cabinet **placard** *m.* I-8, II-P
café **café** *m.* I-1
café terrace **terrasse** *f.*
de café I-4
cafeteria (school) **cantine** *f.* I-2

Vocabulary

cake **gâteau** *m.* I-6
calculator **calculatrice** *f.* I-1
call **appeler** *v.* II-5
calm **calme** *adj.* I-1; **calme** *m.* I-1
camcorder **caméra vidéo** *f.* II-3; **caméscope** *m.* II-3
camera **appareil photo** *m.* II-3
   digital camera **appareil photo** *m.* **numérique** II-3
camping **camping** *m.* I-5
   to go camping **faire du camping** *v.* I-5
can (of food) **boîte (de conserve)** *f.* II-1
Canada **Canada** *m.* I-7
Canadian **canadien(ne)** *adj.* I-1
cancel (a reservation) **annuler (une réservation)** *v.* I-7
candidate **candidat(e)** *m., f.* II-5
candy **bonbon** *m.* I-6
cap: baseball cap **casquette** *f.* I-6
capital **capitale** *f.* I-7
car **voiture** *f.* II-3
   to ride in a car **rouler en voiture** *v.* I-7
card (*letter*) **carte postale** *f.* II-4; credit card **carte** *f.* **de crédit** II-4
   to pay with a (debit/credit) card **payer par carte (bancaire/de crédit)** *v.* II-4
   cards (*playing*) **cartes** *f.* I-5
carbonated drink/beverage **boisson** *f.* **gazeuse** I-4
career **carrière** *f.* II-5
carpooling **covoiturage** *m.* II-6
carrot **carotte** *f.* II-1
carry **apporter** *v.* I-4
cartoon **dessin animé** *m.* II-7
case: in any case **en tout cas** I-6
cash **espèces** *m.* II-4
   to pay in cash **payer en espèces** *v.* II-4
cat **chat** *m.* I-3
catastrophe **catastrophe** *f.* II-6
catch sight of **apercevoir** *v.* II-4
celebrate **célébrer** *v.* I-5; **fêter** *v.* I-6; **faire la fête** *v.* I-6
celebration **fête** *f.* I-6
cellar **cave** *f.* I-8, II-P
cell(ular) phone **portable** *m.* II-3
center: city/town center **centre-ville** *m.* I-4
certain **certain(e)** *adj.* II-1; **sûr(e)** *adj.* II-7
   It is certain that… **Il est certain que…** II-7
   It is uncertain that… **Il n'est pas certain que…** II-7
chair **chaise** *f.* I-1
change (*coins*) (**pièces** *f. pl.* **de) monnaie** II-4

channel (television) **chaîne** *f.* **(de télévision)** II-3
character **personnage** *m.* II-7
   main character **personnage principal** *m.* II-7
charge (battery) **recharger** *v.* II-3
charming **charmant(e)** *adj.* I-1
chat **bavarder** *v.* I-4
check **chèque** *m.* II-4; (*bill*) **addition** *f.* I-4
   to pay by check **payer par chèque** *v.* II-4;
   to check (the oil/the air pressure) **vérifier (l'huile/la pression des pneus)** *v.* II-3
checking account **compte** *m.* **de chèques** II-4
cheek **joue** *f.* II-2
cheese **fromage** *m.* I-4
chemistry **chimie** *f.* I-2
chess **échecs** *m., pl.* I-5
chest **poitrine** *f.* II-2
   chest of drawers **commode** *f.* I-8, II-P
chic **chic** *adj.* I-4
chicken **poulet** *m.* II-1
child **enfant** *m., f.* I-3
childhood **enfance** *f.* I-6
China **Chine** *f.* I-7
Chinese **chinois(e)** *adj.* I-7
choir **chœur** *m.* II-7
choose **choisir** *v.* I-4
chorus **chœur** *m.* II-7
chrysanthemums **chrysanthèmes** *m., pl.* II-1
church **église** *f.* I-4
city **ville** *f.* I-4
city hall **mairie** *f.* II-4
city/town center **centre-ville** *m.* I-4
class (*group of students*) **classe** *f.* I-1; (*course*) **cours** *m.* I-2
classmate **camarade de classe** *m., f.* I-1
classroom **salle** *f.* **de classe** I-1
clean **nettoyer** *v.* I-5; **propre** *adj.* I-8, II-P
clear **clair(e)** *adj.* II-7
   It is clear that… **Il est clair que…** II-7
   to clear the table **débarrasser la table** I-8, II-P
client **client(e)** *m., f.* I-7
cliff **falaise** *f.* II-6
clock **horloge** *f.* I-1
   alarm clock **réveil** *m.* II-2
close (to) **près (de)** *prep.* I-3
   very close (to) **tout près (de)** II-4
close **fermer** *v.* II-3
closed **fermé(e)** *adj.* II-4
closet **placard** *m.* I-8, II-P

clothes dryer **sèche-linge** *m.* I-8, II-P
clothing **vêtements** *m., pl.* I-6
cloudy **nuageux/nuageuse** *adj.* I-5
   It is cloudy. **Le temps est nuageux.** I-5
clutch **embrayage** *m.* II-3
coast **côte** *f.* II-6
coat **manteau** *m.* I-6
coffee **café** *m.* I-1
coffeemaker **cafetière** *f.* I-8, II-P
coins **pièces** *f. pl.* **de monnaie** II-4
cold **froid** *m.* I-2
   to be cold **avoir froid** *v.* I-2
   (*weather*) It is cold. **Il fait froid.** I-5
cold **rhume** *m.* II-2
color **couleur** *f.* I-6
   What color is… ? **De quelle couleur est… ?** I-6
comb **peigne** *m.* II-2
come **venir** *v.* I-7
come back **revenir** *v.* II-1
Come on. **Allez.** I-2
comedy **comédie** *f.* II-7
comic strip **bande dessinée (B.D.)** *f.* I-5
company (*troop*) **troupe** *f.* II-7
completely **tout à fait** *adv.* I-6
composer **compositeur** *m.* II-7
computer **ordinateur** *m.* I-1
computer science **informatique** *f.* I-2
concert **concert** *m.* II-7
congratulations **félicitations** II-7
connect **brancher** *v.* II-3
consider **considérer** *v.* I-5
constantly **constamment** *adv.* I-7
construct **construire** *v.* I-6
consultant **conseiller/conseillère** *m., f.* II-5
continue (*doing something*) **continuer (à)** *v.* II-4
cook **cuisiner** *v.* II-1; **faire la cuisine** *v.* I-5; **cuisinier/cuisinière** *m., f.* II-5
cookie **biscuit** *m.* I-6
cooking **cuisine** *f.* I-5
cool: (*weather*) It is cool. **Il fait frais.** I-5
corner **angle** *m.* II-4; **coin** *m.* II-4
cost **coûter** *v.* I-4
cotton **coton** *m.* I-6
couch **canapé** *m.* I-8, II-P
cough **tousser** *v.* II-2
count (on someone) **compter (sur quelqu'un)** *v.* I-8, II-P
country **pays** *m.* I-7
   country(side) **campagne** *f.* I-7

country-style **de campagne** *adj.* I-4

couple **couple** *m.* I-6

courage **courage** *m.* II-5

courageous **courageux/ courageuse** *adj.* I-3

course **cours** *m.* I-2

cousin **cousin(e)** *m., f.* I-3

cover **couvrir** *v.* II-3

covered **couvert (couvrir)** *p.p.* II-3

cow **vache** *f.* II-6

crazy **fou/folle** *adj.* I-3

cream **crème** *f.* II-1

credit card **carte** *f.* **de crédit** II-4
   to pay with a debit/credit card **payer par carte bancaire/de crédit** *v.* II-4

crêpe **crêpe** *f.* I-5

crime film **film policier** *m.* II-7

croissant **croissant** *m.* I-4

cross **traverser** *v.* II-4

cruel **cruel/cruelle** *adj.* I-3

cry **pleurer** *v.*

cup (of) **tasse (de)** *f.* I-4

cupboard **placard** *m.* I-8, II-P

curious **curieux/ curieuse** *adj.* I-3

curly **frisé(e)** *adj.* I-3

currency **monnaie** *f.* II-4

curtain **rideau** *m.* I-8, II-P

customs **douane** *f.* I-7

D

dance **danse** *f.* II-7
   to dance **danser** *v.* I-4

danger **danger** *m.* II-6

dangerous **dangereux/ dangereuse** *adj.* II-3

dark (*hair*) **brun(e)** *adj.* I-3

darling **chéri(e)** *adj.* I-2

darn **zut** II-3

dash (*punctuation mark*) **tiret** *m.* II-3

date (*day, month, year*) **date** *f.* I-5; (*meeting*) **rendez-vous** *m.* I-6
   to make a date **prendre (un) rendez-vous** *v.* II-5

daughter **fille** *f.* I-1

day **jour** *m.* I-2; **journée** *f.* I-2
   day after tomorrow **après-demain** *adv.* I-2
   day before yesterday **avant-hier** *adv.* I-7
   day off **congé** *m.*, **jour de congé** I-7

dear **cher/chère** *adj.* I-2

death **mort** *f.* I-6

December **décembre** *m.* I-5

decide (*to do something*) **décider (de)** *v.* II-3

deforestation **déboisement** *m.* II-6

degree **diplôme** *m.* I-2

degrees (*temperature*) **degrés** *m., pl.* I-5
   It is... degrees. **Il fait... degrés.** I-5

delicatessen **charcuterie** *f.* II-1

delicious **délicieux/délicieuse** *adj.* I-4

Delighted. **Enchanté(e).** *p.p., adj.* I-1

demand (that) **exiger (que)** *v.* II-6

demanding **exigeant(e)** *adj.*
   demanding profession **profession** *f.* **exigeante** II-5

dentist **dentiste** *m., f.* I-3

department store **grand magasin** *m.* I-4

departure **départ** *m.* I-7

deposit: to deposit money **déposer de l'argent** *v.* II-4

depressed **déprimé(e)** *adj.* II-2

describe **décrire** *v.* I-7

described **décrit (décrire)** *p.p., adj.* I-7

desert **désert** *m.* II-6

desire **envie** *f.* I-2

desk **bureau** *m.* I-1

dessert **dessert** *m.* I-6

destroy **détruire** *v.* I-6

destroyed **détruit (détruire)** *p.p., adj.* I-6

detective film **film policier** *m.* II-7

detest **détester** *v.* I-2
   I hate... **Je déteste...** I-2

develop **développer** *v.* II-6

dial (a number) **composer (un numéro)** *v.* II-3

dictionary **dictionnaire** *m.* I-1

die **mourir** *v.* I-7

died **mort (mourir)** *p.p., adj.* I-7

diet **régime** *m.* II-2
   to be on a diet **être au régime** II-1

difference **différence** *f.* I-1

different **différent(e)** *adj.* I-1

differently **différemment** *adv.* I-8, II-P

difficult **difficile** *adj.* I-1

digital camera **appareil photo** *m.* **numérique** II-3

dining room **salle à manger** *f.* I-8, II-P

dinner **dîner** *m.* II-1
   to have dinner **dîner** *v.* I-2

diploma **diplôme** *m.* I-2

directions **indications** *f.* II-4

director (*movie*) **réalisateur/ réalisatrice** *m., f.;* (*play/show*) **metteur en scène** *m.* II-7

dirty **sale** *adj.* I-8, II-P

discover **découvrir** *v.* II-3

discovered **découvert (découvrir)** *p.p.* II-3

discreet **discret/discrète** *adj.* I-3

discuss **discuter** *v.* II-3

dish (*food*) **plat** *m.* II-1
   to do the dishes **faire la vaisselle** *v.* I-8, II-P

dishwasher **lave-vaisselle** *m.* I-8, II-P

dismiss **renvoyer** *v.* II-5

distinction **mention** *f.* II-5

divorce **divorce** *m.* I-6
   to divorce **divorcer** *v.* I-3

divorced **divorcé(e)** *p.p., adj.* I-3

do (*make*) **faire** *v.* I-5
   to do odd jobs **bricoler** *v.* I-5

doctor **médecin** *m.* I-3

documentary **documentaire** *m.* II-7

dog **chien** *m.* I-3

done **fait (faire)** *p.p., adj.* I-6

door (*building*) **porte** *f.* I-1; (*automobile*) **portière** *f.* II-3

doubt (that)... **douter (que)...** *v.* II-7

doubtful **douteux/douteuse** *adj.* II-7
   It is doubtful that... **Il est douteux que...** II-7

download **télécharger** *v.* II-3

downtown **centre-ville** *m.* I-4

drag **barbant** *adj.* I-3; **barbe** *f.* I-3

drape **rideau** *m.* I-8, II-P

draw **dessiner** *v.* I-2

drawer **tiroir** *m.* I-8, II-P

dreadful **épouvantable** *adj.* I-5

dream (about) **rêver (de)** *v.* II-3

dress **robe** *f.* I-6
   to dress **s'habiller** *v.* II-2

dresser **commode** *f.* I-8, II-P

drink (carbonated) **boisson** *f.* **(gazeuse)** I-4
   to drink **boire** *v.* I-4

drive **conduire** *v.* I-6
   to go for a drive **faire un tour en voiture** I-5

driven **conduit (conduire)** *p.p.* I-6

driver (taxi/truck) **chauffeur (de taxi/de camion)** *m.* II-5

driver's license **permis** *m.* **de conduire** II-3

drums **batterie** *f.* II-7

drunk **bu (boire)** *p.p.* I-6

dryer (*clothes*) **sèche-linge** *m.* I-8, II-P

dry oneself **se sécher** *v.* II-2

due **dû(e) (devoir)** *adj.* II-1

during **pendant** *prep.* I-7

dust **enlever/faire la poussière** *v.* I-8, II-P

DVR **enregistreur DVR** *m.* II-3

Vocabulary

E

each **chaque** *adj.* I-6
ear **oreille** *f.* II-2
early **en avance** *adv.* I-2; **tôt** *adv.* I-2
earn **gagner** *v.* II-5
Earth **Terre** *f.* II-6
easily **facilement** *adv.* I-8, II-P
east **est** *m.* II-4
easy **facile** *adj.* I-2
eat **manger** *v.* I-2
　to eat lunch **déjeuner** *v.* I-4
éclair **éclair** *m.* I-4
ecological **écologique** *adj.* II-6
ecology **écologie** *f.* II-6
economics **économie** *f.* I-2
ecotourism **écotourisme** *m.* II-6
education **formation** *f.* II-5
effect: in effect **en effet** II-6
egg **œuf** *m.* II-1
eight **huit** *m.* I-1
eighteen **dix-huit** *m.* I-1
eighth **huitième** *adj.* I-7
eighty **quatre-vingts** *m.* I-3
eighty-one **quatre-vingt-un** *m.* I-3
elder **aîné(e)** *adj.* I-3
electric **électrique** *adj.* I-8, II-P
　electrical appliance **appareil** *m.* **électrique** I-8, II-P
electrician **électricien/ électricienne** *m., f.* II-5
elegant **élégant(e)** *adj.* I-1
elevator **ascenseur** *m.* I-7
eleven **onze** *m.* I-1
eleventh **onzième** *adj.* I-7
e-mail **e-mail** *m.* II-3
emergency room **urgences** *f., pl.* II-2
　to go to the emergency room **aller aux urgences** *v.* II-2
employ **employer** *v.* I-5
end **fin** *f.* I-7
endangered **menacé(e)** *adj.* II-6
　endangered species **espèce** *f.* **menacée** II-6
engaged **fiancé(e)** *adj.* I-3
engine **moteur** *m.* II-3
engineer **ingénieur** *m.* I-3
England **Angleterre** *f.* I-7
English **anglais(e)** *adj.* I-1
enormous **énorme** *adj.* I-2
enough (of) **assez (de)** *adv.* I-4
　not enough (of) **pas assez (de)** I-4
enter **entrer** *v.* I-7
envelope **enveloppe** *f.* II-4
environment **environnement** *m.* II-6
equal **égaler** *v.* I-3
erase **effacer** *v.* II-3
errand **course** *f.* II-1

escargot **escargot** *m.* II-1
especially **surtout** *adv.* I-2
essay **dissertation** *f.* II-3
essential **essentiel(le)** *adj.* II-6
　It is essential that... **Il est essentiel/indispensable que...** II-6
even **même** *adv.* I-5
evening **soir** *m.;* **soirée** *f.* I-2
　... (o'clock) in the evening ... **heures du soir** I-2
every day **tous les jours** *adv.* I-8, II-P
everyone **tout le monde** *m.* II-1
evident **évident(e)** *adj.* II-7
　It is evident that... **Il est évident que...** II-7
evidently **évidemment** *adv.* I-7
exactly **exactement** *adv.* II-1
exam **examen** *m.* I-1
Excuse me. **Excuse-moi.** *fam.* I-1; **Excusez-moi.** *form.* I-1
executive **cadre/femme cadre** *m., f.* II-5
exercise **exercice** *m.* II-2
　to exercise **faire de l'exercice** *v.* II-2
exhibit **exposition** *f.* II-7
exit **sortie** *f.* I-7
expenditure **dépense** *f.* II-4
expensive **cher/chère** *adj.* I-6
explain **expliquer** *v.* I-2
explore **explorer** *v.* I-4
extinction **extinction** *f.* II-6
eye (eyes) **œil (yeux)** *m.* II-2

F

face **visage** *m.* II-2
facing **en face (de)** *prep.* I-3
fact: in fact **en fait** I-7
factory **usine** *f.* II-6
fail **échouer** *v.* I-2
fall **automne** *m.* I-5
　in the fall **en automne** I-5
　to fall **tomber** *v.* I-7
　to fall in love **tomber amoureux/amoureuse** *v.* I-6
　to fall asleep **s'endormir** *v.* II-2
family **famille** *f.* I-3
famous **célèbre** *adj.* II-7; **connu (connaître)** *p.p., adj.* I-8, II-P
far (from) **loin (de)** *prep.* I-3
farewell **adieu** *m.* II-6
farmer **agriculteur/ agricultrice** *m., f.* II-5
fashion **mode** *f.* I-2
　fashion design **stylisme de mode** *m.* I-2
fast **rapide** *adj.* I-3; **vite** *adv.* I-7

fat **gros(se)** *adj.* I-3
father **père** *m.* I-3
father-in-law **beau-père** *m.* I-3
favorite **favori/favorite** *adj.* I-3; **préféré(e)** *adj.* I-2
fax machine **fax** *m.* II-3
fear **peur** *f.* I-2
　to fear that **avoir peur que** *v.* II-6
February **février** *m.* I-5
fed up: to be fed up **en avoir marre** *v.* I-3
feel *(to sense)* **sentir** *v.* I-5; *(state of being)* **se sentir** *v.* II-2
　to feel like *(doing something)* **avoir envie (de)** I-2
　to feel nauseated **avoir mal au cœur** II-2
festival (festivals) **festival (festivals)** *m.* II-7
fever **fièvre** *f.* II-2
　to have fever **avoir de la fièvre** *v.* II-2
fiancé **fiancé(e)** *m., f.* I-6
field *(terrain)* **champ** *m.* II-6; *(of study)* **domaine** *m.* II-5
fifteen **quinze** *m.* I-1
fifth **cinquième** *adj.* I-7
fifty **cinquante** *m.* I-1
figure *(physique)* **ligne** *f.* II-2
file **fichier** *m.* II-3
fill: to fill out a form **remplir un formulaire** *v.* II-4
　to fill the tank **faire le plein** *v.* II-3
film **film** *m.* II-7
　adventure/crime film **film** *m.* **d'aventures/policier** II-7
finally **enfin** *adv.* I-7; **finalement** *adv.* I-7; **dernièrement** *adv.* I-7
find (a job/work) **trouver (un/ du travail)** *v.* II-5
　to find again **retrouver** *v.* I-2
fine **amende** *f.* II-3
fine arts **beaux-arts** *m., pl.* II-7
finger **doigt** *m.* II-2
finish *(doing something)* **finir (de)** *v.* I-4, II-3
fire **incendie** *m.* II-6
firefighter **pompier/femme pompier** *m., f.* II-5
firm *(business)* **entreprise** *f.* II-5;
first **d'abord** *adv.* I-7; **premier/ première** *adj.* I-2; **premier** *m.* I-5
　It is October first. **C'est le 1ᵉʳ (premier) octobre.** I-5
fish **poisson** *m.* I-3
fishing **pêche** *f.* I-5
　to go fishing **aller à la pêche** *v.* I-5

fish shop **poissonnerie** *f.* II-1
five **cinq** *m.* I-1
flat tire **pneu** *m.* **crevé** II-3
flight *(air travel)* **vol** *m.* I-7
floor **étage** *m.* I-7
flower **fleur** *f.* I-8, II-P
flu **grippe** *f.* II-2
fluently **couramment** *adv.* I-7
follow *(a path/a street/a boulevard)*
    **suivre (un chemin/une rue/
    un boulevard)** *v.* II-4
food item **aliment** *m.* II-1;
    nourriture *f.* II-1
foot **pied** *m.* II-2
football **football américain** *m.* I-5
for **pour** *prep.* I-5; **pendant**
    prep. II-1
    For whom? **Pour qui?** I-4
forbid **interdire** *v.* II-6
foreign **étranger/étrangère**
    adj. I-2
    foreign languages **langues**
    f., pl. **étrangères** I-2
forest **forêt** *f.* II-6
    tropical forest **forêt tropicale**
    f. II-6
forget *(to do something)* **oublier
    (de)** *v.* I-2
fork **fourchette** *f.* II-1
form **formulaire** *m.* II-4
former *(placed before noun)*
    ancien(ne) *adj.* II-7
fortunately **heureusement**
    adv. I-7
forty **quarante** *m.* I-1
fountain **fontaine** *f.* II-4
four **quatre** *m.* I-1
fourteen **quatorze** *m.* I-1
fourth **quatrième** *adj.* I-7
France **France** *f.* I-7
frankly **franchement** *adv.* I-7
free *(at no cost)* **gratuit(e)** *adj.* II-7
    free time **temps libre** *m.* I-5
freezer **congélateur** *m.* I-8, II-P
French **français(e)** *adj.* I-1
French fries **frites** *f., pl.* I-4
frequent *(to visit regularly)*
    fréquenter *v.* I-4
fresh **frais/fraîche** *adj.* I-5
Friday **vendredi** *m.* I-2
friend **ami(e)** *m., f.* I-1; **copain/
    copine** *m., f.* I-1
friendship **amitié** *f.* I-6
from **de/d'** *prep.* I-1
    from time to time **de temps en
    temps** *adv.* I-7
front: in front of **devant** *prep.* I-3
fruit **fruit** *m.* II-1
full *(no vacancies)* **complet
    (complète)** *adj.* I-7
full-time job **emploi** *m.*
    à plein temps II-5
fun **amusant(e)** *adj.* I-1

to have fun *(doing something)*
    s'amuser (à) *v.* II-3
funeral **funérailles** *f., pl.* II-1
funny **drôle** *adj.* I-3
furious **furieux/furieuse** *adj.* II-6
    to be furious that… **être
    furieux/furieuse que…** *v.* II-6

G

gain: gain weight **grossir** *v.* I-4
game *(amusement)* **jeu** *m.* I-5;
    (sports) **match** *m.* I-5
game show **jeu télévisé** *m.* II-7
garage **garage** *m.* I-8, II-P
garbage **ordures** *f., pl.* II-6
garbage collection **ramassage**
    m. **des ordures** II-6
garden **jardin** *m.* I-8, II-P
garlic **ail** *m.* II-1
gas **essence** *f.* II-3
gas tank **réservoir d'essence**
    m. II-3
gas warning light **voyant** *m.*
    d'essence II-3
generally **en général** *adv.* I-7
generous **généreux/généreuse**
    adj. I-3
genre **genre** *m.* II-7
gentle **doux/douce** *adj.* I-3
geography **géographie** *f.* I-2
German **allemand(e)** *adj.* I-1
Germany **Allemagne** *f.* I-7
get *(to obtain)* **obtenir** *v.* II-5
get along well (with) **s'entendre
    bien (avec)** *v.* II-2
get off **descendre (de)** *v.* I-6
get up **se lever** *v.* II-2
    get up again **se relever** *v.* II-2
gift **cadeau** *m.* I-6
    wrapped gift **paquet cadeau**
    m. I-6
gifted **doué(e)** *adj.* II-7
girl **fille** *f.* I-1
girlfriend **petite amie** *f.* I-1
give *(to someone)* **donner (à)** *v.* I-2
    to give a shot **faire une
    piqûre** *v.* II-2
    to give a tour **faire visiter**
    v. I-8, II-P
    to give back **rendre (à)** *v.* I-6
    to give one another **se donner**
    v. II-3
glass (of) **verre (de)** *m.* I-4
glasses **lunettes** *f., pl.* I-6
    sunglasses **lunettes de soleil**
    f., pl. I-6
global warming **réchauffement**
    m. **de la Terre** II-6
glove **gant** *m.* I-6
go **aller** *v.* I-4
    Let's go! **Allons-y!** I-4; **On y
    va!** II-2

I'm going. **J'y vais.** I-8, II-P
to go back **repartir** *v.* II-7
to go downstairs **descendre
    (de)** *v.* I-6
to go out **sortir** *v.* I-7
to go over **dépasser** *v.* II-3
to go up **monter** *v.* I-7
to go with **aller avec** *v.* I-6
golf **golf** *m.* I-5
good **bon(ne)** *adj.* I-3
    Good evening. **Bonsoir.** I-1
    Good morning. **Bonjour.** I-1
    to be good for nothing **ne
    servir à rien** *v.* II-1
    to be in a good mood **être de
    bonne humeur** *v.* I-8, II-P
    to be in good health **être en
    bonne santé** *v.* II-2
    to be in good shape **être en
    pleine forme** *v.* II-2
    to be up to something
    interesting **faire quelque
    chose de beau** *v.* II-4
Good-bye. **Au revoir.** I-1
government **gouvernement** *m.* II-6
grade *(academics)* **note** *f.* I-2
grandchildren **petits-enfants**
    m., pl. I-3
granddaughter **petite-fille** *f.* I-3
grandfather **grand-père** *m.* I-3
grandmother **grand-mère** *f.* I-3
grandparents **grands-parents**
    m., pl. I-3
grandson **petit-fils** *m.* I-3
grant **bourse** *f.* I-2
grass **herbe** *f.* II-6
gratin **gratin** *m.* II-1
gray **gris(e)** *adj.* I-6
great **formidable** *adj.* I-7;
    génial(e) *adj.* I-3
green **vert(e)** *adj.* I-3
green beans **haricots verts**
    m., pl. II-1
greenhouse **serre** *f.* II-6
    greenhouse effect **effet de serre**
    m. II-6
grocery store **épicerie** *f.* I-4
groom: to groom oneself *(in the
    morning)* **faire sa toilette** *v.* II-2
ground floor **rez-de-chaussée**
    m. I-7
growing population **population**
    f. **croissante** II-6
guaranteed **garanti(e)** *p.p.,
    adj.* I-5
guest **invité(e)** *m., f.* I-6;
    client(e)
    m., f. I-7
guitar **guitare** *f.* II-7
guy **mec** *m.* II-2
gym **gymnase** *m.* I-4

Vocabulary

H

habitat **habitat** *m.* II-6
  habitat preservation **sauvetage des habitats** *m.* II-6
had **eu (avoir)** *p.p.* I-6
  had to **dû (devoir)** *p.p.* II-1
hair **cheveux** *m., pl.* II-1
  to brush one's hair **se brosser les cheveux** *v.* II-1
  to do one's hair **se coiffer** *v.* II-2
hairbrush **brosse** *f.* **à cheveux** II-2
hairdresser **coiffeur/coiffeuse** *m., f.* I-3
half **demie** *f.* I-2
  half past … (o'clock) **… et demie** I-2
half-brother **demi-frère** *m.* I-3
half-sister **demi-sœur** *f.* I-3
half-time job **emploi** *m.* **à mi-temps** II-5
hallway **couloir** *m.* I-8, II-P
ham **jambon** *m.* I-4
hand **main** *f.* I-5
handbag **sac à main** *m.* I-6
handsome **beau** *adj.* I-3
hang up **raccrocher** *v.* II-5
happiness **bonheur** *m.* I-6
happy **heureux/heureuse** *adj.;* **content(e)** II-5
  to be happy that… **être content(e) que…** *v.* II-6; **être heureux/heureuse que…** *v.* II-6
hard drive **disque (dur)** *m.* II-3
hard-working **travailleur/travailleuse** *adj.* I-3
hat **chapeau** *m.* I-6
hate **détester** *v.* I-2
  I hate… **Je déteste…** I-2
have **avoir** *v.* I-2; **aie (avoir)** *imp., v.* I-7; **ayez (avoir)** *imp. v.* I-7; **prendre** *v.* I-4
  to have an ache **avoir mal** *v.* II-2
to have to (must) **devoir** *v.* II-1
he **il** *sub. pron.* I-1
head (body part) **tête** *f.* II-2; (of a company) **chef** *m.* **d'entreprise** II-5
headache: to have a headache **avoir mal à la tête** *v.* II-2
headlights **phares** *m., pl.* II-3
headphones **casque** *f.* **à écouteurs** *m., pl.* II-3
health **santé** *f.* II-2
  to be in good health **être en bonne santé** *v.* II-2
health insurance **assurance** *f.* **maladie** II-5
healthy **sain(e)** *adj.* II-2

hear **entendre** *v.* I-6
heart **cœur** *m.* II-2
heat **chaud** *m.* 2
hello (on the phone) **allô** I-1; (in the evening) **Bonsoir.** I-1; (in the morning or afternoon) **Bonjour.** I-1
help **au secours** II-3
  to help (to do something) **aider (à)** *v.* I-5
  to help one another **s'aider** *v.* II-3
her **la/l'** *d.o. pron.* I-7; **lui** *i.o. pron.* I-6; (attached to an imperative) **-lui** *i.o. pron.* II-1
her **sa** *poss. adj., f., sing.* I-3; **ses** *poss. adj., m., f., pl.* I-3; **son** *poss. adj., m., sing.* I-3
Here! **Tenez!** *form., imp. v.* II-1; **Tiens!** *fam., imp., v.* II-1
here **ici** *adv.* I-1; (used with demonstrative adjective **ce** and noun or with demonstrative pronoun **celui**); **-ci** I-6; Here is…. **Voici…** I-1
heritage: I am of… heritage. **Je suis d'origine…** I-1
herself (used with reflexive verb) **se/s'** *pron.* II-2
hesitate (to do something) **hésiter (à)** *v.* II-3
Hey! **Eh!** *interj.* 2
Hi! **Salut!** *fam.* I-1
high **élevé(e)** *adj.* II-5
high school **lycée** *m.* I-1
  high school student **lycéen(ne)** *m., f.* 2
higher education **études supérieures** *f., pl.* 2
highway **autoroute** *f.* II-3
hike **randonnée** *f.* I-5
  to go for a hike **faire une randonnée** *v.* I-5
him **lui** *i.o. pron.* I-6; **le/l'** *d.o. pron.* I-7; (attached to imperative) **-lui** *i.o. pron.* II-1
himself (used with reflexive verb) **se/s'** *pron.* II-2
hire **embaucher** *v.* II-5
his **sa** *poss. adj., f., sing.* I-3; **ses** *poss. adj., m., f., pl.* I-3; **son** *poss. adj., m., sing.* I-3
history **histoire** *f.* I-2
hit **rentrer (dans)** *v.* II-3
hold **tenir** *v.* II-1
  to be on hold **patienter** *v.* II-5
hole in the ozone layer **trou dans la couche d'ozone** *m.* II-6
holiday **jour férié** *m.* I-6; **férié(e)** *adj.* I-6
home (house) **maison** *f.* I-4
  at (someone's) home **chez…** *prep.* 4

home page **page d'accueil** *f.* II-3
homework **devoir** *m.* I-2
honest **honnête** *adj.* II-7
honestly **franchement** *adv.* I-7
hood **capot** *m.* II-3
hope **espérer** *v.* I-5
hors d'œuvre **hors-d'œuvre** *m.* II-1
horse **cheval** *m.* I-5
  to go horseback riding **faire du cheval** *v.* I-5
hospital **hôpital** *m.* I-4
host **hôte/hôtesse** *m., f.* I-6
hot **chaud** *m.* I-2
  It is hot (weather). **Il fait chaud.** I-5
  to be hot **avoir chaud** *v.* I-2
hot chocolate **chocolat chaud** *m.* I-4
hotel **hôtel** *m.* I-7
  (single) hotel room **chambre** *f.* **(individuelle)** I-7
hotel keeper **hôtelier/hôtelière** *m., f.* I-7
hour **heure** *f.* I-2
house **maison** *f.* I-4
  at (someone's) house **chez…** *prep.* I-2
  to leave the house **quitter la maison** *v.* I-4
  to stop by someone's house **passer chez quelqu'un** *v.* I-4
household **ménager/ménagère** *adj.* I-8, II-P
household appliance **appareil** *m.* **ménager** I-8, II-P
household chore **tâche ménagère** *f.* I-8, II-P
housewife **femme au foyer** *f.* II-5
housework: to do the housework **faire le ménage** *v.* I-8, II-P
housing **logement** *m.* I-8, II-P
how **comme** *adv.* I-2; **comment?** *interr. adv.* I-4
  How are you? **Comment allez-vous?** *form.* I-1; **Comment vas-tu?** *fam.* I-1
  How many/How much (of)? **Combien (de)?** I-1
  How much is… ? **Combien coûte… ?** I-4
huge **énorme** *adj.* I-2
Huh? **Hein?** *interj.* I-3
humanities **lettres** *f., pl.* I-2
hundred: one hundred **cent** *m.* I-5
  five hundred **cinq cents** *m.* I-5
  one hundred one **cent un** *m.* I-5
  one hundred thousand **cent mille** *m.* I-5
hundredth **centième** *adj.* I-7
hunger **faim** *f.* I-4

English-French

hungry: to be hungry **avoir faim** *v.* I-4
hunt **chasse** *f.* II-6
  to hunt **chasser** *v.* II-6
hurried **pressé(e)** *adj.* II-1
hurry **se dépêcher** *v.* II-2
hurt **faire mal** *v.* II-2
  to hurt oneself **se blesser** *v.* II-2
husband **mari** *m.*; **époux** *m.* I-3
hyphen *(punctuation mark)* **tiret** *m.* II-3

I

I **je** *sub. pron.* I-1; **moi** *disj. pron., sing.* I-3
ice cream **glace** *f.* I-6
ice cube **glaçon** *m.* I-6
idea **idée** *f.* I-3
if **si** *conj.* II-5
ill: to become ill **tomber malade** *v.* II-2
illness **maladie** *f.* II-5
immediately **tout de suite** *adv.* I-4
impatient **impatient(e)** *adj.* I-1
important **important(e)** *adj.* I-1
  It is important that… **Il est important que…** II-6
impossible **impossible** *adj.* II-7
  It is impossible that… **Il est impossible que…** II-7
improve **améliorer** *v.* II-5
in **dans** *prep.* I-3; **en** *prep.* I-3; **à** *prep.* I-4
included **compris (comprendre)** *p.p., adj.* I-6
incredible **incroyable** *adj.* II-3
independent **indépendant(e)** *adj.* I-1
independently **indépendamment** *adv.* I-8, II-P
indicate **indiquer** *v.* 5
indispensable **indispensable** *adj.* II-6
inexpensive **bon marché** *adj.* I-6
injection **piqûre** *f.* II-2
  to give an injection **faire une piqûre** *v.* II-2
injury **blessure** *f.* II-2
instrument **instrument** *m.* I-1
insurance (health/life) **assurance** *f.* **(maladie/vie)** II-5
intellectual **intellectuel(le)** *adj.* I-3
intelligent **intelligent(e)** *adj.* I-1
interested: to be interested (in) **s'intéresser (à)** *v.* II-2
interesting **intéressant(e)** *adj.* I-1
intermission **entracte** *m.* II-7
internship **stage** *m.* II-5

intersection **carrefour** *m.* II-4
interview: to have an interview **passer un entretien** II-5
introduce **présenter** *v.* I-1
  I would like to introduce (name) to you. **Je te présente…** , *fam.* I-1
  I would like to introduce (name) to you. **Je vous présente…** , *form.* I-1
invite **inviter** *v.* I-4
Ireland **Irlande** *f.* I-7
Irish **irlandais(e)** *adj.* I-7
iron **fer à repasser** *m.* I-8, II-P
  to iron (the laundry) **repasser (le linge)** *v.* I-8, II-P
isn't it? *(tag question)* **n'est-ce pas?** I-2
island **île** *f.* II-6
Italian **italien(ne)** *adj.* I-1
Italy **Italie** *f.* I-7
it: It depends. **Ça dépend.** I-4
  It is… **C'est…** I-1
itself *(used with reflexive verb)* **se/s'** *pron.* II-2

J

jacket **blouson** *m.* I-6
jam **confiture** *f.* II-1
January **janvier** *m.* I-5
Japan **Japon** *m.* I-7
Japanese **japonais(e)** *adj.* I-1
jealous **jaloux/jalouse** *adj.* I-3
jeans **jean** *m. sing.* I-6
jewelry store **bijouterie** *f.* II-4
jogging **jogging** *m.* I-5
  to go jogging **faire du jogging** *v.* I-5
joke **blague** *f.* I-2
journalist **journaliste** *m., f.* I-3
juice (orange/apple) **jus** *m.* **(d'orange/de pomme)** I-4
July **juillet** *m.* I-5
June **juin** *m.* I-5
jungle **jungle** *f.* II-6
just *(barely)* **juste** *adv.* I-3

K

keep **retenir** *v.* II-1
key **clé** *f.* I-7
keyboard **clavier** *m.* II-3
kilo(gram) **kilo(gramme)** *m.* II-1
kind **bon(ne)** *adj.* I-3
kiosk **kiosque** *m.* I-4
kiss one another **s'embrasser** *v.* II-3
kitchen **cuisine** *f.* I-8, II-P
knee **genou** *m.* II-2
knife **couteau** *m.* II-1

know (as a fact) **savoir** *v.* I-8, II-P; *(to be familiar with)* **connaître** *v.* I-8, II-P
  to know one another **se connaître** *v.* II-3
  I don't know anything about it. **Je n'en sais rien.** II-6
  to know that… **savoir que…** II-7
known (as a fact) **su (savoir)** *p.p.* I-8, II-P; *(famous)* **connu (connaître)** *p.p., adj.* I-8, II-P

L

laborer **ouvrier/ouvrière** *m., f.* II-5
lake **lac** *m.* II-6
lamp **lampe** *f.* I-8, II-P
landslide **glissement de terrain** *m.* II-6
language **langue** *f.* I-2
  foreign languages **langues** *f., pl.* **étrangères** I-2
last **dernier/dernière** *adj.* I-2
lastly **dernièrement** *adv.* I-7
late *(when something happens late)* **en retard** *adv.* I-2; *(in the evening, etc.)* **tard** *adv.* I-2
laugh **rire** *v.* I-6
laughed **ri (rire)** *p.p.* I-6
laundromat **laverie** *f.* II-4
laundry: to do the laundry **faire la lessive** *v.* I-8, II-P
law **loi** *f.* II-6
lawyer **avocat(e)** *m., f.* I-3
lay off *(let go)* **renvoyer** *v.* II-5
lazy **paresseux/paresseuse** *adj.* I-3
learned **appris (apprendre)** *p.p.* I-6
least **moins** II-1
  the least… *(used with adjective)* **le/la moins…** *super. adv.* II-1
  the least… , *(used with noun to express quantity)* **le moins de…** II-6
  the least… *(used with verb or adverb)* **le moins…** *super. adv.* II-1
leather **cuir** *m.* I-6
leave **partir** *v.* I-5; **quitter** *v.* I-4
  to leave alone **laisser tranquille** *v.* II-2
  to leave one another **se quitter** *v.* II-3
  I'm leaving. **Je m'en vais.** I-8, II-P
left: to the left (of) **à gauche (de)** *prep.* I-3
leg **jambe** *f.* II-2
leisure activity **loisir** *m.* I-5
lemon soda **limonade** *f.* I-4

Vocabulary

lend *(to someone)* **prêter (à)** *v.* I-6
less **moins** *adv.* I-4
  less of... *(used with noun to express quantity)* **moins de...** I-4
  less ... than *(used with noun to compare quantities)* **moins de... que** II-6
  less... than *(used with adjective to compare qualities)* **moins... que** II-1
let **laisser** *v.* II-3
  to let go *(to fire or lay off)* **renvoyer** *v.* II-5
  Let's go! **Allons-y!** I-4; **On y va!** II-2
letter **lettre** *f.* II-4
  letter of application **lettre** *f.* **de motivation** II-5
  letter of recommendation/ reference **lettre** *f.* **de recommandation** II-5
lettuce **laitue** *f.* II-1
level **niveau** *m.* II-5
library **bibliothèque** *f.* I-1
license: driver's license **permis** *m.* **de conduire** II-3
life **vie** *f.* I-6
life insurance **assurance** *f.* **vie** II-5
light: warning light *(automobile)* **voyant** *m.* II-3
  oil/gas warning light **voyant** *m.* **d'huile/d'essence** II-3
  to light up **s'allumer** *v.* II-3
like *(as)* **comme** *adv.* I-6; to like **aimer** *v.* I-2
  I don't like … very much. **Je n'aime pas tellement...** I-2
  I really like… **J'aime bien...** I-2
  to like one another **s'aimer bien** *v.* II-3
  to like that... **aimer que...** *v.* II-6
line **queue** *f.* II-4
  to wait in line **faire la queue** *v.* II-4
link **lien** *m.* II-3
listen (to) **écouter** *v.* I-2
literary **littéraire** *adj.* II-7
literature **littérature** *f.* I-1
little *(not much)* (of) **peu (de)** *adv.* I-4
live **vivre** *v.* I-8, II-P
  live (in) **habiter (à)** *v.* I-2
living room *(informal room)* **salle de séjour** *f.* I-8, II-P; *(formal room)* **salon** *m.* I-8, II-P
located: to be located **se trouver** *v.* II-2
long **long(ue)** *adj.* I-3
  a long time **longtemps** *adv.* I-5

look *(at one another)* **se regarder** *v.* II-3; *(at oneself)* **se regarder** *v.* II-2
look for **chercher** *v.* I-2
  to look for work/a job **chercher du/un travail** II-4
loose *(clothing)* **large** *adj.* I-6
lose: to lose **perdre** *v.* I-6
  to lose weight **maigrir** *v.* I-4
lost: to be lost **être perdu(e)** *v.* II-4
lot: a lot of **beaucoup de** *adv.* I-4
love **amour** *m.* I-6
  to love **adorer** *v.* I-2
  I love… **J'adore...** I-2
  to love one another **s'aimer** *v.* II-3
  to be in love **être amoureux/ amoureuse** *v.* I-6
luck **chance** *f.* I-2
  to be lucky **avoir de la chance** *v.* I-2
lunch **déjeuner** *m.* II-1
  to eat lunch **déjeuner** *v.* I-4

M

ma'am **Madame.** *f.* I-1
machine: answering machine **répondeur** *m.* II-3
mad: to get mad **s'énerver** *v.* II-2
made **fait (faire)** *p.p., adj.* I-6
magazine **magazine** *m.* II-7
mail **courrier** *m.* II-4
mailbox **boîte** *f.* **aux lettres** II-4
mailman **facteur** *m.* II-4
main character **personnage principal** *m.* II-7
main dish **plat (principal)** *m.* II-1
maintain **maintenir** *v.* II-1
make **faire** *v.* I-5
makeup **maquillage** *m.* II-2
  to put on makeup **se maquiller** *v.* II-2
make up **se réconcilier** *v.* II-7
malfunction **panne** *f.* II-3
man **homme** *m.* I-1
manage *(in business)* **diriger** *v.* II-5; *(to do something)* **arriver à** *v.* I-2
manager **gérant(e)** *m., f.* II-5, **responsable** *m., f.* II-5
many (of) **beaucoup (de)** *adv.* I-4
  How many (of)? **Combien (de)?** I-1
map *(of a city)* **plan** *m.* I-7; *(of the world)* **carte** *f.* I-1
March **mars** *m.* I-5
market **marché** *m.* I-4
marriage **mariage** *m.* I-6
married **marié(e)** *adj.* I-3
  married couple **mariés** *m., pl.* I-6
marry **épouser** *v.* I-3

Martinique: from Martinique **martiniquais(e)** *adj.* I-1
masterpiece **chef-d'œuvre** *m.* II-7
mathematics **mathématiques (maths)** *f., pl.* I-2
May **mai** *m.* I-5
maybe **peut-être** *adv.* I-2
mayonnaise **mayonnaise** *f.* II-1
mayor's office **mairie** *f.* II-4
me **moi** *disj. pron., sing.* I-3; *(attached to imperative)* **-moi** *pron.* II-1; **me/m'** *i.o. pron.* I-6; **me/m'** *d.o. pron.* I-7
  Me too. **Moi aussi.** I-1
  Me neither. **Moi non plus.** I-2
meal **repas** *m.* II-1
mean **méchant(e)** *adj.* I-3
  to mean *(with* **dire***)* **vouloir** *v.* II-1
means: that means **ça veut dire** *v.* II-1
meat **viande** *f.* II-1
mechanic **mécanicien/ mécanicienne** *m., f.* II-3
medication *(against/ for)* **médicament (contre/ pour)** *m., f.* II-2
meet *(to encounter, to run into)* **rencontrer** *v.* I-2; *(to make the acquaintance of)* **faire la connaissance de** *v.* I-5, **se rencontrer** *v.* II-3; *(planned encounter)* **se retrouver** *v.* II-3
meeting **réunion** *f.* II-5; **rendez-vous** *m.* I-6
member **membre** *m.* II-7
menu **menu** *m.* II-1; **carte** *f.* II-1
message **message** *m.* II-5
  to leave a message **laisser un message** *v.* II-5
Mexican **mexicain(e)** *adj.* I-1
Mexico **Mexique** *m.* I-7
microwave oven **four à micro-ondes** *m.* I-8, II-P
midnight **minuit** *m.* I-2
milk **lait** *m.* I-4
mineral water **eau** *f.* **minérale** I-4
mirror **miroir** *m.* I-8, II-P
Miss **Mademoiselle** *f.* I-1
mistaken: to be mistaken *(about something)* **se tromper (de)** *v.* II-2
modest **modeste** *adj.* II-5
moment **moment** *m.* I-1
Monday **lundi** *m.* I-2
money **argent** *m.* II-4; *(currency)* **monnaie** *f.* II-4
  to deposit money **déposer de l'argent** *v.* II-4
month **mois** *m.* I-2
  this month **ce mois-ci** I-2
moon **Lune** *f.* II-6
more **plus** *adv.* I-4

more of **plus de** I-4
more … than *(used with noun to compare quantities)* **plus de… que** II-6
more … than *(used with adjective to compare qualities)* **plus… que** II-1
morning **matin** *m.* I-2; **matinée** *f.* I-2
this morning **ce matin** I-2
Moroccan **marocain(e)** *adj.* I-1
most **plus** II-1
the most… *(used with adjective)* **le/la plus…** *super. adv.* II-1
the most… *(used with noun to express quantity)* **le plus de…** II-6
the most… *(used with verb or adverb)* **le plus…** *super. adv.* II-1
mother **mère** *f.* I-3
mother-in-law **belle-mère** *f.* I-3
mountain **montagne** *f.* I-4
mouse **souris** *f.* II-3
mouth **bouche** *f.* II-2
move *(to get around)* **se déplacer** *v.* II-4
to move in **emménager** *v.* I-8, II-P
to move out **déménager** *v.* I-8, II-P
movie **film** *m.* II-7
adventure/horror/science-fiction/crime movie **film** *m.* **d'aventures/d'horreur/de science-fiction/policier** II-7
movie theater **cinéma (ciné)** *m.* I-4
MP3 **MP3** *m.* II-3
much *(as much … as) (used with noun to express quantity)* **autant de … que** *adv.* II-6
How much *(of something)*? **Combien (de)?** I-1
How much is… ? **Combien coûte… ?** I-4
museum **musée** *m.* I-4
to go to museums **faire les musées** *v.* II-7
mushroom **champignon** *m.* II-1
music: to play music **faire de la musique** II-7
musical **comédie** *f.* **musicale** II-7; **musical(e)** *adj.* II-7
musician **musicien(ne)** *m., f.* I-3
must *(to have to)* **devoir** *v.* II-1
One must **Il faut…** I-5
mustard **moutarde** *f.* II-1
my **ma** *poss. adj., f., sing.* I-3; **mes** *poss. adj., m., f., pl.* I-3; **mon** *poss. adj., m., sing.* I-3
myself **me/m'** *pron., sing.* II-2; *(attached to an imperative)* **-moi** *pron.* II-1

N

naïve **naïf (naïve)** *adj.* I-3
name: My name is… **Je m'appelle…** I-1
named: to be named **s'appeler** *v.* II-2
napkin **serviette** *f.* II-1
nationality **nationalité** *f.*
I am of … nationality. **Je suis de nationalité…** I-1
natural **naturel(le)** *adj.* II-6
natural resource **ressource naturelle** *f.* II-6
nature **nature** *f.* II-6
nauseated: to feel nauseated **avoir mal au cœur** *v.* II-2
near (to) **près (de)** *prep.* I-3
very near (to) **tout près (de)** II-4
necessary **nécessaire** *adj.* II-6
It was necessary… *(followed by infinitive or subjunctive)* **Il a fallu…** I-6
It is necessary…. *(followed by infinitive or subjunctive)* **Il faut que…** I-5
It is necessary that… *(followed by subjunctive)* **Il est nécessaire que/qu'…** II-6
neck **cou** *m.* II-2
need **besoin** *m.* I-2
to need **avoir besoin (de)** *v.* I-2
neighbor **voisin(e)** *m., f.* I-3
neighborhood **quartier** *m.* I-8, II-P
neither… nor **ne… ni… ni…** *conj.* II-4
nephew **neveu** *m.* I-3
nervous **nerveux/nerveuse** *adj.* I-3
nervously **nerveusement** *adv.* I-8, II-P
network (social) **réseau (social)** *m.* II-3
never **jamais** *adv.* I-5; **ne… jamais** *adv.* II-4
new **nouveau/nouvelle** *adj.* I-3
newlyweds **jeunes mariés** *m., pl.* I-6
news **informations (infos)** *f., pl.* II-7; **nouvelles** *f., pl.* II-7
newspaper **journal** *m.* I-7
newsstand **marchand de journaux** *m.* II-4
next **ensuite** *adv.* I-7; **prochain(e)** *adj.* I-2
next to **à côté de** *prep.* I-3
nice **gentil/gentille** *adj.* I-3; **sympa(thique)** *adj.* I-1
nicely **gentiment** *adv.* I-7
niece **nièce** *f.* I-3
night **nuit** *f.* I-2

nine **neuf** *m.* I-1
nine hundred **neuf cents** *m.* I-5
nineteen **dix-neuf** *m.* I-1
ninety **quatre-vingt-dix** *m.* I-3
ninth **neuvième** *adj.* I-7
no *(at beginning of statement to indicate disagreement)* **(mais) non** I-2; **aucun(e)** *adj.* II-2
no more **ne… plus** II-4
no problem **pas de problème** II-4
no reason **pour rien** I-4
no, none **pas (de)** II-4
nobody **ne… personne** II-4
none (not any) **ne… aucun(e)** II-4
noon **midi** *m.* I-2
no one **personne** *pron.* II-4
north **nord** *m.* II-4
nose **nez** *m.* II-2
not **ne… pas** *I-2*
not at all **pas du tout** *adv.* I-2
Not badly. **Pas mal.** I-1
to not believe that **ne pas croire que** *v.* II-7
to not think that **ne pas penser que** *v.* II-7
not yet **pas encore** *adv.* I-8, II-P
notebook **cahier** *m.* I-1
notes **billets** *m., pl.* II-3
nothing **rien** *indef. pron.* II-4
It's nothing. **Il n'y a pas de quoi.** I-1
notice **s'apercevoir** *v.* II-4
novel **roman** *m.* II-7
November **novembre** *m.* I-5
now **maintenant** *adv.* I-5
nuclear **nucléaire** *adj.* II-6
nuclear energy **énergie nucléaire** *f.* II-6
nuclear plant **centrale nucléaire** *f.* II-6
nurse **infirmier/infirmière** *m., f.* II-2

O

object **objet** *m.* I-1
obtain **obtenir** *v.* II-5
obvious **évident(e)** *adj.* II-7
It is obvious that… **Il est évident que…** II-7
obviously **évidemment** *adv.* I-7
o'clock: It's… (o'clock). **Il est… heure(s).** I-2
at … (o'clock) **à … heure(s)** I-4
October **octobre** *m.* I-5
of **de/d'** *prep.* I-3
of medium height **de taille moyenne** *adj.* I-3

of the **des (de + les)** I-3

of the **du (de + le)** I-3

of which, of whom **dont** *rel. pron.* II-3

of course **bien sûr** *adv.* I-2; **évidemment** *adv.* I-7

of course not *(at beginning of statement to indicate disagreement)* **(mais) non** I-2

offer **offrir** *v.* II-3

offered **offert (offrir)** *p.p.* II-3

office **bureau** *m.* I-4

at the doctor's office **chez le médecin** *prep.* I-2

often **souvent** *adv.* I-5

oil **huile** *f.* II-1

automobile oil **huile** *f.* II-3

oil warning light **voyant** *m.* **d'huile** II-3

olive oil **huile** *f.* **d'olive** II-1

to check the oil **vérifier l'huile** *v.* II-3

okay **d'accord** I-2

old **vieux/vieille** *adj.; (placed after noun)* **ancien(ne)** *adj.* I-3

old age **vieillesse** *f.* I-6

olive **olive** *f.* II-1

olive oil **huile** *f.* **d'olive** II-1

omelette **omelette** *f.* I-5

on **sur** *prep.* I-3

On behalf of whom? **C'est de la part de qui?** II-5

on the condition that… **à condition que** II-7

on television **à la télé(vision)** II-7

on the contrary **au contraire** II-7

on the radio **à la radio** II-7

on the subject of **au sujet de** II-6

on vacation **en vacances** I-7

once **une fois** *adv.* I-8, II-P

one **un** *m.* I-1

one **on** *sub. pron., sing.* I-1

one another **l'un(e) à l'autre** II-3

one another **l'un(e) l'autre** II-3

one had to… **il fallait…** I-8, II-P

One must… **Il faut que/qu'…** II-6

One must… **Il faut…** *(followed by infinitive or subjunctive)* I-5

one million **un million** *m.* I-5

one million *(things)* **un million de…** I-5

onion **oignon** *m.* II-1

online **en ligne** II-3

to be online **être en ligne** *v.* II-3

to be online *(with someone)* **être connecté(e) (avec quelqu'un)** *v.* I-7, II-3

only **ne… que** II-4; **seulement** *adv.* I-8, II-P

open **ouvrir** *v.* II-3; **ouvert(e)** *adj.* II-3

opened **ouvert (ouvrir)** *p.p.* II-3

opera **opéra** *m.* II-7

optimistic **optimiste** *adj.* I-1

or **ou** I-3

orange **orange** *f.* II-1; **orange** *inv.adj.* I-6

orchestra **orchestre** *m.* II-7

order **commander** *v.* II-1

organize *(a party)* **organiser (une fête)** *v.* I-6

orient oneself **s'orienter** *v.* II-4

others **d'autres** I-4

our **nos** *poss. adj., m., f., pl.* I-3; **notre** *poss. adj., m., f., sing.* I-3

outdoor *(open-air)* **plein air** II-6

over **fini** *adj., p.p.* I-7

overpopulation **surpopulation** *f.* II-6

overseas **à l'étranger** *adv.* I-7

over there **là-bas** *adv.* I-1

owed **dû (devoir)** *p.p., adj.* II-1

own **posséder** *v.* I-5

owner **propriétaire** *m., f.* I-8, II-P

ozone **ozone** *m.* II-6

hole in the ozone layer **trou dans la couche d'ozone** *m.* II-6

P

pack: to pack one's bags **faire les valises** I-7

package **colis** *m.* II-4

paid **payé (payer)** *p.p., adj.* II-5

to be well/badly paid **être bien/mal payé(e)** II-5

pain **douleur** *f.* II-2

paint **faire de la peinture** *v.* II-7

painter **peintre/femme peintre** *m., f.* II-7

painting **peinture** *f.* II-7; **tableau** *m.* II-7

pants **pantalon** *m., sing.* I-6

paper **papier** *m.* I-1

Pardon (me). **Pardon.** I-1

parents **parents** *m., pl.* I-3

park **parc** *m.* I-4

to park **se garer** *v.* II-3

parka **anorak** *m.* I-6

parking lot **parking** *m.* II-3

part-time job **emploi** *m.* **à mi-temps/à temps partiel** *m.* II-5

party **fête** *f.* I-6

pass **dépasser** *v.* II-3; **passer** *v.* I-7

to pass an exam **être reçu(e) à un examen** *v.* I-2

passenger **passager/passagère** *m., f.* I-7

passport **passeport** *m.* I-7

password **mot de passe** *m.* II-3

past: in the past **autrefois** *adv.* I-8, II-P

pasta **pâtes** *f., pl.* II-1

pastime **passe-temps** *m.* I-5

pastry **pâtisserie** *f.* II-1

pastry shop **pâtisserie** *f.* II-1

pâté **pâté (de campagne)** *m.* II-1

path **sentier** *m.* II-6; **chemin** *m.* II-4

patient **patient(e)** *adj.* I-1

patiently **patiemment** *adv.* I-8, II-P

pay **payer** *v.* I-5

to pay by check **payer par chèque** *v.* II-4

to pay in cash **payer en espèces** *v.* II-4

to pay with a debit/credit card **payer par carte bancaire/de crédit** *v.* II-4

to pay attention (to) **faire attention (à)** *v.* I-5

peach **pêche** *f.* II-1

pear **poire** *f.* II-1

peas **petits pois** *m., pl.* II-1

pen **stylo** *m.* I-1

pencil **crayon** *m.* I-1

people **gens** *m., pl.* I-7

pepper *(spice)* **poivre** *m.* II-1; *(vegetable)* **poivron** *m.* II-1

per day/week/month/year **par jour/semaine/mois/an** I-5

perfect **parfait(e)** *adj.* I-2

perhaps **peut-être** *adv.* I-2

period *(punctuation mark)* **point** *m.* II-3

permit **permis** *m.* II-3

permitted **permis (permettre)** *p.p., adj.* I-6

person **personne** *f.* I-1

pessimistic **pessimiste** *adj.* I-1

pharmacist **pharmacien(ne)** *m., f.* II-2

pharmacy **pharmacie** *f.* II-2

philosophy **philosophie** *f.* I-2

phone one another **se téléphoner** *v.* II-3

photo(graph) **photo(graphie)** *f.* I-3

physical education **éducation physique** *f.* I-2

physics **physique** *f.* I-2

piano **piano** *m.* II-7

pick up **décrocher** *v.* II-5

picnic **pique-nique** *m.* II-6

picture **tableau** *m.* I-1

pie **tarte** *f.* II-1

piece (of) **morceau (de)** *m.* I-4

piece of furniture **meuble** *m.* I-8, II-P
pill **pilule** *f.* II-2
pillow **oreiller** *m.* I-8, II-P
pink **rose** *adj.* I-6
pitcher (of water) **carafe (d'eau)** *f.* II-1
place **endroit** *m.* I-4; **lieu** *m.* I-4
planet **planète** *f.* II-6
plans: to make plans **faire des projets** *v.* II-5
plant **plante** *f.* II-6
plastic **plastique** *m.* II-6
plastic wrapping **emballage en plastique** *m.* II-6
plate **assiette** *f.* II-1
play **pièce de théâtre** *f.* II-7
play **s'amuser** *v.* II-2; *(a sport/a musical instrument)* **jouer (à/de)** *v.* I-5
to play regularly **pratiquer** *v.* I-5
to play sports **faire du sport** *v.* I-5
to play a role **jouer un rôle** *v.* II-7
player **joueur/joueuse** *m., f.* I-5
playwright **dramaturge** *m.* II-7
pleasant **agréable** *adj.* I-1
please: to please someone **faire plaisir à quelqu'un** *v.* II-5
Please. **S'il te plaît.** *fam.* I-1
Please. **S'il vous plaît.** *form.* I-1
Please. **Je vous en prie.** *form.* I-1
Please hold. **Ne quittez pas.** II-5
plug in **brancher** *v.* II-3
plumber **plombier** *m.* II-5
poem **poème** *m.* II-7
poet **poète/poétesse** *m., f.* II-7
police **police** *f.* II-3; **policier** *adj.* II-7
police officer **agent de police** *m.* II-3; **policier** *m.* II-3; **policière** *f.* II-3
police station **commissariat de police** *m.* II-4
polite **poli(e)** *adj.* I-1
politely **poliment** *adv.* I-8, II-P
political science **sciences politiques (sciences po)** *f., pl.* I-2
politician **homme/femme politique** *m., f.* II-5
pollute **polluer** *v.* II-6
pollution **pollution** *f.* II-6
pollution cloud **nuage de pollution** *m.* II-6
pool **piscine** *f.* I-4
poor **pauvre** *adj.* I-3
popular music **variétés** *f., pl.* II-7
population **population** *f.* II-6
growing population **population** *f.* **croissante** II-6

pork **porc** *m.* II-1
portrait **portrait** *m.* I-5
position *(job)* **poste** *m.* II-5
possess *(to own)* **posséder** *v.* I-5
possible **possible** *adj.* II-7
It is possible that... **Il est possible que...** II-6
post **afficher** *v.* II-5
post office **bureau de poste** *m.* II-4
postal service **poste** *f.* II-4
postcard **carte postale** *f.* II-4
poster **affiche** *f.* I-8, II-P
potato **pomme de terre** *f.* II-1
practice **pratiquer** *v.* I-5
prefer **aimer mieux** *v.* I-2; **préférer (que)** *v.* I-5
pregnant **enceinte** *adj.* II-2
prepare (for) **préparer** *v.* I-2
to prepare *(to do something)* **se préparer (à)** *v.* II-2
prescription **ordonnance** *f.* II-2
present **présenter** *v.* II-7
preservation: habitat preservation **sauvetage des habitats** *m.* II-6
preserve **préserver** *v.* II-6
pressure **pression** *f.* II-3
to check the tire pressure **vérifier la pression des pneus** *v.* II-3
pretty **joli(e)** *adj.* I-3; *(before an adjective or adverb)* **assez** *adv.* I-8, II-P
prevent: to prevent a fire **prévenir l'incendie** *v.* II-6
price **prix** *m.* I-4
principal **principal(e)** *adj.* II-4
print **imprimer** *v.* II-3
printer **imprimante** *f.* II-3
problem **problème** *m.* I-1
produce **produire** *v.* I-6
produced **produit (produire)** *p.p., adj.* I-6
product **produit** *m.* II-6
profession **métier** *m.* II-5; **profession** *f.* II-5
demanding profession **profession** *f.* **exigeante** II-5
professional **professionnel(le)** *adj.* II-5
professional experience **expérience professionnelle** *f.* II-5
program **programme** *m.* II-7; *(software)* **logiciel** *m.* II-3; *(television)* **émission** *f.* **de télévision** II-7
prohibit **interdire** *v.* II-6
project **projet** *m.* II-5
promise **promettre** *v.* I-6
promised **promis (promettre)** *p.p., adj.* I-6

promotion **promotion** *f.* II-5
propose that... **proposer que...** *v.* II-6
to propose a solution **proposer une solution** *v.* II-6
protect **protéger** *v.* I-5
protection **préservation** *f.* II-6; **protection** *f.* II-6
proud **fier/fière** *adj.* I-3
psychological **psychologique** *adj.* II-7
psychological drama **drame psychologique** *m.* II-7
psychology **psychologie** *f.* I-2
psychologist **psychologue** *m., f.* II-5
publish **publier** *v.* II-7
pure **pur(e)** *adj.* II-6
purple **violet(te)** *adj.* I-6
purse **sac à main** *m.* I-6
put **mettre** *v.* I-6
to put (on) (yourself) **se mettre** *v.* II-2
to put away **ranger** *v.* I-8, II-P
to put on makeup **se maquiller** *v.* II-2
put **mis (mettre)** *p.p.* I-6

Q

quarter **quart** *m.* I-2
a quarter after ... (o'clock) **... et quart** I-2
Quebec: from Quebec **québécois(e)** *adj.* I-1
question **question** *f.* I-6
to ask *(someone)* a question **poser une question (à)** *v.* I-6
quickly **vite** *adv.* I-7; **rapidement** *adv.* I-7
quite *(before an adjective or adverb)* **assez** *adv.* I-8, II-P

R

rabbit **lapin** *m.* II-6
rain **pleuvoir** *v.* I-5
acid rain **pluie** *f.* **acide** II-6
It is raining. **Il pleut.** I-5
It was raining. **Il pleuvait.** I-8, II-P
rain forest **forêt tropicale** *f.* II-6
rain jacket **imperméable** *m.* I-5
rained **plu (pleuvoir)** *p.p.* I-6
raise (in salary) **augmentation (de salaire)** *f.* II-5
rarely **rarement** *adv.* I-5
rather **plutôt** *adv.* I-1
ravishing **ravissant(e)** *adj.* II-5
razor **rasoir** *m.* II-2
read **lire** *v.* I-7
read **lu (lire)** *p.p., adj.* I-7
ready **prêt(e)** *adj.* I-3

real *(true)* **vrai(e)** *adj.;* **véritable** *adj.* I-3
real estate agent **agent immobilier** *m., f.* II-5
realize **se rendre compte** *v.* II-2
really **vraiment** *adv.* I-7; *(before adjective or adverb)* **tout(e)** *adv.* I-3; really close by **tout près** I-3
rear-view mirror **rétroviseur** *m.* II-3
reason **raison** *f.* I-2
receive **recevoir** *v.* II-4
received **reçu (recevoir)** *p.p., adj.* II-4
receiver **combiné** *m.* II-5
recent **récent(e)** *adj.* I-7
reception desk **réception** *f.* I-7
recognize **reconnaître** *v.* I-8, II-P
recognized **reconnu (reconnaître)** *p.p., adj.* I-8, II-P
recommend that... **recommander que...** *v.* II-6
recommendation **recommandation** *f.* II-5
record **enregistrer** *v.* II-3
recycle **recycler** *v.* II-6
recycling **recyclage** *m.* II-6
red **rouge** *adj.* I-6
redial **recomposer (un numéro)** *v.* II-3
reduce **réduire** *v.* I-6
reduced **réduit (réduire)** *p.p., adj.* I-6
reference **référence** *f.* II-5
reflect (on) **réfléchir (à)** *v.* I-4
refrigerator **frigo** *m.* I-8, II-P
refuse *(to do something)* **refuser (de)** *v.* II-3
region **région** *f.* II-6
regret that... **regretter que...** II-6
relax **se détendre** *v.* II-2
remember **se souvenir (de)** *v.* II-2
remote control **télécommande** *f.* II-3
rent **loyer** *m.* I-8, II-P
to rent **louer** *v.* I-8, II-P
repair **réparer** *v.* II-3
repeat **répéter** *v.* I-5
research **rechercher** *v.* II-5
researcher **chercheur/chercheuse** *m., f.* II-5
reservation **réservation** *f.* I-7
to cancel a reservation **annuler une réservation** I-7
reserve **réserver** *v.* I-7
reserved **réservé(e)** *adj.* I-1
resign **démissionner** *v.* II-5
resort (ski) **station** *f.* **(de ski)** I-7
respond **répondre (à)** *v.* I-6
rest **se reposer** *v.* II-2
restart **redémarrer** *v.* II-3

restaurant **restaurant** *m.* I-4
restroom(s) **toilettes** *f., pl.* I-8, II-P; **W.-C.** *m., pl.*
result **résultat** *m.* I-2
résumé **curriculum vitæ (C.V.)** *m.* II-5
retake **repasser** *v.* II-7
retire **prendre sa retraite** *v.* I-6
retired person **retraité(e)** *m., f.* II-5
retirement **retraite** *f.* I-6
return **retourner** *v.* I-7
to return (home) **rentrer (à la maison)** *v.* I-2
review *(criticism)* **critique** *f.* II-7
rice **riz** *m.* II-1
ride: to go horseback riding **faire du cheval** *v.* I-5
to ride in a car **rouler en voiture** *v.* I-7
right **juste** *adv.* I-3
to the right (of) **à droite (de)** *prep.* I-3
to be right **avoir raison** I-2
right away **tout de suite** I-7
right next door **juste à côté** I-3
ring **sonner** *v.* II-3
river **fleuve** *m.* II-6; **rivière** *f.* II-6
riverboat **bateau-mouche** *m.* I-7
role **rôle** *m.* II-6
room **pièce** *f.* I-8, II-P; **salle** *f.* I-8, II-P
bedroom **chambre** *f.* I-7
classroom **salle** *f.* **de classe** I-1
dining room **salle** *f.* **à manger** I-8, II-P
single hotel room **chambre** *f.* **individuelle** I-7
round-trip **aller-retour** *adj.* I-7
round-trip ticket **billet** *m.* **aller-retour** I-7
rug **tapis** *m.* I-8, II-P
run **courir** *v.* I-5; **couru (courir)** *p.p., adj.* I-6
to run into someone **tomber sur quelqu'un** *v.* I-7

S

sad **triste** *adj.* I-3
to be sad that... **être triste que...** *v.* II-6
safety **sécurité** *f.* II-3
said **dit (dire)** *p.p., adj.* I-7
salad **salade** *f.* II-1
salary (a high, low) **salaire (élevé, modeste)** *m.* II-5
sales **soldes** *f., pl.* I-6
salon: beauty salon **salon** *m.* **de beauté** II-4

salt **sel** *m.* II-1
sandwich **sandwich** *m.* I-4
sat (down) **assis (s'asseoir)** *p.p.* II-2
Saturday **samedi** *m.* I-2
sausage **saucisse** *f.* II-1
save **sauvegarder** *v.* II-3
save the planet **sauver la planète** *v.* II-6
savings **épargne** *f.* II-4
savings account **compte d'épargne** *m.* II-4
say **dire** *v.* I-7
scarf **écharpe** *f.* I-6
scholarship **bourse** *f.* I-2
school **école** *f.* I-2
science **sciences** *f., pl.* I-2
political science **sciences politiques (sciences po)** *f., pl.* I-2
screen **écran** *m.* II-3
screening **séance** *f.* II-7
sculpture **sculpture** *f.* II-7
sculptor **sculpteur/sculptrice** *m., f.* II-7
sea **mer** *f.* I-7
seafood **fruits de mer** *m., pl.* II-1
search for **chercher** *v.* I-2
to search for work/a job **chercher du/un travail** *v.* II-4
season **saison** *f.* I-5
seat **place** *f.* II-7
seatbelt **ceinture de sécurité** *f.* II-3
to buckle one's seatbelt **attacher sa ceinture de sécurité** *v.* II-3
seated **assis(e)** *p.p., adj.* II-2
second **deuxième** *adj.* I-7
security **sécurité** *f.* II-3
see **voir** *v.* II-7; *(catch sight of)* **apercevoir** *v.* II-4
to see again **revoir** *v.* II-7
See you later. **À plus tard.** I-1
See you later. **À tout à l'heure.** I-1
See you soon. **À bientôt.** I-1
See you tomorrow. **À demain.** I-1
seen **aperçu (apercevoir)** *p.p.* II-4; **vu (voir)** *p.p.* II-7
seen again **revu (revoir)** *p.p.* II-7
self/-selves **même(s)** *pron.* I-6
selfish **égoïste** *adj.* I-1
sell **vendre** *v.* I-6
seller **vendeur/vendeuse** *m., f.* I-6
send **envoyer** *v.* I-5
to send *(to someone)* **envoyer (à)** *v.* I-6
to send a letter **poster une lettre** II-4
Senegalese **sénégalais(e)** *adj.* I-1

sense **sentir** *v.* I-5
separated **séparé(e)** *adj.* I-3
September **septembre** *m.* I-5
serious **grave** II-2;
  sérieux/sérieuse *adj.* I-3
serve **servir** *v.* I-5
server **serveur/serveuse**
  m., f. I-4
service station **station-service**
  f. II-3
set the table **mettre la table**
  v. I-8, II-P
seven **sept** *m.* I-1
seven hundred **sept cents** *m.* I-5
seventeen **dix-sept** *m.* I-1
seventh **septième** *adj.* I-7
seventy **soixante-dix** *m.* I-3
several **plusieurs** *adj.* I-4
shame **honte** *f.* I-2
  It's a shame that… **Il est
  dommage que…** II-6
shampoo **shampooing** *m.* II-2
shape (*state of health*) **forme** *f.* II-2
share **partager** *v.* I-2
shave (oneself) **se raser** *v.* II-2
shaving cream **crème à raser**
  f. II-2
she **elle** *pron.* I-1
sheet of paper **feuille de papier**
  f. I-1
sheets **draps** *m., pl.* I-8, II-P
shelf **étagère** *f.* I-8, II-P
shh **chut** II-7
shirt (short-/long-sleeved)
  **chemise (à manches
  courtes/longues)** *f.* I-6
shoe **chaussure** *f.* I-6
shopkeeper **commerçant(e)**
  m., f. II-1
shopping **shopping** *m.* I-7
  to go shopping **faire du
  shopping** *v.* I-7
  to go (grocery) shopping **faire
  les courses** *v.* II-1
shopping center **centre
  commercial** *m.* I-4
short **court(e)** *adj.* I-3;
  (*stature*) **petit(e)** I-3
shorts **short** *m.* I-6
shot (*injection*) **piqûre** *f.* II-2
  to give a shot **faire une piqûre**
  v. II-2
show **spectacle** *m.* I-5; (*movie
  or theater*) **séance** *f.* II-7
  to show (*to someone*) **montrer
  (à)** *v.* I-6
shower **douche** *f.* I-8, II-P
shut off **fermer** *v.* II-3
shy **timide** *adj.* I-1
sick: to get/be sick **tomber/être
  malade** *v.* II-2
sign **signer** *v.* II-4
silk **soie** *f.* I-6

since **depuis** *adv.* II-1
sincere **sincère** *adj.* I-1
sing **chanter** *v.* I-5
singer **chanteur/chanteuse**
  m., f. I-1
single (*marital status*) **célibataire**
  adj. I-3
  single hotel room **chambre** *f.*
  individuelle I-7
sink **évier** *m.* I-8, II-P;
  (*bathroom*) **lavabo** *m.* I-8, II-P
sir **Monsieur** *m.* I-1
sister **sœur** *f.* I-3
sister-in-law **belle-sœur** *f.* I-3
sit down **s'asseoir** *v.* II-2
sitting **assis(e)** *adj.* II-2
six **six** *m.* I-1
six hundred **six cents** *m.* I-5
sixteen **seize** *m.* I-1
sixth **sixième** *adj.* I-7
sixty **soixante** *m.* I-1
size **taille** *f.* I-6
skate **patiner** *v.* I-4
ski **skier** *v.* I-5; **faire du ski** I-5
skiing **ski** *m.* I-5
ski jacket **anorak** *m.* I-6
ski resort **station** *f.* **de ski** I-7
skin **peau** *f.* II-2
skirt **jupe** *f.* I-6
sky **ciel** *m.* II-6
sleep **sommeil** *m.* I-2
  to sleep **dormir** *v.* I-5
  to be sleepy **avoir sommeil**
  v. I-2
sleeve **manche** *f.* I-6
slice **tranche** *f.* II-1
slipper **pantoufle** *f.* II-2
slow **lent(e)** *adj.* I-3
slowly **lentement** *adv.* I-7
small **petit(e)** *adj.* I-3
smartphone **smartphone** *m.* II-3
smell **sentir** *v.* I-5
smile **sourire** *m.* I-6
  to smile **sourire** *v.* I-6
snack (afternoon) **goûter** *m.* II-1
snake **serpent** *m.* II-6
sneeze **éternuer** *v.* II-2
snow **neiger** *v.* I-5
  It is snowing. **Il neige.** I-5
  It was snowing… **Il
  neigeait…** I-8, II-P
so **si** II-3; **alors** *adv.* I-1
  so that **pour que** II-7
soap **savon** *m.* II-2
soap opera **feuilleton** *m.* II-7
soccer **foot(ball)** *m.* I-5
sociable **sociable** *adj.* I-1
sociology **sociologie** *f.* I-1
sock **chaussette** *f.* I-6
software **logiciel** *m.* II-3
soil (*to make dirty*) **salir** *v.* I-8, II-P
solar **solaire** *adj.* II-6

solar energy **énergie solaire** *f.* II-6
solution **solution** *f.* II-6
some **de l'** *part. art., m., f., sing.* I-4
  some **de la** *part. art., f., sing.* I-4
  some **des** *part. art., m., f., pl.* I-4
  some **du** *part. art., m., sing.* I-4
  some **quelques** *adj.* I-4
  some (of it/them) **en** *pron.* II-2
someone **quelqu'un** *pron.* II-4
something **quelque chose** *m.* I-4
  Something's not right.
  Quelque chose ne va pas. I-5
sometimes **parfois** *adv.* I-5;
  quelquefois *adv.* I-7
son **fils** *m.* I-3
song **chanson** *f.* II-7
sorry **désolé(e)** II-3
  to be sorry that… **être
  désolé(e) que…** *v.* II-6
sort **sorte** *f.* II-7
So-so. **Comme ci, comme
  ça.** I-1
soup **soupe** *f.* I-4
soupspoon **cuillère à soupe**
  f. II-1
south **sud** *m.* II-4
space **espace** *m.* II-6
Spain **Espagne** *f.* I-7
Spanish **espagnol(e)** *adj.* I-1
speak (on the phone) **parler
  (au téléphone)** *v.* I-2
  to speak (to) **parler (à)** *v.* I-6
  to speak to one another **se
  parler** *v.* II-3
specialist **spécialiste** *m., f.* II-5
species **espèce** *f.* II-6
  endangered species **espèce** *f.*
  menacée II-6
spectator **spectateur/
  spectatrice** *m., f.* II-7
speed **vitesse** *f.* II-3
speed limit **limitation de vitesse**
  f. II-3
spend **dépenser** *v.* I-4
  to spend money **dépenser de
  l'argent** I-4
  to spend time **passer** *v.* I-7
  to spend time (*somewhere*)
  faire un séjour I-7
spoon **cuillère** *f.* II-1
sport(s) **sport** *m.* I-5
  to play sports **faire du sport**
  v. I-5
sporty **sportif/sportive** *adj.* I-3
sprain one's ankle **se fouler la
  cheville** II-2
spring **printemps** *m.* I-5
  in the spring **au printemps** I-5
square (*place*) **place** *f.* I-4
squirrel **écureuil** *m.* II-6
stadium **stade** *m.* I-5
stage (*phase*) **étape** *f.* I-6
stage fright **trac** II-5

Vocabulary

staircase **escalier** *m.* I-8, II-P
stamp **timbre** *m.* II-4
star **étoile** *f.* II-6
starter **entrée** *f.* II-1
start up **démarrer** *v.* II-3
station **station** *f.* I-7
  subway station **station** *f.* **de métro** I-7
  train station **gare** *f.* I-7
stationery store **papeterie** *f.* II-4
statue **statue** *f.* II-4
stay **séjour** *m.* I-7; **rester** *v.* I-7
  to stay slim **garder la ligne** *v.* II-2
steak **steak** *m.* II-1
steering wheel **volant** *m.* II-3
stepbrother **demi-frère** *m.* I-3
stepfather **beau-père** *m.* I-3
stepmother **belle-mère** *f.* I-3
stepsister **demi-sœur** *f.* I-3
still **encore** *adv.* I-3
stomach **ventre** *m.* II-2
  to have a stomach ache **avoir mal au ventre** *v.* II-2
stone **pierre** *f.* II-6
stop (doing something) **arrêter (de faire quelque chose)** *v.*; *(to stop oneself)* **s'arrêter** *v.* II-2
  to stop by someone's house **passer chez quelqu'un** *v.* I-4
  bus stop **arrêt d'autobus (de bus)** *m.* I-7
store **magasin** *m.;* **boutique** *f.* II-4
  grocery store **épicerie** *f.* I-4
stormy **orageux/orageuse** *adj.* I-5
  It is stormy. **Le temps est orageux.** I-5
story **histoire** *f.* I-2
stove **cuisinière** *f.* I-8, II-P
straight **raide** *adj.* I-3
  straight ahead **tout droit** *adv.* II-4
strangle **étrangler** *v.* II-5
strawberry **fraise** *f.* II-1
street **rue** *f.* II-3
  to follow a street **suivre une rue** *v.* II-4
strong **fort(e)** *adj.* I-3
student **étudiant(e)** *m., f.* 1; **élève** *m., f.* I-1
  high school student **lycéen(ne)** *m., f.* I-2
studies **études** *f.* I-2
studio *(apartment)* **studio** *m.* I-8, II-P
study **étudier** *v.* I-2
suburbs **banlieue** *f.* I-4
subway **métro** *m.* I-7
subway station **station** *f.* **de métro** I-7
succeed *(in doing something)* **réussir (à)** *v.* I-4

success **réussite** *f.* II-5
suddenly **soudain** *adv.* I-8, II-P; **tout à coup** *adv.* I-7.; *tout d'un coup* *adv.* I-8, II-P
suffer **souffrir** *v.* II-3
suffered **souffert (souffrir)** *p.p.* II-3
sugar **sucre** *m.* I-4
suggest (that) **suggérer (que)** *v.* II-6
suit *(man's)* **costume** *m.* I-6; *(woman's)* **tailleur** *m.* I-6
suitcase **valise** *f.* I-7
summer **été** *m.* I-5
  in the summer **en été** I-5
sun **soleil** *m.* I-5
  It is sunny. **Il fait (du) soleil.** I-5
Sunday **dimanche** *m.* I-2
sunglasses **lunettes de soleil** *f., pl.* I-6
supermarket **supermarché** *m.* II-1
supervisor **responsable** *m., f.* II-5
sure **sûr(e)** II-7
  It is sure that… **Il est sûr que…** II-7
  It is unsure that… **Il n'est pas sûr que…** II-7
surprise (someone) **faire une surprise (à quelqu'un)** *v.* I-6
surprised **surpris (surprendre)** *p.p., adj.* I-6
  to be surprised that… **être surpris(e) que…** *v.* II-6
sweater **pull** *m.* I-6
sweep **balayer** *v.* I-8, II-P
swell **enfler** *v.* II-2
swim **nager** *v.* I-4
swimsuit **maillot de bain** *m.* I-6
Swiss **suisse** *adj.* I-1
Switzerland **Suisse** *f.* I-7
symptom **symptôme** *m.* II-2

T

table **table** *f.* I-1
  to clear the table **débarrasser la table** *v.* I-8, II-P
tablecloth **nappe** *f.* II-1
tablet **tablette (tactile)** *f.* II-3
take **prendre** *v.* I-4
  to take a photo(graph) **prendre une photo(graphe)** *v.* II-3
  to take a shower **prendre une douche** II-2
  to take a train (plane, taxi, bus, boat) **prendre un train (un avion, un taxi, un autobus, un bateau)** *v.* II-7
  to take a walk **se promener** *v.* II-2
  to take advantage of **profiter de** *v.* II-7

to take an exam **passer un examen** *v.* I-2
to take care (of something) **s'occuper (de)** *v.* II-2
to take out the trash **sortir la/ les poubelle(s)** *v.* I-8, II-P
to take time off **prendre un congé** *v.* II-5
to take *(someone)* **emmener** *v.* I-5
taken **pris (prendre)** *p.p., adj.* I-6
tale **conte** *m.* II-7
talented *(gifted)* **doué(e)** *adj.* II-7
tan **bronzer** *v.* I-6
tape recorder **magnétophone** *m.* II-3
tart **tarte** *f.* II-1
taste **goûter** *v.* II-1
taxi **taxi** *m.* I-7
tea **thé** *m.* I-4
teach **enseigner** *v.* I-2
  to teach *(to do something)* **apprendre (à)** *v.* I-4
teacher **professeur** *m.* I-1
team **équipe** *f.* I-5
teaspoon **cuillére à café** *f.* II-1
tee shirt **tee-shirt** *m.* I-6
teeth **dents** *f., pl.* II-1
  to brush one's teeth **se brosser les dents** *v.* II-1
telephone *(receiver)* **appareil** *m.* II-5
  to telephone *(someone)* **téléphoner (à)** *v.* I-2
  It's Mr./Mrs./Miss … (on the phone). **C'est M./Mme/ Mlle … (à l'appareil.)** II-5
television **télévision** *f.* I-1
  television channel **chaîne** *f.* **(de télévision)** II-3
  television program **émission** *f.* **de télévision** II-7
tell one another **se dire** *v.* II-3
temperature **température** *f.* I-5
ten **dix** *m.* I-1
tennis **tennis** *m.* I-5
tennis shoes **baskets** *f., pl.* I-6
tenth **dixième** *adj.* I-7
terminal (bus) **gare** *f.* **routière** I-7
terrace (café) **terrasse** *f.* **de café** I-4
test **examen** *m.* I-1
text message **texto, SMS** *m.* II-3
than **que/qu'** *conj.* II-1, II-6
thank: Thank you (very much). **Merci (beaucoup).** I-1
that **ce/c', ça** I-1; **que** *rel. pron.* II-3
  Is that… ? **Est-ce… ?** I-2
  That's enough. **Ça suffit.** I-5

English-French

That has nothing to do with us.
That is none of our business. **Ça
ne nous regarde pas.** II-6
that is… **c'est…** I-1
that is to say **ça veut dire** II-2
theater **théâtre** *m.* II-7
their **leur(s)** *poss. adj., m., f.* I-3
them **les** *d.o. pron.* I-7, **leur**
i.o. pron., m., f., pl. I-6
then **ensuite** *adv.* I-7, **puis** *adv.*
I-7, **puis** I-4; **alors** *adv.* I-7
there **là** I-1; **y** *pron.* II-2
Is there… ? **Y a-t-il… ?** I-2
over there **là-bas** *adv.* I-1
(over) there *(used with
demonstrative adjective ce and
noun or with demonstrative
pronoun celui)* **-là** I-6
There is/There are… **Il y a…** I-1
There is/There are…. **Voilà…** I-1
There was… **Il y a eu…** I-6;
Il y avait… I-8, II-P
therefore **donc** *conj.* I-7
these/those **ces** *dem. adj., m., f.,
pl.* I-6
these/those **celles** *pron., f.,
pl.* II-6
these/those **ceux** *pron., m.,
pl.* II-6
they **ils** *sub. pron., m.* I-1;
elles *sub. and disj. pron., f.* I-1;
eux *disj. pron., pl.* I-3
thing **chose** *f.* I-1, **truc** *m.* I-7
think (about) **réfléchir (à)** *v.* I-4
to think (that) **penser
(que)** *v.* I-2
third **troisième** *adj.* I-7
thirst **soif** *f.* I-4
to be thirsty **avoir soif** *v.* I-4
thirteen **treize** *m.* I-1
thirty **trente** *m.* I-1
thirty-first **trente et unième**
adj. I-7
this/that **ce** *dem. adj., m.,
sing.* I-6; **cet** *dem. adj., m.,
sing.* I-6; **cette** *dem. adj., f.,
sing.* I-6
this afternoon **cet après-midi**
I-2
this evening **ce soir** I-2
this one/that one
celle *pron., f., sing.* II-6;
celui *pron., m., sing.* II-6
this week **cette semaine** I-2
this weekend **ce week-end** I-2
this year **cette année** I-2
those are… **ce sont…** I-1
thousand: one thousand **mille**
m. I-5
one hundred thousand
cent mille *m.* I-5
threat **danger** *m.* II-6
three **trois** *m.* I-1

three hundred **trois cents** *m.* I-5
throat **gorge** *f.* II-2
throw away **jeter** *v.* II-6
Thursday **jeudi** *m.* I-2
ticket **billet** *m.* I-7
round-trip ticket **billet** *m.
aller-retour* I-7 bus/subway
ticket **ticket de bus/de
métro** *m.* I-7
tie **cravate** *f.* I-6
tight **serré(e)** *adj.* I-6
time *(occurence)* **fois** *f.* I-8, II-P;
(general sense) **temps** *m.,
sing.* I-5
a long time **longtemps** *adv.* I-5
free time **temps libre** *m.* I-5
from time to time **de temps
en temps** *adv.* I-7
to waste time **perdre son
temps** *v.* I-6
tinker **bricoler** *v.* I-5
tip **pourboire** *m.* I-4
to leave a tip **laisser un
pourboire** *v.* I-4
tire **pneu** *m.* II-3
flat tire **pneu** *m.* **crevé** II-3
(emergency) tire **roue (de
secours)** *f.* II-3
to check the tire pressure
**vérifier la pression des
pneus** *v.* II-3
tired **fatigué(e)** *adj.* I-3
tiresome **pénible** *adj.* I-3
to **à** *prep.* I-4; **au (à + le)** I-4;
aux (à + les) I-4
toaster **grille-pain** *m.* I-8, II-P
today **aujourd'hui** *adv.* I-2
toe **orteil** *m.* II-2; **doigt de
pied** *m.* II-2
together **ensemble** *adv.* I-6
tomato **tomate** *f.* II-1
tomorrow (morning, afternoon,
evening) **demain (matin,
après-midi, soir)** *adv.* I-2
day after tomorrow
après-demain *adv.* I-2
too **aussi** *adv.* I-1
too many/much (of) **trop
(de)** I-4
tooth **dent** *f.* II-1
to brush one's teeth **se brosser
les dents** *v.* II-1
toothbrush **brosse** *f.* **à dents** II-2
toothpaste **dentifrice** *m.* II-2
tour **tour** *m.* I-5
tourism **tourisme** *m.* II-4
tourist office **office du tourisme**
m. II-4
towel (bath) **serviette (de
bain)** *f.* II-2
town **ville** *f.* I-4
town hall **mairie** *f.* II-4
toxic **toxique** *adj.* II-6

toxic waste **déchets toxiques**
m., pl. II-6
traffic **circulation** *f.* II-3
traffic light **feu de signalisation**
m. II-4
tragedy **tragédie** *f.* II-7
train **train** *m.* I-7
train station **gare** *f.* I-7; **station**
f. **de train** I-7
training **formation** *f.* II-5
translate **traduire** *v.* I-6
translated **traduit (traduire)**
p.p., adj. I-6
trash **ordures** *f., pl.* II-6
travel **voyager** *v.* I-2
travel agency **agence de voyages**
f. I-7
travel agent **agent de voyages**
m. I-7
tree **arbre** *m.* II-6
trip **voyage** *m.* I-7
troop *(company)* **troupe** *f.* II-7
tropical **tropical(e)** *adj.* II-6
tropical forest **forêt tropicale**
f. II-6
true **vrai(e)** *adj.* I-3; **véritable**
adj. I-6
It is true that… **Il est vrai
que…** II-7
It is untrue that… **Il n'est pas
vrai que…** II-7
trunk **coffre** *m.* II-3
try **essayer** *v.* I-5
Tuesday **mardi** *m.* I-2
tuna **thon** *m.* II-1
turn **tourner** *v.* II-4
to turn off **éteindre** *v.* II-3
to turn on **allumer** *v.* II-3
to turn (oneself) around **se
tourner** *v.* II-2
twelve **douze** *m.* I-1
twentieth **vingtième** *adj.* I-7
twenty **vingt** *m.* I-1
twenty-first **vingt et unième**
adj. I-7
twenty-second **vingt-deuxième**
adj. I-7
twice **deux fois** *adv.* I-8, II-P
twist one's ankle **se fouler la
cheville** *v.* II-2
two **deux** *m.* I-1
two hundred **deux cents**
m. I-5
two million **deux millions**
m. I-5
type **genre** *m.* II-7

U

ugly **laid(e)** *adj.* I-3
umbrella **parapluie** *m.* I-5
uncle **oncle** *m.* I-3
under **sous** *prep.* I-3

Vocabulary

understand **comprendre** *v.* I-4
understood **compris
(comprendre)** *p.p., adj.* I-6
underwear **sous-vêtement**
m. I-6
undress **se déshabiller** *v.* II-2
unemployed person **chômeur/
chômeuse** *m., f.* II-5
to be unemployed **être au
chômage** *v.* II-5
unemployment **chômage** *m.* II-5
unfortunately **malheureusement**
adv. I-7
unhappy **malheureux/
malheureuse** *adj.* I-3
union **syndicat** *m.* II-5
United States **États-Unis** *m.,
pl.* I-7
unless **à moins que** *conj.* II-7
unpleasant **antipathique** *adj.*
I-3; **désagréable** *adj.* I-1
until **jusqu'à** *prep.* II-4; **jusqu'à
ce que** *conj.* II-7
upset: to become upset **s'énerver**
v. II-2
us **nous** *i.o. pron.* I-6; **nous** *d.o.
pron.* I-7
USB drive **clé USB** *f.* II-3
use **employer** *v.* I-5
to use a map **utiliser un plan**
v. I-7
useful **utile** *adj.* I-2
useless **inutile** *adj.* I-2; **nul(le)**
adj. I-2
usually **d'habitude** *adv.* I-8, II-P

V

vacation **vacances** *f., pl.* I-7
vacation day **jour de
congé** *m.* I-7
vacuum **aspirateur** *m.* I-8, II-P
to vacuum **passer
l'aspirateur** *v.* I-8, II-P
valley **vallée** *f.* II-6
vegetable **légume** *m.* II-1
velvet **velours** *m.* I-6
very *(before adjective)* **tout(e)**
adv. I-3
Very well. **Très bien.** I-1
veterinarian **vétérinaire** *m.,
f.* II-5
videocassette recorder (VCR)
magnétoscope *m.* II-3
video game(s) **jeu vidéo (des
jeux vidéo)** *m.* II-3
videotape **cassette vidéo**
f. II-3
Vietnamese **vietnamien(ne)**
adj. I-1
violet **violet(te)** *adj.* I-6
violin **violon** *m.* II-7
visit **visite** *f.* I-6

to visit (a place) **visiter** *v.* I-2;
(a person or people) **rendre visite (à)** *v.* I-6; *(to visit regularly)*
fréquenter *v.* I-4
voicemail **messagerie** *f.* II-5
volcano **volcan** *m.* II-6
volleyball **volley(-ball)** *m.* I-5

W

waist **taille** *f.* I-6
wait **attendre** *v.* I-6
to wait *(on the phone)* **patienter**
v. II-5
to wait in line **faire la
queue** *v.* II-4
wake up **se réveiller** *v.* II-2
walk **promenade** *f.* I-5;
marcher *v.* I-5
to go for a walk **faire une
promenade** I-5; **faire un
tour** I-5
wall **mur** *m.* I-8, II-P
want **désirer** *v.* I-5; **vouloir** *v.* II-1
wardrobe **armoire** *f.* I-8, II-P
warming: global warming
réchauffement de la Terre
m. II-6
warning light (gas/oil) **voyant**
m. **(d'essence/d'huile)** II-3
wash **laver** *v.* I-8, II-P
to wash oneself (one's hands)
se laver (les mains) *v.* II-2
to wash up (in the morning)
faire sa toilette *v.* II-2
washing machine **lave-linge**
m. I-8, II-P
waste **gaspillage** *m.* II-6;
gaspiller *v.* II-6
wastebasket **corbeille (à papier)**
f. I-1
waste time **perdre son temps**
v. I-6
watch **montre** *f.* I-1; **regarder**
v. I-2
water **eau** *f.* I-4
mineral water **eau**
f. **minérale** I-4
way *(by the way)* **au fait** I-3;
(path) **chemin** *m.* II-4
we **nous** *pron.* I-1
weak **faible** *adj.* I-3
wear **porter** *v.* I-6
weather **temps** *m., sing.*
I-5; **météo** *f.* II-7
The weather is bad. **Il fait
mauvais.** I-5
The weather is dreadful. **Il fait
un temps épouvantable.** I-5
The weather is good/warm. **Il
fait bon.** I-5
The weather is nice. **Il fait
beau.** I-5

web site **site Internet/web**
m. II-3
wedding **mariage** *m.* I-6
Wednesday **mercredi** *m.* I-2
weekend **week-end** *m.* I-2
this weekend **ce week-end**
m. I-2
welcome **bienvenu(e)** *adj.* I-1
You're welcome. **Il n'y a pas
de quoi.** I-1
well **bien** *adv.* I-7
I am doing well/badly. **Je vais
bien/mal.** I-1
west **ouest** *m.* II-4
What? **Comment?** *adv.* I-4;
Pardon? I-4; **Quoi?** I-1 *interr.
pron.* I-4
What day is it? **Quel jour
sommes-nous?** I-2
What is it? **Qu'est-ce que
c'est?** *prep.* I-1
What is the date? **Quelle est
la date?** I-5
What is the temperature?
**Quelle température
fait-il?** I-5
What is the weather like? **Quel
temps fait-il?** I-5
What is your name? **Comment
t'appelles-tu?** *fam.* I-1
What is your name? **Comment
vous appelez-vous?** *form.* I-1
What is your nationality?
Quelle est ta nationalité?
sing., fam. I-1
What is your nationality?
Quelle est votre nationalité?
sing., pl., fam., form. I-1
What time do you have?
Quelle heure avez-vous?
form. I-2
What time is it? **Quelle heure
est-il?** I-2
What time? **À quelle
heure?** I-2
What do you think about that?
Qu'en penses-tu? II-6
What's up? **Ça va?** I-1
whatever it may be **quoi que
ce soit** II-5
What's wrong? **Qu'est-ce qu'il
y a?** I-1
when **quand** *adv.* I-4
When is …'s birthday? **C'est
quand l'anniversaire de …?**
I-5
When is your birthday?
**C'est quand ton/votre
anniversaire?** I-5
where **où** *adv., rel. pron.* I-4
which? **quel(le)(s)?** *adj.* I-4
which one **à laquelle** *pron., f.,
sing.* II-5

which one **auquel (à + lequel)** *pron., m., sing.* II-5
which one **de laquelle** *pron., f., sing.* II-5
which one **duquel (de + lequel)** *pron., m., sing.* II-5
which one **laquelle** *pron., f., sing.* II-5
which one **lequel** *pron., m., sing.* II-5
which ones **auxquelles (à + lesquelles)** *pron., f., pl.* II-5
which ones **auxquels (à + lesquels)** *pron., m., pl.* II-5
which ones **desquelles (de + lesquelles)** *pron., f., pl.* II-5
which ones **desquels (de + lesquels)** *pron., m., pl.* II-5
which ones **lesquelles** *pron., f., pl.* II-5
which ones **lesquels** *pron., m., pl.* II-5
while **pendant que** *prep.* I-7
white **blanc(he)** *adj.* I-6
who? **qui?** *interr. pron.* I-4; **qui** *rel. pron.* II-3
  Who is it? **Qui est-ce?** I-1
  Who's calling, please? **Qui est à l'appareil?** II-5
whom? **qui?** *interr.* I-4
  For whom? **Pour qui?** I-4
  To whom? **À qui?** I-4
why? **pourquoi?** *adv.* I-2, I-4
widowed **veuf/veuve** *adj.* I-3
wife **femme** *f.* I-1; **épouse** *f.* I-3
willingly **volontiers** *adv.* II-2
win **gagner** *v.* I-5
wind **vent** *m.* I-5
  It is windy. **Il fait du vent.** I-5
window **fenêtre** *f.* I-1
windshield **pare-brise** *m.* II-3
windshield wiper(s) **essuie-glace (essuie-glaces** *pl.***)** *m.* II-3
windsurfing **planche à voile** *v.* I-5
  to go windsurfing **faire de la planche à voile** *v.* I-5
winter **hiver** *m.* I-5
  in the winter **en hiver** I-5
wipe (the dishes/the table) **essuyer (la vaisselle/la table)** *v.* I-8, II-P
wish that... **souhaiter que...** *v.* II-6
with **avec** *prep.* I-1
  with whom? **avec qui?** I-4
withdraw money **retirer de l'argent** *v.* II-4
without **sans** *prep.* I-8, II-P; **sans que** *conj.* I-5
woman **femme** *f.* I-1

wood **bois** *m.* II-6
wool **laine** *f.* I-6
work **travail** *m.* II-4
  to work **travailler** *v.* I-2; **marcher** *v.* II-3; **fonctionner** *v.* II-3
work out **faire de la gym** *v.* I-5
worker **ouvrier/ouvrière** *m., f.* II-5
world **monde** *m.* I-7
worried **inquiet/inquiète** *adj.* I-3
worry **s'inquiéter** *v.* II-2
worse **pire** *comp. adj.* II-1; **plus mal** *comp. adv.* II-1; **plus mauvais(e)** *comp. adj.* II-1
worst: the worst **le plus mal** *super. adv.* II-1; **le/la pire** *super. adj.* II-1; **le/la plus mauvais(e)** *super. adj.* II-1
wound **blessure** *f.* II-2
wounded: to get wounded **se blesser** *v.* II-2
write **écrire** *v.* I-7
  to write one another **s'écrire** *v.* II-3
writer **écrivain(e)** *m., f.* II-7
written **écrit (écrire)** *p.p., adj.* I-7
wrong **tort** *m.* I-2
  to be wrong **avoir tort** *v.* I-2

Y

yeah **ouais** I-2
year **an** *m.* I-2; **année** *f.* I-2
yellow **jaune** *adj.* I-6
yes **oui** I-2; *(when making a contradiction)* **si** I-2
yesterday (morning/afternoon evening) **hier (matin/après-midi/soir)** *adv.* I-7
  day before yesterday **avant-hier** *adv.* I-7
yogurt **yaourt** *m.* II-1
you **toi** *disj. pron., sing., fam.* I-3; **tu** *sub. pron., sing., fam.* I-1; **vous** *pron., sing., pl., fam., form.* I-1
  you neither **toi non plus** I-2
  You're welcome. **De rien.** I-1
young **jeune** *adj.* I-3
younger **cadet(te)** *adj.* I-3
your **ta** *poss. adj., f., sing.* I-3; **tes** *poss. adj., m., f., pl.* I-3; **ton** *poss. adj., m., sing.* I-3; **vos** *poss. adj., m., f., pl.* I-3; **votre** *poss. adj., m., f., sing.* I-3;
yourself **te/t'** *refl. pron., sing., fam.* II-2; **toi** *refl. pron., sing., fam.* II-2; **vous** *refl. pron., form.* II-2

youth **jeunesse** *f.* I-6
youth hostel **auberge de jeunesse** *f.* I-7
Yum! **Miam!** *interj.* I-5

Z

zero **zéro** *m.* I-1

Supplementary Vocabulary

Mots utiles

absent(e) *absent*
un département *department*
une dictée *dictation*
une phrase *sentence*
une feuille d'activités *activity sheet*
l'horaire des cours (m.) *class schedule*
un paragraphe *paragraph*
une épreuve *quiz*
un examen *exam; test*
suivant(e) *following*

Expressions utiles

Asseyez-vous, s'il vous plaît. *Sit down, please.*
Avez-vous des questions? *Do you have any questions?*
Comment dit-on _____ en français? *How do you say _____ in French?*
Comment écrit-on _____ en français? *How do you write _____ in French?*
Écrivez votre nom. *Write your name.*
Étudiez la leçon trois. *Study lesson 3.*
Fermez votre livre. *Close your book(s).*
Je ne comprends pas. *I don't understand.*
Je ne sais pas. *I don't know.*
Levez la main. *Raise your hand(s).*
Lisez la phrase à voix haute. *Read the sentence aloud.*
Ouvrez votre livre à la page deux. *Open your book to page two.*
Plus lentement, s'il vous plaît. *Slower, please.*
Que signifie _____? *What does _____ mean?*
Répétez, s'il vous plaît. *Repeat, please.*
Répondez à la/aux question(s). *Answer the question(s).*
Vous comprenez? *Do you understand?*

Titres des sections du livre

À l'écoute *Listening*
Après la lecture *After Reading*
Avant la lecture *Before Reading*
Coup de main *Helping Hand*
Culture à la loupe *Culture through a magnifying glass*
Écriture *Writing*
Essayez! *Try it!*
Incroyable mais vrai! *Incredible But True!*
Le français quotidien *Everyday French*
Le français vivant *French Live*
Lecture *Reading*
Les sons et les lettres *Sounds and Letters*
Mise en pratique *Putting it into Practice*
Le monde francophone *The Francophone World*
Pour commencer *To Begin*
Projet *Project*
Roman-photo *Story based on photographs*
Savoir-faire *Know-how*
Structures *Structures; Grammar*
Le zapping *Channel-surfing*

D'autres adjectifs de nationalité en Europe

autrichien(ne) *Austrian*
belge *Belgian*
bulgare *Bulgarian*
danois(e) *Danish*
écossais(e) *Scottish*
finlandais(e) *Finnish*
grec/grecque *Greek*
hongrois(e) *Hungarian*
norvégien(ne) *Norwegian*
polonais(e) *Polish*
portugais(e) *Portuguese*
roumain(e) *Romanian*
russe *Russian*
slovaque *Slovakian*
slovène *Slovene; Slovenian*
suédois(e) *Swedish*
tchèque *Czech*

D'autres adjectifs de nationalité en Afrique

africain(e) *African*
angolais(e) *Angolan*
béninois(e) *Beninese*
camerounais(e) *Cameroonian*
congolais(e) *Congolese*
égyptien(ne) *Egyptian*
éthiopien(ne) *Ethiopian*
kenyan(e) *Kenyan*
ivoirien(ne) *of the Ivory Coast*
nigérien(ne) *Nigerian*
somalien(ne) *Somali*
soudanais(e) *Sudanese*
sud-africain(e) *South African*
tchadien(ne) *Chadian*
togolais(e) *Togolese*
tunisien(ne) *Tunisian*

D'autres adjectifs de nationalité dans le monde

antillais(e) *Caribbean, West Indian*
argentin(e) *Argentinian*
asiatique *Asian*
australien(ne) *Australian*
bolivien(ne) *Bolivian*
chilien(ne) *Chilean*
colombien(ne) *Colombian*
cubain(e) *Cuban*
haïtien(ne) *Haitian*
indien(ne) *Indian*
irakien(ne) *Iraqi*
iranien(ne) *Iranian*
israélien(ne) *Israeli*
libanais(e) *Lebanese*
néo-zélandais(e) *New Zealander*
pakistanais(e) *Pakistani*
péruvien(ne) *Peruvian*
portoricain(e) *Puerto Rican*
syrien(ne) *Syrian*
turc/turque *Turkish*
vénézuélien(ne) *Venezuelan*

D'autres cours

l'agronomie (f.) *agriculture*
l'algèbre (m.) *algebra*
l'anatomie (f.) *anatomy*
l'anthropologie (f.) *anthropology*
l'archéologie (f.) *archaeology*
l'architecture (f.) *architecture*
l'astronomie (f.) *astronomy*
la biochimie *biochemistry*
la botanique *botany*
le commerce *business*
une filière *course of study*
le latin *Latin*
les langues romanes
  romance languages
la linguistique *linguistics*
le marketing *marketing*
les mathématiques
  supérieures,
  spéciales *calculus*
la médecine *medicine*
la musique *music*
la trigonométrie *trigonometry*
la zoologie *zoology*

D'autres mots utiles

un classeur *binder*
une gomme *eraser*
l'infirmerie (f.) *infirmary*
une règle *ruler*

D'autres animaux familiers

un cochon d'Inde *guinea pig*
un furet *ferret*
une gerbille *gerbil*
un hamster *hamster*
un rongeur *rodent*
une souris *mouse*
une tortue *turtle*

D'autres adjectifs pour décrire les gens

ambitieux/ambitieuse *ambitious*
arrogant(e) *arrogant*
calme *calm*
compétent(e) *competent*
excellent(e) *excellent*
franc/franche *frank, honest*
(mal)honnête *(dis)honest*
idéaliste *idealistic*
immature *immature*
mûr(e) *mature*
(ir)responsable *(ir)responsible*
romantique *romantic*
séduisant(e) *attractive*
sentimental(e) *sentimental*
souple *flexible*
studieux/ieuse *studious*
tranquille *quiet*

D'autres professions

un boucher/une
  bouchère *butcher*
un boulanger/une
  boulangère *baker*
un caissier/une
  caissière *cashier*
un cordonnier *cobbler*
un dessinateur/une
  dessinatrice *illustrator*
un fermier/une fermière *farmer*
un(e) informaticien(ne)
  computer scientist
un instituteur/une institutrice
  nursery/elementary school teacher
un(e) photographe *photographer*
un(e) pilote *pilot*
un(e) styliste *fashion designer*
un tailleur (pour dames)
  (ladies') tailor
un teinturier *dry cleaner*

Au café

une brioche *brioche, bun*
un café crème *espresso with milk*
un croque-monsieur *toasted ham and cheese sandwich*
de l'eau gazeuse (f.) *sparkling mineral water*
de l'eau plate (f.) *plain water*
un garçon de café *waiter*
une omelette au jambon/au fromage *omelet with ham/ with cheese*
des œufs au/sur le plat (m.) *fried eggs*
une part de tarte *slice of a pie*
une tartine de beurre *slice of bread and butter*

Quelques fromages

du bleu des Causses *blue cheese made with cow's milk*
du camembert *soft cheese made with cow's milk*
du fromage de chèvre *goat cheese*
du gruyère *Swiss cheese*
du munster *semisoft cheese that can be sharp in flavor, made with cow's milk*
du reblochon *soft cheese made with cow's milk*
du roquefort *blue cheese made with sheep's milk*
de la tomme de Savoie *cheese from the Alps made of scalded curds*

Supplementary Vocabulary

D'autres loisirs

une bicyclette *bicycle*
bricolage (faire du)
  fixing things
collectionner les timbres *to*
  collect stamps
faire des mots croisés *to do a*
  crossword puzzle
une fête foraine/une foire *fair*
jouer à la pétanque/aux
  boules (f.) *to play the game*
  of petanque
jouer aux dames (f.)
  to play checkers
louer une vidéo/un DVD
  to rent a video/DVD
la natation (faire de) *swimming*
un parc d'attractions
  amusement park
tapisserie (faire de la)
  needlework
tricoter *knitting*

Des mots liés à la météo

une averse *shower*
la bise *North wind*
la brise *breeze*
un ciel couvert *overcast sky*
un ciel dégagé *clear sky*
une éclaircie *break in the*
  weather; sunny spell
la grêle *hale*
la grisaille *grayness*
de la neige fondue *sleet*
un nuage *cloud*
un orage *thunder storm*
une vague de chaleur *heat wave*
le verglas *black ice*

Des fêtes de famille

une bague de
  fiançailles *engagement ring*
un baptême *christening*
les fiançailles *engagement*
les noces d'argent *silver*
  wedding anniversary
les noces d'or *golden*
  wedding anniversary
un enterrement *funeral*

Des jours fériés

l'Action de grâce *Thanksgiving*
la fête de l'Indépendance
  Independence Day
une fête nationale
  National holiday
le Jour de l'an/la Saint-
  Sylvestre *New Year's Day*
le 14 juillet *Bastille Day*
la Saint-Valentin *Valentine's Day*

D'autres mots pour faire la fête

des accessoires de cotillon
  (m.) *party accessories*
des amuse-gueule (m.)
  appetizers; nibbles
un bal *ball*
des confettis *confetti*
des feux d'artifice *fireworks*
un serpentin *streamer*

Quelques vêtements

une doudoune *down coat*
un foulard *headscarf*
un gilet *cardigan; vest*
un moufle *mitten*
un pantacourt *capri pants*
un pull à col roulé *turtleneck*
un sweat-shirt *sweatshirt*
une veste *jacket*

Quelques pays d'Europe

l'/en Autriche (f.) *Austria*
la/en Bulgarie *Bulgaria*
le/au Danemark *Denmark*
l'/en Écosse (f.) *Scotland*
la/en Finlande *Finland*
la/en Grèce *Greece*
la/en Hongrie *Hungary*
la/en Norvège *Norway*
la/en Pologne *Poland*
le/au Portugal *Portugal*
la/en République tchèque
  Czech Republic
la/en Roumanie *Romania*
le/au Royaume-Uni
  United Kingdom
la/en Russie *Russia*
la/en Slovaquie *Slovakia*
la/en Slovénie *Slovenia*
la/en Suède *Sweden*

Quelques pays d'Afrique

l'/en Afrique du Sud (f.)
  South Africa
l'/en Algérie (f.) *Algeria*
l'/en Angola (f.) *Angola*
le/au Bénin *Benin*
le/au Cameroun *Cameroon*
le/au Congo *Congo*
la/en Côte d'Ivoire *Ivory Coast*
l'/en Égypte (f.) *Egypt*
l'/en Éthiopie (f.) *Ethiopia*
le/au Kenya *Kenya*
le/au Maroc *Morocco*
le/au Niger *Niger*
le/au Sénégal *Senegal*
la/en Somalie *Somalia*
le/au Soudan *Sudan*
le/au Soudan du Sud
  South Sudan
le/au Tchad *Chad*
le/au Togo *Togo*
la/en Tunisie *Tunisia*

D'autres pays

l'/en Argentine (f.) *Argentina*
l'/en Australie (f.) *Australia*
la/en Bolivie *Bolivia*
le/au Chili *Chile*
la/en Colombie *Colombia*
(à) Cuba (f.) *Cuba*
(à) Haïti *Haiti*
l'/en Inde (f.) *India*
l'/en Irak (m.) *Iraq*
l'/en Iran (m.) *Iran*
(en) Israël (m.) *Israel*
le/au Liban *Lebanon*
la/en Nouvelle-Zélande
  New Zealand
le/au Pakistan *Pakistan*
le/au Pérou *Peru*
(à) Porto Rico (f.) *Puerto Rico*
la/en Syrie *Syria*
la/en Turquie *Turkey*
le/au Venezuela *Venezuela*

Partir en vacances

atterrir *to land*
l'atterrissage (m.) *landing*
une compagnie aérienne *airline*
une crème solaire *sunscreen*
une croisière *cruise*
le décollage *take-off*
décoller *to take off*
défaire ses valises *to unpack*
un douanier *customs officer*
une frontière *border*
un groom *bellhop*
un numéro de vol *flight number*
dormir à la belle étoile *to sleep out in the open*
une station balnéaire *seaside resort*

Dans la maison

allumer la lumière *to turn on the light*
du bois *wood*
le chauffage central *central heating*
la cheminé *chimney; fireplace*
la climatisation *air-conditioning*
la décoration intérieure *interior design*
en bas *downstairs*
en haut *upstairs*
éteindre la lumière *to turn off the light*
le fioul *heating oil*
le gaz *natural gas*
le grenier *attic*
la lumière *light*
une penderie *walk-in closet*
un plafond *ceiling*
le sol *floor*
le toit *roof*

Des tâches ménagères

aérer une pièce *to air a room*
arroser les plantes *to water the plants*
étendre le linge *to hang out/ hang up washing*
laver les vitres *to clean the windows*
une vitre *windowpane*

Des meubles et des objets de la maison

une ampoule *light bulb*
une bougie *candle*
un buffet *sideboard*
une corde à linge *clothesline*
une couette *comforter*
le linge de maison *linen*
une persienne *shutter*
une pince à linge *clothes pin*
un portemanteau *coat rack*
un radiateur *radiator*
un robot ménager *food processor*
un store *blind*
un volet *shutter*

AP® French Themes & Contexts

This index aligns the cultural content in **D'accord! 1A** with the AP® French Language and Culture themes and recommended contexts to help you build the broad cultural understanding you need to succeed in class, on the AP® Exam, and beyond.

The numbers following each entry can be understood as follows:

(1) 9 = **(Unit)** page
As shown, the entry above would be found in Unit 1, page 9.

*Entries marked with an asterisk offer cultural information that supports the AP® theme and context but may not fully align with it.

Beauty & Aesthetics

Contributions to World Artistic Heritage
*Aix-en-Provence: ville d'eau, ville d'art **(1)** 9

Literature
La bande dessinée **(3)** 127

Music
Le festival de jazz de Montréal **(4)** 171

Performing Arts
Le cinéma, le 7e art! **(2)** 83

Contemporary Life

Advertising and Marketing
Un tuto original **(4)** 151

Education
L'âge de classe: la journée d'un collégien **(2)** 63
Au lycée **(2)** 52
Le bac **(2)** 70
*Les cours **(2)** 46
Les études supérieures en France **(2)** 71
Immersion française au Canada **(2)** 53
*L'immersion française **(2)** 71
*Le lycée **(2)** 53
On trouve une solution **(2)** 68–69
*Trop de devoirs! **(2)** 50–51

Holidays and Celebrations
Les fêtes et la famille **(3)** 97
*Le mariage: Qu'est-ce qui est différent? **(3)** 115

Leisure and Sports
Le café français **(4)** 158
Où passer le temps **(4)** 141
Le parc Astérix **(4)** 141
Les passe-temps des jeunes Français **(4)** 140
*Star du cinéma **(4)** 138–139

Travel
Bruxelles, capitale de l'Europe **(3)** 127
*L'Hexagone **(2)** 83
*Montréal **(4)** 171
Le Train à Grande Vitesse **(2)** 83
*La ville de Québec **(4)** 171

Families & Communities

Customs and Ceremonies
*Des spécialités à grignoter **(4)** 159
Les bonnes manières **(1)** 9
Les cafés nord-africains **(4)** 159

Family Structures
La famille de Marie Laval **(3)** 90
La famille en France **(3)** 96
*Fido en famille **(3)** 128–129
Les Noah **(3)** 97

Friendship and Love
L'amitié **(3)** 114
*Les copains **(1)** 24–25
La poignée de main ou la bise? **(1)** 8

Global Challenges

Economic Issues
Des montres et des banques **(3)** 127
*L'industrie **(2)** 83
Jean-Jacques Rousseau **(3)** 127

Environmental Issues
Les Cousteau **(3)** 115

Health Issues
Attention au sucre! **(1)** 19

Personal & Public Identities

Beliefs and Values
Marianne **(1)** 27

Language and Identity
Haïti, première République noire **(1)** 39
*Incroyable mais vrai! **(1)** 38
Le français au Québec **(1)** 39
Le verlan **(4)** 141
La Journée internationale de la Francophonie **(1)** 39
Les langues **(1)** 27
La Louisiane **(1)** 39

Multiculturalism
Qu'est-ce qu'un Français typique? **(1)** 26

Nationalism and Patriotism
Un Québec indépendant **(4)** 171

Science and Technology

Social Impact of Technology
Pages d'Or **(3)** 107

You can find a comprehensive index of AP® Themes & Contexts for all levels of **D'accord!** on the Supersite.

Grammar Index

Photography and Art Credits

Cover: Neirfy/Shutterstock

Front Matter (TE): T36: SimmiSimons/iStockphoto; **T38:** Monkeybusinessimages/Bigstock.

Front Matter (SE): xvii: (all) North Wind Picture Archives/Alamy; **xviii:** (l) Courtesy of the Library of Congress; (r) Design Pics Inc/Alamy; **xix:** Masterpics/Alamy; **xx:** (tl) Moodboard/Fotolia; (bl) Moshimochi/Shutterstock; (br) Wavebreakmedia Ltd/Shutterstock; **xxi:** JTB Photo Communications, Inc/Alamy; **xxii:** (l) Gawrav/iStockphoto; (r) Yuri/iStockphoto; **xxiii:** FMB/Isabel Schiffler/Future Image/WENN/Newscom; **xxiv:** (t) Monkey Business Images/Fotolia; (b) Yuri Arcurs/Fotolia; **xxv:** (t) Monkeybusinessimages/iStockphoto; (b) Masterfile Royalty-Free; **xxvi:** David Schaffer/Media Bakery.

Unit 1: 1: Patrick Sheandell O'Carroll/Media Bakery; **4:** (t): VHL; A(b) Rossy Llano; **8:** (t) Anne Loubet; (b) Paula Diez; **9:** Ian G. Dagnall/Alamy; **13:** (tl) LdF/iStockphoto; (tm) Martín Bernetti; (tr) Jim Erickson/Media Bakery; (bl) Rawpixel/Fotolia; (bml) Sami Sert/iStockphoto; (bmr) WavebreakmediaMicro/Fotolia; (br) Laura Stevens; **15:** (bl) Anne Loubet; (br) Terex/Fotolia; **17:** Pascal Pernix; **22:** Martín Bernetti; **26:** (l) Andrew Bayda/Fotolia; (r) Huang Zheng/Shutterstock; **27:** Charles Platiau/Reuters/Newscom; **28:** (all) Anne Loubet; **29:** (tl) Annie Pickert Fuller; (tr) VHL; (bl) VHL; (br) Masson/Shutterstock; **30:** (tl) Martín Bernetti; (tm) BillionPhotos/Fotolia; (tr) Hongqi Zhang/Alamy; (bl) Niko Guido/iStockphoto; (bm) Michal Kowalski/Shutterstock; (br) Demidoff/Fotolia; **31:** (tl) Jstone/Shutterstock; (tm) Featureflash Photo Agency/Shutterstock; (tr) Jose Luis Pelaez/Media Bakery; (bl) Anne Loubet; (bml) Odilon Dimier/Media Bakery; (bmr) Martín Bernetti; (br) Colleen Cahill/Media Bakery; **35:** Masterfile Royalty-Free; **36:** (tl) Anne Loubet; (tr) Anne Loubet; (mtl) Robert Lerich/Fotolia; (mtr) Anne Loubet; (mbl) Rossy Llano; (mbr) Anne Loubet; (bl) Anne Loubet; (br) Anne Loubet; **37:** Pascal Pernix; **38:** (left col: t) Hulton Deutsch/Getty Images; (left col. mt) Sarah Lee/Eyevine/Redux Pictures; (left col: mb) Allstar Picture Library/Alamy; (left col: b) Eddy Lemaistre/Getty Images; (br) Eddy Lemaistre/Corbis; **39:** (tl) Rossy Llano; (tr) Frederic/Fotolia; (bl) Brent Hofacker/Shutterstock; (br) Courtesy of the International Organisation of La Francophonie; **42:** Inspirestock Royalty-Free/Inmagine.

Unit 2: 45: Auremar/Fotolia; **52:** Anne Loubet; **53:** Jose Luis Pelaez, Inc/Blend Images/MaXx Images; **60:** Anne Loubet; **66:** (l) Martín Bernetti; (r) Pascal Pernix; **70:** Pascal Pernix; **71:** Pascal Pernix; **72:** (all) VHL; **73:** (tl) OneClearVision/iStockphoto; (tr) Mihailomilovanovic/iStockphoto; (bl) Aleksander Mijatovic/Fotolia; (br) Sebra/Fotolia; **81:** Anne Loubet; **82:** (left col: t) Universal Images Group/Superstock; (left col: m) Bettmann/Getty Images; (left col: b) Antoine Gyori/Sygma/Getty Images; (t) Anne Loubet; (ml) Claude Coquilleau/Fotolia; (mr) Daniel Haller/iStockphoto; (b) Anne Loubet; **83:** (tl) David Gregs/Alamy; (tr) Anne Loubet; (bl) Anne Loubet; (br) Caroline Beecham/iStockphoto; **84:** (inset) Martín Bernetti; **84-85:** (background) Art Kowalsky/Alamy; **85:** (inset) Jon Feingersh/Blend Images/MaXx Images; **86:** Pascal Pernix; **87:** (l) Martín Bernetti; (r) Darío Eusse Tobón.

Unit 3: 89: Michael Simons/123RF; **92:** Hero/Media Bakery; **96:** Anne Loubet; **97:** (l) Alix William/SIPA/Newscom; (r) Nuccio DiNuzzo/TNS/Newscom; **98:** (l) Martín Bernetti; (r) FogStock LLC/Photolibrary; **100:** Hemera Technologies/AbleStock/Jupiterimages; **101:** (t) Tomasz Trojanowski/Shutterstock; (ml) Brian McEntire/iStockphoto; (mm) Anna Lurye/Shutterstock; (mr) RJGrant/Bigstock; (bl) Linda Kloosterhof/iStockphoto; (bm) Dmitry Pistrov/Shutterstock; (br) Oliveromg/Shutterstock; **104:** (tl) Martín Bernetti; (tm) Dmitry Kutlayev/iStockphoto; (tr) Zentilia/Fotolia; (bl) AHBE/Fotolia; (bml) VHL; (bmr) Anne Loubet; (br) Martín Bernetti; **105:** (t) Gladiolus/iStockphoto; (bl) Dynamic Graphics/Jupiterimages; (br) Rossy Llano; **109:** (l) Martín Bernetti; (m) Anne Loubet; (r) Anne Loubet; **110:** (t) Anne Loubet; (ml) Hemera Technologies/Photos.com; (mml) Anne Loubet; (mmr) Paula Diez; (mr) Vstock, LLC/Photolibrary; (bl) Martín Bernetti; (bml) Shock/Fotolia; (bmr) Keith Levit Photography/Photolibrary; (br) Anne Loubet; **114:** Anne Loubet; **115:** (tl) Album/Oronoz/Newscom; (tr) Xavier Collin/Celebrity Monitor/Newscom; (b) Panoramic/Zuma Press/Newscom; **117:** (top inset) Ray Levesque; Nigel Riches/Media Bakery; (bottom inset) Anne Loubet; **119:** (t) Martín Bernetti; (ml) David Lee/Alamy; (mml) Martín Bernetti; (mmr) TpaBMa/AGE Fotostock; (mr) Igor Tarasov/Fotolia; (bl) Creative Jen Designs/Shutterstock; (bml) Photofriday/Shutterstock; (bmr) F9photos/Shutterstock; (br) Martín Bernetti; **122:** (tl) Valua Vitaly/Shutterstock; (tm) Roy Hsu/Media Bakery; (tr) Don Mason/Getty Images; (bl) Simon Kolton/Alamy; (bml) Blend Images/Ariel Skelley/Getty Images; (bmr) Jacek Chabraszewski/iStockphoto; (br) Sergei Telegin/Shutterstock; **124:** Anne Loubet; **125:** Anne Loubet; **126:** (t) Sergey Dzyuba/Shutterstock; (m) Simona Dumitru/Alamy; (bl) Marta Perez/EFE/Newscom; (br) Nicole Paton/Shutterstock; **127:** (tl) Franky DeMeyer/iStockphoto; (tr) Dave Bartruff/Danita Delimont/Alamy; (bl) Erik Tham/Alamy; (br) Portrait of Jean Jacques Rousseau by Edouard Lacretelle. Gianni Dagli Orti/The Art Archive at Art Resource, NY; **128:** (t) Juniors Bildarchiv/Alamy; (b) Martín Bernetti; **129:** Anne Loubet; **130:** Anne Loubet; **131:** Anne Loubet.

Television Credits

19   Courtesy of INPES.

63   Courtesy of Production: Via Storia - viastoria.com

107   Courtesy of Truvo Belgium.

151   Courtesy of Sid Lee Paris and PagesJaunes.

Chart Credits

140   Ipsos in France for the Centre National du Livre. The survey was conducted in France, by telephone on 1,012 people (aged 15 yo and more), from February 3rd to 11th, 2015.